한일관계사연구의 회고와 전망

한일관계사연구의 회고와 전망

한일관계사학회 편

景仁文化社

| 발간사 |

한일관계사학회는 1992년 7월에 「한일관계사연구회」로 발족한 이래 지난 25년간 「한국과 일본에 대한 역사 연구를 통하여 두 나라 사이의 올바른 관계사 정립」을 목표로 회원 각자가 자신의 연구 분야에서 혼신의 열을 쏟아왔다.

그 동안 우리 학회는 창립 이래 거의 한 달도 거르지 않고 총 180회에 걸친 월례발표회를 이어왔으며 저명한 국내외 학술회의를 지속적으로 개최하였다. 그 성과는 1993년 10월에 창간하여 제61집에 이른 학회지『한일관계사연구』를 비롯해 다수의 단행본을 통해 견고히 축적해왔다.

이제 학회 창립 4반세기를 맞으며 한일관계사를 전공하는 기존 연구자는 물론 한일관계사에 관심을 가진 초보 연구자나 일반인에게 학회의 연구 성과를 정리하고 앞으로의 연구 방향을 제시하기 위해서『한일관계사 연구의 회고와 전망』을 발간한다. 이는 창립 직후인 1993년에 학회가 발간한『한일관계사 논저목록』과 창립 10주년을 기념해 발간한『한일관계사 연구의 회고와 전망』의 후속 작업이라고 할 수 있다. 특히 이번에는 선사시대와 현대의 한일관계를 추가해 전 시대를 망라함으로써 학회의 성장한 모습을 담았다.

이 책은 2017년 9월 한일문화교류기금의 후원을 받아 개최한 「한일관계사학회 창립 25주년 기념 국제학술회의」의 결과물이다. 해당 학술회의는 학회 창립을 주도하고 제2대와 제7대 두 번의 회장을 맡아 학회 발전을 위해 헌신해주신 손승철 교수님의 도움을 받아 강원대학교에서 열렸다. 한일문화교류기금과 손승철 교수님, 그리고 출판을 맡아준 경인문화사에 진심으로 감사를 드린다.

2018년 10월
한일관계사학회 회장　김 동 명

|차 례|

발 간 사 ……………………………………………………………… 4

기조강연

한일관계사학회 25주년을 맞이하여 _ 손승철

1. 학회 창립의 과정 ………………………………………………11
2. 학회지 발간과 학술행사 ………………………………………15
3. 한일관계사연구의 키워드 ………………………………………19

주제발표

고고학에서 본 고대 한일관계 연구 _ 김규운

1. 머리말 ……………………………………………………………23
2. 고고자료를 통한 한일관계 연구의 시작 ……………………24
3. 고대 한일교류 연구의 경향 …………………………………27
4. 도래인 연구 ……………………………………………………48
5. 고대 한일관계 연구의 문제점 ………………………………52
6. 맺음말 ……………………………………………………………54
「토론문」 _ 서정석 ………………………………………………60

고대한일관계사연구의 회고와 전망 _ 나행주 ·······63

Ⅰ. 서 언 ·······63
Ⅱ. 〈한일관계사연구〉 속의 고대한일관계 ·······65
Ⅲ. 고대한일관계사의 이해 ·······69
Ⅳ. 결어를 대신하여-학회의 위상제고를 위한 몇 가지 제언 ·······131
  「토론문」_ 연민수 ·······154

고려후기·조선전기 한일관계사 연구의 회고와 전망 _ 한문종

1. 머리말 ·······156
2. 고려후기 한일관계사 연구의 회고와 전망 ·······159
3. 조선전기 한일관계사 연구의 회고와 전망 ·······162
4. 맺음말 ·······183
  「토론문」_ 荒木和憲 ·······197

朝鮮後期(江戸時代) 韓日關係史 研究의 回顧와 展望 _ 鄭成一

Ⅰ. 韓日關係史學會와 《韓日關係史研究》 ·······201
Ⅱ. 先行硏究의 檢討 ·······202
Ⅲ. 《韓日關係史研究》 收錄 朝鮮後期 論文의 現況 ·······206
Ⅳ. 몇 가지 提言 ·······210
「토론문」_ 장순순 ·······219

개항기 한일관계사 연구의 회고와 전망 _ 현명철

Ⅰ. 한국에서의 연구 ·······222
Ⅱ. 일본에서의 연구 ·······245
「토론문」_ 김흥수 ·······297

日本における日朝関係史研究(高麗時代)：1992~2016年 _ 村井章介

はじめに ……………………………………………………………………301
Ⅰ. 通史·概說 …………………………………………………………303
Ⅱ. 平安時代の日麗關係 ……………………………………………305
Ⅲ. 仏教界の交流と宋海商の活動 …………………………………307
Ⅳ. 鎌倉前期の日麗關係 ……………………………………………309
Ⅴ. モンゴルの脅威のもとで ………………………………………311
Ⅵ. 倭寇と日麗交渉 …………………………………………………314
　「번역문」 _ 村井章介 ……………………………………………323
　「토론문」 _ 이재범 ………………………………………………345

日本における中世日朝関係史研究 - 朝鮮前期 - _ 佐伯弘次

はじめに ……………………………………………………………………349
1. 研究史の整理 ………………………………………………………350
2. 刊行された著書 ……………………………………………………351
3. 研究動向の特色 ……………………………………………………354
おわりに ……………………………………………………………………357
　「번역문」 _ 佐伯弘次 ……………………………………………365
　「토론문」 _ 이 훈 …………………………………………………381

현대 한일관계사의 회고와 전망 _ 최영호

1. 해방직후 재일한인 사회 …………………………………………387
2. 일본의 전후처리 …………………………………………………392
3. 강제동원 피해자 '보상'과 '지원' ………………………………395
4. 해방 후 재조일본인 단체 ………………………………………396
5. 「평화선」 연구 ……………………………………………………398
　「토론문」 _ 유지아 ………………………………………………410

종합토론 / 좌장 : 하우봉(전북대학교) _ 415

기조강연

한일관계사학회 25주년을 맞이하여

손승철 | 강원대학교

1. 학회 창립의 과정

한일관계사학회 창립은 1991년 10월, 국사편찬위원회에서 『대마도종가
관계문서 서계목록집』 발간이 계기가 되었다. 국사편찬위원회에서는 이를
기념하기 위해 그 이듬해 1월말 일본 동경에서 국회도서관, 아사히신문사가
공동으로 기념 심포지엄 및 순회강연회를 개최하였다.

당시 나는 동경대학 사료편찬소에 1년간 객원연구원으로 유학을 하고 있
었다. 정확한 날짜는 기억나지 않지만 2월 초, 이 행사에 참석했던 이원순
국편위원장, 신재홍 편사부장과 하우봉·정성일교수가 메구로에 있는 나의
숙소(동경대 인터내셔날 로치)에서 저녁 식사를 하면서 학회창립의 필요성
을 논의하였는데, 나는 곧 귀국을 앞두고 있었기 때문에 귀국하면 바로 학
회 발족을 약속하기로 했다.

1992년 3월 귀국 후, 하우봉교수를 다시 만나 학회 창립에 관한 구체적
인 논의에 들어갔다. 하교수는 역사학회 중진들을 참여시켜 발족을 하자고
했고, 나는 순수하게 전공자들 중심으로 시작하자고 했다. 전공자들이 중심
이 되어 발족한 일은 지금 생각해도 참 잘 한일이다. 그래서 지금도 우리
학회는 순수한 전공자들에 의해 학회의 정체성이 유지되어 가고 있다.

하교수는 내 의견을 받아들였고, 5월에는 규장각에 소장되어 있는 『통신사등록』을 대상으로 독회신청을 하여 1년간의 지원을 받게 되었다. 참여자는 나를 비롯하여, 하우봉, 나종우, 최덕수, 김은숙, 여박동, 김동철, 강창일, 이훈, 정성일, 구선회, 민덕기, 유재춘, 한문종, 홍성덕, 장순순, 송한용 등 17명이다. 그야말로 개국 공신들이다.

7월에 이들을 중심으로 강창일교수(현재 제주시 국회의원)가 재직했던 대전 배재대학교에 모여 발족식을 했고, 학회 명칭을 '한일관계사연구회'로 정하고 학회활동을 시작했다.

〈학회 창립 기념사진, 1992.7 배재대에서〉

드디어 1992년 9월 5일, 대우재단빌딩 18층 세미나실에서 제1회 월례발표회를 했다. 첫 번째로 내가 '조선후기 교린체제의 탈중화적 성격'을, 두 번째로 홍성덕교수가 '조선후기 차왜의 등장과 외교실무운영'을 발표하고, 토론했다. 그리고 발표회가 끝난 다음에는 길 건너 연세재단 빌딩 뒤에 있는 우미정에서 회식을 하면서 단합대회를 했다. 지금도 월례발표회가 끝나면 회식과 함께 이루어지는 2차·3차의 열띤 토론회는 이때부터 만들어진 우리학회의 전통이다.

학회의 초대회장은 하우봉교수가 맡았으나, 하교수가 그 이듬해 연구 년이 되어 일본에 가면서, 내가 2대 회장을 맡았다. 내가 회장을 맡으면서 1993년 10월, 학회지『한일관계사연구』창간호를 발행했다. 학회지 영문제호는 'THE KOREA-JAPAN HISTORICAL REVIEW'로 했다. 학회지를 발간하면서, 학회의 회칙과 규정을 정비했다.

회칙 제1장 총강에서는 학회의 명칭과 목적, 그리고 사업을 규정했고, 회원자격과 기구, 임원, 재정 등에 관해 규정했고, 회칙은 1993년 8월 1일부터 시행하도록 규정했다.

이 규정에 의해, 우리 학회는 '한국과 일본에 대한 역사연구를 통하여 두 나라 사이의 올바른 관계사 정립을 목적으로 한다'는 것을 목적으로 설정했다. 그리고 이 목적을 달성하기 위하여 연구발표 및 강연회, 학술지 및 연구자료의 간행, 국내외 관련학계와의 교류, 기타 본 학회목적에 부합하는 사업을 하도록 규정했고, 지금까지 이를 성실하게 수행하고 있다고 자부한다.

연구발표는 1학기 4회, 2학기 4회의 월례발표회와 하계 동계 연수회를 지방을 돌며 개최했고, 회수를 거듭할수록 한일관계사 중심의 학회로 발전해 갔다. 1993년 8월에 회원 수는 38명으로 늘어났고, 전원이 한일관계사 내지 일본사 전공자였다.

학회지 창간사에서 나는 회원들의 중지를 모아 다음과 같은 창간사를 썼다.

"1992년 7월「韓日關係史硏究會」를 발족하면서 우리가 해야 할 일은 너무도 많았다. 해방 후 50년이 가까워지고 있는 지금, 이제야 비로소 공동연구를 시작하였다는 자책감과 함께, 우리는 모여서 무엇을 어떻게 공부하여야 하는 가부터 논의하였다. 그 과정 속에서 우리들의 첫 번째 결실이『한일관계사논저목록』이었고, 두 번째 성과가 학회지인『한일관계사연구』의 창간이다.

돌이켜 보건데,「韓日關係史」는 우리의 역사 현실과 늘 밀착되어 있음에도 불구하고 그동안 너무나 외면되어 왔다. 더구나 과거 한일관계사의 연구가 주로 일본인에게서 시작되었고, 그것도 식민사학을 정당화시키기 위한 왜곡된 목적에서 출발하였던 만큼 그 문제점이 적지 않은 것이 사실이다.

東아시아 속의 한국사, 나아가 세계사 속의 한국사를 재구성해야 하는 지금, 우리의 역사연구는 그 전제가 되는 대외관계사 연구에 너무 미흡하였고, 이를 특수사로만 취급하여 한국사를 총체적으로 구성하는 데에 매우 소홀했던 것도 사실이다. 外政이 內政의 연장이며, 동시에 外政은 內政의 국제적 표현임을 상기할 때, 內政과 外政의 연구 어느 한 쪽이라도 소홀해서는 안 될 것이다.

우리 연구회의 대주제인 「韓國」과 「日本」의 역사적 숙명관계는 더 이상 설명할 필요가 없다. 그러나 21세기를 맞이해야 하는 지금 이 순간에도, 양국은 여전히 대립과 갈등의 수렁속에서 헤어나지 못하고 있다. 그러면서도 항상 「가깝고도 먼 나라」라는 말이 사람들에게서 회자되고 있다. 共存의 時代를 준비해야 하는 지금, 이 굴레를 벗어나지 못하는 이유는 어디에 있을까. 그래서 우리 「韓日關係研究會」에서는 「한국과 일본에 대한 역사연구를 통하여 두 나라 사이의 올바른 관계사 정립」을 목표로 설정하였고, 이를 위해 각자의 연구 분야에서 혼신의 열을 다 바치고자 한다.

『韓日關係史研究』는 이러한 의지의 표현으로 창간하는 것이며, 이 뜻을 가진 연구자들에 의해 영원히 지속되어 갈 것이다."

이러한 염원을 창간사를 썼다. 학회가 제자리를 잡는 데는 무엇보다도 출판사의 도움이 컸다.

학회지는 처음에 현음사에서 년2회(4월 10월)로 발간하였으나, 12집(2000.4)부터는 국학자료원, 18집(2003.4)부터는 논형, 22집(2005.4)부터는 경인문화사에서 발행하고 있다. 2007년부터는 년3회(4월, 8월, 12월)발간하고 있다. 「한일관계사연구회」는 1997년 3월에 「한일관계사학회」로 바꾸었고, 학회지 『한일관계사연구』는 2006년 등재학술지가 되었다. 2003년 내가 두 번째로 학회장이 되었을 때 신동규 교수와 함께 작업을 하여 후보지가 된지 3년만의 쾌거이다.

한일관계사학회는 25년이 지난 그동안 175회의 월례발표회를 했고, 28회의 학술심포지엄을 했는데, 그 가운데 11회는 국제학술심포지엄을 개최했다. 학회지는 56집을 발행했고, 학술단행본을 총 11권을 발행했다. 그리고 등록한 학회회원이 국내외를 합쳐 250여명이다. 역대회장은 하우봉(1대), 손승철(2,7대), 정재정(3대), 나종우(4대), 오성(5대), 민덕기(6대), 연민수(8, 9대), 이훈(10대), 한문종(11대), 정성일(12대), 남상호(13대), 김동명(14대) 등으로 이들의 헌신적인 노력과 봉사로 학회의 오늘의 모습을 갖추게 되었다.

2. 학회지 발간과 학술행사

1993년 10월, 창간호부터 2017년 4월, 제56집까지 총 434편의 논문이 수록되었다. 학회지 1집 당 평균 7.8편의 논문이 수록되었는데, 수록논문을 시대별로 분류해 보면 다음 표와 같다.

시대별	선사	고대	중세 (고려)	조선 전기	조선 후기	개항기	일제 강점기	현대	기타	합계
편수	0	42	5	54	136	54	63	29	51	434

놀랍게도 선사시대에는 한편의 논문도 수록되지 않았다. 시대별로는 조선후기가 가장 많았고, 일제강점기, 개항기, 조선전기, 현대의 순으로 정리

된다. 조선 전후기를 합치면 190편이고, 개항기까지 합치면 244편으로 전체의 절반을 차지한다. 이 시기의 논문이 상대적으로 만은 것은 학회 회원들이 조선시대 전공자들이 많고, 또 1980년대 이후 조선통신사 연구의 붐이나 2002년 이후 '한일역사공동연구위원회'의 활동과 무관하지 않다고 생각한다.

특히 주제별로 보면, 고대사에서는 백제관련 논문이 가장 많았고, 고구려, 신라, 발해 관계 논문들이 눈에 띄게 적다. 고려시대 논문이 상대적으로 아주 적었으며, 왜구, 여몽군의 일본침입, 수월관음도에 관한 논문이 한편씩 있는 정도다.

고려시대에 비해 조선시대는 전기의 경우 왜구, 교린체제, 『해동제국기』 등에 관한 주제들이 많았고, 후기에는 임진왜란과 의병을 비롯하여, 강화교섭, 회답겸쇄환사와 통신사, 문위행, 왜관 및 각종 약조, 피로인, 표류민 등의 논문과 함께 울릉도 독도에 관한 논문도 주제로 삼고 있다.

개항기에는 일본의 조선침략과 관련된 주제들이 주류로 이루고 있고, 개화사상이나 수신사관련, 왜관의 변화 등이 많이 다루어졌다.

또한 일제강점기는 역시 일본의 식민정책과 제도, 동화정책 등에 관한 주제가 주류를 이루었다. 반면 의료나 차문화, 오락 등에 관한 생활사의 주제들도 주목을 끈다.

해방이후 현대사 분야에서는 2000년대 이후 일본의 우경화에 그에 따른 역사교과서문제, 독도, 일본군 위안부 문제 등이 많이 다루어졌다.

이들 수록논문들을 기준이 모호하기는 하지만, 정치·외교·군사·경제·침략(일제)·문화·사상·사료 등으로 분류하여 보면, 역시 외교 분야가 가장 많았고, 양국인의 상호인식이나 경제, 문화, 양국의 정치상황 등 다양하게 다루어졌다.

분야별	외교	침략 (일제)	사상	군사	경제	문화	기록	정치 (교과서포함)	기타	합계
편수	118	63	51	36	35	30	25	33	43	434

한편 한일관계사학회에서는 1996년 3월 제1회 학술심포지엄을 개최한 이래, 매년 1회 이상 총 27회에 걸쳐 학술대회를 개최하였다. 그 가운데 자체 학술행사가 13회, 국제학술행사가 12회, 워크숍 2회를 개최했는데, 다음과 같은 주제를 다루었다.

〈학술행사 목록〉

1996년 03월 학술심포지엄 : 한.일 양국간 영토인식의 역사적 재검토
1996년 12월 학술심포지엄 : 조선.유구 관계사
1997년 03월 국제학술심포지엄 : 역사적으로 본 한일 양국인의 상호인식
1997년 05월 학술심포지엄 : 한국과 일본 21세기를 위한 역사교육
1999년 04월 학술심포지엄 : 조선시대 표류민을 통해 본 한일관계
2000년 05월 학술심포지엄 : 사상사적 측면에서 본 한일관계
2000년 06월 국제학술심포지엄 : 유길준과 한일관계
2000년 10월 국제학술심포지엄 : 일본의 역사왜곡과 교과서 검정
2001년 06월 창립20주년 국제학술심포지엄 : 한일관계사연구의 회고와 전망
2002년 5월 월드컵공동개최 기념 조선통신사 한·일학술대회
2002년 11월 학술심포지엄 : 한일관계사의 제문제
2002년 12월 국제학술심포지엄 : 조선시대 한일관계와 왜관
2003년 10월 국제학술심포지엄 : 『조선왕조실록』속의 한국과 일본
2004년 12월 국제학술심포지엄 : 한일도자문화의 교류양상
2005년 07월 국제학술심포지엄 : 충숙공(忠肅公) 이예(李藝)의 역사적 재조명
2005년 10월 국제학술심포지엄 : 동아시아 속에서의 고구려와 왜(倭)

2006년 11월 학술심포지엄 : 동아시아의 영토와 민족문제
2007년 12월 국제학술심포지엄 : 전쟁과 기억의 표상으로서의 한일관계
2008년 06월 하계워크샵 : 일본역사교과서 서술과 문제점
2010년 07월 하계워크샵 : 한일 역사 속의 '전후처리'
2011년 08월 학술대회 : 일본 역사교과서의 분석과 역사교육의 실태
2012년 05월 창립 20주년 국제학술심포지엄 : 朝鮮時代의 韓國과 日本
2012년 09월 학술심포지엄 : 임란직전 경인통신사행과 귀국보고 재조명
2014년 06월 학술심포지엄 : 조선의 대외관계와 국경지역 사람들
2015년 09월 국제심포지엄 : 한일수교 50주년, 상호 이해와 협력을 위한 역사적 재검토
2015년 10월 학술심포지엄 : 일본의 패전과 한국 -역사교육, 민중의 시점에서-
2016년 10월 학술심포지엄 : 동아시아 삼국간의 사신(使臣)외교
* 밑줄 친 것은 국제심포지엄임.

　학술심포지엄 가운데, 국제학술회의는 특히 10주년과 20주년에는 일본 대외관계사연구회(北島万次)·조선왕조실록윤독회(村井章介)·세종실록연구회(佐伯弘次)와 합동으로 개최하였으며, 개최후에 단행본『한일교류와 상극의 역사』,『조선시대의 한국과 일본_같은 점과 다른점, 교류와 상극의 역사』를 발간했다.

　한편 학회에서는 학술심포지엄의 결과와 학회회원들의 저술활동을 돕기 위하여, 경인문화사와 협정을 맺어 2022년까지『경인 한일관계 연구총서』100권을 발간하기로 했으며, 현재 62권을 발간하였다.

3. 한일관계사연구의 키워드

한일관계사학회 25주년을 돌아보면서 학회 창립 멤바로 또 연구자의 한 사람으로 나름대로 한일관계사연구의 키워드를 제시하며 학회의 향후 전망을 바라보고 싶다.

① 역사는 점과 선과 면으로 그림을 그려가는 것이다.

조선시대 통신사는 한양을 출발하여 부산을 거쳐, 쓰시마 - 하카다 - 시모노세키 - 히로시마 - 카미노세키 - 토모노우라 - 오사카 - 교토 - 조선인가도 - 오가키의 배다리 - 시즈오카 - 하코네를 거쳐 에도성에 이르기까지 수많은 곳에 점을 찍어가면서 선을 연결하여 조선통신사의 면을 완성했고, 그 결과 조선시대 한일관계사상을 그렸다.

선사 고대부터 현대 이 시점에 이르기까지 한일관계사는 역사상에 많은 접점을 남겼다. 우리 연구자들은 이 접점들을 연결하여 선을 만들고, 그 선을 연결하여 면에다 한일관계사상을 만들어 갔으면 좋겠다.

우리는 각자 어떤 그림을 그려왔고, 앞으로 어떤 한일관계사상을 완성해 갈지 고민해 볼 필요가 있다.

② 역사는 유적과 유물, 그리고 기록을 만들고, 유적과 유물, 기록은 역사를 증언한다.

오늘 우리는 지난 2천 년간의 한일관계사가 남긴 족적(유적과 유물, 역사기록 등)을 둘러보고 있다. 지난 25년간 회원을 포함하여 많은 연구자들은 한일관계사의 족적을 통해 어떤 증언을 하고 있는지? 한일관계사의 어떤 역사적인 메시지를 전달하고 있는지?, 그 증언들을 진지하게 들어보자.

③ 관계는 함께 만들어 가는 것이다.

관계는 일방적인 것이 아니라 쌍방이 서로가 함께 만들어 가는 것이다. 그래서 조선시대의 신유한은 통신(通信)을, 아메노모리호슈는 성신(誠信)을 강조했다. 조선통신사는 왜구에 의한 일방적인 약탈을 교역을 통한 공존의 관계로, 임진왜란이라는 일방적인 침략·전쟁을 통신사 왕래에 의한 평화의 관계로 만들어 갔다. 여러분은 이제부터 한일관계가 어떻게 되어야 한다고 보시나요?. 그리고 우리는 이 관계를 위해 어떤 노력을 할 건지를 다시금 생각해 볼 필요가 있다. 외교는 전쟁이 아니라 관계가 전제가 되어야 한다. 그래야 관계사가 성립하는 것이 아닐까?

④ 끝은 새로운 시작이다.

오늘 25주년 기념학술대회는 끝이 아니라 시작이다. 끝이 있는 이유는 항상 새로운 시작이 있기 때문이다. 대학(大學)에 사유종시(事有終始)라는 말이 있다. 시종(始終)은 시작과 끝으로 단절을 의미하지만 종시(終始)는 반대로 출발을 의미한다. 자, 우리 한일관계사학회는 오늘부터 어떤 시작을 할 건지?, 이 자리가 나를 포함하여 우리, 그리고 학회의 새로운 시작이 되었으면 좋겠다(終).

주제발표

고고학에서 본 고대 한일관계 연구

김규운 ∣ 강원대학교

1. 머리말

선사시대 이래 한반도와 일본열도간에는 해역으로 가로막힌 교통상의 장애에도 불구하고 지역과 지역을 뛰어넘는 활발한 교류를 행해왔다. 이는 기본적으로 가장 가깝게 위치하고 있는 지리적 요건에 기인한 것일 것이다.

이러한 한반도와 일본열도의 관계를 엿볼 수 있는 고고자료는 극히 많이 확인되고 있다. 일본열도에서 토기를 비롯해 금공품, 철기류, 등의 다양한 한반도계 유물이 확인되고 있고, 한반도에서도 일본열도계의 토기와 갑주, 패제품 등이 확인되고 있다. 단순히 유물의 확인에 그치는 것이 아니라 시대구분 연대문제 등에 이르기까지 영향을 주고받고 있다. 최근에 일본에서 방사성탄소연대법을 통한 야요이시대 연대를 올리는 문제와 더불어 한국에서도 청동기시대 연대 소급 문제 등 상호 밀접한 관계를 형성하고 있다. 또한 고고자료에서 가장 민감하게 논의되고 있는 삼국시대 연대 문제에도 신라가야 토기와 일본 스에키 연대가 서로 얽혀 있어 따로 떼어놓고는 생각할 수 없을 정도의 상황이다. 1994년부터 격년으로 개최되고 있는 영남고고학회·규슈고고학회의 합동고고학대회가 이를 여실히 보여주고 있다.

이러한 밀접한 관계에 따라 한일 양국의 고고학 연구는 최근 들어 많은 성과를 내고 있다. 너무 많은 자료가 확인되고, 너무 많은 연구가 진행되고 있기 때문에 이를 선사시대부터 삼국시대까지 그 자료와 연구를 집성한다는 것 자체가 불가능할 정도이다. 그 가운데에서도 양지역간 문물과 사람의 상호왕래가 가장 활발했고 가장 많은 고고자료가 확인되는 시대는 한반도 삼국시대와 일본 고분시대로 인식되고 있다. 양지역 모두 각각 고대국가로 성장하는 단계로, 특히 한반도의 삼국이 국가형성을 지향해 나가면서 국가 별로 내외의 복잡한 역사적 상황에 직면해 있었기 때문으로 생각된다.

따라서 본고에서는 삼국·고분시대에 한정하여 지금까지 고고자료를 통한 한일관계의 연구 경향을 간략하게 정리하고, 고대 한일관계를 바라보는 새로운 관점을 제시하면서 그 의의에 대해 언급하는 것으로 고고학에서 본 한일관계에 대한 회고와 전망을 대신하고자 한다.

2. 고고자료를 통한 한일관계 연구의 시작

한반도와 일본열도의 관계에 대한 고고학적 연구는 그 시작이 이미 100 년이 넘었다. 한국에서는 잘 알려져 있지 않지만 '일본 고고학의 아버지'라고도 불리는 영국인 윌리엄 고랜드(William Gowland)에 의해서이다. 1872 년에 야금기술자로 일본에 온 이래 16년간 머물면서 400여기의 일본 고분을 조사하고, 도면을 남겨, 그가 죽었을 때 일본에서 최초로 고고학이라는 학문을 개설한 하마다 고사쿠(浜田耕作)는 오사카 아사히신문에 '일본고고 학계의 은인 고랜드씨'라고 표현[1]하고 할 정도로 많은 업적을 남겼다. 그는 일본 유적을 조사하면서 한국과 일본이 역사적으로 연결이 되어 있다는 확신을 가지고 있었고 1884년 한국 방문을 통해 가설을 확인하면서 삼국시대 토기를 비롯한 여러 유물을 수집하여 돌아갔다. 일본과 한국에서 수집한 유

---

1) 上田宏範, 1981, 「ウィリアム・ゴーランド小傳」『日本古墳文化論-ゴーランド考古論集』, 341쪽.

물이 영국 대영박물관에 고랜드 컬렉션으로 소장되어 있고, 최근 그 실상을
파악하게 되었다.[2] 그는 한국을 답사하는 목적을 명확하게 제시하였는데
그 내용을 살펴보면,

"나는 일본에 산 장기간, 계속 조선이라는 나라에 흥미를 가지고 있었다.
그것은 조선이 특히 일본인종의 고국인지, 적어도 그들이 대륙에서 분기하
였던 곳이라고 생각하였기 때문이다. 이는 선사시대의 유물로부터 도출되
는 조선의 고대연구에 상당한 여하(餘暇)를 할한다. 1884년에 조선을 방문,
경성부터 중앙 및 남방지역을 통해 부산까지 여행하였다. 목적의 하나는 지
질학적인 것이나, 다른 하나는 고분, 돌멘, 그 외의 유물이 일본의 것과 동
일한 것인가. 혹은 어떠한 관련이 있는가를 확인하고 싶었던 것이다."[3] 라
고 하였다. 그가 가장 주목했던 부분은 일본에서 조사하였던 돌멘과 한반도
에서 확인되는 돌멘과의 관계였다. 총 3기의 돌멘을 관찰하게 되는데, 한반
도의 돌멘과 일본열도의 돌멘은 관계가 없다고 결론짓게 된다. 그 이유에
대해서는 먼저 일본의 경우 봉분을 만드는 반면 한반도에서는 봉분을 만들
지 않았던 것을 첫 번째 이유로 들고 있다. 그리고 형태와 규모에서도 차이
가 있다는 점을 다른 이유로 제시하고 있다.[4] 그러나 여기에는 큰 오류가
있다. 당시 고랜드가 조사하였던 일본의 돌멘은 흔히들 얘기하는 선사시대
의 거석기념물이 아닌, 고분시대 횡혈식석실이었다. 그에 반해 한반도에서
관찰한 돌멘은 청동기시대 지석묘였다. 즉, 비교대상 자체가 잘못되었던 것
이다. 현재에도 일본에는 입구가 열려있는 횡혈식석실이 많은 반면, 한반도
의 횡혈식석실은 거의 그 입구가 막혀 있다. 이러한 현상은 100여년전 당시

---

2) 오영찬, 2012, 「19세기 말 윌리엄 고우랜드의 한국 고고학 탐구」『한국상고사학보』
   제76호, 163~182쪽, 국립문화재연구소, 2016, 『영국박물관 소장 한국 문화재』, 국
   외소재 한국문화재 조사보고서 제33권.
3) 上田宏範, 1981, 「ウィリアム·ゴーランド小傳」『日本古墳文化論-ゴーランド考古
   論集』, 215쪽.
4) 上田宏範, 1981, 위에 논문, 222쪽.

에도 비슷하였을 것으로, 한반도에서는 횡혈식석실을 관찰하지 못한 결과
로 보인다. 비교대상의 오류가 있지만, 일본의 무덤과 한반도의 무덤과의
관련성을 살펴볼려는 최초의 연구라고 평가할 수 있다.

  돌멘 이외에도 석기, 불교유물 등도 관찰하였는데, 일본과의 관련성을 찾
은 것은 삼국시대 토기이다. 영국박물관에 소장되어 있는 고랜드콜렉션 유
물은 대부분 삼국시대 토기, 특히 신라토기가 많다. 고대의 부장유물로 인
식하면서 일본열도의 스에키와의 비교 검토를 통해 그 형태, 문양시문 방
법, 재질 등의 유사성이 있지만, 장식적인 특면에서 차이가 있다는 점을 밝
혔다.5) 이때 이단교호투창고배와 대부장경호 등의 신라토기를 거의 실측에
가까운 도면을 제시하기도 하였다.6) 이처럼 고랜드는 일본에서의 활약뿐만
아니라 고대 한일관계 연구에서도 선구자라고 할 수 있을 것이다.

〈도면 1〉 윌리엄고랜드가 그린 신라토기(좌)와 대영박물관 소장 토기(우)
(左: 上田宏範, 1981, 右: 국립문화재연구소, 2016)

  이후 일제강점기에 일본인들에 의해 많은 조사와 도굴이 행해지는 가운
데, 이미 과학적인 분석 연구도 실시되었다. 능산리동고분군과 익산 대왕묘

---

5) 上田宏範, 1981, 위에 논문, 225쪽.
6) 윌리엄고랜드가 그린 도면과 유사한 대부장경호의 사진을 보면 '제1호'라는 이름표
  가 경부에 붙여져 있다. 이는 이 유물을 수집하였을 때 이미 어느 고분에서 출토가
  되었다는 것을 보여주는 것이다. 적어도 1884년에는 도굴(?)이 있었다는 것을 확인
  할 수 있다.

에서 출토된 목관의 목재의 수종을 분석하여 일본에서 자생하는 '고우야마키(금송)'임을 확인하면서, 이미 백제 사비기의 왕릉군에 매납되는 목관은 전부 '고우야마키'를 사용한 것으로 추정하였다.7) 요즘은 당연한 분석 과정이겠지만, 그 의도가 어찌되었든 당시 이미 출토유물의 자연과학적 분석까지 하였다는 점에서 의의가 있다고 할 수 있다. 이외에도 일제강점기에 고대 한일관계에 관한 고고학적 연구는 꽤 진행이 되었으나, 한국에서의 연구는 불가능한 상태에서 일본인들에 의한 일방적인 연구가 진행되었다.

3. 고대 한일교류 연구의 경향

일제강점기가 끝난 이후 삼국·고분시대 양지역간의 교류를 살펴볼 수 있는 유물에 대한 분석을 토대로 한일 교류와 관련된 고고학적 연구는 각 분야에서 활발하게 이루어져 많은 성과가 축적되어 왔다. 그와 관련된 내용을 집대성하고 정리한 박천수8)와 高田貫太9)의 연구 성과를 참고하여 경향을 정리하고자 한다.

1960년와 70년대에 이르기까지 고대 한일관계 연구는 이전 일제강점기에 이어지는 침략사관과 유사하였다. 한반도에서 확인되는 일본열도계 유물이 임나일본부와 같은 사실을 보여주고 한반도 침략에 의한 것이고, 일본열도에서 확인되는 한반도계 유물 역시 왜왕권이 조선 정복에 성공하였기 때문이라고 보는 견해들이다.10) 이러한 경향은 1980년대 이후 인식의 변화가 일어난다. 문헌사학에서의 임나일본부의 부정을 비롯하여 부산 복천동고분군와 김해 대성동고분군 등 급격하게 늘어나는 발굴조사와 고고자료의

---

7) 朝鮮古蹟硏究會, 1938, 『昭和十二年度古蹟調査報告書』, 141~142쪽.
8) 박천수, 2007, 『새로 쓰는 고대 한일교섭사』, 사회평론
9) 高田貫太, 2014, 『古墳時代の日朝關係-新羅·百濟·大加耶と倭の交涉史-』, 吉川弘文館.
10) 박천수, 앞의 논문, 24~25쪽.

축적에 기인하였다. 이와 같은 흐름속에서 고고자료를 통한 고대 한일관계 연구에서 큰 반향을 일으킨 것이 박천수의 연구이다. 그는 삼국시대 각 시기별로 한반도와 일본열도에 분포하는 상호관계를 보여주는 고고자료를 망라하여 각 시기별로 그 실상을 밝혔다. 특히 일본열도에서 출토되는 한반도계 문물의 계보가 4~5세기 전반에는 금관가야계, 5세기 후반에는 대가야계, 그리고 6세기 전반에는 백제계로 변화되는 것을 언급하면서 고대 한반도와 일본열도간의 상호 정치적 변동에 따라 각각 교섭의 주체가 변화하는 것을 지적하였다.[11] 이에 이어 기왕에 문헌기록에 의거하여 적대적인 관계로만 파악하여 왔던 신라와 왜의 관계가 고고자료로 볼 때 실은 그렇지 않고 5~6세기대에도 교류관계가 있었다는 高田貫太[12]의 지적에 의해 고대 한반도와 일본열도간의 고고자료를 통한 교류관계에 대한 전체적인 윤곽이 그려지게 되었다.

　이러한 연구이외에도 1990년대부터 지금까지 고고학에서의 고대 한일관계 연구는 이루 셀 수 없을 정도로 많은 성과를 내고 있다. 삼국지 위서 동이전에 나오는 왜가 가야로부터 철을 수입하다는 기사 내용을 증명이라도 하듯이 3~4세기 일본열도에서 철기가 본격적으로 확인되기 시작하고, 그와 궤를 같이하여 금관가야의 왕묘역인 김해 대성동고분군에서는 통형동기와 파형동기 같은 유물이 출토되는 양상, 한반도 공인의 영향아래 일본에서 경질토기 생산을 가능하게 했던 초기 스에키 가마유적, 그리고 장식대도, 귀걸이, 금동관과 같은 화려한 금공품, 무기, 무구, 농공구와 마구 등의 철기류 등 이 시기 유적에서 출토되는 거의 모든 유물에서 고대 한일관계를 살필 수 있고, 많은 연구가 진척되어 왔다. 즉, 단순히 교류사, 비교사적인 관

---

11) 박천수, 1995, 「渡來係文物からみた加耶と倭における政治的變動」『待兼山論叢』史學編29, 53~84쪽, 2002, 「고고자료를 통해 본 고대 한반도와 일본열도의 상호작용」『한국고대사연구』27, 53~110쪽.
12) 高田貫太, 2005, 『일본열도 5~6세기 한반도계 유물로 본 한일교섭』, 경북대학교대학원 박사학위논문.

점에서의 접근이 아니라 따로 떼어놓고서는 설명할 수 없을 만큼 밀접한
관계를 맺고 있다.

총 3회에 걸쳐 실시된 부산대학교박물관과 일본 국립역사민속박물관이
주최한『한일 삼국·고분시대 연대관』시리즈13)나 최근까지 이어진 한일교
섭의 고고학-삼국시대-연구회에서 주최한 공동연구회14) 등이 이를 잘 보여
주고 있다.

이처럼 고고자료를 통한 고대 한일관계 연구는 그 전체적인 연구를 정리
한다는 것은 어려울 만큼 많은 자료가 확인되고, 연구가 진행되고 있다. 따
라서 여기에서는 한반도에서 출토되는 왜계 고고자료가운데 그 논의가 비
교적 활발하게 이루어지고, 또 여전히 피장자 혹은 제작지 등에 이견이 많
은 한반도에 분포하는 전방후원분과 왜계고분을 비롯하여 스에키, 왜계갑
주, 통형동기를 중심으로 기왕의 대략적인 연구에 대해 살펴보고자 한다.

1) 전방후원분과 왜계고분

한반도에 분포하고 있는 왜계자료가운데 가장 많은 주목을 받고, 또 이
견이 많은 것은 역시 전방후원분에 대한 해석이다. 크게 재지수장설과 왜인
설로 구분할 수 있는데, 처음 한반도에 분포하고 있는 전방후원분에 대한
접근은 지금과는 많이 달랐다. 먼저 한반도에 전방후원분의 존재를 처음 지
적하고 조사한 강인구는 1983년 고성 송학동1호분의 지표조사를 통해 전방
후원분일 가능성을 제시하였고, 1985년 해남 방산리 장고산고분을 측량조

---

13) 한국국립부산대학교박물관·일본국립역사민속박물관, 2006,『한일 삼국·고분시대
    의 연대관(Ⅰ)』, 2007,『한일 삼국·고분시대의 연대관(Ⅱ)』, 2009,『한일 삼국·고분
    시대의 연대관(Ⅲ)』.
14) 한일교섭의 고고학-삼국시대-연구회, 2013,『한일마구의 신 전개-최근 출토자료로
    본 새로운 과제와 전망』, 2014,『무기무구와 농공구·어구-한일 삼국·고분시대 자료-』,
    2016,『한일 4·5세기의 토기·철기생산과 취락』, 2016,『한일의 고분』.

사하였다. 물론 고성 송학동1호분의 경우는 발굴조사로 인해 3개의 원분이 이어진 것으로 확인되었으나, 한반도에 일본과 같은 전방후원분이 존재하고 있음을 알리게 되었다. 이후 "위의 고분들을 조사하면서 한결같이 품은 희망과 포부는 분구형태상으로나마 시대가 올라가는 고식의 전방후원분의 발견과 그에 대한 발굴조사였다" 라고 영암 자라봉고분 발굴보고서의 조사 경위에서 명확하게 밝히고 있다.15) 일본 전방후원분의 출현과 기원에 대한 새로운 접근을 염두에 둔 것으로 짐작할 수 있다.

이후 광주 월계동고분 등의 조사로 인해 한반도에 전방후원분이 축조되었던 것이 한층 명확해졌고, 이에 따라 본격적인 연구가 시작되었다. 1999년 충남대학교 백제연구소에 의해 개최된 "한국의 전방후원분"이라는 학술회의가 이를 잘 보여주고 있다. 발굴자료가 부족하여 고고학적으로 면밀한 검토는 부족하였지만, 고고학뿐만 아니라 문헌사학에서의 접근을 동시에 꾀하면서 전방후원분 문제에 대해 정면으로 다가섰다.16) 전방후원분에 대한 학계의 관심은 발굴조사로 이어져 지금까지 함평 장고산고분·예덕리 신덕고분·마산리 신덕고분 영남 자라봉고분, 해남 방산리고분·용두리고분, 광주 명화동고분·월계동1·2호분, 고창 칠람리고분 등이 분구 혹은 석실이 조사되었다. 더욱이 최근 고창 칠암리의 전방후원분 바로 옆 능선에 또 한기의 전방후원분이 확인되는 등 그 수는 점차 증가하고 있다.

---

15) 강인구, 『삼국시대유적의 조사연구(Ⅰ) 자라봉 고분』, 11쪽, 한국정신문화연구원.
16) 충남대학교 출판부, 2000, 『한국의 전방후원분』.

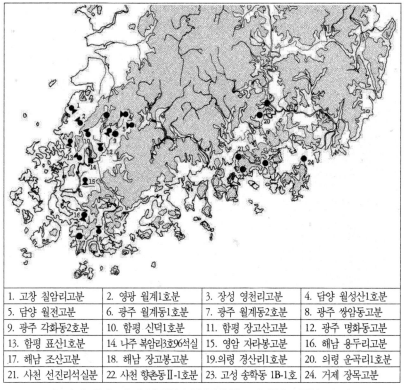

1. 고창 칠암리고분	2. 영광 월계1호분	3. 장성 영천리고분	4. 담양 월성산1호분
5. 담양 월전고분	6. 광주 월계동1호분	7. 광주 월계동2호분	8. 광주 쌍암동고분
9. 광주 각화동2호분	10. 함평 신덕1호분	11. 함평 장고산고분	12. 광주 명화동고분
13. 함평 표산1호분	14. 나주 복암리3호96석실	15. 영암 자라봉고분	16. 해남 용두리고분
17. 해남 조산고분	18. 해남 장고봉고분	19.의령 경산리1호분	20. 의령 운곡리1호분
21. 사천 선진리석실분	22. 사천 향촌동II-1호분	23. 고성 송학동 1B-1호	24. 거제 장목고분

〈도면 2〉 한반도의 전방후원분과 왜계석실 분포도(김규운·김준식 2010)

이러한 전방후원분은 한반도에 유래가 없는 고분들로 누구에 의해 어떻게 조영되었는지가 가장 중요하기 때문에 그 분석대상이 무엇이든 결국 피장자 문제로 귀결되고 있다. 크게 재지수장 또는 왜인 대별되고 있다. 재지수장은 다시 백제에 복속된 수장으로 보는 것과 복속되지 않은 것으로 보는 견해로 나뉜다. 백제에 복속되지 않은 영산강유역 재지수장으로 보는 견해는 박순발[17]과 土生田純之,[18] 김낙중[19] 등이 있다. 이 시기 영산강유역

---

17) 박순발, 2000, 「백제의 남천과 영산강유역정치체의 재편」 『한국의 전방후원분』, 충남대학교출판부.

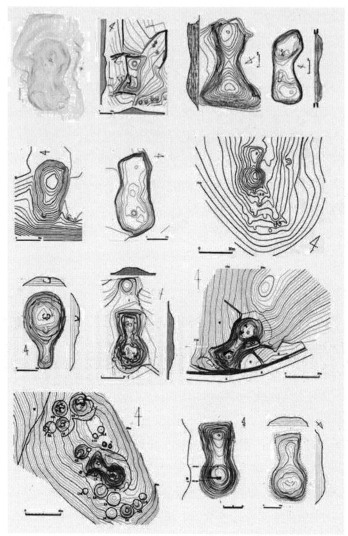

〈도면 3〉한반도의 전방후원분(1列: 七巖里古墳, 明花洞古墳, 光州月桂洞1·2號墳, 2列: 月城山
        1號墳, 月田古墳, 月桂1號墳, 3列: 자라봉古墳, 新德1號墳, 長鼓山古墳, 4列: 瓢山1
        號墳, 龍頭里古墳, 長鼓峰古墳)

---

18) 土生田純之, 2008,「前方後圓墳をめぐる韓と倭」『古代日本の異文化交流』, 勉誠出版.
19) 김낙중, 2009,『영산강유역 고분 연구』, 학연문화사.

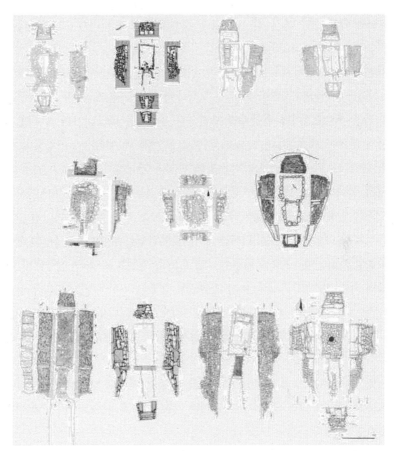

〈도면 4〉 한반도의 왜계석실(左上부터 長木古墳, 角化洞2號墳, 新德1號墳, 造山古墳, 雲谷里1
號墳, 鄕村洞Ⅱ-1號墳, 鈴泉里古墳, 松鶴洞1B-1號墳, 船津里石室墳, 景山里1號墳,
伏岩里3號96石室)

의 독자성을 강조한 견해이다. 이 가운데 김낙중은 한성기백제가 멸망하면
서 지방에 대한 그 영향력이 약화되었다는 것을 토대로 영산강유역 집단의
독자성에 대해 설명하였다. 즉, 정세의 변화에 따라 주변 세력과 관계를 돈
독히 하기 위해서, 특히 일본열도 내 특정집단과의 우호관계를 표현하기 위
해 전방후원분을 도입하였다고 보았다. 그리고 영산강유역 전방후원분에서

나타나는 부장품이 현지 집단에 의한 것이라고 보기 때문에 그 피장자를 재지수장으로 판단하고 있다.

백제에 복속된 재지수장으로 보는 견해는 신대곤,[20] 우재병[21] 등이 있다. 신대곤은 영산강유역이 백제의 지배하에 있는 가운데, 왜와 교역에 종사하였던 재지수장이 타집단과의 차별성과 우월성을 나타내기 위해 전방후원분의 분형과 왜계석실을 도입한 것으로 보았다. 우재병은 무령왕릉의 묘제를 대외적으로 중국 남조와의 긴밀한 관계를 과시하기 위한 것으로 보고, 백제에 복속하고 있었던 영산강유역 일부 수장들에게 왜와의 동맹관계를 과시하기 위하여 전방후원분이라는 묘제를 채택하게 한 것으로 파악하였다.

피장자를 왜인으로 보는 견해는 귀향한 마한인설과 왜인독자설, 왜계백제관료설로 나뉜다. 귀향한 마한인설로 보는 임영진[22]은 최근 연구에서 백제영역 확장 과정에서 北部 九州 지역으로 이주한 마한세력들이 다시 영산강유역으로 망명하는 것에 의해 조영된 것으로 파악하였다. 왜인독자설로는 홍보식[23]이 있다. 석실의 구조와 입지, 분형, 분구제사, 유물부장 상태 등이 九州지역의 매장상태와 비슷하다는 것을 근거로 이 지역에 정착한 왜인으로 정착 이후에 백제 중앙의 지배를 받았던 것으로 보았다. 또한 전방후원분의 출현에 대해 집단 간의 교역과 새로운 문화의 수용이라는 측면을 강조하였다.

왜계백제관료설로 보는 박천수[24]는 北部 九州에서 有明海지역에 걸친

---

20) 신대곤, 2001, 「영산강유역의 전방후원분」『科技考古研究』7, 아주대학교박물관.
21) 우재병, 2004, 「榮山江流域 前方後圓墳의 出現과 그 背景」『湖西考古學』10, 湖西考古學會.
22) 임영진, 白井克也譯, 2005, 「韓國長鼓墳の被葬資と築造背景」『考古學雜』89-1, 日本考古學會.
23) 홍보식, 2005, 「韓半島 南部地域의 倭系 要所 -紀元後 3~6世紀代를 中心으로-」『韓國古代史研究』44, 韓國古代史學會.
24) 박천수, 2010, 「榮山江流域 前方後圓墳에 대한 研究士 檢討와 再照明」『집중해부, 한국의 전방후원분』, 대한문화유산센터.

복수의 유력호족으로 파악하였다. 그리고 영산강유역 전방후원분이 백제 웅진기 후반에 한정되어 축조되었고, 의도적으로 분산되어 배치된 점, 백제의 위세품이 부장된 점에서 영산강유역의 피장자는 독립적인 활동을 한 왜인으로 볼 수는 없고, 토착세력의 견제 및 왜와의 교섭, 대가야공략을 위해 백제중앙에서 일시적으로 파급한 왜계백제관료로 보았다. 그리고 김규운[25]은 5세기 후엽이 되면 백제 중앙과 야마토정권은 왕족의 외교, 선진문물 전파 등의 밀접한 관계속에서 백제계의 도래인에 의해 畿內지역에 초기 횡혈식석실이 출현하고, 이에 반대급부로써 야마토정권은 인적·물적자원을 지원하였고, 그 과정에서 야마토정권이 九州지역 세력을 이용하였기 때문에 九州지역의 석실과 전방후원분이 영산강유역에 축조되는 것으로 보았다. 백제 중앙-畿內-九州-영산강유역으로 연결되는 다자간의 관계를 상정한 것이다.

한편, 전방후원분의 매장주체부로 채용되는 왜계석실은 비단 전방후원분에만 축조되는 것이 아니라, 원분, 방분에도 축조되고, 그 범위도 영산강유역을 넘어 가야지역에도 축조가 되고 있다. 다양한 왜계요소를 얼마나 충실히 반영하고 있는지에 따라 그 분석 내용이 달라지고 있는데 대표적으로 柳澤一男, 홍보식, 김낙중, 김규운 등의 연구가 있다.

柳澤一男는 九州지역 석실과 유사하여 九州 中北部의 造墓工人만이 축조에 관여한 것으로 상정한 移植形(造山類型, 新德類型, 鈴泉里類型, 長木類型)과 九州와 일본의 다른 지역 석실 요소들이 복합되어 새롭게 나타나는 것으로 九州系 工人 이외에 일본 내 다른 지역의 造墓工人도 축조에 관여하였을 가능성이 높은 복합형(伏岩里類型, 長鼓峰類型, 月桂洞類型)으로 나누었다.[26]

---

25) 김규운, 2017, 「고분으로 본 6세기 전후 백제와 왜 관계」 『한일관계사연구』 제58집.
26) 柳澤一男, 2006, 「5~6世紀韓半島と九州-九州系埋葬施設を中心として」 『加耶, 洛東江에서 榮山江으로』(제12회 가야사국제학술회의), 金海市.

홍보식은 九州지역 석실에서 계보관계를 구할 수 있는 九州系(造山型, 伏岩里 96石室型, 新德型, 鈴泉里型, 月桂洞型)와 이 지역의 石室에서 계보 관계가 확인되지 않고, 한반도 남부지역에만 확인되는 創出型(長鼓峰型)으로 구분하였는데 肥後型과 北部九州型石室의 영향을 주로 받은 것으로 보았다. 그리고 피장자 출자의 다원성을 들며 각 형식 간의 영향성은 구체적으로 확인할 수 없을 만큼 다양하다고 보았다.[27]

김낙중은 영산강유역의 왜계석실을 도입형, 발전형, 창출형으로 구분하여, 도입형은 조형이 되는 석실의 구조적 특징을 그대로 도입한 형식이고, 도입형을 토대로 백제 횡혈식석실의 요소가 가미되면서 발전형이 성립되었다고 보았다. 그리고 창출형은 영산강유역 내 집단 간의 교섭, 남해안을 통한 가야지역과의 교섭을 그 성립 배경으로 보았다.[28] 이후 가야지역의 석실도 포함하여 도입형의 長木式, 발전형의 造山式, 창출형의 松鶴洞-長鼓峰式으로 설정하였다.[29]

김규운은 九州지역의 석실의 요소가 그대로 반영된 석실들과 왜계요소와 더불어 재지계 요소가 반영된 석실들이 있음을 파악하고 그 양상에 따라 세 유형으로 분류하였다. 1유형은 北部九州系 석실을 그대로 반영하는 왜계석실, 2유형은 有明海연안의 肥後型 석실을 그대로 답습하는 왜계석실, 그리고 이 두 유형과 다르게 3유형은 왜계요소에 재지요소가 더해져 축조되는 왜계석실로 설정하였다. 이 왜계석실들은 재지 수장묘역에, 왜계요소와 재지요소가 더해지는 형태로 한반도에 출현하며 이후 北部九州系 석실을 그대로 답습하는 왜계석실들이 집중하여 축조되는 것으로 파악하면서 왜계요소가 확실하게 갖추어지고, 한반도에서 형식학적 변화를 전혀 구할 수 없는 단절적이라는 점을 근거로 재지의 선택적 도입이라는 주장은 인정

---

27) 홍보식, 2005, 「영산강유역 고분의 성격과 추이」 『湖南考古學報』21, 湖南考古學會.
28) 김낙중, 2009, 앞의 책.
29) 김낙중, 2009, 앞의 책.

하기 어렵다는 것을 밝혔다.[30]

이외 가야지역의 왜계석실을 본격적으로 검토한 하승철은 경남 남해안일대에 나타나는 왜계석실을 船津里類型, 長木類型, 雲谷里1號墳類型으로 분류하였고, 在地에서 확인되는 석실축조의 기본 구도를 유지한 채 단지 일부 왜와 관련된 축조기법을 보이는 송학동1B-1호분은 재지와 깊은 관련이 있는 것으로 분류하였다. 또한 송학동1B-1호분의 측벽에서 꽂힌 채 발견된 철정과 장목고분의 현문부에서 확인된 경갑·찰갑과 연도 우벽에 꽂힌 채 발견된 철모와 즙석 아래에서 확인된 구부러진 대도 등을 일반적인 가야의 부장양상과 차이를 보이는 것으로 왜와 관련 깊은 것으로 보았다.[31]

가장 최근 제기된 김준식의 연구에서는 가야지역의 왜계석실과 재지고분의 비교를 통해, 석실 내부에서 베풀어진 매장관념과 고분군 형성 문제를 분석하여 A~D의 4가지 유형으로 분류하였고, 이 가운데 A유형과 B유형은 재지고분과 관련 있는 것, C유형과 D유형은 일본 九州지역 고분과 관계된 것으로 보았다.[32]

유물 부장양상과 목관 사용 등의 장제와 관련해서는 吉井秀夫[33] 등의 연구가 있다. 吉井秀夫는 석실의 평면형태와 '棺'의 기능에 주목하여 가야 횡혈식석실을 고령계와 고성계로 구분하였다. 고령계는 매장주체부의 구조는 물론 장송의례 및 장송개념에서도 백제의 영향을 받았다고 보았고, 고성계는 기존의 수혈식석곽 전통에 北部九州를 비롯한 새로운 횡혈계묘제의 영향을 받아 합쳐진 결과라고 보았다. 그리고 이 두 계통의 묘제가 독립적으로 존속한 것이 아니라 지역에 따라 복합적인 상황을 보여준다고 하였다.

---

30) 김규운, 2017, 앞의 논문.
31) 河承哲, 2005, 「伽倻地域 石室의 受用과 展開」 『伽倻文化』第18號, 伽倻文化 硏究院.
32) 김준식, 2015, 「경남 남해안 일대 왜계석실 피장자의 성격과 역할」 『야외고고학』제23호.
33) 吉井秀夫, 2008, 「횡혈계 묘제를 통해서 본 6세기의 가야와 주변제국」 『6세기대 가야와 주변제국』(제14회 가야사국제학술회의), 金海市.

왜계석실 역시 전방후원분과 같은 양상으로 도입배경, 피장자 비정 등에 다양한 이견이 존재한다. 가야지역 왜계석실 도입에 대한 대표적인 견해를 살펴보면 먼저 박천수는 의령 경산리1호분, 운곡리1호분, 고성 송학동1B-1호분의 피장자를 대가야의 의해 대왜, 대백제, 대신라 교섭에 활약한 왜인으로 규정하였다. 그리고 경산리1호분 피장자는 기존의 의령 유곡리고분군의 수장을 대신하여 대가야에서 파견한 지방관의 역할을 수행한 왜계관료로 상정하였다.[34] 홍보식 역시 九州지역 造墓집단의 구성원 일부가 한반도로 건너와 정주하면서 재지 세력과의 협력 속에 축조하였다고 보았다.[35] 이에 반해 하승철은 남해안일대 왜계석실의 도입은 축조기술 내지 기술자의 유입, 재지 축조자에 의한 기술의 습득과 모방, 왜인 이주 집단과 왜인 피장자의 존재, 이주 왜인 집단과 재지인의 효과적인 통치를 위한 재지 수장층의 채택, 동아시아 전역의 석실 확산과 수용에 따른 수장 측의 선택 등으로 요약하였다. 따라서 그 차이를 구분하여 왜인과 왜계요소를 도입한 재지 수장으로 나누었다.[36] 최근 김규운은 왜계고분의 입지, 그리고 출현 양상으로 보아 경산리1호분, 운곡리1호분, 장목고분은 신라를 견제하기 위해 대가야에 의해 요청된 왜인이, 그리고 선진리고분과 향촌동 II -1호분은 임나사현을 뺏긴 이후 동진하는 백제를 견제하기 위해 요청된 왜인이 피장된 것으로 보았다. 다만 송학동1B-1호분은 왜계유물을 비롯하여 신라계유물, 백제계유물, 대가야계유물 등이 다양하게 확인되어 어느 한 집단을 상대하기 위한 군사적 목적으로 이해하기는 어렵기 때문에 가야와 일본 열도의 교류에 있어 송학동고분군 조영집단이 중추적인 역할을 한 것으로 보았다.[37]

---

34) 박천수, 2003, 「榮山江流域と加耶における倭系古墳の出現過程とその背景」 『熊本古墳研究』 1, 熊本古墳研究會.

35) 홍보식, 2006, 「韓半島 南部地域의 倭系 要所 -紀元後 3~6世紀代를 中心으로-」 『韓國古代史研究』 44, 韓國古代史學會.

36) 하승철, 2005, 앞의 논문.

이처럼 전방후원분과 왜계석실의 피장자 비정은 여러 속성들 가운데 각기 자신의 관점, 즉 역사관에 따라 몇 가지 속성을 강조함에 따라 차이를 보이고 있다. 즉, 외부적인 요소를 강조하느냐, 지역적인 관점에서 바라보느냐에 따라 큰 차이를 보이는 것으로 고고자료의 분석과 그에 따른 견해를 제시하기 이전에 먼저 어떠한 관점을 가지고 있는지에 의해 견해가 나뉘고 있는 것이 사실이다.

전방후원분과 왜계석실이 축조되기 이전의 수혈식석곽을 매장주체부로 하는 왜계고분의 조사 사례가 증가하고 있다. 고흥 야막고분, 안동고분, 신안 배널리고분 등이 그것이다. 연안항로의 요충지에 이러한 고분들이 축조되고 있어 왜와 백제의 교역에 직접적으로 종사한 왜인의 활동과 관련되었을 것으로 보고 있다.[38] 앞으로 이 시기 왜계고분의 출현에 대한 더 많은 논의가 이루어져 전방후원분의 출현 과정의 통시간적인 접근이 필요하다.

2) 須惠器

한반도에서 확인되는 왜계유물가운데 가장 많은 양을 차지하고 있는 것이 바로 須惠器이다. 단순히 출토량만이 중요한 것이 아니고, 한반도와 일본열도 양 지역의 편년에 아주 밀접하게 연동되어 있다. 한반도의 경우는 생산의 동시성을 증명할 수 있는 토기 가마의 조사예는 적은 반면 폐기의 동시성을 알 수 있는 고분 등이 다수 조사되었다. 반면 일본열도에서는 토기가마의 조사를 통해 須惠器의 생산연대를 확인할 수 있고, 두 자료의 교차연대를 통해 양 지역간의 유적, 유물의 연대를 비정하고 있다. 그만큼 가장 밀접한 관계를 맺고 있는 자료이다.

---

37) 김규운, 2018, 「소가야의 왜계고분 수용과 전개」 『소가야의 고분문화와 대외교류』, 국립가야문화재연구소.
38) 김낙중, 2013, 「5~6세기 남해안 지역 왜계고분의 특성과 의미」 『호남고고학보』45.

한반도 출토 스에키에 대한 연구는 木下亘, 하승철, 김일규, 박천수, 이성
주, 서현주, 中久保辰夫, 이지희 등에 의해 이루어졌다.[39] 木下亘은 한반도
출토 스에키에 대해 가야지역인 경상도에서는 거의 고분 출토품으로 대부
분 일본열도에서 반입된 토기가 많다고 보았다. 이에 비해 전라도·충청도
지역에서는 소위 모방토기가 많이 확인되며, 모방토기의 시기 및 분포는 한
반도의 전방후원분과 같이 한다고 지적하였다. 그리고 스에키 및 스에키계
토기의 출현은 TK23~MT15형식이 중심을 이루고 이 토기들의 기종구성을
보면 개배, 무개고배, 유공광구소호, 유공장군, 자라병 등으로 제사용 기종
이 대부분을 차지하고 있다고 언급하였다.[40]

하승철은 한반도 출토 스에키는 5세기 후반에서 6세기 전반에 집중적으
로 출토된다고 보았다. 가야의 경우 산청 생초 9호분을 제외하면 1~2점 산
발적으로 출토되고 마한·백제지역은 다량 확인되고 다양한 유구에서 확인
된다고 보았다.[41] 그리고 소가야지역에 스에키가 집중 출토되고 스에키가
출토되는 유적에 소가야 토기의 출토현황을 근거로 왜와 가야·백제교섭은
소가야인들이 중계했을 것으로 보았다.[42]

김일규는 한반도 출토 스에키 토기를 유역별로 구분하여 정리하고 이를
편년하였다. 그리고 한반도에서 출토된 스에키의 공반유물을 기준으로 역
연대를 적용하여 TK47형식을 6세기 초엽의 늦은 시점, MT15·TK10형식의
스에키 토기는 6세기 중엽으로 편년하였다.[43]

39) 한반도 출토 須惠器의 연구사에 대해서는 이지희, 2015, 「한반도 출토 須惠器의 시
공적 분포 연구」, 경북대학교 대학원 석사학위논문을 참고.
40) 木下亘, 2003, 「韓半島 出土 須惠器(系)土器에 대하여」 『백제연구』 제37집, 충남대
학교 백제연구소.
41) 하승철, 2012, 「토기와 묘제로 본 고대 한일교류」 『아시아의 고대 문물교류』, 중앙
문화재연구원학술총서 5, 서경문화사.
42) 하승철, 2011, 「외래계문물을 통해본 고성 소가야의 대외교류」, 『가야의 포구와 해
상활동』, 제17회가야사학술회의, 김해시.
43) 김일규, 2011, 「남해안지역 須惠器(系)土器의 출현배경과 의의」 『제 35회 한국고고

박천수는 초기 스에키의 계보와 다원성 그리고 한반도 출토 스에키에 관해 언급하였다. 스에키생산이 일본열도에서 4세기 말에서 5세기 초 다원적으로 개시되었다고 보면서 왜왕권에서는 주로 금관가야권역, 九州와 四國 서부지방의 호족은 소가야, 四國 동부지방의 호족은 아라가야와 교섭하여 초기 스에키 공인을 초빙하였다고 보았다.[44]

이성주는 기원전 2세기에서 6세기경까지 한반도 남해안지역에서 출토된 왜계유물 양상을 검토하였다. 왜계유물에 대한 해석의 문제점을 지적하고 양지역간의 정치경제적인 혹은 이념적인 상호작용의 결과로 나타나게 되었을 것이란 전제로 왜계유물에 접근하였다. 그중 스에키 및 스에키유사품은 경남 서부의 내륙과 해안 및 영산강유역의 전남지방에 집중되어 있고 신라 지역에서는 볼 수 없다는 점을 지적하였다.[45]

서현주는 영산강유역 토기를 기종별로 정리하고 영산강양식을 설정하며 스에키를 언급하였다. 영산강유역에서 무개식 삼각형투창고배를 5세기 중·후엽경에 나타난다고 보고 영산강 상류지역에서 주로 출토된다고 보았다. 그 중에서 스에키 고배와 흡사한 것도 포함되어 있어서 그 영향에 의한 것으로 보았다.[46]

中久保辰夫는 한반도에서 출토된 스에키계에 대해 지역별 분석을 시도하여 스에키계 개배도 스에키와 함께 TK23·TK47기에 가장 성행한다고 보았다. 그리고 영산강유역의 스에키계 토기는 한반도의 재래 도공이 스에키를 모방한 것으로 판단하였다.[47]

학전국대회 발표요지』, 한국고고학회.

44) 박천수, 2002, 「考古資料를 통해 본 古代 韓半島와 日本列島의 相互作用」『한국고대사연구』27, 한국고대사학회.

45) 이성주, 2002, 「南海岸地域에서 출토된 倭系遺物」『古代 東亞細亞와 三韓·三國의 交流』, 복천박물관.

46) 서현주, 2012, 「영산강유역 토기문화의 변천 양상과 백제화과정」『백제학보』 제6호, 백제학회.

47) 中久保辰夫, 2014, 「왜계유물연대론」『영산강유역 고분 토목기술의 여정과 시간을

〈도면 5〉 한반도 출토 스에키의 편년(이지희 2015)

이지희는 한반도에서 출토된 스에키를 망라하여 시공적 분석을 시행하였다. 그 결과 5세기 전반 왜계고분, 왜계갑주처럼 서남해안 연안에 등장하고, 그 후 TK208단계가 되면 영산강 상류지역에 특히 집중되며 5세기 후반이 되면 영산강유역, 서남해안, 서해안, 영남권, 금강유역, 중부내륙, 한강유역

찾아서』, 국립나주문화재연구소·대한문화재연구원 2014 하반기 국제학술대회.

에까지 확산되는 것을 확인하였다. 5세기 후반에는 영산강유역은 중류에도 등장하기 시작하고 5세기 말이 되면 영산강유역의 스에키 출토지의 중심이 중류 반남 일대로 이동하며 5세기 후반~말까지 각 권역별로 다양한 유구에서 스에키가 다수 출토되는 것으로 보았다. 그 후 6세기가 되면 스에키 출토량이 급감하고 주로 고분에서 출토되고 특히 수장급묘, 왜계고분에 한정되어 확인되며, 6세기 전반에는 다양한 출자의 스에키가 확인되다가 MT85단계에는 西日本産 스에키가 왜계고분에 집중되어 확인되는 것으로 파악하였다. 그 후 6세기 후반~7세기 전반에는 호, 편병, 장군 등의 近畿産, 西日本産 스에키가 당시 백제의 수도인 부여에서만 출토되는 것으로 보았다.[48]

이처럼 일본열도에서 생산된 스에키는 한반도에 다수 출토되고 있어, 더욱이 스에키를 모방한 토기들도 한반도에서 직접 생산되고 있어 각 지역에서 다양한 연구가 진행되고 있다. 그러나 유공광구호 등과 같이 아직 스에키와 스에키계의 구분에는 모호한 점이 있어 추후 더욱 세밀한 토기 관찰에 의한 연구가 진행되어야 할 것이다.

3) 왜계갑주

고대 한반도와 일본열도간의 관계를 엿볼 수 있는 자료로 왜계갑주가 있다. 한반도에서 출토된 왜계갑주에 대한 연구는 크게 제작지에 문제, 그리고 수용 배경과 의미에 관한 것이 중심이었으며 수량이 적은 투구나 부속구를 제외하고 주로 대금계 판갑과 찰갑을 중심으로 검토되어 왔다.[49]

제작지에 대해서는 穴澤咊光·馬目順一에 의해 처음으로 구체적인 검토

---

48) 이지희, 2015, 앞의 논문.
49) 한반도 출토 왜계갑주에 관한 연구는 김혁중, 2011, 「한반도 출토 왜계갑주의 분포와 의미」『중앙고고연구』제8호를 참고.

가 있었다. 한반도 남부와 일본열도 출토 갑주의 유사성을 지적하고 이를
임나일본부와 같은 왜의 군사적 진출과 관련이 있을 것으로 보았다.[50) 이
후 한반도에서는 대금계 갑주와는 다른 판갑인 종장판갑이 확인되면서 종
장판갑을 중심으로 한 한반도의 독자적 갑주 제작 기술이 밝혀지게 되었고
대금계 갑주의 제작지에 대한 여러 논의가 있었다. 대표적으로 송계현은 일
본열도 출토품과 비교하여 영남지방에서 출토되는 대금계 판갑의 특징을
지적하였다. 三角板鋲留板甲에 사용된 기술적 특징들이 일본열도 출토품
에서는 확인하기 어렵다보고 이 대금계 판갑들을 낙동강하류역에서 제작한
것으로 이해하였다.[51) 그러나 이러한 특징은 橋本達也가 지적한 바와 같이
일본열도 출토품에도 확인되고 있다. 또한 대금계 판갑이 한반도에서 제작
되었다면 형식적인 변천에서 획일성이 보여야 하지만 그렇지 않으며 종장
판갑과 동일한 계통으로 보기도 어렵다고 하였다. 따라서 일본열도에서 확
인되는 木甲 등에서 대금계 판갑의 조형을 찾을 수 있다고 하였다.[52) 福尾
正彦은 기술적으로 한반도 출토 종장판갑과 비교하면서 일본열도 최초의
철제 판갑인 竪矧板革綴短甲과 제작 기술이 서로 다름을 주장하였으며 송
계현이 지적한 다양한 대금계 판갑의 속성은 일본열도에서도 확인된다고
하였다.[53) 이현주(2009) 역시 기술적 문제를 언급한 바 있는데, 연결기법과
복륜기법에 주목하여 한반도 고유의 철제 판갑인 종장판갑과 대금계 판갑
모두를 한반도제로 볼 경우 기술 퇴보라고 볼 수밖에 없게 되므로 대금계
갑주의 제작지를 일본열도로 보는 것이 타당하다고 하였다.[54) 김혁중은 대

---

50) 穴澤咊光·馬目順一, 1975, 「南部朝鮮出土の鐵製鋲留甲冑」『朝鮮學報』제76집.

51) 송계현, 2001,「4~5세기 동아시아의 갑주」,『4~5世紀 東亞細亞 社會와 加耶』,第2回
加耶史 國際學術大會.

52) 橋本達也, 2005,「古墳時代甲冑系譜論-日韓の帶金式甲冑の問題」『マロ塚古墳出土品
を中心にした古墳時代中期武器·武具硏究』,國立歷史民俗博物館共同硏究.

53) 福尾正彦, 2003,「日本と朝鮮半島の鐵製甲冑」『東アジアとの日本 考古學III』.

54) 이현주, 2009,「한국고대갑주의 현황과 과제」『한국의 고대갑주』, 복천박물관.

금계 갑주 및 왜계 찰갑의 형식 분류와 전개 양상을 살펴보았다. 이를 바탕
으로 고구려를 제외한 삼국 모두 왜계갑주가 확인되며 특히, 왜와 적대적인
관계가 유지된 것으로 이해된 신라는 왜계 주를 통해 볼 때 당시 신라의
영토 확장 정책과 관련하여 왜와 군사적 교류가 있었을 가능성을 지적하였
다. 그리고 백제 역시 일찍부터 왜계 갑주가 확인되는데 영산강유역에서 확
인되는 전방후원분 출토 왜계갑주는 위세품이라기보다 백제의 남방을 감시
하는 왜계 백제관료의 성격을 나타내는 유물로 이해하였다.[55]

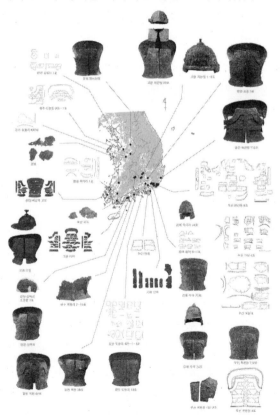

〈도면 6〉 한반도 왜계갑주 분포도(국립김해박물관 2015)

---

55) 김혁중, 2011, 앞의 논문.

이러한 왜계갑주의 수용에 대해 왜의 군사적 진출의 산물로 이해하는 견해56)와 대금계 갑주의 출현을 왜와의 군사적 동맹 관계의 산물로 보는 견해가 있다.57) 이와 달리 사회적 배경으로는 당시 한반도와 일본열도가 다양한 물적 교류가 있었던 만큼 왜계갑주도 그 대상물의 하나로 공급과 입수의 과정을 설명하려는 견해58)와 대금계 갑주의 경우 당시 주력 무기에 비해 비실용적임을 강조하고 매장의례의 일부로서 입수 배경을 이해하려는 견해59)가 있다.

이러한 한반도 출토 왜계갑주의 연구에서는 생산지 문제에 여전히 이론이 있고, 아직까지 일본 측 시각에 입각한 연구가 대부분이다. 입수 배경에 대해서도 한반도 서남해안에 분포하는 왜계갑주 출토의 고분은 피장자가 왜인으로 비정되나 가야지역과 신라지역에서 확인되는 왜계갑주에 대해서는 그러한 비정을 하지는 않고 있다.60) 앞으로 증가되는 자료에 대한 분석을 통해 제작지와 입수배경에 대한 논의의 진전이 기대된다.

4) 통형동기

한반도와 일본열도 공히 비슷한 수량의 출토예를 보이고 있어 그 제작지에 대해 많은 논의가 진행된 고고자료로 통형동기를 들 수 있다. 한반도, 특히 금관가야지역에서 제작되고, 일본열도로 확산되는 양상을 그리는 쪽과,

---

56) 田中晋作, 2010,「고분시대 무기조성의 변화와 한반도 정세」『대성동고분군과 동아세아』, 제16회 가야사국제학술회의.
57) 박천수, 2007, 앞의 책.
58) 송정식, 2009,「삼국시대 판갑(板甲)의 특징과 성격」『학예지』제16집, 內山敏行, 2008,「小札甲の變遷と交流」『王權と武器と信仰』, 同成社, 森川祐輔, 2008,「東北アジアにおける小札甲の樣相」『朝鮮古代研究』, 第9號.
59) 이현주, 2009, 앞의 논문.
60) 김혁중, 2016,「한반도 삼국시대사회의 시점으로 평가한 왜계무장구」, 일본역사민속박물관 국제심포지움.

그와 반대로 일본열도에서 제작되어 금관가야지역에 반입되는 양상을 주장하는 쪽으로 대별된다.[61]

먼저 일본열도에서 제작되었다는 견해는 주로 일본열도에서 확인되는 분포양상과 왜계유물과의 관계를 중시하여 통형동기를 왜계유물로 파악하고 있다.[62] 특히, 東潮는 통형동기와 槍의 공반관계를 주목하여, 두 유물이 모두 일본열도로부터 한반도로 반입되었다고 보았다.[63]

반면, 한반도에서 제작되었다는 견해는 한반도에서도 집중적인 분포상황을 중시하면서 금관가야에서 생산된 유물로 상정하였고, 특히, 대성동고분군 세력이 생산하여 복천동고분군 및 양동리고분군, 나아가 일본열도로 배포되었다는 견해가 제시되었다.[64]

이러한 상황에서 최근 통형동기뿐만 아니라 통형동기가 구성하는 기물 전체의 제 요소를 포괄적으로 분석한 연구가 있다. 결론적으로 통형동기가 구성하는 槍의 구조, 통형동기의 제작기술이나 舌의 유무 등에 대해 분석하여 일본열도의 사례와 비교 검토하면 기본적으로는 일본 열도에서 반입되었다고 보았다.[65]

금관가야지역과 畿內지역에 집중 분포하고 있고, 창 등의 공반유물 등도 함께 분석하고 있음에도 불구하고 어느 지역을 중심으로 분석하는가에 따라 여전히 제작지와 입수 배경 등에 이견이 좁혀지고 있지 않다.

---

61) 통형동기 제작지에 대한 기왕의 연구사는 細川晋太郎, 2012, 「한반도 출토 통형동기의 제작지와 부장배경」 『한국고고학보』제85집 참고.

62) 小田富士雄, 1993, 「古墳文化期における日韓交涉-倭と百濟・加耶・新羅-」 『加耶と古代東アジア』, 新人物往來社, 柳本照男, 2001, 「金海大成洞古墳群出土の倭系遺物について」 『久保和士君追悼考古論文集』등.

63) 東潮, 2006, 『倭と加耶の國際環境』, 吉川弘文館.

64) 홍보식 2000, 考古學으로 본 金官加耶」 『考古學을 통해 본 加耶』, 韓國考古學會, 신경철, 2004, 「筒形銅器論」 『福岡大學考古學論集-小田富士雄先生退職記念-』, 小田富士雄先生退職記念事業會, 김영민, 2008, 『金官加耶의 考古學的硏究』, 釜山大學校文學博士學位論文 등.

65) 細川晋太郎, 2012, 앞의 논문.

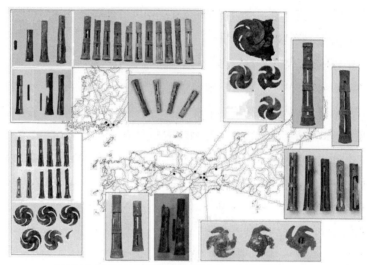

〈도면 7〉한반도와 일본열도 통형동기 분포양상(박천수 2015)

4. 도래인 연구

앞서 살펴본 바와 같이 한반도에서도 일본열도와의 관계를 엿볼 수 있는 다양한 유적과 유물이 확인되고 있다. 그러나 오히려 양 지역간의 관계를 살펴볼 수 있는 고고자료는 일본열도에서 훨씬 많이 확인되고 있다. 그러나 이를 전부 정리하는 것은 지면상 무리이기 때문에 최근에 많은 논의가 되고 있는 도래인에 대해서만 간략하게 정리하고자 한다.

근년 고대 한일교류 연구에서 자주 등장하는 용어가 도래인이다. 단순히 교류관계를 보여주는 유물의 출토양상을 넘어 실제 일본열도로 건너가 거주하였던 사람들의 실상을 파악하려는 연구가 집중되고 있다.

1980년대부터 한식계토기·비녀(叙子)·축소모형 취사도구를 통하여 구체적인 도래인의 모습을 그리기 시작하였고 1990년대에는 특히 堀田啓一에 의해 장신구, 축소모형 취사도구, 단야 공구, 유리구슬 주형, 단야 공방, 스에키 생산 관계, 취락 등 다양한 자료를 종합하여 도래인을 검토할 필요성을 제기하였다.[66] 또한 花田勝廣도 취락(온돌건물지, 벽주건물), 고분, 수공업 생산 등을 종합하여 검토함으로써 적극적으로 도래인에게 접근하였다.[67] 이러한 흐름속에서 龜田修一도 도래인의 이동·정착, 일본열도에서의 생활·일·역할 등을 검토하고 유구·유물·의례 등을 모델화하여 도래인을 「사람의 일생」을 의식해 검토할 것을 제기하였다.[68]

이처럼 한반도에서 이주한 도래인을 보여주는 유적과 유물로써 이전부터 주목하였던 축소모형 취사도구와 한식계토기, 온돌주거 등을 비롯하여 최근에는 부뚜막의 아궁이틀과 연통, 그리고 大阪府 部屋北유적으로 대표되는 말을 사육하였던 마사유적에 이르기까지 다양하게 검토되고 있다. 특히 이 가운데 도래인의 직접 거주지로 생각되는 벽주건물지의 발굴예가 한반도와 일본열도에서 계속 증가하면서 한반도와 일본열도간의 관계, 도래인의 집단 거주에 대한 연구가 계속 진척되고 있고,[69] 도래인이 매장되었던 고분에 대한 연구도 진행되었다.[70] 또한 당시 중심지였던 畿內지역뿐만 아니라 각지에서 도래인을 상정할 수 있는 고고자료가 확인됨으로서 그 연구가 진척되고 있어 일본열도의 고분시대·고대의 실상에서 한반도와 관련하여 도래인들의 존재를 무시할 수 없다는 점을 일반적으로 인식하게 되었다[71]는 것이 큰 성과이다.

---

66) 堀田啓一, 1993, 「渡來人―大和國を中心に-」『古墳時代の硏究』13, 雄山閣.
67) 花田勝廣, 2002, 『古代の鐵生産と渡來人』, 雄山閣.
68) 龜田修一, 1993, 「考古學から見た渡來人」『古文化談叢』30(中), 九州古文化硏究會.
69) 우재병, 2005, 「5세기대 일본열도 주거양식에 보이는 한반도계 취사·난방시스템의 보급과 그 배경」『백제연구』제41집, 권오영, 2008, 「벽주건물에 나타난 백제계 이주민의 일본 畿內지역 정착」『한국고대사연구』49, 조선영, 2008, 「백제시대 벽주건물의 구조와 전개과정에 대한 연구」, 전북대학교대학원 석사학위논문 등.
70) 김규운, 2016, 「일본 기나이지역 초기 횡혈식석실의 출현과 도래인 문제」『동북아역사논총』71, 동북아역사재단.
71) 龜田修一, 2012, 「渡來人」『古墳時代硏究の現狀と課題 下』, 土生田純之·龜田修一編, 同成社.

(奈良縣)-1.南鄕柳原 2.佐田釉ノ木 3.南鄕岩下 4.南鄕井柄 5.南鄕生家 6.井戶大田台 7.樑本高塚 8.觀覺寺
9.淸水谷 10.森ヵツ谷 11.ホラソト 12.羽內 (京都府)-13.森垣外 (鳥取縣)-14.夏谷 (長野縣)-15.上の城
(大阪府)-16.大園 17.桑津 18.長原 19.大縣 (兵庫縣)-20.寒鳳 21.上澤(滋賀縣)-22.穴太南AD 23.滋賀里VA 24.
穴太A地區BP 25.南滋賀 26.穴太下大門 27.滋賀里見世A 28.穴太彌生町 29.穴太赤田 30.穴太寺田 31.大谷南
32.滋賀里南生水 33.目曾 34.なまず 35.光相寺 36.苗鹿 37.上高沙 38.北大津 39.高月南 40.野田道
(愛知縣)-41.失迫 42.大西

〈도면 8〉 일본열도 벽주건물 분포도(조선영 2008)

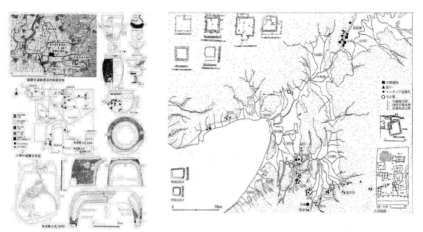

〈도면 9〉蔀屋北유적의 목장 추정지와 〈도면10〉 6~7세기 도래계유구와 유물(花田勝廣 2002)
도래인 관련자료(龜田修一 2012)

　　그러나 이 고고자료의 출토양상만으로 도래인을 상정하는 것은 신중을
기해야 한다. 분명 한반도의 그것과 조금씩 다르게 변형된 것도 있고 여러
가지 양태가 존재한다. 吉井秀夫는 일본열도에서 출토되는 백제계 고고자
료에 대해 아래와 같이 3가지로 유형을 설정한바가 있다.[72]

　　1류 - 백제에서 제작된 것이 일본으로 들어온 것

　　2류 - 일본에 온 백제인이 일본에서 제작한 것

　　3류 - 일본에 사는 사람이 1,2류를 직접 혹은 간접적으로 모방해서 제작
　　　　　한 것

　　이 가운데 도래인으로 바로 상정할 수 있는 것은 1류만 해당될 것이다.
따라서 고고자료를 통해 도래인의 모습을 그리는 것에는 반드시 이러한 검
토가 선행되어야 할 것이다.

---

72) 吉井秀夫, 2012, 「일본열도속의 백제문화」『아세아의 고대 문물교류』, 중앙문화재
　　연구원편, 서경문화사.

5. 고대 한일관계 연구의 문제점

이와 같은 연구 진척에도 불구하고 고대 한일관계연구에는 여전히 문제

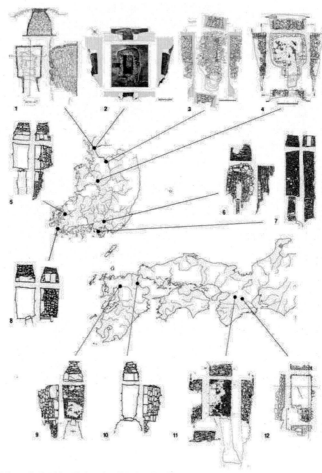

〈도면 11〉 6세기 전후 한반도와 일본열도의 관계를 나타내는 주요 횡혈식석실(1: 可樂洞3號, 2: 廣岩洞1號, 3: 法泉里1號, 4: 主城里2號, 5: 伏岩里3號96石室, 6: 雲谷里1號, 7: 松鶴洞1B-1號, 8: 造山古墳, 9: 關行丸古墳, 10: 番塚古墳, 11: 高井田山古墳, 12: 櫻井公園2號墳)

가 남아 있다. 그 가운데 가장 중요한 문제는 바로 지역중심적인 관점이다. 교류 등의 관계를 엿볼 수 있는 고고자료에 대한 해석은 대부분 연구자가 속해 있는 지역을 주체로 놓고 그 지역중심으로 행해졌다. 마치 자문화중심 주의와 같은 현상이다. 이러한 양상이 가장 잘 보이는 대상이 후술하겠으나 영산강유역의 전방후원분에 대한 문제일 것이다. 이에 대해 과거 일본에서는 앞서 언급한 바와 같이 임나일본부의 증거로 대입시키기도 했던 시기가 있었다. 반대로 한반도 내의 영산강유역의 연구자들은 그 지역의 세력을 중심으로 바라보았고, 영산강유역 이외의 연구자들은 백제중앙을 주축으로 두고 해석한 경향이 있다. 전방후원분 이외의 고고자료에 대해서도 이러한 경향은 같다.

예를 들어 일본열도에서 한반도계 유물이 발견되면 양 지역간의 문물과 사람의 이동을 한반도로부터 일본열도로의 일방적인 흐름으로만 상정하는 접근방법이다. 이러한 경향은 피장자의 비정에서도 잘 보인다. 한반도계 유물이 일본열도에서 출토될 경우 주저 없이 도래인을 상정하면서도, 한반도에서 그와 반대의 양상이 보일 때는 전혀 왜인으로 상정하지 않는다. 즉, 해석의 일관성이 없다.

이러한 연구 경향과 연동하여 1:1과 같은 대등한 비교의 시각이 부족하다. 畿內지역의 초기 횡혈식석실의 출현에 대해 검토할 경우 기나이지역의 양상은 충실히 분석하나 그와 비교대상인 백제의 횡혈식석실에 대해서는 본격적인 분석이 부족하고 단지 유사한 석실 찾기에만 집중하는 것이다. 양 지역의 전체적인 흐름을 파악하지 않고 단순히 비슷한 형태 한 두 개를 찾아서 바로 기원으로 연결시키는 경향이 있었다.

위에서 언급한 이러한 문제적 시각에는 공통점이 있다. 바로 'context'을 제대로 파악하지 않는 것이다. 고고자료의 분석에 있어서 가장 기본적이고 중요한 것이 'context'이다. 한 유적에서 벌어진 과거 인간활동을 복원하기 위해서는 발견물이 유물이든 개별유구든 혹은 북합유구든 생물유체든 간에 그 정황을 이해하는 것이 무엇보다도 중요하다. 이는 '정황' 또는 '맥락'으로 풀이할 수 있는데, 결국 단순히 개별 고고자료의 비교보다 공시적, 통시적인 맥락을 파악하는 것이 교류 연구에 있어서 가장 중요한 관점이라 생각된다.

그러나 고대 한일관계 있어서, 특히 묘제의 전파나 도래인의 이주 등의 검토에서는 맥락에 대한 파악이 부족하였던 것이 사실이다. 대부분 전체적인 맥락의 파악에 앞서 비슷한 것 찾기식의 분석을 하거나 혹은 각 지역중심적인 접근을 시도한 경우가 많았다. 특히 도래인의 상정에 대해서는 일본열도에서 일반적이지 않은 형태가 확인되면 한반도의 양상이 어떠한지는 크게 고려하지 않고 그대로 도래인에 의해 출현하는 것으로 쉽게 결론내리는 경향이 있어 왔다.

앞으로의 연구에서는 이러한 관점에서 벗어나 전체적인 양상, '맥락'의 중요성을 염두에 두고 양지역을 바라봐야 할 것이다.

6. 맺음말

고고자료가 발굴되기 시작한 이래 지금까지 끊임없이 선사·고대 한반도와 일본열도간의 관계, 상호작용에 대한 연구가 축적되어 왔다. 감히 그 내용과 성과를 정리할 엄두가 나지 않을 정도의 방대한 양이다. 단순한 교류관계를 넘어서 시대구분과 연대 설정 등 서로 떼어놓고서는 설명하기 어려울 정도로 얽혀 있는 것이 사실이다. 서로 떨어져 있는 지역간의 교류가 아니라 하나의 범주안에서 함께 검토해야 될 대상이라고 해도 과언이 아닐 것이다.

본고에서는 이러한 측면에서 삼국·고분시대를 중심으로 고대 한일관계에 대해 간략하게나마 연구 경향을 살펴보았고, 고대 한일관계를 바라보는 연구의 문제점에 대해 언급하였다. 개별 유적·유물 간의 상호 비교를 넘어서 전체적인 맥락에서 시대상을 살피려는 노력이 필요함을 강조하면서, 지금까지 고고학에서 제대로 연구가 진행되지 못한 통일신라시대 이후의 한일관계에 대해서도 연구가 진척되기를 바라면서 전망해본다.

참고문헌

국문

강인구, 『삼국시대유적의 조사연구(Ⅰ) 자라봉 고분』, 한국정신문화연구원.

高田貫太, 2005, 『일본열도 5~6세기 한반도계 유물로 본 한일교섭』, 경북대학교 대학원 박사학위논문.

국립문화재연구소, 2016, 『영국박물관 소장 한국 문화재』, 국외소재 한국문화재 조사보고서 제33권.

권오영, 2008, 「벽주건물에 나타난 백제계 이주민의 일본 畿內지역 정착」 『한국고대사연구』49.

吉井秀夫, 1996, 「금동제 신발의 제작기술」 『석오윤용진교수정년퇴임기념논총』 동간행위원회.

吉井秀夫, 2008, 「횡혈계 묘제를 통해서 본 6세기의 가야와 주변제국」 『6세기대 가야와 주변제국』(제14회 가야사국제학술회의), 金海市.

吉井秀夫, 2012, 「일본열도속의 백제문화」 『아세아의 고대 문물교류』, 중앙문화재연구원편, 서경문화사.

김규운, 2016, 「일본 기나이지역 초기 횡혈식석실의 출현과 도래인 문제」 『동북아역사논총』71, 동북아역사재단.

김규운, 2017, 「고분으로 본 6세기 전후 백제와 왜 관계」 『한일관계사연구』제58집.

김규운, 2018, 「소가야의 왜계고분 수용과 전개」 『소가야의 고분문화와 대외교류』, 국립가야문화재연구소.

김낙중, 2009, 『영산강유역 고분 연구』, 학연문화사.

김낙중, 2013, 「5~6세기 남해안 지역 왜계고분의 특성과 의미」 『호남고고학보』45.

김영민, 2008, 『金官加耶의 考古學的 硏究』, 釜山大學校文學博士學位論文.

김일규, 2011, 「남해안지역 須惠器(系)土器의 출현배경과 의의」 『제35회 한국고 고학전국대회 발표요지』, 한국고고학회.

김준식, 2015, 「경남 남해안 일대 왜계석실 피장자의 성격과 역할」 『야외고고학』 제23호.

김혁중, 2011, 「한반도 출토 왜계갑주의 분포와 의미」 『중앙고고연구』 제8호.

김혁중, 2016, 「한반도 삼국시대사회의 시점으로 평가한 왜계무장구」, 일본역사민 속박물관 국제심포지움.

木下亘, 2003, 「韓半島 出土 須惠器(系)土器에 대하여」 『백제연구』 제37집, 충 남대학교 백제연구소.

박순발, 2000, 「백제의 남천과 영산강유역정치체의 재편」 『한국의 전방후원분』, 충남대학교출판부.

박천수, 1995, 「渡來係文物からみた加耶と倭における政治的變動」 『待兼山 論叢』 史學編29.

박천수, 2002, 「考古資料를 통해 본 古代 韓半島와 日本列島의 相互作用」 『한 국고대사연구』 27, 한국고대사학회.

박천수, 2007, 『새로 쓰는 고대 한일교섭사』, 사회평론.

박천수, 2010, 「榮山江流域 前方後圓墳에 대한 硏究士 檢討와 再照明」 『집중 해부, 한국의 전방후원분』, 대한문화유산센터.

서현주, 2012, 「영산강유역 토기문화의 변천 양상과 백제화과정」 『백제학보』 제6 호, 백제학회.

細川晋太郎, 2012, 「한반도 출토 통형동기의 제작지와 부장배경」 『한국고고학보』 제85집.

송계현, 2001, 「4~5세기 동아시아의 갑주」, 『4~5世紀 東亞細亞 社會와 加耶』, 第 2回 加耶史 國際學術大會.

송정식, 2009, 「삼국시대 판갑(板甲)의 특징과 성격」 『학예지』 제16집.

신대곤, 2001, 「영산강유역의 전방후원분」 『科技考古硏究』 7, 아주대학교박물관.

오영찬, 2012, 「19세기 말 월리엄 고우랜드의 한국 고고학 탐구」 『한국상고사학보』 제76호.

우재병, 2004, 「榮山江流域 前方後圓墳의 出現과 그 背景」 『湖西考古學』 10, 湖西考古學會.

우재병, 2005, 「5세기대 일본열도 주거양식에 보이는 한반도계 취사·난방시스템의 보급과 그 배경」 『백제연구』 제41집.

柳澤一男, 2006, 「5~6世紀韓半島と九州-九州系埋葬施設を中心として」『加耶, 洛東江에서 榮山江으로』(제12회 가야사국제학술회의), 金海市.

이성주, 2002, 「南海岸地域에서 출토된 倭系遺物」『古代 東亞細亞와 三韓·三國의 交流』, 복천박물관.

이지희, 2015, 「한반도 출토 須惠器의 시공적 분포 연구」, 경북대학교 대학원 석사학위논문.

이현주, 2009, 「한국고대갑주의 현황과 과제」『한국의 고대갑주』, 복천박물관.

田中晋作, 2010, 「고분시대 무기조성의 변화와 한반도 정세」『대성동고분군과 동아세아』, 제16회 가야사국제학술회의.

조선영, 2008, 「백제시대 벽주건물의 구조와 전개과정에 대한 연구」, 전북대학교대학원 석사학위논문.

조영제, 2004, 『宜寧 景山里古墳群』, 慶尙大學校博物館.

中久保辰夫, 2014, 「왜계유물연대론」『영산강유역 고분 토목기술의 여정과 시간을 찾아서』, 국립나주문화재연구소·대한문화재연구원 2014 하반기 국제학술대회.

충남대학교 출판부, 2000, 『한국의 전방후원분』.

하승철, 2005, 「伽倻地域 石室의 受用과 展開」『伽倻文化』第18號, 伽倻文化硏究院.

하승철, 2011, 「외래계문물을 통해본 고성 소가야의 대외교류」, 『가야의 포구와 해상활동』, 제17회가야사학술회의, 김해시.

하승철, 2012, 「토기와 묘제로 본 고대 한일교류」『아시아의 고대 문물교류』, 중앙문화재연구원학술총서 5, 서경문화사.

한국국립부산대학교박물관·일본국국립역사민속박물관, 2006, 『한일 삼국·고분시대의 연대관(Ⅰ)』.

한국국립부산대학교박물관·일본국국립역사민속박물관, 2007, 『한일 삼국·고분시대의 연대관(Ⅱ)』.

한국국립부산대학교박물관·일본국국립역사민속박물관, 2009, 『한일 삼국·고분시대의 연대관(Ⅲ)』.

한일교섭의 고고학-삼국시대-연구회, 2013, 『한일마구의 신 전개-최근 출토자료로 본 새로운 과제와 전망』.

한일교섭의 고고학-삼국시대-연구회, 2014, 『무기무구와 농공구·어구-한일 삼국·고분시대 자료-』.

한일교섭의 고고학-삼국시대-연구회, 2016, 『한일 4·5세기의 토기·철기생산과 취락』.

한일교섭의 고고학-삼국시대-연구회, 2016, 『한일의 고분』.

홍보식 2000, 考古學으로 본 金官加耶『考古學을 통해 본 加耶』, 韓國考古學會.

홍보식, 2005, 「영산강유역 고분의 성격과 추이」『湖南考古學報』21, 湖南考古學會.

홍보식, 2006, 「韓半島 南部地域의 倭系 要所 -紀元後 3~6世紀代를 中心으로-」 『韓國古代史研究』44, 韓國古代史學會.

일문

東潮, 2006, 『倭と加耶の國際環境』, 吉川弘文館.

穴澤咊光·馬目順一, 1975, 「南部朝鮮出土の鐵製鋲留甲冑」『朝鮮學報』제76집.

임영진, 白井克也譯, 2005, 「韓國長鼓墳の被葬資と築造背景」『考古學雜』 89-1, 日本考古學會.

上田宏範, 1981, 「ウィリアム·ゴーランド小傳」『日本古墳文化論-ゴーランド考古論集』.

內山敏行, 2008, 「小札甲の變遷と交流」『王權と武器と信仰』, 同成社.

小田富士雄, 1993, 「古墳文化期における日韓交涉 - 倭と百濟·加耶·新羅 - 」 『加耶と古代東アジア』, 新人物往來社.

龜田修一, 1993, 「考古學から見た渡來人」『古文化談叢』30(中), 九州古文化研究會.

龜田修一, 2012, 「渡來人」『古墳時代研究の現狀と課題 下』, 土生田純之·龜田修一編, 同成社.

신경철, 2004, 「筒形銅器論」『福岡大學考古學論集 - 小田富士雄先生退職記念 - 』, 小田富士雄先生退職記念事業會.

高田貫太, 2014, 『古墳時代の日朝關係-新羅·百濟·大加耶と倭の交涉史-』, 吉川弘文館.

橋本達也, 2005, 「古墳時代甲冑系譜論-日韓の帶金式甲冑の問題」『マロ塚古墳出土品を中心にした古墳時代中期武器·武具研究』,國立歷史民俗博物館共同研究.

朝鮮古蹟研究會, 1938, 『昭和十二年度古蹟調査報告書』.

森川祐輔, 2008, 「東北アジアにおける小札甲の樣相」『朝鮮古代研究』, 第9號.

花田勝廣, 2002, 『古代の鐵生產と渡來人』, 雄山閣.

土生田純之, 2008, 「前方後圓墳をめぐる韓と倭」『古代日本の異文化交流』,

勉誠出版.

박천수, 2003,「榮山江流域と加耶における倭系古墳の出現過程とその背景」『熊本古墳研究』1, 熊本古墳研究會.

福尾正彦, 2003,「日本と朝鮮半島の鐵製甲冑」『東アジアとの日本 考古學Ⅲ』.

堀田啓一, 1993,「渡來人—大和國を中心に-」『古墳時代の研究』13, 雄山閣.

柳本照男, 2001,「金海大成洞古墳群出土の倭系遺物について」『久保和士君追悼考古論文集』.

吉井秀夫, 2007,「土器資料を通してみた3~5世紀の百濟と倭の교섭관계」『渡來遺物からみた古代日韓交流の考古學的研究』, 和田晴吾編.

<토론문>

고고학에서 본 한일관계
- 삼국·고분시대 한일교류 -

서정석 | 공주대학교

김규운 선생님의 발표 잘 들었습니다. 발표를 해 주신 김규운 선생님은 오랫 동안 한일간 문물 교류에 대해 연구해 오셨고, 오늘 발표는 그 간의 이러한 연구 성과를 종합 정리한 것으로 생각됩니다. 특히 선생님께서 오랫 동인 심혈을 기울여 온 백제와 일본의 고분 문화를 중심으로 한반도와 일본 열도간에 활발히 전개되었던 문물 교류를 구체적으로 밝혔다는 점에서 오늘 발표의 큰 의미가 있는 것으로 생각됩니다.

토론자는 김규운 선생님의 발표 내용에 기본적으로 다른 생각을 갖고 있는 것은 없습니다. 다만 한정된 발표 요지문으로 많은 내용을 담다보니 설명이 다 이루어지지 못한 부분이 있는 듯하여 이 부분에 대한 보충 설명을 듣는 것으로 토론을 대신하고자 합니다.

먼저, 선생님께서 지적한 것처럼 최근 고대 한일 교류 연구에서 자주 등장하는 용어가 도래인(渡來人)입니다. 선생님은 고고자료의 출토 양상만으로 도래인을 상정하는 것은 신중을 기할 필요가 있다고 하면서 일본 열도에서 출토되는 백제계 고고자료를 吉井秀夫 선생님 설을 인용하면서 ①백제에서 제작된 것이 일본으로 들어온 것, ②일본에 온 백제인이 일본에서 제작한 것, ③일본에 사는 사람이 ①,②류를 직접 혹은 간접적으로 모방해서 제작한 것 등 세 종류가 있음을 지적하고, 그중 ①류만을 도래인으로 상정할 수 있다고 보고 있습니다.

분명 한반도와 일본 열도의 교류의 산물이라 할지라도 한반도에서 출토된 유물(적)과 일본 열도에서 출토된 유물(적) 사이에는 차이가 있는 것이 사실입니다만, 구체적으로 ①류와 ②류와 ③류를 어떻게 구별할 수 있는지 자세한 설명을 부탁드립니다.

아울러 '교류'의 관점에서 본다면 ①류와 ②류와 ③류를 다 같이 '도래문화'로 볼 수 있는 것이 아닐까 합니다. 군이 ①류만을 도래인으로 상정하는 것은 지나치게 도래문화의 영향을 한정하는 것이 아닐까 합니다.

덧붙여서 지엽적인 문제이긴 합니다만 '도래인'이라는 표현은 일본 열도 중심적인 용어가 아닌가 합니다. 그런 점에서 도래인이라는 표현도 이제는 한반도 중심의 용어로 바꿀 필요가 있지 않을까 합니다.

두 번째로, 선생님은 한일교류 연구 경향과 문제점을 설명하면서, '한반도계 유물이 일본 열도에서 출토될 경우 주저없이 도래인을 상정하면서도 한반도에서 그와 반대의 양상이 보일 때는 전혀 왜인으로 상정하지 않는다, 즉 해석의 일관성이 없다'고 지적하셨습니다. 실제로 현재의 연구 경향을 보면 선생님의 지적처럼 그러한 경향이 없지 않다고 생각됩니다.

그런데 선생님도 정작 본문에서는 '한반도와 왜계 석실'이라는 표현을 쓰고 있습니다. 그렇다면 선생님께서 보시는 '왜계 석실'은 '왜인 석실'과는 다른 것인지요.

아울러 선생님께서 소개한 공주와 부여지역에서 확인된 횡혈묘 역시 그렇다면 '왜인 무덤'으로 불러야 하는지도 여쭤보고 싶습니다.

세 번째로, 선생님은 백제 한성기 석실이 일본 열도 다른 지역에서는 거의 확인되지 않고 기나이지역에만 집중되는 현상을 들고, 이를 통해 단지 지역간의 교류 뿐만 아니라 왕권과 왕권의 교섭으로 볼 수 있다고 하셨습니다. 그렇다면 선생님이 말씀하시는 '교류'와 '교섭'이 어떤 의미를 갖고 있는 말인지가 궁금합니다.

어울러 왕권과 왕권의 교섭이라는 것이 구체적으로 무엇을 뜻하는 것인지에 대해서도 설명을 부탁드립니다.

네 번째는 에다 후나야마고분 출토 금동관에 대한 것입니다. 선생님도 설명하셨듯이 에다 후나야마고분에서는 백제계 금동관이 출토되었는데, 그것이 백제 중앙과 에다 후나야마고분 피장자간 직접적인 관계 아래에서 입수한 것인지, 아니면 백제 중앙와 야마토정권과의 관계 속에서 입수했는지에 대해서는 신중한 접근이 필요한 것 같습니다.

그런데 에다 후나야마고분이 지금의 편년처럼 5세기 후반 이라고 한다면 이와이(磐井)와 거의 비슷한 시기에 활약했던 인물이 아닌가 합니다. 그렇다면 선생님은 에다 후나야마고분의 피장자와 이와이는 어떤 관계였을 것으로 생각하시는지 여쭤보고 싶습니다.

이상과 같이 김규운 선생님의 발표에 대한 몇 가지 질문을 드리는 것으로 토론을 대신하고자 합니다. 혹시 선생님의 뜻을 잘못 이해하고 질문한 것이 있다면 널리 헤아려 주시기 바랍니다.

고대한일관계사연구의 회고와 전망

나행주 | 건국대학교

Ⅰ. 서 언

한국에서의 한일관계 연구를 주도하고 있는 한일관계사학회에서의 고대에서 근현대에 걸친 전시대를 대상으로 하는 학회 차원의 <회고와 전망>은 지금부터 약 15년 전인 2002년에 있었는데, 1992년 7월에 창립한 본 학회 10주년을 기념하여 이루어졌다. 이번 <회고와 전망> 특집은 학회창립 25주년을 기념하는 의미에서 학회의 발자취를 뒤돌아보고 앞으로의 또 다른 10년, 20년을 전망하는 차원에서 이루어진 귀중한 작업이라 생각된다.

<회고와 전망>이라는 점에서 보면, 역사학회나 동양사학회 차원에서 이루어지는 2~3년 1회의 연구 성과 정리 작업에 비하면 학문적 노력에 다소 게으른(?) 감이 없지 않다.

본고는 2002년 이후 2017년 현재에 이르기까지의 약 15년간 제시된 연구 성과를 대상으로 삼았다. 15년이라는 기간 동안에 축적된 연구 성과의 양은 실로 방대하다고 할 수 있다. 그 실례로 역사학보 전근대 파트 속의 일본고대사 관련 연구 업적(논문과 저서 등)의 양을 보면, 날로 증가 추세를 보이고 있다. 예를 들면, 2008~2009년, 2010~2011년, 2012~2013년, 2014~2015년의 연구 성과는 각각 40편, 미상, 72편, 67편이다. 여기에는 연구 인력의 증가가 크게 작용하고 있다. 또한 연구의 중심이 대외관계 즉 한일관계사

연구가 자리하고 있다. 대체로 한국학계의 일본고대사 관련 연구 성과의 약 3분의 2 정도는 한일관계사 관련 연구 성과라 할 수 있을 것이다. 예를 들면, [이병로 2007]에서는 2004~2005년의 고대사 관련 연구 성과 58편 중 50편이 교섭사(관계사), 2002~2003년은 18편 중 12편, 2000~2001년은 16편 중 16편이 모두 관계사라는 통계를 제시하고 있다.

다만, 평자의 능력의 한계나 지면상의 제약으로 모든 논문을 일일이 정독하고 파악할 수 없었다는 점, 많은 연구 성과를 일일이 거론하지 못한 점, 누락된 논문들에 대해서는 연구의 가치적 측면은 일체 고려되지 않았다는 점 등을 아울러 미리 밝히며 양해를 구하고자 한다. 추후 보완해 나가도록 하겠다.

본고에서는 지난 15년간 진행된 고대한일관계사 연구의 현황을 검토하기 위해서 역사학보와 동양사학회의 '회고와 전망' 및 기타 학회 등 기존의 일본사(한일관계사 포함된) 연구의 동향을 검토한 귀중한 성과들을 참조하면서 고대한일관계사 연구의 흐름과 특징을 개괄해 보기로 한다. 종래의 연구 성과를 정리한 대표적인 논고로 연민수 2002, 김선민 2004, 김보한 2006, 이병로 2007, 박진한 2008, 이재석 2010, 이희복 2012, 신동규 2014, 김선민 2015, 강은영 2016 등 참조.

이하에서는, 학회 창립 25주년 기념으로 기획된 정리 작업이니만큼 학회의 위상을 살펴보는 의미에서 우선 고대한일관계사 분야의 학회회원의 연구동향을 우선 파악해 보고자 한다. 다음으로, 고대 한일관계사 연구를 대상으로 우선 시대별·시기별로 나누어 각 주제별 및 국가별로 연구동향상의 특징을 정리해 나가도록 한다.

다만, 본고에서는 그동안 고대한일관계사 이해와 관련해 한일 양국학계의 쟁점이 되어왔던 몇 가지 커다란 테마를 중심으로 구체적으로 검토해 보고, 기타 주제에 대해서는 그 연구 성과를 간단히 소개하는데 그치기로 한다.

Ⅱ. 〈한일관계사연구〉 속의 고대한일관계

과연 학회창립 25주년을 맞이한 현재의 한일관계사학회의 위상은 어느 정도일까. 이를 가늠할 수 있는 요소는 여러 가지가 있겠지만, 학회의 학술적·학문적 위상과 역량을 말해주는 사항으로 탁월한 인용지수와 대규모 국제학술회의 개최 실적 등을 들 수 있지 않을까 여겨진다. 전자의 높은 인용지수는 참고자료에서 비교·확인되는 것처럼 이 방면에 있어서의 본 학회의 영향력을 여실히 대변하고 있다. 후자와 관련해서는 2015년의 국제학술회의 개최 실적을 들 수 있다. 특히 이 국제학술회의는 한일수교50주년을 기념해 교육부와 동북아재단의 후원으로 종래의 규모와는 비교가 안 될 정도로 성대하게 개최되었는데, 2일간에 걸쳐 한·중·일을 비롯한 미국·캐나다·독일 등 6개국의 연구자들이 모여 이루어진 대규모 국제학술회의에서 총 20편의 연구 성과 발표와 토론이 활발하게 이루어졌다. 그리고 그 성과는 2017년 8월 <한일수교 50년, 상호 이해와 협력을 위한 역사적 재검토>1, 2 (경인문화사)로 간행되어 일반에 제공되었다.

* 참고자료-학술지 인용지수(출처: 한국 학술진흥재단 2016년도 인용지수 일람)

학회지	논문수(2014+15)	피인용횟수 (2016)	영향력지수 (2년)	통합영향력 지수(3년)	중심성지수 (3년)	자기인용비율(2년)
한일관계사연구	64	96	1.50	1.50	1.87	10.4%
역사학보	109	114	1.05	1.05	1.51	40.4%
동양사학연구	80	130	1.63	1.63	1.62	4.6%
일본역사연구	28	38	1.36	1.36	1.22	5.3%
일본문화연구	169	56	0.33	0.33	0.49	10.4%

이 두 가지 사실로 미루어 보아도 오늘의 한일관계사학회는 이 방면의 부동의 지위를 확보했다고 할 수 있지 않을까.

물론 이러한 결실은 학회 구성원 모두의 꾸준한 노력의 결과이지만, 무엇보다도 한일관계사학회의 위상이 이처럼 높아진 것은 일차적으로는 가장 많은 연구 성과를 학회지를 통해 발표해 온 근세사 연구자들의 피와 땀의 결과가 아닐까 생각된다. 말하자면 학회 위상제고의 일등공신은 근세한일 관계사 방면의 연구자들이라 할 수 있다. 이에 경의를 담아 감사의 박수를 보낸다.

그렇다면 고대한일관계사 분야에 있어서의 활동은 어떤지. 고대사분야에 있어서도 우리 학회지가 그 명성과 지위에 걸맞게 학문적 역할을 수행하고 있는지, 필자의 개인적인 문제 관심에서 이번 기회에 한번 점검해 볼 필요가 있지 않을까 하는 마음으로 검토해 보았다. 우리 학술지의 경우, 고대한 일관계사 이해의 쟁점이 되는 테마·주제들이 어떻게, 어느 정도 다루어지고 있는지, 나아가 어떤 새로운 연구경향이나 성과가 제시되고 있는지 등을 살펴보고자 작성한 것이 다음의 <표 1>과 <표 2>이다.

〈표 1〉 최근 6년간(2012~2017)의 고대사 연구 성과

연도	호수	전체(게재)	고대사	주제	비고
2017	57	13	1	정치사(환무조)	
	56	8	1	사신외교(백제·신라와 왜국)	
2016	55	12	1	대외(발해)인식	
	54	13	1	대외관계(계체·흠명기)	
	53	9	3	신찬성씨록/대외인식(신라적시관)/대외관계(무왕대)/교과서분석(고교동아시아사)	
2015	52	12	1	도래인·도래씨족	
	51	14	1	포상팔국(가야)	
	50	10	0		
2014	49	11	1	가야관계	
	48	12	0		
	47	8	0		
2013	46	7	1	대외관계(천지조)	

연도	호수	전체(게재)	고대사	주제	비고
	45	10	1	대재부(외교기구)	
	44	7	1	백제'군'호	
2012	43	15	4	비문(고구려남방관)/역사용어/도래계씨족(하타씨)/상호인식(고대한일관계사像)	
	42	14	0		
	41	9	3	대외관계(발해와 일본)/신찬성씨록(편찬목적)/도래인(도래승)	
전체	17	184	20		*호당 1.17편
비율		100	9.2%		

〈표 2〉 이전 10년간(2002~2011)의 고대사 연구 성과

연도	호수	전체	고대사	주제	비고
2011	40	8	1	임나의 조	
	39	11	1	왕족외교(백제와 왜국)	
	38	9	4	가야(울산)/대외관계(일라·일발·견당사)/가야의 대외관계(남제서의 가야)/해양	심포지엄 성과 수록
2010	37	6	0		
	36	10	2	대외관계(백제와 왜국)/백촌강 전투	
	35	7	0		
2009	34	8	2	백제3서(백제기)/칠지도	
	33	8	2	교과서분석(검정제도)/교과서분석(새역모)	교과서특집
	32	5	1	문학과 정치	
2008	31	7	1	왜계가야관료(왜계백제관료)	
	30	14	2	교과서분석(07검정본)/교과서분석(고교일본사)	
	29	7	2	임나의 조/백제왕씨	
2007	28	7	0		
	27	9	0		
	26	9	2	대외관계(한중일)/대외관계(고구려와 왜국)	
2006	25	12	2	신라정토/교과서·공구류분석	
	24	10	1	신공황후·대외관(대외인식)	
2005	23	7	1	성덕태자	번역논문

연도	호수	전체	고대사	주제	비고
	22	6	0		
2004	21	6	0		
	20	6	0		
2003	19	7	0		
	18	6	0		
2002	17	6	0		
	16	8	1	왜의 실체(위지 동이전 한조)	
전체	25	189	25		*호당 1편
비율		100			

위의 표를 통해 지난 15년간의 학회의 발자취를 간단히 뒤돌아보면 학술지의 발간 횟수가 2007년부터 연 2회에서 연 3회로 증가한 결과로 총 42권의 학회지가 발간되었고, 거기에 수록된 논문은 총 373편으로 권 당 평균 8.8편의 논문이 게재되어 있다. 이는 학회의 성장을 그대로 대변하고 있다고 할 수 있다.

이 가운데 고대사 관련 논문의 경우를 보면, 총 45편으로 전체의 8.28%를 차지하고 있고 권당 1.07편의 비율로 게재되고 있음을 알 수 있다. 전체적으로 보면 타 시대에 비해 결코 연구 성과가 많다고는 할 수 없다. 다만, <표 2>의 지난 2002~2011년까지의 시기와 <표 1>의 최근 2012~2017년까지의 시기를 단순 비교해 보면, 각 호당 1편에서 1.17편으로 비중이 늘어나 고대사분야 내부의 양적 증가를 확인할 수 있다.

아울러 주제·테마를 비교해 살펴보면, <표 2>의 시기에서는 왜의 실체(중국사서), 대외인식·대외관(신공황후전설을 통한), 대외관계(한중일 및 왜와 고구려, 왜와 백제, 가야와 왜, 日羅 및 日渤 관계 등), 일본교과서 검정 및 교과서분석, 개별구체적인 테마로 칠지도, 임나의 조, 왕족외교, 백제3서, 신라정토, 백촌강 전투, 백제왕씨, 왜계가야(백제)관료 등 고대한일관계 이해상의 기본적인 문제들이 다루어지고 있다. 이에 대해 <표 1>의 시기에 있어서도 기본적으로 대외관계 및 대외인식·상호인식의 문제, 도래인 및 도래씨족에 대한 문제, 교과서 및 사료검토 등 기본적인 테마를 중심으로 연구가 이루어지고 있으나, 한편으로 역사용어의 문제, 백제 '군(君)'호의 분석, 사신외교, 포상팔국의 문제, 대재부(외교기구)의 성립에 대한 문제 등이 새로운 테마로 연구되고 있는 점이 눈에 띈다. 더욱 주목되는 점은 대외관계·대외인식의 문제에 있어 종래의 통시대적 이해와 달리 계체·흠명기, 무왕대, 천지조 등으로 보다 구체적으로 시기를 한정해 검토가 이루어지고 있고, 교과서분석에 있어서도 일본의 교과서에서 동아시아사 교과서의 분석으로 그 범위가 확대되고 있으며, 시대적으로도 종래의 나라시대 이전에 대한 검토가 주를 이루었는데 환무조의 헤이안 시대에 대한 연구로 연장되고 있다. 더욱이 주목되는 점은 도래인에 관해서도 하타씨의 문제와 아울러 도래계 씨족 연구의 기본 텍스트라 할 수 있는 신찬성씨록에 대한 본격적인 분석이 이루어지고 있다는 점이다. 종합하자면, 근년의 연구상의 특징은 무엇보다도 연구테마가 보다 구체화·세분화 되고 동시에 질적으로 심화되고 있다는 것이며, 그러한 특징과 경향을 우리 학회의 학술지 <한일관계사연구>가 대변하고 또한 리드하고 있다고 할 수 있다.

Ⅲ. 고대한일관계사의 이해

1. 고대한일관계사 이해의 기초 작업

1) 사료집 편찬 및 역주 작업의 성과

먼저, 3세기에서 10세기에 걸친 고대한일관계 연구에 대한 검토에 앞서 그 기초가 되는 기본사료에 대한 토대작업에 관해 살펴보기로 한다.

지난 15년간의 한국 학회의 발자취를 회고해 볼 때 우선 주목되는 점은 우리의 손으로 고대한일관계 연구의 기초가 되는 관련 사료의 집성과 함께 해당 사료에 대한 번역 및 역주 작업을 수행했다는 점을 언급하지 않을 수 없다. 역사연구의 기본이 되는 역사서(사료)에 대한 기초적 연구이자 동시에 연구의 객관성을 위한 기초 작업으로서 이루어진 사료집 편찬 및 역주작업은 우리학계의 연구역량을 보여주는 귀중한 성과라 할 수 있기 때문이다.

◆ 사료집(자료집) 간행

한국에서 본격적으로 한일관계사 연구가 시작된 이후 눈에 띄는 최근의 성과물로서 기초사료를 집대성한 한일관계사료집이 출간되었다는 점이다. 문헌연구에서 일본 측 기본 사료에 대한 정리 작업으로서 주로 한국관계 기사를 중심으로 한 기초 자료를 모은 사료집이 간행되었다.

이 방면의 성과로서 고대사 부분에서는 지금부터 약 20여 년 전인 1994년에 가락국사적개발연구원 주관으로 <일본 6국사 한국관계기사>원문편 1권과 역주편 1권이 출판되었는데, 이 작업을 담당한 이들은 주로 한국사 전공자들이었다. 이후 약 10년이 지나 새로운 본격적인 사료집이 간행되기에 이르렀다. 전 시대에 걸쳐 한국의 사료에서 일본관련 사료를 정리한 손승철 편, 『한일관계사료집성(32권)』(경인문화사, 2004. 고대편은 2권)과 일본의 사료에서 한국관련 자료를 편년식으로 정리한 김기섭·김동철 편『일본 고중세 문헌 속의 한일관계사료집성』(혜안, 2005)이 그것이다. 이 두 작업은 한국사전공자들, 특히 그 중에서도 손승철, 김기섭, 김동철 등 고대에서 근세에 걸친 각 시대의 한일관계사를 주전공으로 하는 연구자들에 의해 주도되었다는 점에 의미가 있다. 그야말로 한일관계사학회의 연구 역량이 총결집된 결과물이라 말할 수 있을 것이다.

◆ 역주집의 편찬

사료집의 편찬과 아울러, 그간 학계의 귀중한 성과로서 일본고대사 및 고대한일관계사 이해의 기본 사료라 할 수 있는 일본서기, 속일본기, 율령에 대한 역주 작업이 본격적으로 진행되었다.

우선 우리 학계 차원의 일본서기에 대한 역주 작업은 2단계의 과정을 거쳐 완성되었다. 즉, 1차적으로(제1단계) 김현구의 주도로 일본서기 한국관계기사에 대한 검토 작업을 중심으로 이루어졌고, 2차적으로는(제2단계) 동북아역사재단의 연민수를 중심으로 한 7인의 일본사 연구자에 의해 일본서기 전체에 대한 역주작업으로 마침내 완성을 보게 되었다고 할 수 있다.

* 제1단계-일본서기 한국관계기사 연구

먼저 고대사의 중심사료인『日本書紀』에 대한 새로운 해석과 비판은 김현구 외 4인의 공동 작업에 의한 결과물인『일본서기 한국관계기사 연구(1~3)』(일지사, 2002~2003)으로 결실을 보았다. 이 연구는 일본고대사(김현구·이재석)와 한국고대사(박현숙)·고고학(우재병) 세 분야의 학제간 공동연구의 일환으로 이루어진 귀중한 연구 성과이다.

『일본서기』의 崇神朝에서 持統朝까지의 한국 관련기사를 동아시아의 정세 변화라는 틀 속에서 재해석한『일본서기 한국관계기사 연구(1-3)』은 고대한일관계사 이해는 물론 일본고대사, 한국고대사의 이해에 있어서도 커다란 도움이 되고 있다.

이 연구는『日本書紀』한국관계 사료에 대하여 객관적인 입장에서 사료비판을 행하고 있으며 소위 신공황후의 삼한 정벌, 임나일본부 문제 등에 대해서 나름대로 일관된 입장에서 검토 되고 있다. 특히 연구의 쟁점이 되고 있는 4세기 이후 가야 지역의 주도권 문제에 대해서는 일관되게 영향력을 미치고 있었던 국가는 왜국이 아니라 백제였다는 점이 강조되고 있다. 당시의 국내 연구자들에 의한『日本書紀』주석서가 절실히 요청되던 상황에서 이 같은 연구가 갖는 의미는 실로 크다고 하겠다. 다만, 이러한〈일관된 입장〉이 자칫 사료에 대한 작위적이고 주관적인 해석 내지 논리의 비약을 가져올 수 있고, 결과적으로 본래의 의도와는 다르게 사료가 가지고 있는 생명력을 훼손시키는 경우도 있을 수 있다는 지적[김선민 2004]에 유의할 필요가 있을 것이다.

* 제2단계-일본서기 역주본의 완성

日本書紀 전체를 대상으로 하는 완성된 형태의 본격적인 역주 작업이 동북아역사재단의 후원으로 다년간의 공동 연구(작업) 끝에 출판되었다(연민수 외 7인, 역주 일본서기 1-3, 동북아역사재단, 2013.12). 물론, 이전에도 일본서기 번역서가 출판된 사례가 있지만(성은구 역주의 일본서기, 정음사, 1987), 일본 고대사 전공연구자들에 의한 철저한 사료비판과 검증을 통한 상세한 역주작업이 이루어졌다는 점에 그 의의가 크다고 하겠다.

기존의 개인의 작업으로 나온 역주본이 일부 권에 대한 결여 등은 물론 기존의 일본학계의 일본서기 번역본을 참고로 하여(성은구본은 사실 일본서기 전 30권 가운데 3분의 1에 상당하는 10권 분량을 생략했고, 더욱이 일본 연구자의 일본서기 번역본을 중역한 것이었다.) 자료의 편년적 정리와 간단한 개념 설명이나 소개에 만족했다면, 보다 본격적인 해당 사료에 대한 주석과 적극적인 해석, 연구사의 정리 등을 포함한 해설이 담긴 역주본이 일본사연구자들의 공동 작업에 의해 나오게 되었다. 특히 본서는 일본서기 내용에 대한 충실한 역주에 그치지 않고 부록 편에 일본고대사 및 고대한일관계사 이해에 필요한 각종 연표, 도표 등 기초연구 자료를 풍부하게 제공하고 있어서 일본서기 관련 자료집으로서도 충분한 의미를 지니고 있다고 할 수 있다.

이러한 성과들은 사서에 대한 본격적인 역주 및 해제작업으로 질적 심화를 가져왔다고 할 수 있는데, 그 배경은 1980~90년대에 일본유학을 거친 일본고대사 연구자의 증가를 전제로 한 작업이었다.

이상과 같은 일본서기 사료에 대한 한국에서의 토대작업은 가락국사적개발연구원의 개시(최근영 외 5인, <일본 6국사 한국관계기사>원문편과 역주편, 1994) 이후 거의 10년 만에 일본사 연구자가 중심이 된 학제간의 공동 작업으로 한국관계기사에 대한 본격적인 연구가 이루어졌고, 또 다시 약 10년 후에 동북아역사재단 연민수의 주관으로 일본고대사 연구자 7인에 의한 공동 작업으로 일본서기 전권을 대상으로 한 <역주 일본서기>1, 2, 3권의 완성으로 일단락되었다.

(아울러, 2013년에 출간된 <역주 일본서기> 전3권의 완성이 갖는 의미에 대해서는 이재석 (<동북아논총>, 2014)의 논평을 참조하기 바란다.)

◆ 속일본기와 율령의 역주

고대 한일관계를 이해하는데 중심 사료인 日本書紀에 대한 역주와 아울러 8세기 이후의 한일관계 이해에 필수적인 사료인 續日本紀, 律令에 대한 번역과 주석 작업도 큰 성과를 보게 되었다.

나라시대의 기초적인 사료인『續日本紀』의 역주본은 연구자 개인의 노력에 의해 간행되었다[이근우, 2009]. 주지하듯이『續日本紀』는 8세기 나라시대의 가장 기초적인 사료인데 역주본의 간행이 갖는 의의는 결코 적지 않다고 할 수 있다. [이근우,『속일본기 1』(지만지, 2009)].

이후 이근우는 養老律令의 公的解釋을 담은 주석서인『令義解』의 역주본[이근우, 2014]을 간행하였는데, 이는 일본 율령에 대한 기초적인 이해를 높이는데 크게 기여하리라 생각되며, 아울러 이 두 작업은 나라시대 이해의 기초사료이자 율령 연구의 기본적인 사료(자료)를 제공함으로써 일본 고대사연구자를 넘어 한국 고대사연구자들에게도 큰 보탬이 될 것으로 기대되고 있다[김선민2015, 강은영2016 등]. 역주자의 학문적 노력에 경의를 표한다.

이외에도『고사기』의 발췌역본(강용자, 2014)이 출간되었다고 보고되고 있는데[강은영 2016], 일본사(한일관계사)연구자들의 손에 의한 본격적인 고사기 역주작업도 나오기를 기대해 본다.

이상에서 살펴 본 일본고대사 및 고대한일관계사 이해의 기본사료인 고
사기와 일본서기를 필두로 하는 6국사, 특히 일본서기와 속일본기에 대한
텍스트 연구는 매우 중요하다. 우리의 삼국사기와 삼국유사 속의 고대 한일
관계에 관한 기사는 너무나도 소략하기 때문이다. 이와 아울러 율령에 대한
이해도 빼놓을 수 없다. 고대 일본 지배자층의 대외인식을 규정하고 있기
때문이다. 이러한 중요한 기본 사료에 대한 이해의 기초 작업이라 할 수 있
는 역주 및 주석 작업은 후학들에게 연구의 기초를 제공하고 길라잡이 역
할을 했다는 점에서 그 가치를 매우 높이 평가해야만 할 것이다. 말하자면,
비로소 우리의 관점에서의 고대 한일관계사 이해가 시작되었다고도 할 수
있을 것이다.

부언하자면, 역주 작업은 물론 능력 있는 개인연구자의 작업으로도 충분
히 가능하지만(연구자 개인의 수많은 노고의 결과로 이미 제시된 <속일본
기>나 <율령>에 관한 역주작업의 경우가 보여주는 것처럼), 집단지성의 공
동 작업을 통해 금후 보완될 기회가 있었으면 한다. 아울러, 동북아역사재
단(연민수) 주관의 <역주 일본서기>에 이어 그 후속 프로젝트로서 <신찬성
씨록> 역주도 공동 작업으로 진행 중인 것으로 알고 있는데, 그 결과가 크
게 기대된다.

2) 연구서·대중서·번역서·학술회의 결과물의 출간

근년에 출간된 연구서·대중서·번역서·학술회의 결과물들 가운데 주요한
몇 가지를 소개하면 다음과 같다. 이러한 출판물들 가운데 연구서는 연구자
개인의 그간의 연구 성과를 하나로 묶어 학계 및 사회에 제공하는 것으로
다른 연구자들에게는 학문적 논의의 장을 제공하고, 일반인들에게는 자신
의 연구 성과를 이해시킬 수 있는 기회를 제공하는 의미를 지닌다. 대중서
는 전문연구자의 시선이 아닌 일반인들을 대상으로 자신의 연구 성과를 쉬
운 글로 알리는 의미에서 역사의 대중화에 기여하는 바가 크며, 번역서의

출판은 타국의 학문적 성과나 새로운 지견을 소개함으로써 우리 학계의 연구에 활력을 불어넣는 계기가 된다. 학술회의 결과물의 출판은 일반인들에게 쉽게 접하기 어려운 전문가들이나 학회 차원의 학술회의 성과를 출판물의 형태로 일반에게 제공함으로써 대중에게 연구 성과를 알리고 이해를 돕는 차원에서 역시 역사의 대중화에 기여하게 된다.

◆ 연구서 및 대중서

우선, 새로운 연구 성과라고는 할 수 없지만 그 동안 발표하였던 논고(물론 일부 신고도 포함)를 책으로 묶어 간행한 단행본들을 소개해 두고자 한다.

연민수의 『고대한일교류사』(혜안, 2003)는 국내 연구자 중에서 가장 지속적이고 정력적으로 다방면에 걸친 고대한일관계사를 연구해 오고 주도해 온 저자의 두 번째 연구서이다. 본서에서 저자는 石母田正의 '대외관계가 內政을 좌우한다'는 명제처럼 일본고대국가의 형성과 발전은 대외관계에 의해 좌우되었다는 것을 전제로 일본고대사의 전체상을 이해하기 위해서는 한반도와의 관계규명이 절박한 과제라는 점을 거듭 강조하고 있다. 이번 연구에서 새롭게 나타난 특징은 필자의 주된 관심이 '任那日本府'문제에서 더욱 확장되어 백제·가야제국과 일본의 관계는 물론, 고구려와 왜국, 통일신라와 일본, 발해와 일본의 관계까지 연구영역이 확장된 점이 주목된다. 본서는 이전에 출판된 연구서 『고대한일관계사』(혜안, 1998)와 함께 같은 연구자들에게 많은 시사와 자극을 주는 역할뿐만 아니라, 앞으로 이 방면에 관심을 가지고 연구자의 길로 접어들려는 대학원생들에게는 훌륭한 안내서이자 필독서로서 애독되리라 생각한다.

박석순의 『일본고대국가의 왕권과 외교』(경인문화사, 2002)는 저자의 박사학위논문을 엮은 것으로 주로 율령에 규정되어 있는 대외관계기사들을 중심으로 고대일본외교의 기능과 의미를 실체적으로 규명하려는 시도이다. 8세기 이후 고대일본의 지배시스템이었던 율령제에 대한 연구가 거의 전무

한 우리학계의 실정을 고려하면 저자의 연구 성과는 국내의 연구자들에게 많은 시사를 제공할 것으로 여겨진다.

김현구는 한국학계의 제1세대 일본고대사 연구자이자 본격적인 고대한일관계사 연구의 개척자라 할 수 있는데, 저자는 기왕에 발표한 10편의 논문을 모아 연구서 『고대 한일교섭사의 제문제』(일지사, 2009)를 공간하였으며, 학진의 지원으로 이루어진 공동연구의 결과물로서 총 12편의 공동연구의 논고(고대사 4편, 중세사 3편, 근세사 2편, 근대사 3편)를 모은 김현구 편저 『일본의 대외위기론과 팽창의 역사적 구조』(제이앤씨, 2008)도 간행되었다.

연민수의 『고대 일본의 대한의식과 교류』(2014)는 저자가 내놓은 3번째 연구논문집인데, 고대일본의 한반도제국에 대한 인식 즉 對韓觀의 뿌리를 신공황후 전설에서 찾은 논고를 비롯하여 백제·신라·왜의 상호관계, 영상강유역의 전방후원분의 성격문제, 일본교과서에 나타난 역사인식 문제 등을 종합적으로 검토하여 올바른 고대한일관계사상을 구축하고자 하였다. 본서의 연구사적 의미에 대해서는 서보경의 서평(<한일관계사연구>55집, 2016)을 참조하기 바란다.

이병호는 『백제 불교 사원의 성립과 전개』(2014)에서 백제의 불교 사원에 대한 본격적인 연구를 통해 공주 대통사를 건립하면서 창안된 백제의 기와 제작기술이 사원 조영 기술과 함께 남조의 영향을 받아 성립되었지만 신라와 일본의 조와술 성립에 매우 결정적인 역할을 하였다고 평가하였다.

인접 학문인 민속학 부분에서는 노성환의 『일본 신화에 나타난 신라인의 전승』(2014)이 주목된다.

최신의 출판물로, 일본사(한일관계사)연구자 가운데 최초의 일본 유학생으로서 귀국 후 일본고대사 및 고대한일관계사 연구를 개척한 원로인 김현구의 연구서 1권[<동아시아 세계와 백촌강 싸움>, 고려대학교출판문화원, 2016]과 대중서 1권[<일본은 한국에 어떤 나라인가>, 고려대학교출판문화원, 2016]이 출판되었다.

아울러 근년에 출판된 주목되는 대중서로서 홍성화, <한일고대사유적답
사기>(삼인, 2008)와 박천수, <일본 속 고대한국문화>(동북아역사재단, 2012)
를 들 수 있다. 이들은 무엇보다도 일반인을 대상으로 일본 내에 위치하는
한국관련 유물이나 유적을 친절히 안내하고 소개하고 있어 일반의 고대한
일관계사에 대한 이해를 돕고 나아가 역사의 대중화에도 크게 기여하고 있
다고 판단된다.

◆ 번역서 및 학술회의 결과물의 출판

번역서로는 다음과 같은 책들이 출간되어 외국학계의 새로운 시각 및 지
견을 소개하고 있다. 오오야마 세이치 저, <일본서기와 천황제의 창출>(연
민수·서각수 역, 2012, 동북아역사재단)을 비롯하여 나카무라 슈야 저, <김
춘추>(박재용 역, 2013, 역사공간), 이치 히로키의 <아스카의 목간 : 일본
고대사의 새로운 해명>(이병호 역, 2014b), 스기모토 가즈키 저, <정창원>
(서각수·송완범·서보경 역, 2015), 사토 마코토 저, <목간에 비친 일본고대
의 서울 헤이조쿄>(송완범 역, 2017) 등이다.

학술회의 결과물로서는 한국사연구회, 한일관계사학회 편 『일본 역사서
의 왜곡과 진실』(경인문화사, 2008)은 2005, 2006년의 학술회의 결과물을
단행본으로 묶은 것이다.

최근에는 이러한 학술회의와 연구 프로젝트 수행의 결과물을 단행본으로
편집하여 공간하는 경우가 이전에 비해 많이 늘어난 것도 눈에 띄는 현상
중의 하나라 할 수 있는데, 한일문화교류기금, <되돌아본 한일관계사>(경인
문화사, 2005), 한일관계사학회 편, <동아시아 속에서의 고구려와 왜>(경인
문화사, 2006)가 대표적이다. 한일문화교류기금 편, <한일양국, 서로를 어
떻게 기록했는가?>(경인문화사, 2017) 역시 2016년에 같은 제목으로 열린
국제학술회의의 결과물이다. 2015년 한일수교 50주년을 맞아 개최된 한일

관계사학회 주최(교육부 및 동북아재단 후원)의 국제심포지엄 "한일수교 50년, 상호이해와 협력을 위한 역사적 재검토"의 성과물이 많은 준비과정을 거쳐 <한일수교 50년, 상호이해와 협력을 위한 역사적 재검토>1,2권(경인문화사, 2017년 8월)으로 출간되었다.

◆ 박사학위논문(2000년대 이후)

최근에 나온 박사학위논문으로는 서보경, <『日本書紀』한반도 관계 기사 검토>(2004, 고려대), 박윤선, <5세기 중반~7세기 백제의 대외관계>(2007, 숙명여자대학교), 홍성화, <古代 韓日關係史 硏究 : 韓半島 南部 經營論 批判을 중심으로> (2008, 고려대), 박재용, <「日本書紀」의 편찬과 백제 관련 문헌 연구>(2009, 한국교원대), 박민경, <6~7세기 백제의 대왜관계 연구>(2014, 성균관대학교) 등을 들 수 있는데, 고대한일관계 연구의 기본 텍스트라 할 수 있는 일본서기 원전 및 한반도 관계기사에 대한 연구, 특히 왜국과 가장 밀접한 관계를 유지했던 백제와의 대외관계를 중심 테마로 연구하고 있는 점이 주목된다.

◆ 사료·자료에 대한 기초 연구
* 원전에 대한 기초적 연구

원전에 대한 기초적 검토로서 관련사서의 편찬과정 및 성격에 대한 연구도 일정한 성과를 보이고 있다.

먼저 기초사료에 대한 고찰로는 김은숙과 장팔현의 연구가 있는데, [김은숙 2002]는『고사기』와『일본서기』가 8세기 초라는 거의 같은 시기에 편찬된 배경에 주목했다. 그에 따르면『고사기』의 低本이라고 할 수 있는『原古事記』는 天武천황이 684년의 '八色姓' 제정 이전에 정리하도록 한 것이지만, 씨족들의 불만과 漢音으로 표기해야 할 필요성이 제기되면서 天武천황 자신이 撰錄하여 공개하는 것을 포기하였을 것으로 보았다. 그리고 이

『原古事記』가 712년에『고사기』로 완성된 것은 지지부진한『일본서기』의 편찬 작업을 독려하기 위한 元明천황의 의지 때문이었다고 이해하고 있다. 『일본서기』의 편찬 작업도『古事記』撰錄 후에 마지막 정리 단계에 들어가 元正천황期에 완성을 보았다고 한다.[김은숙,「『古事記』와『日本書紀』의 편찬과정」『강좌 한국고대사』3, 2002]

『일본서기』에 대한 사료연구로서 일본서기에 인용된『百濟記』에 대한 고찰도 주목된다. [박재용 2009]는 백제가 멸망한 후 왜국에 체재한 백제왕족인 善光과 망명 백제인이 7세기 후반 일본에서 近肖古王-文周王대까지 백제의 역사를 정리한 사서라고 결론짓고 그 내용과 찬술 경위를 검토하였다. 소위 百濟三書에 대한 국내의 연구는 이근우의 연구 이후 한동안 소강상태 기미였으나 다시 활성화되기를 기대한다. [박재용,「日本書紀에 인용된 百濟記」『한일관계사연구』34 (2009).]

송완범은『일본서기』자체의 성립 과정을 검토하고『일본서기』는 나라시대 일본의 자기중심적 역사관의 산실이었으며 그 후 헤이안 시대에 들어와서도『일본서기』의 일본 중심주의는 조정에서 이루어진『일본서기』講書를 통해 대물림되어 내려갔음을 지적하였다.[송완범,「'일본 율령국가'와 일본 중심주의-일본서기를 중심소재로 하여」『동아시아 세계의 일본사상 -'일본 중심적 세계관' 생성의 시대별 고찰』(동북아역사재단, 2009).]

아울러, 문헌에 대한 기초적인 연구만이 아니라 한일관계 이해상의 또 다른 귀중한 기본 자료인 금석문 사료에 대한 연구로 장팔주는 和歌山縣 隅田八幡神社에서 발견된 소위 隅田八幡鏡의 銘文에 대한 새로운 해석을 시도하고 있다. 銅鏡은 개인적 發福을 원하는 일반적인 성격이 아니라 정치·외교적 의미를 가진다는 것을 동경의 사례분석을 통해 입증하고자 했다. 그 결과 명문은 6세기 백제의 사마왕(후의 무령왕)과 일본의 남제왕(繼體천황)이 긴밀하게 협력했던 것을 보여준다고 결론짓고 있다.[張八柱,「隅田八幡鏡의 銘文에 대한 새로운 考察」『백제연구』35, 2002]

2. 3세기 이전의 한일관계-한반도와 일본열도의 교류

이하, 고대한일관계사의 회고와 전망을 위해 한반도와 일본열도의 정치
세력(왕권·국가)간 및 민간(지역)의 교류교통을 대상으로, 우선 시기별(3세
기 이전, 4~7세기, 8세기 율령국가성립기, 9세기 이후)로 크게 나누고, 각
시기에 대해서 테마별 및 국가별로 논점을 정리해 나가기로 한다.

우선 3세기 이전의 한일관계사로는 삼국사기 초기기록 특히 신라본기 및
열전의 '왜'관련기사나 삼국지 위지왜인전을 비롯한 중국사서의 관계기사,
그리고 記紀의 신대기를 포함한 4세기 이전 기록에 대한 분석을 중심으로
진행되어 왔다.

3세기 전후의 한일관계에 관련해서는 [박재용 2002]는 삼국지 위지 한전
에 보이는 왜의 실체에 대한 규명을 시도하고 있고, 근년에는 선사시대의
유통과 교역, 상호교류를 중심으로 하는 한반도와 일본열도의 관계에 대한
다양한 이해가 제시되고 있다. 우선 [박경수 2006]은 세계사적 관점에서 고
대 이전 선사시대와 야요이(弥生)시대 일본열도 내에서의 유통과 생업의
문제를 연구사적으로 정리하였고, [정효운 2008]은 三國志 동이전의 기록
과 勒島 유적의 검토를 통해 3세기 단계의 한일 관계를 고찰하였으며, 일본
사상사 분야에서도 『고사기』 및 『일본서기』神代卷에 나타난 韓國像에 대
한 검토가 이루어지고 있다(이창수 2009). 최근, 강봉원은 한반도 삼한사회
와 왜국에 있어서 국가형성 문제를 검토했는데, 특히 국가형성 요소로서의
원거리 교역의 문제를 비판적으로 검토하고 있다(강봉원 2017).

가야, 신라지역과 일본열도의 정치적 교류관계를 전하는 삼국사기나 일
본서기 초기 기록을 적극적으로 해석하면서 그 실체를 규명하고 있는 연구
자가 연민수이다. 그 일단을 소개하면 다음과 같다. 우선 연오랑·세오녀 설
화를 분석한 연구가 관심을 끄는데, [연민수 2013]은 한일 양국의 문헌 속
에서 전해지는 '연오랑 세오녀 이야기'가 실제는 신라의 국가형성기에 사로

국과 근기국, 근기국과 왜, 또 일본에서의 연오랑 집단과 그 씨족의 역사를
알려주는 중요한 자료임을 논하고 있다. 다만, 설화의 역사성을 보다 실증
적으로 어떻게 증명하고 발전시켜 나갈 수 있는가에 대한 문제가 금후의
과제로 지적(신동규 2014)되고 있다.

아울러 [연민수, 2015]는 포상팔국의 가락국 침공을 통해 가락국 외교의
성격을 살피고 있는데, 그 연구결과에 따르면 신라와 결합한 가락국의 성장
과 팽창은 주변 소국들에게 위협적 요인으로 작용하여 포상팔국의 가락국
침공을 가져왔고, 이를 극복한 가락국은 남부가야지역에서의 우위성을 지
키며 왜를 비롯한 주변 세력과 교역을 영위하였다고 한다.

고고학 분야에서는 3~5세기 야마토정권의 왕궁으로 추정되는 마키무구
(纏向) 유적, 와키모토(脇本) 유적을 풍납토성과 비교한 연구(김낙중, 2015),
일제 강점기 때 발굴된 익산 쌍릉의 묘제와 목관, 특히 무령왕릉·부여 능산
리 출토 고야마키 목관과 같은 것이 나왔다는 점을 가지고 피장자가 백제
왕족 즉 무왕임을 입증한 [김낙중, 2014]도 제시되어 있다.

시기적으로 3세기로 한정되는 것은 아니나, 한일양국(한반도와 일본열도)
의 지역·경계·영토인식·교통을 키워드로 하는 관련연구도 지속적으로 이
어지고 있다.

지금까지 야요이(弥生)시대 이후 한반도를 통한 일본으로의 문화교류는
주로 수용자(일본열도)의 입장에서 논의되었다. 이에 반해 [이근우 2007]은
전달자(한반도)의 입장에서 기후변동이라는 환경 요인을 바탕으로 전쟁과
기근에 초점을 맞추어 문화교류를 살피고 있다.

한반도와 일본열도 사이의 지역 간 교류교통에 있어 다원화의 제상을 규
명하려는 시도가 주목된다. 우선, [연민수 2012-1]은 5~6세기 무렵 기타규
슈(北九州) 정치세력의 한반도 교류의 다원적 성격을 규명하고 있고, 나아
가 야마토정권의 성립부터 율령제국가의 성립까지 일본 고대왕권이 한반도
정세변화의 영향권 속에서 통합되어 가는 과정을 총체적으로 조망하고 있

다(연민수 2012-2). 특히 연민수의 전자의 연구에서는 기타규슈 지역이 선
진지역으로서 유리한 환경이었지만, 주요 목표가 한반도와의 교류였고 동
방으로의 영토적 통합에 대한 지향성이 없었기 때문에 고대국가로 성장하
지 못했다고 분석하면서 동 지역의 정치적 한계성을 제시하고 있는 점은
흥미롭다.

　영토와 경계인식을 테마로 한 공동연구의 성과물도 공표되었다. 최근의
한일관계에서 전근대 시기의 영토에 대한 문제가 쟁점이 되고 있는데, 이와
관련해 전근대 시기의 경계인식에 대한 검토도 이루어지고 있다. 대표적으
로 야마토정권의 영역 확장을 통해서 고대일본의 경계인식을 검토해 규슈
(九州)와 간토(關東)지역이 일본의 경계인식에 포함된 것은 6세기 이후라는
점을 규명한 연구(홍성화 2012), 일본율령국가의 경계인식의 변화를 소재로
삼아 이러한 변화가 한반도와 신라를 의식하면서 진행되고 있었음을 규명
한 연구(송완범 2012)가 있는데, 일본 고대사 속에서 경계인식이라는 새로
운 소재를 일국사적인 지역과 경계에 한정하지 않고 어떻게 취급해야 하는
가의 문제점 도출을 위해 시사해주는 바가 크다.

　이와 함께 한국과 일본의 고지도를 대상으로 삼아 고대 이래 쓰시마(對
馬)에 대한 영토인식을 고찰하여 전근대 시기에 쓰시마는 조선과 일본에
종속된 지역이 아니라 오히려 국가권력에 배제된 지역이었음을 주장한 흥
미로운 연구(정효운 2013)도 있다. 아울러 [정효운 2012]는 고대 한일관계
사의 전체적인 흐름을 제시하면서 '滿鮮史' 연구 속에서 파악되어온 한일
관계사를 비판적으로 검토한 연구 성과를 내놓고 있다.

3. 4~7세기의 한일관계-한반도제국과 왜국

　그 동안 많은 연구자들이 「회고와 전망」에서 공통적으로 언급한 것처럼
한일관계사학회와 일본사학회를 중심으로 한 한국에서의 고대한일관계사

연구는 그동안 녹녹하지 않는 연구 환경 속에서도 많은 성장을 한 것이 사실이다. 그 단적인 증거가 연구 성과의 양적증가이고 테마의 다양화이다. 향후 더욱 활발한 새로운 테마에 대한 발굴 및 연구의 전개와 아울러 기존의 핵심 테마에 대한 고대한일관계사 연구의 질적 심화를 기대하면서 이하, 해당 시기에 대해 종래의 연구를 (1)쟁점별(칠지도, 비문, 왜5왕 칭호 등), (2)국가별(한반도제국과 왜국의 대외관계), (3)기타 테마별(도래인 및 도래 씨족, 대외인식 문제 등) 순으로 정리해 나가기로 한다.

* 고대한일관계사상의 쟁점 테마

지난 15년간의 연구를 뒤돌아보면 여전히 연구의 중심 테마는 일본학계의 종래의 통설이었던 '任那日本府說'의 중요한 근거들에 대한 비판적 검토에 있음이 확인된다. 즉 4세기후반에서 5세기 초의 광개토대왕비문에 등장하는 倭의 실체(辛卯年의 해석문제 포함) 및 칠지도의 제작연도와 명문의 재해석, 4~5세기의 삼국사기 신라본기의 왜의 성격과 실체 문제, 5세기의 倭五王에게 수여된 爵號의 의미 및 칭호 속의 한반도남부제국명에 대한 이해, 그 연장선상에서의 6세기의 소위 '임나' 문제와 관련된 제문제, 임나 왜재, 임나의 조, 왜계관료, 質 등에 관한 재검토 등이 그것이다.

다른 한편으로는 일본고대국가의 형성과 발전에 많은 영향을 끼친 한반도 문화의 일본에의 유입과정, 그 매개자로서의 한반도 도래인과 그 후예씨족에 대한 관심, 백제와 고구려멸망 이후에 건너간 망명도래인(유민)에 대한 이해에 관심이 모아지고 있다. 나아가, 고대한일관계사 연구에 있어 귀중한 기본사료라 할 수 있는 일본서기 자체에 대한 연구가 이루어지고 있는데, 특히 기초적 연구로서 그 원사료라 할 수 있는 百濟三書에 관한 연구 등이 고대한일관계사연구의 중요한 테마의 하나가 되었다. 이 점을 잘 보여주는 것이 근년에 제시된 한국사학계의 박사학위 논문 두 편의 주제가 백제삼서에 관한 연구(90년대의 이근우 논문과 2000년대의 박재용 논문)라는

사실이다. 동시에 일본서기의 대외관계 기사를 중심으로 하는 한반도제국
과 왜국의 관계사의 해명과 재구축, 속일본기의 대외관계 기사를 중심으로
하는 통일신라 및 발해와 일본의 관계사의 해명, 최근 관심을 모으는 일본
고대의 씨족보인 신찬성씨록에 대한 천착 문제 등이 주요한 연구주제라 할
수 있을 것이다.

* 검토대상과 시기의 한정

우선 본고는 문헌연구를 중심으로 한 검토이기 때문에 고고학적 연구 성
과(예를 들면, 일본 古墳시대(4세기~6세기)에 관련된 고분 및 유물 유적을
대상으로 한 연구 성과 등)는 기본적으로 논의 대상에서 생략한다. 또한 시
기적으로는 한국 측에서 본 고대한일관계사이기 때문에 발해가 멸망하는
시기(926년)까지를 그 하한으로 한정하기로 한다. 일본사의 시대구분으로는
물론 고대는 헤이안 시대까지 즉 12세기말까지이나 여기서는 검토대상 외
로 간주하기로 한다. 이하, 각각의 테마에 대해 연구사를 간단히 정리하면
서 근년의 주요한 연구 성과들을 소개하기로 한다.

■ 백제3서의 성립시기 및 특징

일본서기의 중요한 원사료의 하나로 간주되는 백제삼서에 대한 종래의
연구사를 정리하면 다음과 같다. 즉, (1)원래는 백제에서 편찬된 통기적인
사적이었고 7세기 후반의 망명 백제인이 가져온 것이다. 그러나 일본서기
편자의 손에는 각각 부분적으로 밖에 남아있지 않았던 것 같은데, 편자는
이것을 사료로 하면서도 대담한 개변이나 윤색을 가하여 기원설화를 만들
기도 하고 일본의 사상을 보이려 했다(津田1963). (2)6세기 말에 백제가 대
왜정책의 필요상 편찬하여 제출한 것이다. 삼서는 각각 다른 시대가 달라서
그 성질상 백제 측의 의도적 개변이나 윤색 또는 정치적 주장이 있다. 그러
나 일본서기의 편자는 일관되게 그 원문이나 영합적 기술을 존중했다(今西

1970, 三品1962). (3)삼서의 자음 가나는 '推古朝遺文'(7세기 전반의 추고조의 것으로 생각되는 금석문 등의 1차 사료)의 그것과 지극히 높은 근사성을 보이며, 8세기 나라시대의 것과는 상당한 격차가 있다. 따라서 삼서는 추고조를 중심으로 하는 시기에 '추고조유문'을 남긴 것과 같은 흐름 속의 문화 담당자가 만든 것임을 보여준다(木下1974). (4)삼서의 원형은 백제의 기록 또는 사적이지만, 7세기 후반의 망명백제인이 그것을 근거로 해서 새로 편찬하여 일본서기의 편수국에 제출했다. 각각 특정시대를 대상으로 하여 일본에게 불리한 것을 지우고 자신의 입장을 옹호하는 각종 개변, 윤색이 있었다(坂本1961, 정중환 1974).

이상의 제설에 대해 백제삼서에는 '일본' '천황'이라는 용어가 존재하고 왜국을 지칭하여 '귀국'이라 칭하는 공통의 용어법과도 맞물려 있어 현 단계에서는 백제삼서의 성격으로서는 (4)설이 가장 유력한 학설이라 할 수 있다. 다만, 일본서기의 본문에 사용된 백제삼서의 기술 중에는 백제삼서의 근본이 된 백제 사적의 필치가 그대로 남겨져 있는 것으로 여겨지는 부분도 어느 정도 인정될 수 있어(熊谷2005 등) 그러한 기술이나 용어에는 세심한 주의가 요구된다(모리 2010).

이 방면에 관한 근년의 우리 학계의 대표적인 연구 성과로는 앞서 언급한 바와 같이 박사학위 논문으로 제시된 [이근우 1990]과 [박재용 2009]의 이해가 있다. 특히 최근의 연구 성과인 [박재용 2009]에서 백제3서 가운데 백제기는 백제왕족인 善光과 망명 백제인이 7세기 후반 일본에서 近肖古王-文周王대까지 백제의 역사를 정리한 사서라고 결론짓고 그 내용과 찬술 경위를 검토하였다. 이어 그는 [박재용 2009-1, 2010, 2011] 등 일련의 연구를 통해 백제삼서 즉 백제기, 백제신찬, 백제본기에 대한 분석을 통한 백제삼서의 성격 규명 및 이 3서를 이용한 일본서기 한반도 관계기사의 배치문제, 일본서기 편찬과 백제계 사관의 역할 등을 해명하려고 적극적으로 시도하고 있다.

■ 칠지도 제작시기 및 연호문제

칠지도 이해와 관련해 가장 중요한 문제는 제작연대, 즉 연호의 해명이
며 이에 기초한 역사적 의미 추구이다. 따라서 종래의 칠지도에 대한 연구
도 제작주체, 제작시기와 연호문제, 그리고 그 역사적 성격·의미를 중심으
로 논의가 진행되었다.

중심 테마인 제작시기와 관련해서는 일본학계의 통설인 동진 태화 4년설
=369년설에 대해 한국학계에서는 이를 백제 고유의 연호로 보는 입장이 강
하게 대두되고 있다. 이에 대한 종래의 이해를 보면 (1)泰和를 백제근초고
왕의 연호로 보고 372년에 비정하는 설(이병도 1974), (2)백제연호로 구체
적인 연도는 알 수 없으나 5세기 무렵으로 추정하는 견해(김석형 1963), (3)
날짜의 간지를 중시하여 태화 4년을 전지왕 때인 408년으로 보는 견해(손
영종 1983), (4)보다 면밀한 분석을 기초로 백제연호인 '奉□'로 보고 무왕
4년인 504년으로 보는 견해(연민수 1994)가 대표적이다.

이상의 종래의 제설에 대해 근년에는 칠지도가 형태적으로 6세기 전반에
성행한 철제삼차모, 철제타행검, 有棘철기(有刺利器) 등과 유사하다는 점,
신공기 52년조에 칠지도와 함께 등장하는 칠자경은 백제 무령왕릉 출토경
과 일본 출토의 칠수대경을 의미한다고 하는 고고학적 지견을 전제로, 칠지
도는 무령왕릉의 축조시기인 525년 무렵 또는 그보다 앞선 시기의 것으로
보아야 한다는 새로운 견해도 제시되었다(김태식 2010).

종래 일본학계에서는 태화(泰和=太和)4년(369)에 백제왕이 제작하여 372
년에 왜왕에게 헌상했다고 하는 이해가 통설적 지위를 유지하고 있었다. 칠
지도의 제작 과정에 대해서는 현재 일본학계에서는 야마오설(山尾 1989)을
전제로 한 하마다(浜田 2005·2016)의 이해가 새롭게 부각되고 있다. 하마다
의 신설은 소위 원칠지도(태화4년은 동진에서 새겨진 것, 앞면의 명문)와
현칠지도(현 석상신궁 소장의 칠지도는 백제에서 제작, 뒷면의 명문)의 존
재를 인정하는 설로 최근 일본학계에서 많은 지지를 얻고 있다. 예를 들면

[森 2010] 등을 들 수 있는데, 참고로 모리는 우리 학계에서 지금까지 제시된 백제 독자 연호설을 모두 부정하고 있다.

국내학계에서도 제작년도, 명문의 文句해석 등에 대한 다양한 견해가 존재하는데 최근에는 대체로 '泰□'라는 연호를 東晉이 아니라 백제의 연호로 추정하고 백제가 제작하여 倭王에게 하사했다는 견해가 주류를 이루고 있다.

칠지도의 이해와 관련해 근년 [木村 2000]에 의해 명문해독에 대한 새로운 견해가 양국 학계에 제시되었다. 즉 종래의 석문인 (태화4)年 五月을 새롭게 '十一月'로 판독하는 명문을 제시한 것이다. 이를 전제로 최근 홍성화는 앞에서 제시한 (3)설(손영종 1983)과는 전혀 다른 근거, 즉 월의 간지를 보다 구체적으로 분석한 위에서 도달한 결론으로서 408년 설을 강력히 주장하고 있다(홍성화 2009).

근년의 칠지도에 대한 우리 학계의 연구 성과는 홍성화에 의한 연구가 유일하다고 할 수 있다. 그는 [홍성화 2009] 이후 [홍성화 2013·2017] 등 칠지도와 관련해 일련의 연구를 지속적으로 발표하고 있는데 [홍성화 2013]는 칠지도의 산지로서 谷那鐵山을 분석하여 곡나철산이 4세기 말~5세기 초 고구려와 대치하고 있던 황해도 일원임을 비정하고 나아가 곡나철산의 칠지도가 侯王이라는 호칭으로 왜왕에게 하사된 것은 바로 백제의 고토를 회복했다는 자신감의 표현이었다고 적극적으로 평가하고 있다. 최근에는 칠지도를 주제로 한 한일 학자들이 참여한 국제심포지엄을 직접 기획·개최하여 칠지도 연구의 재점화를 시도하고 있어 그 귀추가 주목된다.

■ 신공기 49년조

임나일본부 문제와 관련한 4세기 한일관계사 이해상의 주요 쟁점의 하나는 신공기 49년조의 소위 신공황후의 신라정토 또는 신공황후의 삼한정벌 기사의 이해에 있다.

현재 한국학계에서 신공기 49년조의 가야7국평정기사가 왜의 가야정벌을 나타낸 것으로 인정하는 학자는 거의 없고, 대신 이를 4세기 후반 백제의 마한 잔여세력 정벌로 보려는 견해(이병도 1974)를 시작으로 1980년대 이후 많은 견해가 제시되었다. 주요 견해들을 정리해 보면 다음과 같다.

(1) 관련기사에 등장하는 백제장군 목라근자에 주목하여 가야7국의 평정 주체를 왜에서 백제로 교체하여 이를 369년에 백제에 의한 가야정벌로 보는 견해(천관우를 효시로 김현구 1985, 노중국 1995 등), (2) 그 연대를 429년으로 늦추어 보고 그 내용은 木羅씨 가계전승의 그릇된 주장이라고 보는 견해(이근우 1994), (3) 기사 전체를 후대 사실이 반영된 것으로 보고 사실성을 전면 부정하는 이해(이영식 1995, 연민수 1998 등), (4) 4세기 후반의 역사적 사실은 백제나 왜가 가야에 군대를 보내어 평정하고 지배한 것이 아니라, 백제가 가야와 처음으로 친교를 맺었으며, 이를 토대로 가야와 밀접한 교역을 이루고 있던 왜와 연결되었던 것이 그 실체로 이해, 따라서 신공기 49년조의 기사는 임나일본부의 성립과도 무관하고 백제의 가야지배와도 무관한 것으로 보는 이해(김태식 1994) 등이 있다.

근년의 연구로는 (1)의 견지에서 4세기중엽 한반도와 倭의 관계를 함축하고 있는 『일본서기』신공 49년조에 보이는 '磐石'을 매개로 한 맹약의식과 가야제국 등에 대한 정토가 모두 백제가 주체가 되어 행해졌으며 이러한 기록은 백제계통의 사료에서 나온 것이라고 하는 서보경의 연구가 제시되었다(서보경 2002).

아울러, [김태식 2005]는 4세기의 한일관계를 개관하면서 이 시기의 한일관계 이해에 있어 한일양국 학계에서 문제가 되는 쟁점들, 특히 신공기의 관계기사, 광개토대왕비문의 왜, 삼국사기의 왜의 성격을 둘러싼 이해상의 특징과 문제점을 명료하게 개관하고 있고, [백승충 2005]는 일본서기 신공기 소재의 한일관계 기사 전반에 대한 구체적인 검토를 행하고 있으며, [이영식 2005]는 4세기 당시의 왜국의 국가형성 단계가 과연 어느 단계에 위치

했는지를 일본의 고대국가형성사 속에서 정리해 제시하고 있는데 이는 신
공기 기사의 성격이나 사실성을 이해하는 전제로서 귀중하다.

비교적 최근의 연구로는 『일본서기』 신공황후 섭정 49년조의 소위 가야7
국 평정 기사에 관한 [임범식 2009]와 광개토왕비문 내용과의 관련성 속에
서 일본서기 신공, 응신기의 사실성을 분석한 [홍성화 2010]이 제시되어 있
는데, 후자는 일본서기 신공기와 응신기의 내용은 기본적으로 근초고왕 시
기 전후의 백제와 가야제국의 관계를 반영하고 있는 것으로 이해하는 데
특징이 있다.

■ 광개토대왕비문 및 삼국사기의 왜

광개토대왕비문에 대한 연구는 종래처럼 신묘년조 자체를 크게 문제시하
는 연구는 거의 보이지 않고, 비문의 영락9년, 10년조, 14년조에 등장하는
왜(왜인·왜병)의 성격 및 그 실체를 둘러싼 이해가 문제관심의 중심이라 할
수 있다. 다만, 종래 후연과의 전투로 이해해 왔던 영락17년조의 전투를 백
제·왜와의 관련성 속에서 검토해야 한다는 의견(양기석 2005)도 제시되어
있다.

비문에 등장하는 왜인의 성격, 실체에 대해서는 종래의 일본학계의 임나
일본부설에서는 남한(임나)에 기반을 둔 일본군(大和정권)이 고구려의 남침
에 반격하는 것으로 보는 이해(末松 1949)에서, 최근에는 그 왜군은 당시
각국의 대등한 국제관계 속에서 특히 백제 혹은 가야와의 관련성 속에서
들어온 것이며 규모도 그다지 크지 않은 존재였으나, 광개토대왕의 업적을
강조하려는 고구려 측의 정치적 의도에 의해 왜군의 활동이 지나치게 과장
되었다고 보고 있다.

다만, 그 주도세력 즉 주체 및 성격에 대해서는 한일(및 연구자) 간의 이
해에 일정한 차이가 있다. 즉, 주체를 왜로 보느냐(武田 1985, 浜田 2005),
백제로 보느냐(김현구 1993), 가야로 보느냐(김태식 2005)에 따라 각각 입

장을 달리하고 있다. 왜군의 성격·실체에 대해서도 종래의 大和정권설 외에 북구주의 왜인설, 북구주의 해적집단설, 북구주의 친백제설(천관우 1979), 한반도 남부 왜인설(井上 1973) 등 다양한 견해가 존재하는데, 최근에는 畿內를 중심으로 하는 서일본 수장연합설(연민수 2003)이 다수의 의견이라 할 수 있다. 근년, 한반도에 건너온 왜인의 실질적인 성격을 백제 혹은 가야의 용병으로 규정하는 소위 용병설(김태식·송계현 2003, 이재석 2004)이 제시되어 주목을 끌고 있다.

이 가운데 최근에 제시된 [김태식 2005]는 비문의 '왜' '왜구' '왜적'은 백제가 불러들인 왜국의 군사력으로 해석하는 설을 제출했는데, 고구려와 군사적으로 대립을 계속해 온 백제가 자신의 전열에 원군으로 요청한 왜인 병사를 가담시킨 것으로 보고 있다. 아울러 그 왜병은 백제나 가야가 철을 왜에 공급하는 대가로서 왜에 요구한 군사력의 공급으로 간주한다. 이설은 왜병이 능동적으로 한반도 지역에 출병했다는 종래의 일본학계의 통설과는 달리, 왜병의 활동을 어디까지나 수동적으로 참전한 병력 즉 다름 아닌 일종의 용병으로 보는 데 특징이 있다.

한편, 한반도 남부에서 활동하는 왜인의 실체에 대해서는 왜인의 성격을 서로 다른 복수로 이해하는 견해가 제시되었다. [김현구 2009]에 따르면, 하나는 일본에 이주한 백제인의 자손이 다시 파견된 '백제계왜인'이고, 다른 하나는 광개토대왕 비문, 『삼국사기』, 『宋書』왜국전 등의 사서에 보이는 倭로서 백제를 지원하는 일본(야마토정권)의 세력으로 파악된다.

아울러 [백승옥 2005]는 광개토왕비문의 倭관계기사에 대한 연구사 정리를 충실하게 하고 있고, [임기환 2005]는 4세기 동아시아의 정세변동과 고구려의 대외전략을 광개토대왕비문을 중심으로 4세기 고구려의 대외관계 추이 속에서 검토하고 있다. 비문의 왜에 대한 이해의 전제로서 귀중한 성과라 할 수 있다.

근년의 [홍성화 2009]는 『일본서기』응신천황 8년조의 '東韓之地' 관련

기사를 분석하여 이 사료의 내용에 광개토왕비에 보이는 백제·왜와 고구려의 전투 사실이 반영되어 있다고 주장하고, 東韓之地를 백제가 고구려의 소백산맥 이남으로 진출하기 위한 교두보 마련을 위한 지역으로 보아 경북 북부 일원으로 파악하였다. 이 견해는 기존의 통설적 이해와는 상당히 다른 새로운 역사상을 제시한 것으로 앞으로 많은 논의가 있길 기대한다.

비문 연구와 관련해 가장 최근의 연구로 [백승충 2014]와 [연민수 2012]를 들 수 있는데, 전자는 가야 각국사 연구의 일환으로 비문의 '안라인수병'에 대한 이해를 바탕으로 논의를 전개하고 있고, 후자는 비문에 나타난 고구려의 남방세계관에 대한 분석으로서 고구려의 백제인식, 신라인식과 함께 왜국에 대한 인식을 규명하고 있다. 즉 비문의 왜는 백제의 동맹세력으로 출현하지만 고구려 남방정책의 방해자로 인식되어, 그런 만큼 신묘년 기사의 왜는 이러한 고구려의 인식에 기초하여 역사적 사실과는 무관하게 강한 왜의 이미지를 출현시켰고, 결국 비문의 왜는 격퇴와 섬멸의 대상이자 이질적인 대상으로 인식되고 있는 등 백제나 신라, 가라와는 근본적으로 다른 존재로 이해되고 있다고 한다.

마지막으로 [강종훈 2005]는 삼국사기에 보이는 왜 기사 전체에 대한 분석을 시도하면서 왜 기사를 둘러싼 종래의 연구사 정리와 함께 각 기사에 나타난 왜의 성격을 규명하고 있어 이 방면의 이해에 크게 참고가 된다.

적어도 삼국사기 신라본기에 보이는 왜는 시기, 규모, 지역에 따라 해적적 성격의 왜, 한반도남부와 관련된 왜, 구주지역의 왜, 야마토왕권과 관련된 왜인 등 실로 다양한 실체·성격의 왜가 있다는 점은 부정하기 어려울 것이다.

■ 〈송서〉왜국전의 왜5왕과 도독제군사호

5세기 한일관계사의 쟁점은 <송서>왜국전에 보이는 찬, 진, 제, 홍, 무로 이어지는 소위 왜5왕의 남조외교에서 나타난 자칭 혹은 송으로부터 인정받

은 도독제군사호의 내용이다. 즉 왜5왕이 칭한 제군사호의 실효성 여부 및
왜5왕의 도독제군사호 속에 보이는 한반도제국명(특히 진한·모한)에 대한
이해가 문제가 되고 있다.

한국과 일본, 문헌사학과 고고학, 백제사와 가야사 전공자 간에 커다란
이견을 보이고 있는 주요 논쟁점은 '제군사호'가 각국의 군사권에 대한 (1)
실제를 반영하는가, (2)단순한 왜왕의 의도를 반영한 것인가, (3)단지 일본
열도의 대내용 거짓 작호인가, (4)일본열도 내의 여러 종족(이른바 '도래
인')에 대한 통수권인가에 있다(김태식 2010).

일본 연구자의 입장은 기본적으로 (1)의 이해에 있다고 할 수 있는데, 한
국 연구자의 이해를 보면, (2)는 [연민수 1998], (3)은 [노중국 2005], (4)는
[김석형 1966], [이영식 1993] 등에서 나타나고 있다. 이러한 상반된 이해에
대해 [김태식 2010]은 문제의 해답은 (2)와 (3) 사이에 있다고 하는 절충적
인 견해를 제시하고 있다. 즉, 5세기 왜왕들이 칭한 제군사호는 한반도 남
부 각국의 군사적 지배에 대한 실제를 반영하거나 혹은 일본열도 내의 여
러 종족에 대한 통수권을 의미하는 것이 아니라, 단순한 왜왕의 희망사항을
반영하거나 혹은 일본열도의 통치를 위한 국내용 작호에 지나지 않는다는
것이다.

이 문제는 책봉체제의 실효성 자체의 문제와도 관련해 볼 필요가 있는데,
국제적으로는 형식적인 측면이 강하나 국내적으로 일정한 효과가 인정된다
고 이해된다. 따라서 왜5왕의 자칭 혹은 인정된 칭호의 의미는 국내용으로
이해하는 것이 무난하리라 생각된다.

5세기 왜5왕의 남조외교에 있어 관작 제수 및 그 의미와 관련해서는, 우
선 왜의 5왕이 중국 남조의 송에 요구한 관작의 해석이 문제가 된다. 이러
한 것들은 군사권의 위임을 보일 뿐이고 민정권이나 영토지배권과는 관계
가 없다는 공통된 이해에 이르렀지만, 그 중에서도 진한과 모한의 실체에
대해서는 견해가 엇갈리고 있다. 진한의 실체는 불분명하지만, 모한에 관해

서는 전라남도 영산강유역의 전방후원분을 둘러싼 논의와도 맞물려 있다.

특히 모한과 진한에 대한 이해가 문제인데, 특히 모한에 대해서는 연구자들 상호간(문헌사학과 고고학)에는 물론 한일 양국 학계의 이해가 크게 엇갈리는 테마이다. 진한과 모한은 한국학계에서는 일반적으로 346년에 마한으로부터 백제가, 356년에 진한으로부터 신라가 성립된 것으로 이해되고 있지만, 일본학계에서는 신라나 백제에 아직 편입되지 못한 독립된 지역이 남아 있던 것으로 추정한다. 더욱이 일본학계에서는 최근 발견된 한반도 서남부의 전라남도 영산강 유역에서 발견된 5세기 후반~6세기 전반의 전방후원분에 대해 6세기 전반 무렵까지 백제와는 일정한 거리를 두고 왜국과 제휴하는 독자적 세력이 존재했다고 생각하여 이를 모한에 비정하는 견해가 유력(東潮1995, 田中2001 등)하다.

최근의 일본학세의 이해를 대표하는 견해로 [森 2010]의 이해를 들 수 있는데, 고고학적으로는 영산강유역이 백제의 문화권에 완전히 들어가는 것은 6세기 중엽 이후로, 6세기 전반 무렵까지는 백제와 일정한 거리를 두고 백제와 관계를 돈독히 해 가면서도 왜국 내의 여러 세력, 특히 규슈의 중북부 세력, 그리고 대가야와도 제휴하는 독자적 세력이 존립하고 있었다고 보고 여기에 '慕韓' 즉 마한의 잔존세력의 존재를 상정하면 어떨까 하는 견해인 것이다. 이러한 이해의 전제로 모리는 자립적 지역의 존재와 다원적 외교의 가능성이 5세기의 한일관계를 특징짓고 있다고 파악하고 있다.

한편 한국 측 연구자의 경우 [이영식 1993]은 왜왕의 칭호에 등장하는 지역명은 허호로써 의미가 없다고 보고 특히 진한·모한에 대해서도 마찬가지로 해석하는 이해를 일찍이 제시하고 있는데, 이와는 대조적으로 최근 [이용현 2008]은 진한과 모한을 실제의 지역명으로 이해하는 입장을 제시하고 있어 상호간에 논란이 예상된다.

[이재석 2005]는 송서왜국전의 왜왕 무의 상표문에 대한 분석을 통해 5세기 야마토 정권의 성격에 대한 분석과도 관련시키면서 5세기 왜왕들의

對중국외교가 국내 정치용이었다고 결론 내리고 있다. 그는 또한 중국 사서에 보이는 5세기 야마토정권의 대중국관계 기사를 한일관계의 관점이 아니라 중일관계의 관점에서 새롭게 이해할 필요성을 제기하면서 5세기말에 왜 5왕의 남조와의 통교관계가 왜 중단되었는지를 고찰하고 있는데(이재석, 2004), 이는 간과하기 쉬운 중요한 관점으로 그 시점이 주목된다.

왜왕 무의 상표문을 분석한 연구로 [서보경 2006]은 5세기 왜 무왕의 이른바 '고구려정토'에 대한 요구를 담고 있는 『송서(宋書)』「왜국전(倭國傳)」의 상표문이 5세기 초 이래 고구려의 남하에 따른 백제와 왜 사이의 군사동맹관계를 증명하는 기본 자료라 보기 힘들며 오히려 '고구려정토'가 실은 북위(北魏)를 대상으로 한 외교적 수사에 불과하다는 비판적 이해를 제시하고 있다. 왜5왕과 관련한 최근의 연구로 [홍성화 2010]은 5세기 백제의 정국변동을 분석한 위에서 이를 전제로 倭5王이 남조에 요청한 작호의 의미를 추구하고 있어 그 시점이 흥미롭다. 아울러 그는 고분에서 출토된 도검류와 금석문에 대한 분석을 통해 5세기 무렵의 왜왕을 비정하고, 일본의 통설적 이해를 비판하고 있다(홍성화 2013).

5세기 한일관계 이해에 있어 근년 새로운 쟁점으로 부상한 테마가 바로 전라도지역(영산강유역)의 전방후원분 문제이다.

영산강유역에서는 5세기 후반에서 6세기 전반의 전방후원분이 모두 13기 발견되는데, 그 특색은 다음과 같이 정리된다. 즉 영산강 유역을 중심으로 분포하며 1곳에 밀집되지 않고 분산되어 분포하고 있다는 점, 다른 고분과는 고립된 위치에 있으며 전장은 36미터에서 76미터 정도로 일본의 전방후원분에 비해서는 소형이라는 점, 조형 계획에 있어 전체적인 통일 규격은 보이지 않는다는 점, 주체부는 대개 횡혈식 석실로 규슈 중북부의 고분과 유사하나 일본열도의 전방후원분과 같은 축조방식은 보이지 않고 段築·葺石 및 周壕의 경우는 많이 확인된다는 점, 부장품은 대부분 백제적이며 대가야계로 보이는 부장품을 동반하는 경우도 있다는 점, 원통형 토기(하니와

형의 홈제품)나 방패형 목제품들이 출토되는데 왜식이라는 점 등이다.

그 축조주체 및 그 성격과 관련해서는 의견이 상이하다. 대별해 보면 (1) 재지수장으로 보는 견해, (2)왜인으로 보는 견해로 나뉜다. (1)의 재지수장설은 다시 (가)영산강 유역 재지수장들의 대왜 친연성 주장에 의한 것으로 독립적 재지수장설(신경철 2000, 박순발 2000 등)과 (나)백제왕권과의 연계 하에 재지수장이 전방후원분을 묘제로 채택한 것으로 보는 백제연계 재지수장설(우재병 2004)이 있다.

(2)의 왜인설은 보다 다양하게 전개되고 있는데, (가)철의 교역을 위해 규슈 또는 왜 왕권에서 영산강 유역으로 들여보낸 집단이주민으로 보는 이주왜인설(=모한설)(이용현 2008)과 (나)영산강유역에서 재지인화 하고 있던 왜인으로 보는 재지화왜인설(土生田 2008), (다)백제가 남방개척을 위해 왜인을 받아들여 정착시킨 것으로 보는 왜계 백제관료설(주보돈, 박천수), (라)한반도에서 일본열도로 건너갔던 이주민이 전방후원분 축조기술을 가지고 돌아와서 만들었다는 귀향왜인설(임영진 1997), (마)나주 반남지역에 있던 독자적 정권이 백제에 대항하기 위해 왜인을 받아들인 것으로 보는 왜계 반남관료설(임영진 2003) 등으로 세분된다.

제설의 상세에 대해서는 [권오영 2005]가 문헌과 고고학적 관점에서 영산강 유역 전방후원분에 대한 제설의 근거 및 차이점 등을 비교 검토하고 있어 참고가 된다.

영산강유역의 전방후원분을 둘러싸고는 일본학계와 한국학계의 차이, 문헌사학과 고고학적 지견상의 차이, 백제사와 가야사 전공자 간의 이해 차이가 노정되고 있는데, 모한(마한)이 결집된 독자적인 정치세력이었느냐는 차치하고, 해당지역의 역사적 위치 정립을 위해서는 영산강 유역의 독자성 여부를 더욱 치밀하게 검토해 나갈 필요성이 있다는 의견(近藤2008 및 모리 2010)에는 귀를 기울일 필요가 있다. 아울러, [이근우 2005]는 5세기 한일관계사의 올바른 이해를 위해서는 그 전제로서 5세기 당시의 일본열도의 정

치적 상황에 대한 이해가 필수적이라는 입장에서 일본학계의 전방후원분체
제론으로 대표되는 5세기의 국가형성사에 관한 통설적 이해와 그 문제점을
정리하고 있는데, 이러한 이해는 왜5왕의 칭호문제나 전방후원분 문제를 검
토하는데 있어서도 그 전제로서 필수불가결하다는 점에서 충분히 귀를 기
울일 필요가 있다. 최근, 영산강유역의 전방후원분 문제와 관련해 [홍성화
2010]은 고대 영산강 유역의 정치세력 문제를 백제와의 관련성 속에서 재
검토하고 있다. [연민수 2011]은 조영 주체 및 피장자를 영산강유역의 재지
세력으로 보고 그들이 구축한 전방후원분이라는 가시적인 조형물의 존재를
통해 자신들의 연합과 동맹을 과시하는 정치적 효과를 노린 것으로 추축하
고 있다. 말하자면 전방후원분은 영산강유역 재지수장층 상호간의 연대의
상징, 정치적 심벌이었던 것이다.

■ 임나일본부의 실태

4~7세기의 고대한일관계사 연구에서 가장 쟁점이 되는 주제는 여전히『일
본서기』에 나타나는 소위 '임나'문제이다. 양국 학계에서 논란이 되는 소위
'임나'문제란 구체적으로는 흠명기에 등장하는 '임나일본부'의 존재와 민달
기 이후의 '임나의 조' 및 '임나사'의 실체를 둘러싼 문제이다.

우선, 종래의 임나일본부에 관한 이해를 기왕의 연구사 정리(이영식
1993, 연민수 1998, 정효운 2005, 김태식 2005, 나행주 2005, 森 2010 등)를
참조하여 크게 나누어 보면, (1)왜왕권의 출장기관설(왜국이 한반도 남부를
영유하여 그 경영을 위해 설치한 기관으로서 행정·외교 기능을 갖는 군사
기지로 이해)[말송 1949], (2)분국론(왜 왕권이 지배했다고 <일본서기>에 기
록되어 있는 백제·신라나 '임나' 등은 한반도제국으로부터 일본열도로 이
주한 집단이 건국한 '분국'이며, '임나일본부'는 그러한 일본열도 내의 여러
'분국'을 통치하는 기관으로 보는 입장)[김석형 1969], (3)가야지역 거주왜
인설(안라에 잔존했던 왜인 집단에 의한 조직으로 왜 왕권의 출장기관도 한

반도경영의 거점도 아니라는 입장)[井上 1973, 연민수 1990 등], (4)가야제
국에 의한 설치설(신라왜전=대왜 외교기관을 참고로 하여 가야제국이 대왜
외교를 위해 설치한 것으로 이해)[오쿠다 1976], (5)백제의 출장기관설-①군
사령부설과 ②무역중개소설로 구분. 전자는 그 주체를 왜로부터 백제로 치
환하여 사료를 재해석 한 다음 행정·외교기능을 지닌 군사기지로 이해하며
백제군사령부설로도 칭함[천관우 1974, 김현구 1985]. 후자는 원래는 백제
가 설치한 '왜국사절 주재관'이라 해야 할 것으로 백제는 이를 통해 대왜
무역의 루트를 확보했었다고 이해한다. 다만, 540년 이후는 안라가 이를 장
악하고 안라왕의 지휘 하에 대왜 외교·교역기관으로 재편되어 안라의 세력
과시와 백제의 압력 완화에 역할을 했다고 이해함)[김태식 1993], (6)사신·
외교 교섭 단체설(왜국으로부터 '임나'로 파견된 사신, 또는 왜국의 사절과
가야제국의 한기와의 사이에 구성된 외교교섭단체로 보는 견해로 왜왕권의
파견기관, 또는 왜 왕권과 군신관계를 맺는 신료집단으로서의 성격은 인정
하지만, 군대나 영토는 보유하지 않았다고 해석)[우케다 1974, 이영식 1989,
이용현 2002, 정효운 2005], (7)신분국론(한반도 사람들이 왜국으로 도래하
여 그 후예인 규슈의 왜가 본국인 가야지역 전역에서 수시로 교역을 한 임
시교역소이며 그 중심은 안라라고 하는 설)[윤석효 1993] 등의 제설이 제기
되었다.

사신단설과 관련해서는 근년 [이재석 2004] (<소위 임나문제의 과거와
현재-문헌사학의 입장에서-> <전남사학>23)는 '미코토모치'는 단순히 사신
을 의미하는 것이 아니라 '國司''國守'와 같이 해당지역을 지배하기 위해
파견된 지방장관을 포함하며, 일본서기의 용례로 보아 일본부라는 용어는
대부분이 기관으로서의 용례를 보이고 있기 때문에 '미코토모치'의 용례에
기반을 둔 사신(단)설에 안주할 수 없다는 중요한 반론을 제기하고 있다.

가야와 왜 사이의 외교기관설에는 그 설치주체를 왜가 아닌 가야로 보고,
소위 '임나일본부'의 설치주체가 가야제국이었다고 보는 이해가 유력한데

(오쿠다 1976), 이를 보다 구체화하여 [연민수 1990·1998]은 '임나일본부'는 530년대 이후 국가적인 위기에 놓여있던 안라가 자국의 독립보전을 위해 조직한 외교기구로, 여기에는 안라와 이해관계를 같이하는 기문국계 망명세력, 서일본 호족, 왜계 안라인까지 참여한 것으로 이해했다.

아울러, 안라와의 관련성을 중시하는 입장에서 [백승충 2003]은 임나일본부는 왜에서 안라로 파견된 특수 외교사신으로서 집사·경·대신 등의 직제를 가지나, 이들은 안라에 반영구적으로 거주하면서 안라의 정책에 따르고 있기 때문에 실제로는 안라국 소속의 '왜계 안라관료'라고 보아도 좋다는 절충적인 견해를 제시하고 있다. 혹은 [이연심 2004]와 같이 6세기 전반 안라국이 친신라적인 외교를 통해 독자성을 유지하려고 하자 야마토조정이 이에 왜계 인물을 파견하여 안라국의 친신라적 외교활동에 동조한 것이라고 하여 임나일본부를 안라와 왜국의 합작기관으로 보는 견해도 있다.

[김태식 1993·2002]의 안라왜신관설은 교역기관설과 사신단설 및 외교기관설을 합체시킨 형태로 이해되는데 2단계의 변천과정을 상정하고 있는 점에 특색이 있다. 즉, 가야말기인 530년대 후반부터 550년대까지 존재하였고, 외형상으로는 '왜국사절 주재관'의 명분을 지니나 실제로는 530년대 후반(1단계)의 설립초기에는 백제가 친백제 왜인 관료를 안라에 들여보내 설치한 '백제의 대왜 무역중개소'와 같은 것이었고, 신라의 탁순국 병합과 함께 안라에 대한 군사적 영향력이 소멸된 540년대 이후(2단계)로는 남부 가야연맹의 맹주인 안라왕이 그 인원을 친안라 왜인 관료들로 재편하여 안라국의 외교를 지원하는 '안라의 특수 외무관서'와 같은 성격으로 변모시켰다고 보았다(김태식, <미완의 문명 7백년(가야사 1)>, 푸른역사, 2002).

이상과 같은 최근의 '임나일본부'의 연구 경향을 회고한 [강은영 2016]은 다음과 같은 점들을 양국학계의 공통인식 사항으로 정리하고 있다. ① '임나일본부'의 '府'의 和訓이 '미코토모치(ミコトモチ)'이기 때문에 '임나일본부'의 기능을 외교교섭으로 한정하고, ② 웅략기의 한 사례를 제외하면

'임나일본부'의 용례가 모두 계체~흠명조를 중심으로 나타나고 있어 '임나일본부'의 활동 시기는 백제와 신라의 가야지역 침공이 진행되는 6세기 전반(흠명조)으로 볼 수 있으며, ③ '안라일본부'라는 용례와 임나부흥회의가 안라지역에서 이루어졌음을 볼 때, '임나일본부'의 활동 무대이자 활동 지역이 안라국이었다는 점과 아울러 ④ 명칭 및 소재지에 관해서는 안라일본부=임나일본부이며 그 소재지는 안라라는 점, 임나일본부=안라일본부의 공식명칭은 '재안라제왜신'이며, ⑤ 군사력 보유에 대해서는 부정적이며 그 구성은 일정한 관직체계를 이루고 있고 구성원은 왜인과 안라인이라는 점 등에 대해서는 대체로 공감하고 있다.

위의 ④임나일본부의 명칭 및 소재지에 관해서 근년 [백승옥 2015]는 통설과 달리 안라일본부와 임나일본부를 별개의 존재로 보는 새로운 이해를 제시하고 있다. 즉 안라일본부가 기존의 통설대로 안라에 소재한 것은 틀림이 없지만, 임나일본부는 가라국(대가야)에 소재하고 있었고, 그 역사적 배경에는 6세기 전반 남가라국(금관가야)이 신라에 복속되자 함안의 안라국과 고령의 가라국이 가야제국 세력을 양분하여 주도하게 되는데, 백제와 신라의 가야잠식에 대응하여 안라와 가라는 각각 왜 세력을 이용하면서 가야의 독립과 부흥에 노력하게 되고, 이것이 안라일본부와 임나일본부가 되었다는 것이다. 기존의 일본학계의 통설인 임나일본부=금관가야소재설에 대치되는 임나일본부=대가야소재설의 제기라 할 수 있는데, 관련 연구자는 물론 학회 차원의 정리가 필요한 대목이다.

임나일본부를 구성하는 왜인의 실체에 대해서는 종래의 '왜계 백제관료'설에 대해서 '왜계 가야관료'로 이해하려는 견해가 가야사 연구자들을 중심으로 제기되고 있다. 즉 한반도 남부(특히 가야지역)의 왜인이 가야를 위해 활동하던 사람들이었다는 주장인데, [백승충 2003]과 [이연심 2008] 등이 대표적이다. 이들 연구에서는 종래의 왜계백제관료의 개념을 왜계안라관료로 대체시킨 것으로 보인다. 가야에서 활동한 왜인에 대해서는 친백제계인가 친가야 내지 반백제계인가에 대해서조차 기본적으로 인식의 차이가 노정되어 있다. 또한 '임나일본부'를 과연 가야(안라)의 관료로 볼 수 있을지에 대해서는 좀 더 많은 논의가 필요할 것이라는 이재석의 문제제기가 있다(이재석 2010).

최근의 일본학계에서는 '일본부=재안라제왜신'이란 5세기대의 왜와 한반도의 관계나 지방호족의 독자적 통교 등으로 인해 가야지역, 특히 이전부터 왜와 관련이 깊었던 안라(유력한 도래계 씨족 東漢直씨는 안라출신이라는 점을 중시)에 거주했던 왜인의 일단이며, 가야제국과 공통의 이해를 갖고 거의 대등한 관계에서 그들과 접하며 주로 외교 협상에 협동하여 종사했다고 이해할 수 있기 때문에 (3)가야지역거주왜인설이 가장 정합적이라 평가되고 있다(森 2010 등).

한국학계의 최근의 연구경향은 가야사 연구자들을 중심으로 소위 임나문제를 종래의 백제나 왜국 중심의 이해에서 벗어나 안라 중심의 대외관계사를 구상하려는 시도가 나타나고 있다. 이러한 맥락에서 임나일본부 문제를 재검토한 [연민수 2003]은 종래의 제설의 문제점을 지적한 위에서, 임나일본부는 6세기 전반 가야제국의 독립을 보존하기 위해 활동한 인물과 그 집단이 속한 기구로, 이는 안라국의 주도로 이루어졌으며 가야제국 공동의 합의체로서 성립되었다고 결론짓고 있다.

[이재석 2014]는 『일본서기』에 나타난 안라국과 주변제국과의 관계를 정리하고 있고, [백승옥 2014]도 『일본서기』에 보이는 阿羅斯等의 정체를 6세기 전반 안라가야의 왕명으로 상정하고 안라고당회의의 주체자로 보는 이해를 피력하고 있으며, [이연심 2014]는 안라국의 대왜교역로에 대해 검토하고 있다.

또한 6세기 한일관계사의 재구축을 목표로 한 의욕적인 연구가 제시되어 있는데, [정효운 2009]는 왜와 가야(임나)의 관계에 대해 『일본서기』의 관련 사료를 '해양'과 '언어' '중간자적 존재'의 설정이라는 관점에서 재검토해 볼 것을 제안하며 소위 '任那倭宰'란 금관가야의 '왜재'에 소속되어 통역기능을 중심으로 외교와 해상교역을 담당했던 인물들이 532년에 금관가야가 멸망하자 그에 항거하여 안라와 대마도 등지로 흩어져 임나부흥과 한일해역세계의 질서를 되찾고자 노력하였다고 한다. 그들은 각국에 소속되지 않는 '중간자적 존재'로서 왜 왕권이 공식적인 외교 인력을 양성하지 못한 상태에서 해상을 통한 외교와 교역시스템의 관리를 위임받았던 것이라고 지적한다. 아울러 [정효운 2014]는 『풍토기』를 검토한 결과, 안라의 원형은 '아라'로 아라가야가 멸망한 후, 아라국인들은 上對馬를 경유하여 오키노시마를 거쳐 일본의 동해안 방면과 세토나이카이를 거쳐 기나이지역 혹은 중간 경유지나 다른 주변 지역에 정착하였고, 『신찬성씨록』攝津國諸蕃의 '荒荒公'氏는 아라계 씨족으로 볼 수 있다는 주장도 함께 전개하고 있다. 거대한 담론이지만, '중간자적 존재'나 '한일해역세계의 질서'에 대한 개념 규정, 그리고 6세기 중반 당시의 대마도의 역사적 위치 등에 대한 보다 치밀한 검토가 필요하다고 여겨진다.

■ 임나의 조

임나의 조에 대한 종래의 연구는 그 사실성을 인정하는 연구와 이를 인정하지 않는 연구로 대별되는데, 전자가 일본학계의 일반적 이해이고 후자가 한국학계를 대표하는 이해라 할 수 있다(나행주 2005). 한국학계의 이해는 다시 관련 사료가 조작되었다는 이해와 이데올로기의 산물로 보는 이해(소위 조작설과 이데올로기설)로 나눌 수 있는데, 전자는 일본서기 편자가 야마토정권의 임나지배라는 사관에 맞추기 위해 조작해낸 것이라는 비판에서 나온 것(김현구 1985)이고, 후자는 임나의 조는 존재하지 않은 가공의 것이며 그 표현은 6세기 말 추고조 이래 고조되기 시작한 국가의식과 일본서기 편찬 당시의 신라적시관 및 번국관이 융합되어 나타난 관념적 허상이라는 이해(연민수 1992)이다.

한편, 일본학계에서는 종래의 末松설에 대신하여 鈴木설이 새로운 통설로 자리매김 되고 있는데, 스즈키설의 내용은 다음과 같이 요약된다. 즉 임나의 조는 신라에 의한 가야제국의 병탄 후 등장하는 것으로서 그 이전에 가야제국이 왜국에 무언가 물품을 보냈었다는 흔적은 없다. 임나의 조란 옛 금관국 4읍의 '조'(공물=복속하는 의미를 포함한 공납물) 바로 그것이다. 그 임나의 조를 일정한 관위를 갖는 '임나'사가 가져오는 것에 의의가 있으며 신라는 왜국에 대한 임나의 조 송부에 임하여 자국의 사신과 함께 실제로는 신라인이지만 따로 '임나'사를 세워서 來朝시키고 있다. 신라는 옛 금관국을 임나로 하고 임나의 조를 왜국에 납부함으로써 가야를 부흥시켰다는 형태를 갖춘다. 이로써 가야제국의 부흥을 명목으로 왜국의 군사원조를 끌어내려는 백제의 대왜외교에 대항하려 하였다. 왜국에 있어서는 독립한 '임나'사가 래조하여 '임나의 조'를 가져오는 것은 '임나부흥'을 의미하는 것으로 따라서 실제의 영유 관계를 문제로 하지 않고 '임나의 조'의 납입만 확보할 수 있으면 되는 것이다(스즈키 1983).

이러한 鈴木설을 기초로 최근의 일본학계의 이해를 대표하는 [모리 2010]은 임나의 조에 대해 다음과 같이 평가한다. 즉 임나의 조는 왜국과 신라 사이에 맺어진 고도의 정치적·외교적 타협의 산물이었다고 자리매김 할 수 있다. 백제가 고구려와 함께 신라를 공격하는 상황 속에서 신라로서도 왜국과 통교하여 왜국이 백제·고구려 측에 가담하지 않도록 하는 방도를 생각할 필요가 생긴 것이다. 왜국으로서는 신라와의 교섭-임나사의 래조, 임나의 조 획득=임나의 부흥이라는 명목을 얻게 되는 것이었다고 그 역사적 의미를 부여하고 있다.

외교는 상호 이해관계 일치의 산물이라고 하는 당연한 명제를 전제로 생각할 때, 이러한 이해는 일견 매우 타당한 것으로 간주된다. 그러나 문제는 신라 측에서 보자면 임나의 조를 제공함으로써 일본(왜국) 측이 상대적으로 친백제적 입장을 벗어나 한반도 정세에 중립적 자세를 견지하도록 하려는 카드는 전혀 실효성도 현실성도 없는 것이었다는 점이다. 그 점은 무엇보다도 신라가 임나의 조 제공에 매우 소극적이었다는 점이 반증하고 있다(나행주 2008).

근년, [나행주 2008·2009·2010·2011]은 임나의 조의 사실성을 인정하는 입장에서 일본학계의 통설 및 신설의 문제점을 지적하면서 임나의 조에 대한 새로운 이해를 제시하였다. 즉『일본서기』에 보이는 '임나의 조' 관련기사를 검토한 후, 신라에 의한 '임나의 조' 의 제공 내지 증여는 왜왕권이 파견한 사절, 혹은 강력한 군사적 행동이 수반될 때 비로소 실현된 것이며, 신라 측의 적극성은 전혀 찾아볼 수 없다는 점, 정책추진의 구체적인 배경 및 목적은 왜국 내에서 활발히 이루어진 왕궁의 조영, 불교문화 시설인 사원 및 불상의 조영과 불사리의 봉납, 관위제의 시행과 견수사의 파견비용 마련 등과 관련해서 필요한 금속광물자원을 확보하기 위한 것이었다고 결론지었다. 결국 '임나의 조'란 가야제국이라는 최대의 물적 자원의 공급원을 상실한 570년대의 상황에서 왜국은 가야제국을 대신해 신라와의 교섭을 통해서 국내에서 필요로 하는 금은동 등의 광물자원을 확보하려고 하였으며 이를 수행하기 위한 對신라 외교정책이 다름 아닌 '임나의 조'정책이었다는 것이다. 나아가 그는 이 연구결과를 토대로 일본학계의 통설은 물론 신설까지도 극복할 수 있다고 전망했다. 이러한 나행주설에 대해서 [이재석 2010]은 그 타당성 여부를 차치하더라도 일본서기에서 복속의 공납물의 의미로 사용되고 있는 '임나의 조'는 역사적 사실이 아닌 것만큼은 명확해졌다고 평가하고 있다.

임나의 조에 대한 일본학계의 통설적 이해에 있어서 신라사와 구별되는 임나사의 존재는 불가결하다. 임나사의 존재는 임나의 부흥·개건을 표상하는 존재로 간주되기 때문이다. 이러한 임나사의 존재와 관련해 이재석은 흥미로운 견해를 제시하고 있다. 즉 [이재석 2010]은 고구려 유민 안승이 신라 문무왕한테 책봉을 받아 성립한 고구려국, 즉 보덕국의 사적 의의를 추구하는 가운데 고구려왕 안승은 종종 왜국에 사신을 파견했으며 왜국의 조정에서도 이 고구려국에 사신을 보낸 사실이 『일본서기』에 기록되어 있는데, 이를 바탕으로 고구려국의 대왜국통교가 왜국에는 어떤 영향을 미쳤는가를 추적하여 "일본방문은 일본서기 편찬단계에서 소위 임나 멸망 이후에 보이는 신라-임나입조 기사를 만들어 내는데 결정적인 모티브를 제공한 것으로 추정"된다고 지적하고 있다.

근년의 연구로서 이후 임나의 조를 포함한 임나관련 사료를 검토한 [박재용 2014]는 나행주의 설을 일부 수용하여 '임나의 조'는 왜가 신라를 통해 얻고자 한 금관가야지역의 산물이며, 『일본서기』에 기재된 임나관계기사는 백제와 임나지역에서 활발히 활동했던 씨족들(예를 들면 難波氏)의 家記가 반영된 것이며, 추고조의 임나와 관련된 신라원정계획은 대수외교의 교통로 확보와 안라지역과의 교역을 재개하기 위한 일련의 노력이라고 주장하였다.

한편 [정효운 2014]는 해양교류사적 관점에서 임나(금관가야)가 멸망한 이후, 임나부흥을 위해 노력한 해양집단 세력의 근거지의 하나를 대마도로 추정하고, 7세기 중반까지 대마도는 고대 한국과 일본 왕권의 주변과 국가의 경계에서 중간자적 존재로 활동하였다고 한다. '임나의 조'와 관련된 모든 기사를 임나가 존재하였던 562년의 시점으로 거슬러 올려 해석해야 하지만, 모든 임나관련 사료를 부정할 수 없고, 임나가 멸망한 후에도 분명 임나를 표방하는 세력이 있었던 것은 확실하므로, 그 세력이야말로 대마도를 중심으로 한 도서지역의 정치세력이었다고 주장하였다.

최근에 제시된 [강은영, 2015]는 임나멸망 후 계속되었던 임나문제와 임나의 조가 대화개신의 개혁이 이루어지는 대화2년에 폐지된 것은 야마토의 대왕제에서 천황제로 전환되는 과정에서 나온 필연적인 결과로 보고, '임나문제'를 야마토 왕권의 왕위계승문제와 관련된 것으로 보는 새로운 견해를 피력하고 있다.

■ 질·왕족외교

국가 간의 외교에 있어 중대한 역할을 수행한 일반의 외교사절과 구별되는 특수한 존재가 바로 '質'이다. 특히 한일(백제·신라와 왜국) 간의 외교에 등장하는 '質' 문제에 대한 본격적인 검토는 나행주에 의해 이루어지고 있다. 주로 국가 간의 '복속의 상징물·표상'으로 간주되어 온 일본학계의 통설적 시각에 대한 비판에 주안점을 두고 임나 지배를 전제로 한 末松保和설, 동이의 소제국론에 입각한 石母田正의 질 이해의 문제점을 분명히 한 위에서 末松, 石母田의 학설에 기초해 백제와 왜국의 질을 본격적으로 검토한 坂元義種의 질 이해가 성립할 수 없다는 점을 입증하며 기존의 견해와는 다른 관점에서 질의 의미를 추구할 필요가 있음을 역설하고 있다(나행주 1993·1996·2010). 나아가 그는 종래의 일본학계의 통설의 문제점을 극복하는 형태로 제시된 鈴木英夫, 西本昌弘으로 대표되는 신설의 질에 대한 이해도 여전히 문제가 있다는 점을 규명하고 있다(나행주 2010). 그에 따르면 고대 한일 간의 질은 국가 간의 최고의 외교특사로 간주되며 그러한 성격의 질을 매개로 한 특별한 정치외교관계의 구축을 '질 체제(시스템)'로 명명하고 있다. 특히 이러한 시스템은 백제와 왜국 간에 397년의 전지파견 이후 640년대의 풍장에 이르기까지 장기간에 걸쳐 지속된 점에 최대의 특징이 있다고 의미부여를 하고 있다(나행주 2006).

백제에서 왜국에 파견한 질의 대상은 전지와 곤지, 풍장 등 주로 왕족이다. 우리학계에서는 백제의 대왜외교의 최대의 특징을 왕족외교에서 찾은 연민수의 연구(<백제의 대왜외교와 왕족><백제연구>27, 1997) 이후 '왕족외교' '왕실외교'를 키워드로 왜국으로 파견된 전지에서 곤지를 거쳐 풍장에 이르는 백제왕족들의 대왜외교에 있어서의 역할과 의미를 추구하고 있다. 대표적인 연구로 [김현구 2002]를 들 수 있다(<백제와 일본 사이의 왕실외교> <백제문화>31, 2002). 근년에는 백제와 왜국 왕실 간의 혼인에 주목한 홍성화의 연구도 제시되어 있다(<百濟와 倭 왕실의 관계-왕실 간 혼

인관계를 중심으로-><한일관계사연구>39, 2011).

각론으로, 백제 개로왕의 곤지 파견에 관해 가와치 지역을 중심으로 하는 백제계 도래집단과의 관련성 속에서 검토한 정재윤의 연구가 있으며(정재윤 2008), 신라의 질 김다수에 관한 논고도 제시되어 있다. [이재석 2010]은 전고(이재석 2001)에서 백제의 질 곤지의 파견시기 및 배경과 목적을 검토한 데 이어 신라의 질 김다수의 외교목적과 그 의미를 분석하고 있는데, 우선 김다수의 왜국 방문은 김춘추의 뜻을 이어받아 신라-당-왜국의 결속을 강화시키려는 의도였다고 한다. 그러나 김다수가 왜국에 전한 신라 최대의 외교수확이라고 할 수 있는 신라-당의 백제 멸망 추진 안은 도리어 왜국의 지배층을 긴장시키는 결과를 가져왔다. 결국 김다수의 왜국 파견은 그런 의미에서 왜국 조정의 다수의 외교 노선이 친당-신라 노선에서 친백제 노선으로 회귀하는 하나의 분기점이 되었다고 평가하고 있다. 나아가 이재석은 백제 최초의 질인 전지의 파견과 관련한 흥미로운 논고를 제시하고 있는데(이재석 2011), 397년 전지의 파견으로 백제와 왜국 간에 소위 '397년 체제'가 성립되었다고 규정한다. 그리고 이러한 공조관계는 6세기 가야를 둘러싼 백제와 왜국의 입장도 기본적으로는 이 '397년 체제'에 규제되고 있었으나, 고구려-신라에 대항하는 축으로서 성립한 '397년 체제'는 6세기 중반 신라의 한강 유역 및 가야 병합 이후 사실상 해체되었다고 진단하고 있다.

■ 백촌강 전투

지난 10여 년간 고대 한일관계의 이해에 있어서 새로운 쟁점으로 부상한 문제는 백촌강전투라고 할 수 있다. 백촌강전투(663)는 7세기 동아시아 국제정세를 이해하는데 있어 가장 중요한 키워드이다. 그래서 일찍부터 국내에서는 백촌강의 지명비정을 두고 다양한 견해가 제기되었고, 전쟁의 성격에 대해서도 야마토정권과 백제의 밀접한 관계를 근거로 하여 '歸巢전쟁'으로 규정한 연구가 있었다.

일본에서는 백촌강 전투의 참전 이유 및 성격에 대해 (가)일본열도 위기론(山尾 1963), (나)백제에 대한 종주국론(石母田 1971, 八木 1975), (다)한반도제국에 대한 공납관계유지설(鬼頭, 1976), (라)선진문물도입설(鈴木英夫 1985) 등의 견해가 제시되어 있는데, 유력한 통설적 이해는 (나)설에 기초하고 있다. 즉 이 전쟁의 역사적 성격을 율령적 대외관념에 기반을 둔 이시모다 쇼(石母田正)의 고대제국주의 전쟁설을 바탕으로 전개되어 왔다. 다름 아닌 동아시아 각국이 상호 관련된 최초의 전쟁이었음에도 불구하고 중국과 일본을 양대 축으로 설정하는 소위 大帝國과 小帝國이 충돌하는 프레임 속에서 논의가 진행되어 온 것이다.

주지하는 것처럼 백촌강 전투는 한국, 일본, 중국이 동시에 참전한 동아시아 최초의 국제전이라고 할 수 있다. 그래서 이와 관련된 동아시아 각국의 당시 사정을 각기 다른 관점에서 이해하는 것이 무엇보다 중요하다. 그러한 점에서 각국의 내부사정을 검토하여 수당 교체기의 중국의 고구려에 대한 민감한 의식, 大化改新이후 일본의 외교노선의 혼란이라는 상황 속에서 한반도에 교두보를 유지하려는 정책의 일환으로서 중국과 일본이 파병을 했다고 보는 [김현구, 2006]의 이해는 향후의 연구에 있어 하나의 방향성을 제시했다고 할 수 있다.

한일관계사에 있어서 백촌강 전투의 역사적 의의는 대체로 다음의 3가지로 정리된다. (1)한반도에서의 일본세력의 철수, (2)일본율령국가 성립의 중요한 기점(계기), (3)백제계 도래인(백제망명세력 및 유민)의 대거 유입과 일본고대 율령국가 형성에의 기여 등으로 이해된다(노태돈 2010).

(1)은 대외전쟁의 성격 규명으로 이어져 일찍이 [김현구 2006], [정효운 1995], [연민수 2003] 등의 연구에서 커다란 연구 성과가 제시되었다. 이 가운데 [연민수 2003]은 백촌강 파병의 원인을 일본열도의 국방상의 위기론 및 장기간에 걸친 선진문물(인적·물적자원) 공급처로서의 백제의 상실이라는 국내적 요인과 함께 백제가 장기간에 걸쳐 왕족외교에 기초해 구축한

친연관계를 바탕으로 한 구원요청이라는 외적요인이 상호작용한 결과로 이해하고 있다. 내외적 요인을 함께 고려한 타당한 이해라 여겨진다. (2)는 율령 연구 및 율령국가의 특질 규명을 중심으로 한 김은숙, 이근우, 박이순(박석순)의 연구로 결실되고 있다. (3)은 백제계 도래인의 역할 및 백제왕씨에 대한 이해로 김선민, 송완범 등으로 연구의 흐름이 이어지고 있다. 특히, (3)의 경우는 이후 고대한일관계사의 입장에서는 도래씨족들의 역할에 주목하면서 도래계 씨족 및 그 후예씨족에 대한 개별 연구(김은숙, 연민수, 정효운, 이근우, 나행주, 서보경, 박재용 등)나 왜국 내 도래계씨족의 대표이자 그 상징적인 존재가 되는 백제왕씨에 대한 본격적인 연구(김선민 2000, 송완범 2006·2007·2008·2010)로 이어지고 있다(후술).

　근년에 제시된 주요한 연구를 보면, 종래 동아시아 각국이 상호 관련된 최초의 전쟁이었음에도 불구하고 백촌강 전투의 역사적 의의는 '한반도남부경영론'을 전제로 한 일본의 고대제국주의 전쟁설을 바탕으로 중국과 일본을 양대 축으로 설정하는 동아시아관 속에서 논의되어온 것이 사실이다. 이러한 연구 상황에 대해 [김현구 2007]은 장차 동아시아 내에서 지역적 협력을 모색하기 위한 전제 작업으로 동아시아적 관점에서 백촌강 전투에 대한 구조적인 해석이 요구되는 시점에 와 있음을 역설하고 있다. 이러한 시점을 전제로, 왜국이 국력을 총동원해 백촌강 전투에 이르게 되는 왜국 측의 위기의식과 출병의 논리를 [이재석 2007]은 7세기 초 수나라의 중국통일 이후 대외적 긴장감의 고조 속에서 친백제, 친신라계 사이의 노선 대립, 소가씨(蘇我氏)와의 권력투쟁 속에서 성립한 개신정권 이후 왜국을 사로잡고 있던 '대외 위기의식의 도래 및 해소'라는 정치적 구조 속에서 백제부흥운동을 지원하기 위한 군대파병이었다고 진단하고 있다. [송완범 2007]은 이와 함께 백촌강 전투 이후 동아시아 사회에서 '율령제'에 근간한 공통적인 국가체제가 구성되는 가운데 일본은 한반도에서 망명한 백제왕 선광(善光)에서 시작된 백제왕씨를 '항상적인 이번(異蕃)'으로 삼아 '대한반도우위관'

을 갖게된다고 백촌강 전투의 사적의의를 추구하고 있다.

최근의 성과로서, 백촌강 전투의 사적 의의에 대해 [이재석 2015a]는 왜국은 백제 지원군의 대규모 파병이라는 경험을 통해 이후의 율령국가체제로 완성되는 국내의 지배체제 정비를 할 수 있었다고 평가하였다. 또한 [이재석 2013a]는 7세기 후반 백제부흥운동과 관련해 친당과 친왜라는 두 가지 노선의 운동이 존재했고, 결국 친당의 정점에 있던 부여융이 친왜였던 부여풍장의 백제부흥운동 세력을 괴멸시킨 것에 대해 흥미로운 평가를 하고 있다. 즉, 부여융의 행동을 반역의 시점이 아니라 이것 또한 백제부흥운동의 한 갈래로서 파악할 것을 강조하며, 그런 의미에서 663년의 주류성-백촌강 전투는 친당 노선의 백제부흥운동과 反唐 노선의 백제부흥운동이 격돌한 아이러니컬한 역사의 한 장면이었다고 회상한다. 매우 유니크한 시점이라 할 수 있다.

아울러 백촌강 전투를 직접 다룬 전론은 아니지만 7세기 동아시아의 전쟁과 관련된 연구로 [서영교 2014]는 661~662년 평양성 전투에서 소정방이 철군한 데에는 백제부흥군의 군사행동과 왜군의 백제원조가 있었기 때문이라는 흥미로운 견해를 제시하였고, 종래 일본 국내의 왕위계승 문제와 관련해서만 이해되어 왔던 임신의 난에 대해 [송완범 2014]는 국제적 시점에서 672년의 '임신의 난'을 백촌강 싸움의 연속선상에서 파악하여 大友황자의 한반도개입 정책에 대한 大海人황자의 친신라적 불개입 정책이 승리한 결과로 분석하고 있다.

이상, 몇 가지 주요 테마를 중심으로 고대한일관계사에 대한 종래의 이해를 살펴보았는데, 이하에서는 4~7세기의 한반도제국과 왜국의 대외관계를 논한 연구를 국가별로 정리해 나가기로 한다.

* 백제와 왜국

한반도제국 가운데 백제와 왜국의 관계는 장기간에 걸쳐 가장 밀접하게 유지되었고, 그런 만큼 일본서기를 중심으로 하는 관련 사료도 가장 많아 양국의 관련성에 대해서 많은 연구 성과가 제시되어 있다. 근년의 대표적인 연구를 중심으로 소개하면 다음과 같다.

우선, [이재석 2005]는 일본서기 관련기사를 충실히 검토하면서 왜국의 입장에서 6세기 야마토정권의 대한반도 정책의 특징을 정리하고 있다. 즉 6세기 야마토 정권의 대외정책은 선진문물의 도입이 대한반도정책의 궁극적 목적이었으며, 이 시기의 야마토 정권의 대외관계는 백제와의 관계가 중심이었다고 논하고 있다. 아울러 그는 5~6세기의 백제의 대왜외교의 추이를 검토하여 그 특징을 유형화 하여 제시하고 있어 참고가 된다(이재석 2014).

6세기 한반도에서 활동한 왜인의 대표적인 인물 가운데 하나가 근강모야신이다. 그는 일본서기에 의하면 멸망한 임나가라(금관국)를 재건하기 위해 6만의 대군을 이끌고 한반도에 파견되었기 때문이다. 그런 만큼 모야신을 둘러싼 이해가 임나일본부의 문제와도 직결되어 한일학계의 중요한 테마이자 쟁점의 하나라 할 수 있는데, 이 문제를 본격적으로 다룬 [서보경 2005]는 다각적인 측면에서 검토한 결과, 일본서기 계체기의 모야신 관련 기사는 실제로는 백제가 파견한 백제장군의 안라에서의 활동이 마치 모야신이 주체인 것처럼 서기 편자에 의해 개변된 결과이며, 따라서 모야신 관련 전승이나 활동을 근거로 야마토정권의 임나지배를 주장할 수 없다는 점을 분명히 하고 있다. 또한 [서보경 2010]은 무령왕 치세기의 대외정책을 중심으로 무령왕대의 대왜관계의 특징을 규명하고 있다.

다음으로 홍성화의 일련의 연구를 들 수 있는데, [홍성화 2010]은 5세기 한반도 남부에 대한 정세를 분석한 위에서 백제와 왜의 관계를 규명하고 있다. 일본열도에서 고대국가의 형성기인 4~6세기의 양국관계를 살핀 [홍성화 2011]은『일본서기』에 기록된 파병기사와 인적교류에 주목하며 백제와 일본관계에 대한 재검토를 시도하였다. 그 결과로서 한반도에서 활동한 왜군의 주체는 왜가 아닌 백제였던 사실이 서기 편자에 의해 윤색된 것이라는 점, 왜군은 지원군의 형태로 파견되었으며 반대급부로 백제는 오경박사나 승려를 파견했다는 점, 이런 인적교류를 가능케 한 것은 왕실간의 혼인에 의한 화친 및 교류가 있었기에 가능했다는 점, 이런 관계는 기본적으로 백제 멸망 시까지 이어졌다는 점 등을 결론으로 제시하고 있다. 양 왕실 간의 혼인에 의한 화친에 주목한 점이 흥미롭다. 나아가 그는 일본서기의 한반도 관계 기사 특히 백제관련 기사는 그 주체가 백제에서 왜로 개변되었다는 일관된 시점에 기초해 그 실체의 복원에 주력하고 있는데, 5세기대에 『일본서기』, 『삼국사기』와 중국의 사료에 등장하는 백제 木氏가 야마토의 紀氏로 변화되었다는 연구(홍성화 2015), 6세기 전반 백제가 남쪽으로 진출했던 기문, 대사를 기존의 섬진강 주변이 아닌 낙동강 상류역에서 찾아야 한다는 새로운 견해(홍성화 2014)를 제시하고 있다. 기문·대사의 지명비정에 대해서는 향후의 논란이 예상된다.

아울러 『일본서기』 속에 보이는 백제의 '君'호를 대상으로 이 '君'호를 소지한 후손들이 일본에 직간접적인 정치적 영향을 끼쳤을 것이라고 분석한 [신유진 2013]과 웅진시대 때 백제와 일본의 동맹관계를 고찰해 당시 일본의 입장에서는 백제가 동아시아에서 유일한 외교국으로서 왜왕권 발전의 근간이었음을 밝힌 [연민수 2013c]가 있으며, 아울러 왜계백제관료의 실체를 규명한 논고(연민수 2010)도 나왔는데, 흥미로운 것은 왜계백제관료의 모체에 대한 이해이다. 즉 왜국태생의 동성왕의 귀국 시에 수행한 500여 명의 인물들 가운데 일부가 그대로 남아 동성왕의 측근에서 모시게 되었고 이 왜인들이야말로 왜계백제관료의 모체라는 것이다. 또한 [연민수 2012d]는 야마토정권의 성립부터 율령제국가의 성립까지를 시야에 두고 일본 고대왕권이 한반도 정세변화의 영향권 속에서 어떻게 통합되어 나가는지를 총체적으로 조망하고 있다.

한편, 『일본서기』의 무령왕 출생에 관한 기록을 근거로 백제의 대왜 항

로 중 가장 일반적인 노선이 가라츠(唐津) 방면 즉 가카라시마(加唐島) 근
해를 경유하는 노선이었고, 5~6세기 대왜 교류에 이용된 百濟船은 돛을 이
용한 構造船이라는 당시 백제의 대왜항로 및 유일한 교통수단인 선박에 관
한 흥미로운 견해(윤용혁, 2014)가 제시되었다. [박재용 2017]도 백제가 對
倭교섭에서 이용한 航路 문제를 재검토하고 있다.

* 가야와 왜의 관계

가야와 왜의 관계와 관련해서 [연민수 2004]는 철자원의 산지였고 교역
의 중심지였던 가야지역에 대한 고대 일본의 內官家 사상이 과거 천황의
지배지라는 정치사상으로 변질되었다고 파악하였다. [이근우 2005]는 4세기
중엽의 신공기에 나타난 加羅 7국 정벌기사 속에 반영되어 있는 가야지역
에 대한 백제인의 인식은 6세기 전반의 한반도 상황을 적잖게 반영한 것이
라고 보았다.

근년에 이르러 [백승충 2012]는 '任那' 4현의 위치 비정을 시도하고 있는
데, 종래 일본학계의 통설인 '영산강 유역설'을 비판하고 그 위치를 '帶沙
國'의 범주 내에서 찾아 여수반도·순천·광양 등을 포괄하는 광역으로 보는
시각을 제시했다. 또한 [이재석 2013b]은 '日本府'의 명칭에 대한 문제를
추구하여 매우 흥미로운 결론에 이르고 있는데, 일본에서 '府' 제도가 성립
된 것은 백제 멸망 이후이며, 일본에서 최초로 '府'의 표기가 확인되는 것
은 '筑紫都督府'이다. 따라서 그 귀결점은 역시 '(筑紫)大宰府'의 성립이기
때문에 '日本府'의 성립을 '(筑紫)大宰府'에서 찾아야만 한다는 것이다. '日
本府' 표기가 『일본서기』에 등장한 배경을 이해하는데 참고가 된다.

근년의 가야관계사는 안라를 중심으로 연구가 활발하게 진행되고 있는
상황인데, 안라국의 대외관계에 관해 [백승충 2014]는 가야사가 오랫동안
'소국사' 혹은 '주변사(=변방사, 지방사)'로 치부되어 왔고, 그중에서도 가
야사는 남가라(금관가야)와 대가야가 중심을 이루는데 반해 안라가야는 소

홀한 취급을 받아 왔으나, 고구려 광개토왕비문의 '안라인수병'과 『일본서기』의 6세기대 안라가야의 독점적 기사는 오히려 안라가야의 대국으로서의 강성함을 웅변하는 것이라 주장한다. 그러나 여전히 대국으로서의 안라국의 성립 시기로서 3세기 '변진안야국'과 5세기 고구려 남정의 성격 규정문제, 『일본서기』계체·흠명기의 '안라회의', '임나복건회의', '임나일본부'의 실체문제 등의 제 문제가 있음을 제시하였다.

한편 [이재석 2014b]는 『일본서기』에 나타난 안라국과 주변제국과의 관계를 살피면서, 475년 한성백제의 몰락은 안라를 비롯한 한반도 남부지역의 제국에게 직접적인 영향을 미쳤고, 안라는 백제의 동진과 신라의 서진 사이에서 자신의 독립을 유지하기 위해 때로는 친백제 노선을, 때로는 친신라 노선을, 때로는 친고구려 노선을 취하기도 했으나 최종적으로는 친백제 노선으로 회귀하였다고 한다. 이러한 외교책의 부침은 안라가 가지고 있었던 고뇌의 결과이고, 당시 근강모야신의 임나 파견은 임나 회복 때문이 아니라 이와이의 난의 여파로 발생한 신라세력의 저지라는 왜국 내부의 문제를 도모하기 위해 왔을 것이라는 시각을 제시하였다.

[백승옥 2014]는 『일본서기』에 보이는 阿羅斯等의 정체를 6세기 전반 안라가야의 왕명으로 상정하고 안라고당회의의 주체자로 보았다. 백승옥의 연구에 따르면, 아라사등은 원래 반신라 강경론자였으나, 안라고당회의에서는 신라와 의 연계를 모색하여 남부가야제국의 복건과 백제의 침략의도를 분쇄하고자 하였다. 그러나 안라고당회의가 실패로 끝나자 아라사등은 왜로 건너가 가야의 실상을 알리고 왜국에 원군을 요청하였다고 보았다. [이연심 2014]는 안라국의 대왜교역로에 대해 검토하였는데, 5세기 이후 안라국은 진동만을 이용하여 일본열도로 건너가는 직접교역로를 이용하였고, 그 코스는 진동만에서 대한해협을 건너 북부구주를 거쳐 세토나이카이를 이용하여 기나이로 들어가는 경로였다고 한다. 게다가 안라국에서 활동한 근강모야신의 귀국 과정 등을 감안하면, 안라국의 또 다른 대왜교역로로서

함안-진동만-남해안-동해안연안-후쿠이현-오우미-기나이로 상정할 수 있다
고 주장하였다.

이외에도 문헌과 고고학적인 자료를 통해 일본 열도 속의 안라국의 후예
를 찾으려는 연구가 있는데, [大橋信彌2014]는 4세기말 경부터 오사카 연안
과 야마토의 여러 유적에서 함안양식의 도질토기들이 발견되었고, 이들이
倭漢氏라는 씨족집단을 형성하였다고 하는 견해를 제시하고 있다. 또한『풍
토기』를 검토한 결과, 안라의 원형은 '아라'로 아라가야가 멸망한 후, 아라
국인들은 上對馬를 경유하여 오키노시마를 거쳐 일본의 동해안(일본해) 방
면과 세토나이카이를 거쳐 기나이 지역 혹은 중간 경유지나 다른 주변 지
역에 정착하였고,『신찬성씨록』攝津國 諸蕃의 '荒荒公'氏는 이러한 아라
계 씨족의 후예로 보는 주장(정효운 2014a)도 있다.

다음으로 안라국과 임나일본부의 관계에 관한 [백승옥 2015]의 견해가
주목된다. 종래 임나일본부의 활동무대에 대해서 통설에서는 그 소재지를
안라로 간주하는 반면에 임나일본부와 안라일본부를 분리하여 이해하고 있
기 때문이다. 즉 백승옥은 안라일본부가 기존의 통설대로 안라에 소재함은
틀림없지만, 임나일본부는 가라국(대가야)에 소재하고 있었고, 그 역사적
배경에는 6세기 전반 남가라국(금관가야)이 신라에 복속되자 함안의 안라
국과 고령의 가라국이 가야제국 세력을 양분하여 주도하게 되는데, 백제와
신라의 가야잠식에 대응하여 안라와 가라는 각각 왜 세력을 이용하면서 가
야의 독립과 부흥에 노력하게 되고, 이것이 안라일본부와 임나일본부가 되
었다는 것이다.

* 신라 및 고구려와의 관계

우선 신라와의 관계를 살펴보면, 일찍이 김은숙이 신라와 야마토 정권의
관계를 3시기로 구분해 그 전개과정과 각 시기의 특징을 상세히 검토한 이
후(김은숙 1994·1997), 한동안 왜국-신라관계를 검토한 전론은 보이지 않았

으나 [박찬홍 2005]는 6세기 후반을 중심으로 6세기 신라와 야마토 정권의 관계를 정리하고 있다.

근년에 이르러서는 [이근우 2012]가 이민자(=도래인) 및 曲玉과 같은 장식품에 대한 검토를 통해 고대의 낙동강 하구와 구주를 중심으로 하는 왜와의 관계가 밀접했음을 규명하였고, 일본 고대정권과 신라와의 정치·외교적 관계를 다각적인 시점에서 검토한 연구들도 발표되었다. 그러한 연구 가운데 [이재석 2012b]는 6세기 초 일본에서 발생한 '이와이(磐井)의 난'과 신라 문제를 소재로 이 난은 단순한 지방 세력의 반란이 아니라, 일본의 권력 재편과정에서 일어난 구주 세력과 야마토 세력의 충돌이며, 신라와의 관계에서 본다면 이와이의 구주 독립론과 신라의 왜국 분할론의 결탁이었다는 시점을 강조하였는데, 이 난의 실패로 구주의 독립과 신라가 의도했던 왜국 분할론은 좌절되었으며, 이후 야마토 정권이 일본열도에서 패권적 위치를 확고히 할 수 있었다고 진단한다.

고대 한일관계사의 이해에 있어 구주지역이 차지하는 역사적 위치는 결코 무시할 수 없다. 지리적으로 가장 가까워 원시시대 이래 한반도와의 빈번한 교류교통이 있었을 뿐만 아니라, 일본열도의 통일적인 정치체의 성립 이후 대한반도외교의 관문으로 작용하여 일찍이 야요이시대의 一大率, 야마토정권의 那津官家, 筑紫大宰, 율령국가의 大宰府가 설정되어 대외외교를 관장했기 때문이다.

이러한 측면에서 구주지역에 대한 이해는 고대한일관계사의 이해에 있어 불가결한 테마라 할 수 있는데, [이재석 2007]은 규슈지역의 지정학적 위치에 초점을 맞추어 한반도와의 문화교류를 살펴보려고 시도하고 있으며, 5~6세기 무렵 기타규슈(北九州)와 한반도 교류의 다원적 성격을 분석한 [연민수 2012a]는 기타규슈 지역이 선진지역으로서 유리한 환경이었지만, 주요 목표가 한반도와의 교류였고 동방으로의 영토적 통합에 대한 지향성이 없었기 때문에 고대국가로 성장하지 못했다고 동 지역의 정치적 한계성을 제시하고 있다.

* 고구려와 왜국

다음으로 고구려와 왜국의 관계를 논한 연구를 보기로 한다.

우선, 고구려와 왜국이 570년대에 국교를 개시한 배경을 추구한 [김선민 2005]는 가야의 멸망이 동아시아 세계의 재편을 알리는 신호탄이었으며, 왜가 고구려와의 통교에 적극적이었던 이유가 가야의 멸망으로 대륙의 선진 문화를 원활하게 수입하는데 차질이 생겼기 때문이라고 진단하였다. 또한 양국의 관계를 검토한 [연민수 2007]은 6세기후반 이후 1세기 동안 지속된 고구려와 왜 사이의 우호관계가 왕권의 분열 및 혼란, 한강유역과 동북지역의 영토상실이라는 내우외환을 타개하기 위한 외교정책의 일환에서 비롯되었다는 흥미로운 해석을 제기했다. 아울러 [연민수 2004]는 고대 일본이 갖는 對고구려관이 6세기 후반 이후 1세기 간의 교류를 통해서 군사강국의 이미지와 문화적 선진국의 이미지가 새롭게 결합된 고구려관이었다고 분석하였다.

[서보경 2006]은 5세기 왜 무왕의 이른바 '고구려정토'에 대한 요구를 담고 있는 『송서(宋書)』「왜국전(倭國傳)」의 상표문이 5세기 초 이래 고구려의 남하에 따른 백제와 왜 사이의 군사동맹관계를 증명하는 기본 자료라 보기 힘들며 오히려 '고구려정토'가 실은 북위(北魏)를 대상으로 한 외교적 수사에 불과하다는 비판적 연구결과를 제시하고 있다. [정효운 2006]은 일본 고대율령국가 형성기에 편찬된 『일본서기』를 소재로 한반도를 통해 수용된 유·불·도교사상의 일본적 수용 및 변용의 문제를 다루었고, [김은숙 2007]은 7세기 당시 한반도와 왜국을 잇는 해상교통로의 문제와 수·당을 중심으로 하는 동아시아의 국제관계 속에서 한반도 삼국과 수·당, 왜 사이의 관계를 검토하였다.

* 도래인 관련 연구

우선, 백제계 도래인에 관한 근년의 연구로는 일본고대국가 형성과정 속에서의 그들이 수행한 역할에 대한 추구를 중심으로 연구가 이루어지고 있다.

우선 [연민수 2005]는 한반도계 도래인의 역할을 대표적인 도래씨족인 동한씨와 서문씨를 중심으로 검토하고 있고, 나아가 연구대상을 더 확장해 아직기·왕인에서 백제멸망 후 건너간 백제망명귀족까지, 무명의 기술자집단에서 백제왕족에 이르는 거의 대부분의 백제인의 왜국에서의 활동과 역할을 일본의 고대국가형성사 속에서 조망하고 있는데(연민수 2007), 왜국에 관련된 백제인물들의 활동을 전체적으로 정리하고 있어 매우 참고가 된다.

한반도에서 건너간 도래인들의 왜국에서의 활동에 있어 정치적으로 가장 밀접한 관계에 있던 씨족이 바로 소가씨이다. [김현구 2007]은 종래 그 출자를 둘러싸고 논란이 되고 있는 소가씨의 출자를 검토한 연구 결과를 제시하고 있는데, 6세기후반에서 7세기후반까지 야마토 정권을 실질적으로 장악했던 소가씨의 시조가 실은 475년 고구려의 한성 공격 당시 구원요청을 위해 도일한 백제 장군 목만치(木滿致)에서 비롯되었을지 모른다는 전제 하에 도래인과 야마토정권 사이의 연관성에 주목하고 있다(「백제의 木滿致와 蘇我滿智」, 『일본역사연구』25, 2007).

최근에 나온 [나행주 2015]는 5~7세기에 백제계 도래인으로서 특히 문필씨족인 史姓(史部)집단이 일본고대국가의 형성·전개·완성과정에서 행한 활동과 역할, 역사적 의미를 부민제, 관위제 등 야마토정권의 지배체제 정비과정과 관련해 검토하고 있고, [박재용 2014]는 6세기 중반 왜국의 불교수용이 본격적으로 진행되기 전부터 물부씨의 통제하에 있던 가와치(河內)지역에는 일찌감치 불교를 신앙하는 백제계 도래인들이 기반을 다지고 있었고, 이후 소가씨의 가와치 지역 진출 목적 가운데는 백제계 도래인을 포섭하여 적극적으로 불교를 수용하는 것도 포함되어 있었다는 견해를 제시하고 있다. 아울러 그는 일본고대 최대의 권력가인 소가씨 및 후지와라씨와 백제계 도래인의 정치적 관계 및 일본서기 편찬에 관여한 백제계 사관 등 후자의 역할에 대한 검토를 지속해 결과를 제시하고 있다(박재용 2011·2014·2017 등). [서보경 2017]은 한국계 「도래」씨족의 객관적 실체를 규명하기 위한 시도로 '고대 일본의 文筆實務職의 활동'을 『일본서기』 편찬을 전후한 시기에 학예 방면에서 활동한 한국계 씨족의 활동 분석을 통해 살펴보았다.

근년에 활황을 보이는 연구테마는 도래인 및 그 후예씨족에 대한 개별연구라 할 수 있다.

우선, 왜국 내 도래계씨족의 대표이자 그 상징적인 존재가 바로 의자왕의 후예인 백제왕씨인데, 이에 대한 본격적인 추구는 김선민과 송완범의 일련의 연구로 나타나고 있다.

김선민은 백제왕씨의 성립과정을 구체적으로 검토한 연구(김선민 2000)에 이어 [김선민 2007]은 백제계 도래인을 대표하는 백제왕씨에게 내려진 '백제왕(百濟王)' 칭호의 역사적 의의와 성립과정을 상세하게 분석하고 있고, [송완범 2007]은 백제왕씨를 중심으로 하는 백제계유민세력의 집단이주 실태와 쇼무(聖武)천황이 주도한 대불교사업의 협조에 나타난 문화적 특성에 대해 면밀하게 고찰하고 있다. 아울러 [김은숙 2007]은 왜국으로 건너간 다음 중앙정계에서 고위 관인의 지위를 획득한 '백제왕'과 달리 고구려 멸망 이후 일본으로 건너간 유민들의 집단거주지를 관리하기 위해 설정된 '고려왕'의 지위가 중하급관인에 불과한 이유에 대해서도 실증적인 분석을 가하고 있는데, 이는 왜국 내 백제왕씨로 대표되는 백제계 도래인(유민)과 고구려계 도래인(유민)의 존재양태 있어서 그 차이를 보여주고 있어 매우 흥미롭다.

특히 송완범의 연구는 백제왕씨의 사적의의와 존재양태에 대한 탐구로 심화되고 있는데, [송완범 2008]은 그 동안 일본 율령국가의 '국내 번국' 역할을 수행하며 일본의 소중화 의식을 충족시켜 주었던 백제왕씨가 9세기 중반 이후 기존의 씨족적 메리트를 상실해가며 변용을 이루기 시작하였는데 이것은 9세기 이후 일본 국가 자체가 고대에서 중세 단계로 변용하기 시작하였던 것(村井章介설)과 맞물려 나타난 현상이었음을 지적하고 있다. 나아가 [송완범 2009]는 『일본서기』 자체의 성립 과정을 검토하고 『일본서기』는 나라시대 일본의 자기중심적 역사관의 산실이었으며 그 후 헤이안 시대에 들어와서도 『일본서기』의 일본 중심주의는 조정에서 이루어진 『일본서기』 講書를 통해 대물림되어 내려갔음을 지적하였다. 또한 그는 일본율령국가의 성립, 전개과정 속에서 백제왕씨의 성립문제를 검토하고 있다(송완범 2010).

아울러 한반도계 도래인에 대한 개별적인 연구 외에 이주민들의 출자를 확인할 수 있는 『新撰姓氏錄』에 대한 본격적인 연구도 진척되고 있다.

대표적으로 서보경의 일련의 연구를 들 수 있다. 서보경(2012a)은 『신찬성씨록』을 주된 소재로 삼아 이것이 편찬된 8세기말에서 9세기에는 이미 도래계 씨족들이 귀족 반열로서 공인되고 있었기 때문에 일본의 '토착과 도래'의 여부를 구별하는 근거가 되기는 어려운 상황이었다고 하면서도 『신찬성씨록』을 통해 한반도 제국만이 아니라 唐까지도 제번에 포함시켜 제번의 외연을 확장함과 동시에 일본 중심의 번국관을 완성시키려고 했다고 지적한다. 나아가 『신찬성씨록』에 등장한 마무다(茨田)씨의 사례를 통해 한반도계 이주민이 출자를 개변해가는 모습을 파악하였고(2012b), 후에 연구대상 영역을 더욱 확대하여 鎭守將軍 후예 씨족의 출자개변, 吉田씨, 왕인과 왕진이 후예씨족에 대한 검토로 이어지는데(서보경 2013·2016·2017), 이러한 도래계 씨족의 출자개변 문제의 해명은 황별 혹은 신별계 씨족 가운데 존재하는 새로운 도래계 씨족을 찾아가는 작업으로 매우 큰 의미가 있으며 『신찬성씨록』과 한반도 이주민 관계에 대한 연구의 심화로 이어지고 있다.

최근의 그의 연구는 신찬성씨록이라는 텍스트 자체에 대한 기초적인 검토로 심화되고 있는데, 『신찬성씨록』 자체에 관한 연구인 「『新撰姓氏錄』

의 편찬과 목적」(『한일관계사연구』41, 2012)에서 『신찬성씨록』의 편찬과
정, 편찬의 목적 등을 살펴보고, 이어서 [서보경 2017]에서는 『신찬성씨록』
에 대한 기초적 연구로서 성씨록이 황별, 신별, 제번이라는 「삼체」로 나누
어 황별을 필두에 게재하여 황별 중시 입장을 전면에 드러내고 있다는 점
과 延曆年間에 각 씨가 제출한 「本系」의 사실 여부를 「古記」와 「本宗氏의
본계」 등에 기재된 「同祖」 관계를 비교, 검토하여 「三例」라는 형식으로 표
기한 것임을 확인하였다. 따라서 『신찬성씨록』의 기본 체제인 「3체」와 「3
례」는 각 씨족을 대상으로 한 국가의 공인 정도를 표상화한 것임을 규명하
고 있다.

종래의 일본학계의 신찬성씨록 연구의 집대성인 佐伯有淸의 연구와는
다른 한국인의 시점에 기초한 한국형 신찬성씨록 연구가 그에 의해 커다란
결실을 맺길 기대해 본다.

이상에서 본 것처럼 고대한일관계사 연구에 있어 특히 연구상의 심화를
보이는 분야가 한반도계 도래인·이주민에 대한 연구인데, 헤이안시대에 있
어 도래인의 후예들의 존재양태를 추구한 연구도 있다. 즉, 한반도에서 이
주해간 후 장기간에 걸쳐 일본사회에 정착한 고대 일본의 다양한 도래계
직능집단은 일본의 왕권에 영구히 귀속되어 있던 존재가 아니라, 헤이안(平
安) 중기이후 고유의 家職을 유지해나간 기능적 집단으로 파악해야 한다는
[정진아 2012]의 새로운 이해도 제시되었다. 또한 [서보경 2016]은 8세기말
이후 한반도계 도래계 씨족이 일본사회에 정착해 나가는 과정을 보여주는
사례로서 저명한 신라계 秦씨의 사례를 통해 검토하고 있다. 그 결과에 따
르면, 8세기 말에 이르면 진씨가 改姓할 때 「秦」자를 띠지 않은 방식으로
새로운 씨명을 내세우기 시작하는데, 이러한 현상은 개별 「家」를 중심으로
하여 각 가문의 특수성을 형성해 나간 헤이안시대적인 특징과 맥이 상통한
다고 지적한다.

4. 8세기의 한일관계-통일신라 및 발해와 왜국(일본)의 교류·교역

* 통일신라 및 발해와의 관계

먼저, 통일기 신라와 일본관계에 대해 검토한 근년의 연구 성과들을 보면, 통일신라와 일본의 외교 및 교류·교역에 관한 검토가 주목된다.

우선 연민수의 일련의 연구를 볼 수 있는데, [연민수 2003]은 양국의 공적교류를 중심으로 개관하면서 양국관계의 특징과 성격, 상호인식의 허상과 실상을 규명하고 있다. 또한 그는 고대 大宰府의 외교적 기능과 역할을 신라와의 관련성을 중심으로 검토하고 있는데(연민수 2013b), 8~9세기 대재부의 대외기능이 교류와 경계, 국방이라는 양면성을 가지고 경쟁 상대국이었던 신라의 극복이라는 국가적 과제가 목적이었음을 논하고 있다. 나아가 [연민수 2011]는 율령국가를 체제화하는 과정에서 창출한 신라관을 토대로 고대일본의 지배이데올로기를 확인했다. 그 결과로 8세기 일본율령국가의 지향점은 신라를 극복하는 국제의 정비였으며 이를 위한 일환으로 제정된 것이 바로 대보율령이었다. 그 율령체제 속에서 신라를 번국시하고, 번국관념을 현실의 외교현장에서 구현하려는 빈례의식도 시도하였는데, 그 배경에는 신라에 대한 문화적 열세와 의례적 빈곤을 극복하려는 콤플렉스가 있었으며 이런 콤플렉스가 군사적 우월주의로 이어지고 마침내 신라정토론과 배외주의로 나아가게 되었다고 진단한다.

교역과 입당승 엔닌을 소재로 한 연구도 제시되어 있다. [박남수 2009]는 신라의 대일 교역과 관련하여 752년 김태렴의 일본 방문 배경과 목적을 신라사의 입장에서 분석하고 있고, 또한 그는 엔닌의 귀국 방법을 소재로 하여 장보고 피살 전후한 시기의 재당 신라상인의 추이와 대일 교역의 양상을 고찰한 연구도 제시하고 있어 주목된다(박남수 2009). [이병로·김용일 2007]은 752년 700여명의 대규모 사절단을 이끌고 일본을 방문한 신라사절

김태렴의 방일목적이 '동대사(東大寺) 및 대안사(大安寺) 참배'와 '교역'에 있었다는 점을 강조하고 있다.

아울러 엔닌과 관련한 논고로 [이유진 2009]는 『入唐求法巡禮行記』에 보이는 엔닌의 구법순례과정을 통해 그가 어떻게 당이라는 사회를 이해하고 나아가 동아시아로 그 인식의 폭을 확대해 나갔는가를 고찰하고 있다. 아울러 그는 丁雄萬을 예로 들어 입당구법승과 관련해 그들을 수행했던 종자들의 구체적인 역할을 검토한 사례연구도 발표하였다(이유진 2009).

이러한 이해와 함께 [조이옥 2013b]는 신라의 대일교역을 검토하여 이미 8세기 전반에 신라와의 외교적 갈등을 해소하기 위한 역할이 대재부에 있었다는 점을 밝히고 있어 大宰府의 다양한 역할과 한반도와의 관련성이 추구되고 있다. 신라의 관점에서 대일교섭을 검토한 [박남수 2012]는 신라 성덕왕 때 김순정의 대일교섭으로 일본이 우선적 외교상대가 되었으며, 이 교섭이 당에 대해서는 군자국으로, 일본에 대해서는 왕성국으로서 신라의 존엄을 과시하는 적극적인 대외정책이었음을 강조하고 있다.

한편, [김선민 2014]는 천무·지통조에 보이는 '신라의 조'와 탐라사 파견 사료를 검토하여 신라의 조는 신라가 가진 중층적 대외인식 속에서 나타난 유연한 외교자세의 좋은 예이고, 탐라와의 관계는 백제멸망 이후에 시작되었지만, 탐라의 일본에 대한 협조요청에 일본은 의도적으로 탐라를 멀리하였다고 보았다.

최근의 연구로 강은영과 조이옥의 연구가 제시되어 있다. 우선 [강은영 2015a]는 753년 1월1일 당의 봉래궁 함원전에서 일어난 신라와 일본의 석차경쟁에 관한 연구에서 753년 신라와 일본 간에 벌어진 석차경쟁은 大伴古麻呂가 일정 부분의 사실에 과장을 섞어 만들어 낸 이야기이며, 이는 藤原仲麻呂 정권이 시작되어 일본의 대신라정책이 바뀐 천평승보 6년(754)의 일이었다고 주장하였다. 또한 그는 8세기 羅日관계에서 734년, 752년 779년에 일본에 파견된 신라사절의 추이와 특징을 면밀히 분석하였는데 특히 사절을 둘러싼 양국관계의 목적과 대응을 재검토하여, 734년 도일 이후 발생한 대립과 갈등을 넘어 도일한 752년 신라사절의 목적은 기존의 학설(경제적 혹은 외교적)과 달리 나라 동대사의 노사나불의 개안공양회 참석과 화엄불교라는 동질적 문화를 매개로 우호관계를 회복하려는 데 있었다고 이해한다(강은영 2010). 뿐만 아니라 8세기 日羅관계에서 양국 집정대신들의 정치사상이 영향을 끼친 사실을 지적한 위에서, 779년 사행에서 원효의 불교사상이 양국에서 통용됨을 본 신라인들에게 그 원효불교라는 공통된 정신세계는 양국의 '교빙결호(交聘結好)'를 가능케 할 대안으로 여겨졌다고 간주한다(강은영 2011).

다음으로, 나라시대에 기획된 신라정토 문제와 관련해 [송완범 2006]은 8세기중엽 나라조정이 계획했으나 실행에 옮기지 못한 이른바 '신라정토' 계획이 8세기중엽 당시 나라정권의 권력자인 후지와라노 나카마로(藤原仲麻呂)의 개인적인 의지에 따른 것이 아니라 나라조정 전체의 의지가 반영된 국가적 과제였음을 밝히고 있고, 8세기 신라와 일본의 교류사를 연구해 온 [조이옥 2015]는 신라의 관점에서 일본의 '신라정토계획'을 검토하고 있는데, 신라정토계획이 일본 측 사료에만 전하고 있기 때문에 신라는 피동적인 존재로 인식되는 경향이 많지만, 신라는 757년 군현제 개편과 동시에 추진해 왔던 군제 개혁이 764년에 마무리 되어 국가적 차원에서 방어체제를 구축했음을 피력하고 있다.

한편, 발해관계로는 일본과의 교류루트였던 항로의 유형과 그 변화양상을 시기적으로 면밀히 고찰한 연구(구난희 2013)를 비롯해 발해와의 국서 및 '年期' 문제를 소재로 양국 상호인식의 차이를 검토하거나(연민수 2012b), 『속일본기』의 국서를 소재로 발해에 대한 번국 인식의 양상을 검토한 [조이옥 2013a] 등의 연구들이 제시되었다.

* 정창원 유물과 백제 및 신라

최근 들어 종래의 한일관계사 연구의 범주에서 벗어나 새로운 주제와 대상으로 연구가 확대되고 있다. 그 가운데 하나가 [송완범 2013]에 의해 진행된 정창원 소장 화엄경론질에서 발견된 소위 신라촌락문서에 대한 새로운 이해이며, [연민수 2006]으로 대표되는 일본 정창원(正倉院) 소장 유물들에 대한 연구들이 꾸준히 발표되고 있는데, 연민수는 정창원소장 한반도 관련 유물 가운데 백제 의자왕이 가마타리에게 보낸 적색 옻칠장의 전래과 정을 규명하고 있고(2006), [박천수 2013]은 일본 정창원 소장의 서역계 문물에 대한 분석을 통해 일본의 서역 문화에 대한 동경과 수요가 5세기 이래 신라로부터의 영향에 의한 것임을 밝히고 있다. 나아가, 통일신라의 黃漆이 일본에 전래되어 일본 金漆의 기원이 되었음을 밝힌 [김지은 2013]도 제시 되었다. 금후, 백제 의자왕이 보낸 '적색옻칠장(赤漆根木蔚子)'을 비롯해 한반도에서 건너간 유물들에 대한 철저한 조사와 확인 작업이 병행된다면 더 큰 연구상의 진전이 있을 것으로 기대되고 있다.

종래의 정치외교사 중심의 교류사를 넘어 문화사로서 복식사 분야에서의 연구도 돋보이는데, 홍성화는 2000년 이후 꾸준히 축적된 고고학 자료를 바탕으로 일련의 연구성과를 내놓고 있다. [홍성화 2012b]는 일본의 기존 한일 간 복식문화교류와 관련된 문헌사료의 비판을 통해 고대 일본의 복식문화가 한반도에서 유입되었음을 규명하였고, 다카마쓰(高松)총 고분벽화는 8세기를 전후한 시기에 그려진 것이며, 피장자의 복식을 토대로 그림의 주인공이 백제의 이주민 百濟王 善光이라는 설을 제기하고 있다(홍성화 2013d). 아울러 [홍성화 2012c]는 일본 고대문화의 유물인 龍鳳紋 環頭大刀에도 관심을 가져 이에 대한 분석을 통해 백제계의 문화가 일본에 유입되었음을 증명하였고, 이를 보완하여 한반도계의 도검류도 백제계임을 규명(2013a)하고 있다. 나아가 인물 하니와에 보이는 한일고대 복식의 상관관계를 살피고 있는데(여승화·홍성화, 2014) 그 결과로서 5세기에 본격적으로 백제의 의복문화가 일본 열도에 들어오지만, 상당 기간 일본 고유의 의복문화인 관두 형태가 남아 있고, 중국의 우임 형태도 좌임이 늦은 시기까지 유지되고 있음을 확인할 수 있다고 한다.

문화 및 사상과 관련해 고대 일본의 예악사상의 수용과정에 주목한 연구도 흥미롭다. [강은영 2015c]는 삼국악을 통한 예악사상의 체계적 도입·수용과정을 논하고 있고, [서보경 2014b]는 율령제하의 대학료·음양료·전약료가 설치되기 이전에 학문과 기술이 한반도와의 관련 속에서 어떻게 수용되고 전수되는지를 검토하고 있다.

일본역사문화의 이해에 있어 지진으로 대표되는 자연재해라는 요소는 불가결하다. 최근 이러한 재해와 역사의 관련성을 의욕적으로 추구하고 있는 우리학계의 제일선의 연구자가 바로 송완범이다. [송완범 2012b]는 일본 고대의 불교신앙의 변화를 자연재난 속에서 검토하여 사천왕(四天王) 신앙의 변용과정을 추구하고 있는데, 그에 따르면 사천왕신앙은 원래는 기도의 힘을 빌려 신라의 항복을 기원한 것이었지만, 807년의 역병 이후 869년 오노(小野)산성의 시오인(四王院)의 사례에 보이는 바와 같이, 역병을 막기 위한 신앙으로 변용되고 있음을 밝히고 있다. 나아가 그의 이러한 자연재해에 대한 역사학적 관심은 정치적인 측면에도 적용되어 율령국가 성립 후 자연재해나 천재이변, 즉 일본의 경우는 빈번한 지진발생이 9세기 중반 이후 율령법의 정비, 국사의 편찬, 궁도의 조영, 대외관 등의 정책적 변화를 일으킨 한 요인이었음을 실증적으로 논하고 있다(송완범 2013b 등).

* **대외인식·대외관, 상호인식·타자인식, 국제관계를 다룬 연구**

우선, 타자인식·대외인식의 문제와 관련해 연민수는 고대일본의 가야관의 형성과 시기에 따른 변용과정을 추적하고 아울러 고대일본의 고구려관에 대해서도 검토하고 있다(연민수 2004· 2005). 후자와 관련해 고대일본의 고구려인식은 특별한 의식이 존재하는데 그것은 고구려를 극복하기 어려운 대상으로 간주한데서 오는 결과이며 적대의식에서 출발하여 군사적 강국, 여기에 문화적 선진성이 결합된 것이었다고 한다.

한편 [이재석 2006]은 『일본서기(日本書紀)』에 나타난 일본 고대국가의 타자관을 추구한 결과, 그 특징은 열도 내부의 에미시(暇夷)·하야토(準人) 등을 이적 집단으로 배치하는 한편, 한반도의 제(諸)국가를 번국(蕃國)으로 위치시키려는 천황제와 율령제의 논리 속에서 만들어진 것이라고 분석하고 있다. 이와 밀접하게 관련된 문제로서 [정효운 2006]은 『삼국사기』와 『일본서기』의 대외관은 자문화 중심적인 타자인식을 내포하는 중국의 중화사상이 동아시아 각국으로 전파, 수용되는 과정의 결과물이라 할 수 있다는 진단을 내리고 있다. [서보경 2007]은 8세기 전후의 신라지배층의 대일인식을 추구하기 위해 대일교섭업무를 담당하는 '왜전(倭典)'의 별치 문제를 소재로 당시 신라 지배층의 일본인식을 검토하고 있다.

[김선민 2009]는 황국사관 속의 도래인 인식문제를 동화와 배타적 차별의 논리로서 검토하여 황국사관 속의 도래인 인식은 국체의 차별화의 일환으로 전개되었으며 그 근거를 제공해 준 것이 『일본서기』였음을 지적하고 있다. [박현숙 2009]도 津田左右吉의 단일민족설을 재검토하여 津田의 단일민족설이 지닌 배타성과 함께 민족 이동의 부정이 결과적으로 일본 중심의 배타적 역사관의 형성에 기여하였음을 지적하고 있다.

근년의 대외인식·대외관계를 다룬 연구로 [나행주 2012·2013]와 [연민수 2011·2012·2013 등]을 들 수 있는데, 전자는 고대 일본의 한반도 및 중국과의 견사왕래를 통한 국제관계를 포함해 한반도에 대한 조공국관과 타자인식의 연구를 비판적으로 검토하였고, 후에 이를 보다 세분화시켜 제3차 견당사를 매개로 한 백제·신라와 왜국의 대외관계를 규명하고 있다.

고대일본의 한반도제국에 대한 굴절된 대외인식을 갖게 한 주범은 신공황후의 신라정벌신화이다.

이 테마에 관한 본격적인 추구는 연민수에 의해 이루어지고 있다. 그 시

초라 할 수 있는 [연민수 2006]은 신공황후의 신라정벌에 관한 일화가 역사
화 되는 과정을 분석하여 오늘날 신공황후의 전설이 역사교육을 통해 어떻
게 한국에 대한 일본인의 우월의식, 재일한국인에 대한 멸시관 등의 이데올
로기로 기능하고 있는지를 논증하고 있다. 더 나아가 그는 신공황후의 전설
이 근대 이후 일본의 한국지배와 어떠한 관계가 있었는지를 규명하고 있고
(연민수 2012), [연민수 2013]에서는 고대의 신공황후 전설이 근세 목판인
쇄물인 니시키에(錦繪)로 그려지면서 한국에 대한 침략정책의 심벌이 되었
고, 한국에 대한 우월의식과 지배의 정당성을 심어주는 광고탑 역할을 하면
서 왜곡된 역사상을 대중 속으로 전파시켜 나가는데 지대한 역할을 했다는
점을 규명하고 있다.

이처럼 연민수는 일련의 논고를 통해 대외인식·상호인식의 문제를 본격
적으로 천착하고 있는데, [연민수 2011]은 율령국가를 체제화하는 과정에서
창출한 신라관은 고대일본의 지배이데올로기가 되었으며, 그 결과로 8세기
일본율령국가의 지향점은 신라를 극복하는 국제의 정비였고, 이를 위한 일
환으로 제정된 것이 바로 대보율령의 제정이며, 그 율령체제 속에서 신라를
번국시하고, 번국관념을 현실의 외교현장에서 구현하려는 빈례의식도 시도
되었다고 분석했다. 그리고 이러한 일본율령국가 체제의 성립 배경에는 신
라에 대한 문화적 열세와 의례적 빈곤을 극복하려는 콤플렉스가 있었는데,
이런 콤플렉스가 군사적 우월주의로 이어지고 마침내 신라정토론과 배외주
의로 나가게 되었다고 진단한다. 아울러, 연민수는 일본서기에 나타난 백제
인식을 검토하고 있는데(연민수 2014) 그 특징은 기타의 한반도제국에 대한
번국관념과 차이가 없으나 다른 국가들과는 달리 일관된 친연관계 속에서
나타나고 있는 점에 있다고 설파한다.

최신의 연구로 [송완범 2015a]는 백제왕씨를 중심으로 한 도래인에 대한
연구의 연장으로 한반도유민의 체제 내 포섭과정에 주목해 일본율령국가의
한반도 유민의 포섭은 한반도 3국체제의 붕괴에 따른 통일신라의 등장에

대응하는 대신라 우위관의 창출이라는 인식 위에서 高麗郡의 건군과 그 중
심인물이 고마약광이라는 점을 규명하고 있다.

* 교과서 문제

다음으로 교과서 분석에 관한 연구를 소개한다.

소위 '새역모'로 대표되는 일본 우익계 단체의 역사교과서가 등장하고
이것이 역사왜곡이라는 한일 간의 사회·외교적 문제로 비화되면서 역사교
과서에 관한 관심이 커지고 있고, 더욱이 2012년 이후 일본의 새학습지도요
령에 입각한 중학교 역사교과서가 등장한 이후 주기적으로 찾아오는 일본
문부성의 교과서 검정 시기에 맞춰 일본 교과서 서술에 대한 검토가 꾸준
히 이루어지고 있는데, 근년의 주요 연구 성과를 소개하면 다음과 같다.

[이재석 2006]은 일본에서 출간된 역사 사전과 개설서, 역사교과서에 기
술된 고대한일관계 관련 기사에 대한 비판적인 분석을 통해 한반도에 대한
우위 혹은 지배를 함유하는 '임나지배론'이 완전히 부정되지 않고 일본의
'대한반도 우위관'을 전제로 하는 새로운 '설명체계 재구축의 과도기'적 상
황이 계속되고 있음을 논하고 있다. [김은숙 2007]은 근대 일본의 역사교육
에 나타난 고구려사, 발해사 인식에 대해 비판적인 검토를 하고 있고, [정효
운 2007]은 이른바 '새로운 역사교과서를 만드는 모임' 측에서 간행한 역사
교과서의 고대사서술 부분 가운데 '임나일본부' 관련 기사에 나타난 역사인
식의 문제점을 검토하고 있다.

이후에도 일본의 교과서를 분석한 연구가 지속되고 있는데, 주요한 것을
적기하면 다음과 같다. 연민수, 「고대 한반도문화의 일본전래-'07년도 검
정 고교일본사 교과서를 중심으로-」『한일관계사연구』 30 (2008) : 이재
석, 「새역모의 일본 古代史구상의 특질과 문제점- 自由社 교과서 및 扶桑
社 교사용 지도서를 중심으로-」『한일관계사연구』33 (2009); 이재석, 「古
代史 서술의 특징과 문제점 - 2007년 검정 고교〈일본사〉교과서를 중심으

로-」『한일관계사연구』30 (2008); 이재석, 「09년도 '새역모' 역사교과서(自由社版)의 일본고대사 서술 검토」『역사교육논집』43 (2009) ; 이근우〈新しい歷史敎科書〉의 역사인식과 선사·고대사 서술」『일본역사연구』27 (2008).

이러한 각 검정시기에 맞춰 새롭게 선보이는 각종 일본 중고교교과서의 서술내용의 변화에 대한 관심과 연구는 앞으로도 지속될 것으로 보인다.

최근에 이르러서도 일본 고대사 분야에 대한 역사교과서 왜곡에 대한 검토도 이루어지고 있었는데, [나행주 2011]은 일본중학교 역사교과서의 역사관과 고대사 서술의 특징을 정리하고 있고, 연민수는 신편 새 역사교과서의 역사관을 검토한 후(연민수 2009) 고대사 서술 속의 민족과 천황문제를 중심으로 일본교과서 내용을 분석하고 있다(연민수 2010). 일본 중고등학교 검정본 역사교과서의 고대사 서술에 보이는 한반도에 대한 속국인식과 한반도에서 일본의 세력형성에 대한 비판적 연구(연민수 2012c)도 내놓고 있다. 아울러 후소사(扶桑社) 역사교과서를 대상으로 고대 일본의 한반도에 대한 정치적 우위성 및 우월주의 역사인식에 대해 비판한 연구(박은영 2013), 조선총독부 초등국사교과서의 고대사 서술에 대한 검토(송완범, 2015b) 등이 발표되었다. [서보경 2016]은 2015년도 검정통과본을 대상으로 일본 중학교 역사교과서 고대 한일관계사 기술의 특징과 문제점을 검토하고 있다.

5. 9-10세기의 한일관계

이 시기의 민간 및 지역 간 교류를 중심으로 하는 환동해 및 동중국해 해역을 중심으로 전개된 해역사·해양사 연구는 이병로에 의해 개척되었다고 해도 과언이 아니다.

근년의 [이병로 2010]에 의하면 규슈(九州)의 서남단에 위치한 고토(五

島)열도에 8세기 후반부터 신라인과 당나라 상인들이 모여들어 마침내 동아시아세계를 형성하였는데, 840년대에 그 절정기를 구가했다. 하지만 860년대 당나라 상인한테 주도권을 빼앗긴 신라인들의 해적사건과 모반사건 개입으로 신라인들은 일본권력에 의해 동북지역으로 강제이주를 당했다고 한다.

이러한 한반도와 일본열도 간의 해양·해역을 무대로 펼쳐지는 신라해적이나 신라 표류민, 서일본지역의 도서인·해민을 주인공으로 하는 해양교류사적인 관점에서의 연구는 신진기예인 정순일이 이어받아 연구를 개척·주도하고 있다.

우선, [정순일 2010]은 사료 상 처음 등장하는 869년의 신라해적의 래일 항로를 면밀히 분석한 연구를 발표하면서 연구에 입문하고 있는데(정순일, <'정관11년(869) 신라해적'의 來日항로에 관한 소고> <동아시아 속의 한일관계사 상>, 제이앤씨, 2010), 종래 신라해적=신라인 해적으로 여겨져 왔던 통설적 이해의 문제점을 고토열도라는 항로에 대한 분석을 통해 지적하고 있다. 이어 [정순일 2013a]는 『속일본후기』에 수록된 신라의 집사성첩에 보이는 '島嶼之人'을 검토하여 이 사람들이 장보고 그룹이 아니라, 실은 일본 서쪽지역에 기반을 둔 해민이었다는 점을 규명하고 있고, [정순일 2013b]에서는 780년에 일본의 연해지역에 2회에 걸쳐 경고명령이 내려진 배경을 검토하여 이 명령이 발해사의 대규모화에 따른 '賊船'의 방어와 불특정다수의 '流來新羅人'을 막기 위한 조치로서 이국인 내항이라는 위기의식의 표출이었음을 분명히 하고 있다. 나아가 [정순일 2015a]는 9세기 후반에 일본의 배외의식이 고조되었던 계기가 貞觀11년(869)의 신라해적사건이라고 한 종래의 통설적 이해에 대해 의문을 품고 재검토를 시도한 결과, 이 시기의 신라해적사건은 실질적인 규모면에서 큰 해적사건이 아니었고, 오히려 일본사회에 내재되어 있던 위기의식이 신라해적사건을 계기로 표출된 것이었다고 진단하고 있다. 아울러 그는 9세기 후반 규슈지역의 신라인 해적이 처리되는 과정 속에서 이 집단이 무사시(武藏)로 이배된 배경에는 무사시가 일종의 이국인 수용지로서의 성격이 있었기 때문이라고 평가하고, 무쓰(陸奧)로 간 와공들은 직전에 발생한 대진재로 인한 피해복구를 위해 이배시켰음을 밝히고 있다(정순일 2013c). 이 방면에 대한 연구의 한층 더한 심화가 기대된다.

이상, 고대한일관계사 분야의 연구 동향 전반을 살펴보고자 노력하였으나 모두에서 언급한 것처럼 필자의 능력과 시간상 및 지면의 제약 상 언급하지 못한 연구도 다수 있을 것으로 생각된다. 아울러, 강의교재나 한일관계사 관련 교양서적은 기본적으로 한일관계사 연구의 회고와 전망(현황과 과제)이라는 본문의 취지에 부합되지 않은 것으로 판단하여 일체 제외하였다. 부족한 부분에 대해서는 두루 양해를 바란다.

Ⅳ. 결어를 대신하여-학회의 위상제고를 위한 몇 가지 제언

지금까지 시대별·시기별로 나누어 주제별 및 국가별로 고대한일관계 연구상의 특징을 정리해 보았다. 마지막으로 결어를 대신해 21세기의 바람직한 한일관계사 정립을 위한 양국 학회에의 바람과 함께 우리 학회의 위상제고를 위한 소박한 제언을 피력하는 것으로 마무리하고자 한다.

한일 공통의 고대한일관계사상의 구축과 공유를 위해서는 그 전제로서 기본적인 사항에 대한 역사상·역사인식의 공유가 필수이다. 그런 연유로 2005년과 2010년에 각각 그 결과가 공표된 제1차(제1기), 제2차(제2기) 한일역사공동연구위원회 발족 및 3년여에 걸친 공동연구의 실시는 귀중하다. 그리고 그 결과로서 논란이 되었던 몇 분야에 대해서는 양국 학계 간에 공통인식을 공유하게 되었다. 예를 들면, 왜왕권의 임나일본부에 의한 가야지역의 지배, 즉 임나지배의 불인정 등이다. 그런데 한일양국의 학계 간에는 여전히 뚜렷한 인식차이가 존재하는 사항들이 남아있다. 4세기말 5세기 초 전후의 광개토대왕 비문을 중심으로 하는 왜국·왜병·왜인의 실체에 대한 이해나 한반도남부의 상황(백제와의 관계, 모한의 실체 등), 5-6세기 영산강 유역의 전방후원분 문제의 이해, 왜국(왜왕권)과 한반도제국의 정치적 관계에 대한 이해(우위론) 등에 잘 나타나 있다. 이러한 인식의 간극을 메꾸기 위해서도 제3차(제3기) 한일역사공동연구위원회의 필요성을 절감하는 바이다.

우리학계 내에서는 문헌사학과 고고학의 이해에 적지 않는 차이가 여전히 확인되고 있다. 아울러 백제사와 가야사 전공자들 간의 역사인식·역사 해석에서 보이는 차이 또한 극명하다. 특히, 임나문제에 있어 '임나일본부'의 실체에 대한 이해나 일본부 관인의 성격, 모한(慕韓)의 이해 및 영산강 유역 전방후원분의 문제 등에서 나타나고 있다. 이를 어떻게 극복할 것인가. 상호간의 의견교환의 장으로서의 학제간 공동연구의 필요성이 더욱 요망된다.

이하는 우리 학회의 위상제고를 위한 제언 몇 가지.

(1) 학회 차원의 한일관계사 연구 논저목록의 작성, 편찬이 필요한 시점에 왔다고 생각된다.

한일관계사연구회 편, <한일관계사 논저목록> (현음사, 1993년 8월) 이후 아직까지 이 방면의 작업이 이루어지지 못하고 있기 때문이다. 적어도 온라인 상에서 검색할 수 있는 데이터베이스 작업의 구축은 시급하지 않을까 여겨진다.

(2) 근년의 고대한일관계사 연구는 연구대상·테마의 질적 심화와 함께 연구 주제의 다양화, 개별분산화 경향이 두드러진 것 또한 커다란 특징의 하나이다. 이는 연구 인력의 증가, 연구자 개인의 문제관심의 다양화 등에서 유래하는 어쩌면 당연한 결과라고도 할 수 있다. 다만 후자의 지나친 분산화의 경향은 문제의 소지가 있다고 할 수 있다. 따라서 일정한 정도의 학

계 차원의 정리 작업이 요구된다고 생각한다.

이를 극복하기 위해서는 학회 차원의 학술회의 개최도 필요하지만, 보다 현실적인 방법으로는 월례발표회 자리를 이용한 통합정리의 필요성이 있지 않을까. 예를 들면 칠지도에 대한 연구에 있어 최근 문제관심을 공유한 한일학자들의 노력으로 공동논의의 장을 마련한 것은 좋은 시사를 제공하고 있다. 적어도 학회의 월례발표회 자리를 활용해 테마별로 함께 논점을 논의하고 정리할 필요가 있지 않을까 생각된다.

(3) 논점정리-회고와 전망 형식의 연구사 정리는 모두에서 언급한 것처럼 2002년 이후 무려 15년 만에 이루어지고 있다. 앞으로는 좀 더 주기적으로 행해야하지 않을까. 매년 쏟아지는 많은 양의 연구 성과에 비추어 3년 주기로, 최소한 4~5년 주기로 연구 성과의 소개 및 논점정리가 필요하지 않을까 생각된다.

(4) 학회지 지면 확대-학회 및 학회지의 위상제고를 위해서도 현재의 연3회 발행을 연4회 발행으로 전환해 대폭적인 지면 확대를 심각하게 고민해야 하지 않을까(이 점은 회장단의 결단으로 이미 시행되고 있음).

(5) 고대사 연구자의 학회에의 참여 활성화가 요망된다. 나 자신의 반성도 포함해 고대사 분과 연구회 등이 필요하지 않을까. 타 시대에 비해(특히 근세사) 학회지에서 차지하는 고대사의 위상 제고를 위해서도 더욱 활발한 활동의 장을 학회가 마련해 회원들에게 참여 기회를 제공할 필요성을 절감하는 요즈음이다.

논저목록

*회고와 전망(역사학보, 동양사학연구, 기타)

연민수 2002, 「고대의 회고와 전망」, 한일관계사학회 『한일관계사연구의 회고와 전망』(국학자료원, 2002)

김선민 2004, 「일본 전근대사 연구의 과제와 전망」 『역사학보』 183, 역사학회.

김보한 2006, 「일본 전근대사 연구의 과제와 전망」 『역사학보』 191, 역사학회.

이병로 2007, 「한국에서의 일본사 연구의 현황과 과제」 『일본문화연구』 22, 동아시아일본학회.

박진한 2008, 「일본 전근대사 연구의 과제와 전망」 『역사학보』 199, 역사학회.

이재석 2010, 「일본 전근대사 연구의 현황과 전망」 『역사학보』 207, 역사학회.

이희복 2012, 「역사학의 비판정신을 위하여: 일본전근대사의 회고와 전망」 『역사학보』 215, 역사학회.

신동규 2014, 「지역과 경계를 넘나드는 일본사-일본 전근대사 연구의 최근 동향-」 『역사학보』 223, 역사학회.

김선민 2015, 「日本古代史硏究의 硏究動向과 課題-共存의 歷史學-」 『동양사학연구』제133집, 동양사학회.

강은영 2016, 「한국형 일본사 연구를 위한 탐색과 모색-일본 전근대사 연구의 현황과 과제」 『역사학보』 223, 역사학회.

*연구사정리

연민수, <<고대한일교류사>>(혜안, 2003)

나행주, <6세기 한일관계의 연구사적 검토> <<임나문제와 한일관계>>, 경인문화사, 2005

김태식, <고대 왕권의 성장과 한일관계-임나문제를 포함하여-> <<제2기 한일역사공동연구보고서>>1 한일역사공동연구위원회, 2010

모리 기미아키, <고대왕권의 성립과 일한관계-4~6세기-> <<제2기 한일역사공동연구보고서>>1 한일역사공동연구위원회, 2010

*2003~2005

한일관계사연구논집 편찬위원회편, <<광개토대왕비문과 한일관계>>, 경인문화사, 2005

한일관계사연구논집 편찬위원회편, <<왜5왕과 한일관계>>, 경인문화사, 2005

한일관계사연구논집 편찬위원회편, <<임나문제와 한일관계>>, 경인문화사, 2005

김현구, <6세기 한일관계의 실체와 문제점> <<임나문제와 한일관계>>, 경인문화사, 2005

김태식, <4세기 한일관계 개관>, <<광개토대왕비와 한일관계>> 경인문화사, 2005

김기섭, <5세기 무렵 백제 渡倭人의 활동과 문화전파> <<왜5왕 문제와 한일관계>>, 경인문화사, 2005

강종훈, <삼국사기에 보이는 왜의 성격>, <<광개토대왕비와 한일관계>> 경인문화사, 2005

김두철, <4세기 후반~5세기 초 고구려·가야·왜의 무기·무장체계 비교>, <<광개토대왕비와 한일관계>> 경인문화사, 2005

권오영, <고고학자료로 본 백제와 왜의 관계> <<왜5왕 문제와 한일관계>>, 경인문화사, 2005

나행주, <6세기 한일관계의 연구사적 검토> <<임나문제와 한일관계>>, 경인문화사, 2005

노중국, <5세기 한일관계사의 성격 개관> <<왜5왕 문제와 한일관계>>, 경인문화사, 2005

박찬흥, <6세기 신라와 야마토정권의 관계> <<임나문제와 한일관계>>, 경인문화사, 2005

박현숙, <6세기 백제의 對 일본 관계> <<임나문제와 한일관계>>, 경인문화사, 2005

백승옥, <광개토대왕릉비문의 倭관계기사에 대한 연구사>, <<광개토대왕비와 한일관계>> 경인문화사, 2005

백충승, <일본서기 신공기 소재 한일관계 기사의 성격>, <<광개토대왕비와 한일관계>> 경인문화사, 2005

서보경, <5세기말~6세기 초 한반도 諸國과 倭國의 관계>, <<선사와 고대>>18, 2003

서보경, <6세기 한반도에서 활동한 왜인의 역할> <<임나문제와 한일관계>> 경인문화사, 2005

송완범, <일본율령국가의 개·사성정책에 대하여>, <<일본역사연구>> 22집, 2005
양기석, <5세기 백제와 왜의 관계> <<왜5왕 문제와 한일관계>>, 경인문화사, 2005
연민수, <일본사상에 있어서 구주의 위치>, <<고대한일교류사>> 혜안 2003
연민수, <고대일본의 한반도계 씨족과 역할> <<임나문제와 한일관계>>, 경인문화
        사, 2005
이근우, <5세기의 일본열도> <<왜5왕 문제와 한일관계>>, 경인문화사, 2005
이영식, <4~5세기 왜국의 국가형성사>, <<광개토대왕비와 한일관계>> 경인문화
        사, 2005
이재석, <소위 임나문제의 과거와 현재> <<전남사학>>23, 2004
이재석, <일본근대국민국가의 형성과 일본고대사인식> <<아세아연구>>47-3, 2004
이재석, <송서 왜국전에 보이는 왜왕 무의 상표문에 대한 검토> <<신라문화>>24,
        2004
이재석, <4~6세기 왜국의 대외위기론과 그 실체> <<문화사학>>23, 2005
이재석, <6세기 야마토 정권의 대한정책> <<임나문제와 한일관계>>, 경인문화사,
        2005
임기환, <4세기 동아시아 정세변동과 고구려의 대외전략>, <<광개토대왕비와 한일
        관계>> 경인문화사, 2005
우재병, <6세기 일본열도에 나타난 한반도계 문화의 양상과 역할> <<임나문제와
        한일관계>>, 경인문화사, 2005
주보돈, <5세기 고구려·신라와 왜의 관계> <<왜5왕 문제와 한일관계>>, 경인문화
        사, 2005

*2006~2007

한일관계사학회 편 ,『동아시아 속에서의 고구려와 왜』(경인문화사, 2006).
한일관계사학회 편,『한일관계 2천년-보이는 역사, 보이지 않는 역사-』(경인문화
        사, 2006).
역사교과서연구회(한)·역사교육연구회(일),『한일 교류의 역사-선사부터 현대까지-』
        (혜안, 2007); 일본역사교육자협의회·전국역사교사모임,『마주 보는 한일
        사 1-화해와 공존을 위한 첫 걸음, 선사 시대-고려 시대-』(사계절, 2006).
김은숙,「7세기 동아시아의 국제관계-수의 등장이후 백제 멸망까지를 중심으로-」
        『한일관계사연구』26(2007).
나행주,「왜 왕권과 백제·신라의 '질(質)'-왜국의 '질' 도입, 수용(導入, 受容)의

의미-」『일본역사연구』24(2006).

이근우, 「九州 海岸島嶼와 東아시아의 遺跡」『동아시아고대학』15(2007).

이재석, 「일본고대국가의 자화상과 타자상」『일본역사연구』24(2006).

이재석, 「고대 九州 海岸島嶼와 동아시아의 교류」『동아시아고대학』15(2007).

연민수, 「日本 正倉院의 百濟遺物과 그 역사적 성격」『국사관논총』108(2006).

연민수, 「6-7세기 高句麗의 對倭關係」『한일관계사연구』26(2007).

서보경, 「7세기 후반-8세기 전반의 신라와 일본 관계」『일본연구』32(2007).

이병로·김용일, 「752년 신라사 김태렴의 방일 목적에 관한 연구」『일본어문학』
34(2007)

김현구, 「일본의 위기와 팽창의 구조-663년 백촌강 싸움을 중심으로-」『문화사학』
25(2007).

이재석, 「7세기 왜국의 대외 위기감과 출병의 논리」『일본역사연구』26(2007).

송완범, 「'白村江싸움'과 倭-東아시아세계의 재편과 관련하여-」『한국고대사연구』
45(2007).

서보경, 「5세기의 고구려와 왜국-송서 왜국전의 왜왕무(倭王武) 상표문(上表文)에
나타난 '고구려 정토'문제를 중심으로-」『백제연구』(2006).

송완범, 「8세기 중엽 '新羅征討' 계획으로 본 古代日本의 對外方針」『한일관계
사연구』25(2006).

김현구, 「백제의 木滿致와 蘇我滿智」『일본역사연구』25(2007).

김선민, 「日本古代國家와 百濟王氏」『일본역사연구』26(2007).

송완범, 「奈良時代의 '百濟王氏'社會와 文化的 特質」『일본언어문화』110
(2007).

김은숙, 「일본 율령국가의 고구려계 씨족」『동북아역사논총』15(2007).

이재석, 「일본의 역사사전, 개설(론)서에 보이는 古代한일관계」『한일관계사연구』
25(2006).

연민수, 「神功皇后 전설과 日本人의 對韓觀」『한일관계사연구』24(2006).

김은숙, 「근대 일본의 역사교육과 고구려사, 발해사 인식」『역사교육』103(2007).

정효운, 「고대 한·일 국가와 타자인식」『신라문화』28(2006).

정효운, 「『새역사교과서』와 任那日本府」『일어일문학』35(2007).

박경수, 「선사시대 일본열도의 유통과 생업」『일본어문학』32(2006)

박경수, 「야요이시대 일본열도의 유통과 생업」『인문학보』31(2006).

정효운, 「『日本書紀』와 古代思想」『일어일문학』29(2006).

*2008~2009

이근우, 『속일본기 1』(지만지, 2009).

나행주, 「신라와 '임나의 조' -신라 측에서 본 종래설 비판『한일관계사연구』29 (2008).

나행주, 「'임나의 조'의 실체와 의미」『일본역사연구』27 (2008)

나행주, 「〈任那의 調〉와 〈任那使〉-〈任那의 調〉관련사료의 재검토-」『일본연구』 제11집 (2009).

박재용, 「日本書紀에 인용된 百濟記」『한일관계사연구』34 (2009).

송완범, 「'일본 율령국가'와 일본 중심주의-일본서기를 중심소재로 하여」『동아시아 세계의 일본사상 -'일본 중심적 세계관' 생성의 시대별 고찰』(동북아역사재단, 2009).

이창수, 「『古事記』 및 『日本書紀』 神代卷에 나타난 韓國像」『일본사상』17 (2009).

정효운, 「3世紀代 韓日關係의 一考察-<<三國志>>韓傳·倭人傳과 勒島유적을 중심으로-」『일어일문학』40 (2008).

윤영수, 「近江朝以前의 文學과 政治 -文學을 중심으로-」『한일관계사연구』32 (2009)

진은숙, 「하타씨(秦氏)에 관한 고찰-神祇전승을 중심으로-」『일본문화연구』27 (2008).

노성환, 「대가야 왕자 쯔누가아라시토 전승에 관한 연구」『일어일문학』38 (2008).

임범식, 「『日本書紀』 신공기 49년조에 보이는 '왜의 가야7국 평정'의 의미 재고」『백산학보』84(2009).

정재윤, 「백제 왕족의 왜 파견과 그 성격-곤지를 중심으로-」『백제연구』47 (2008).

홍성화, 「石上神宮七支刀에 대한 一考察」『한일관계사연구』34 (2009).

홍성화, 「〈日本書紀〉應神紀 東韓之地에 대한 고찰」『일본역사연구』30 (2009).

김현구, 「5세기 한반도 남부에서 활약한 倭의 實體」『일본역사연구』29.

정효운, 「6세기 한·일관계사의 재구축·왜와 임나 관계의 재해석을 중심으로-」『한국고대사연구』56 (2009).

이연심, 「'왜계가야관료'를 매개로 한 안라국과 왜」『한일관계사연구』31 (2008).

백승충, 「'임나일본부'와 '왜계백제관료'」『강좌 한국고대사 제4권 고대국가의 대외관계』, 가락국사적개발연구원, 2003.

송완범, 「9세기 일본율령국가의 전환과 백제왕씨의 변용 -일본율령국가연구를 위한 제언-」『한일관계사연구』29 (2008).

박이순, 「일본고대국가 民의 '浮浪'·'逃亡'문제」『일본문화연구』26 (2008).

정진아, 「헤이안前期의 도래계관인의 賜姓·귀족관인의 賜姓을중심으로-」『일본역사연구』28(2008).

김 영, 「한일 고대의 일부다처제(一夫多妻制) -『新猿樂記』의 〈次的妻〉를 중심으로-」『일본연구』제11집 (2009).

감영희, 「고대律令法에 기술된 離婚規定과 平安朝의 이혼-『今昔物語集』의 서민실태를 중심으로-」『일어일문학』42 (2009).

이유진, 「圓仁의 入唐求法과 동아시아 인식」『동양사학연구』107 (2009).

이유진, 「유학승의 入唐과 從者의 역할-丁雄萬을그예로하여」『일본연구』제9집 (2008).

박남수, 「圓仁의 귀국과 재당 신라상인의 대일교역」『한국사연구』145 (2009).

박남수, 「752년 김태렴의 대일교역과 〈買新羅物解〉의 향약」『한국고대사연구』55

박천수, 「近畿地域 出土 三國時代 土器를 통해 본 韓· 日關係」『한국고대사연구』49(2008)

권오영, 「壁柱建物에 나타난 백제계 이주민의 일본 鐵 內지역 정착」『한국고대사연구』49 (2008)

성정용, 「近畿地域 出土 韓半島系 初期 馬具」『한국고대사연구』49(2008).

이호형, 「公州 丹芝里 橫穴墓群을 통해 본 古代韓日交流」『한국고대사연구』50 (2008).

이경섭, 「古代 韓日의 文字文化 交流와 木簡」『신라문화』34 (2009).

장인성, 「고대 일본에 전파된 백제 도교」『한국고대사연구』55 (2009).

이다운, 「백제와 고대일본의 불교 교섭-사찰 조영사업을 중심으로」『史林』30 (2008).

김은국, 「발해와 일본의 교류와 크라스키노 城」『동아시아 속의 발해와 일본』(경인문화사, 2006).

전덕재, 「고대 일본의 高麗樂에 대한 기초 연구」『동북아역사논총』20 (2008).

김선민, 「황국사관의 도래인 인식-동화와 배타적 차별의 논리」『황국사관의 통시대적 연구』(동북아역사재단, 2009).

박현숙, 「津田左右吉의 단일민족설과 고대 한·일민족관계 인식」『동북아역사논총』 26(2009).

연민수, 「고대 한반도문화의 일본전래 -'07년도 검정고교일본사 교과서를 중심으

로-」『한일관계사연구』30 (2008)

이재석, 「새역모의 일본 古代史구상의 특질과 문제점-自由社교과서 및 扶桑社교 사용 지도서를 중심으로-」『한일관계사연구』33 (2009)

이재석, 「古代史 서술의 특징과 문제점 - 2007년 검정 고교〈日本史〉교과서를 중심으로-」『한일관계사연구』30 (2008)

이재석, 「09년도'새역모' 역사교과서(自由社版)의 일본고대사 서술 검토」『역사교 육논집』43 (2009)

이근우, 「〈新しい歷史敎科書〉의 역사인식과 선사·고대사 서술」『일본역사연구』 27 (2008).

김현구, 『고대 한일교섭사의 제문제』(일지사, 2009).

김현구 편저, 『일본의 대외위기론과 팽창의 역사적 구조』(제이앤씨, 2008).

한국사연구회, 한일관계사학회 편『일본 역사서의 왜곡과 진실』(경인문화사, 2008)

*2010~2011

고려대학교 일본사연구회편, <<동아시아 속의 한일관계사(상)>>, 제이앤씨, 2010

고려대학교 일본사연구회편, <<동아시아 속의 한일관계사(하)>>, 제이앤씨, 2010

한일관계사연구논집 편찬위원회 편, 『고대 동아시아의 재편과 한일관계』, 경인문 화사, 2010

동북아역사재단 편, 『한일역사쟁점논집 전근대편』, 동북아재단, 2010년

동북아역사재단 편, <<고대환동해교류사 제1부 고구려와 왜>>, 동북아역사재단, 2010

동북아역사재단 편, <<고대환동해교류사 제2부 발해와 일본>>, 동북아역사재단, 2010

김은숙, <도래인의 문화전수> <<한일역사쟁점논집 전근대편>>, 동북아역사재단, 2010

김현구, <백촌강 싸움의 성격에 관한 일고찰> <<한일역사쟁점논집 전근대편>>, 동북아역사재단, 2010

김현구, <한반도 남부경영론 비판-한반도 남부에서 활약한 왜의 실체를 중심으로-> <<한일역사쟁점논집 전근대편>>, 동북아역사재단, 2010

구난희, <발해와 일본의 관계> <<한일역사쟁점논집 전근대편>>, 동북아역사재단, 2010

나행주, <임나의 조와 임나-소위 금관4읍설의 재검토> <<동아시아속의 한일관계

사상>>, 제이앤씨, 2010
나행주, <왜국의 대한반도정책-'임나의 조'정책의 전개과정->,<<한일관계사연구>>
　　40, 2011
나행주, <고대 한일관계에 있어서의 '質'> <<한일역사쟁점논집 전근대편>>, 동북
　　아역사재단, 2010
나행주, <일본중학교 역사교과서의 역사관과 고대사 서술>, <<동국사학>>51,
　　2011
박재용, 「『日本書紀』에 인용된 『百濟本記』」, 『백제문화』42, 공주대백제문화연
　　구소, 2010.
박재용, 「고대일본 藤原氏와 백제계 渡倭人」, 『백제연구』54, 충남대 백제연구소,
　　2011.
박재용, 「『日本書紀』 편찬과 백제계 史官」, 『백제학보』6, 백제학회, 2011.
서보경, <達率日羅를 통해 본 倭系百濟官僚>, <<역사와 담론>>56, 2010
서보경, <무령왕대의 대왜관계>, 고려대학교 일본사연구회편, <<동아시아 속의 한
　　일관계사(상)>>, 제이앤씨, 2010
박현숙·서보경, <일본 '世界史圖錄'에 나타난 古代 韓國史像>, <<백제연구>>
　　54, 2011
송완범, 「김춘추의 외교와 동아시아」, 『동아시아고대학』19, 2009
송완범, 「간무(桓武)천황과 백제왕씨」, 『일본역사연구』31집, 2010
송완범, 「일본율령국가의 변용에 대한 일고찰」, 『일본학연구』31호, 2010
송완범, 「韓半島南部 倭人의 殘像-交流와 共存의 시점에서-」, 『일본연구』15집,
　　2011
이근우, <동아시아의 조공·책봉에 대한 이해> <<한일역사쟁점논집 전근대편>>,
　　동북아역사재단, 2010
이병로, <고대 '동아시아의 무역상인'에 관한 연구> <<한일역사쟁점논집 전근대
　　편>>, 동북아역사재단, 2010
이영식, <5세기 왜왕의 군사호와 한반도> <<한일역사쟁점논집 전근대편>>, 동북
　　아역사재단, 2010
이재석, <일본고대국가 형성기의 지의 유통과 독점> <<동양사학연구>>24, 2010
이재석, <7세기 후반 보덕국의 존재의의와 왜국> <<일본역사연구>>24, 2010
이재석, <일본서기 대화5년의 신라사 김다수에 관한 小考> <<동아시아속의 한일
　　관계사상>>, 제이앤씨, 2010
이재석, <백제의 가야 진출과 왜국 -소위 397년 체제의 성립과 전개를 중심으로->

<<지역과 역사>>29, 2011

연민수, <통일신라의 대일관계> <<한일역사쟁점논집 전근대편>>, 동북아역사재단, 2010

정순일, <'貞觀 11년(869) 신라해적'의 來日항로에 관한 小考> <<동아시아속의 한일관계사상>>, 제이앤씨, 2010

홍성화, <廣開土王碑文을 통한 日本書紀 神功, 應神紀의 분석>, <<일본연구>>13, 2010

홍성화, <4~6세기 百濟와 倭의 관계 -『日本書紀』내 倭의 韓半島 파병과 百濟·倭의 인적교류 기사를 중심으로->, <<한일관계사연구>>36, 2010

홍성화, <5세기 한반도 남부의 정세와 倭>, <<동아시아 속의 한일관계사上>>, 제이앤씨, 2010

홍성화, <古代 榮山江 流域 勢力에 대한 검토>, <<백제연구>>51, 2010

홍성화, <5세기 百濟의 정국변동과 倭 5王의 작호>, <<한국고대사연구>>60, 2010

홍성화, <熊津時代 百濟의 王位繼承과 對倭關係>, <<백제문화>>45, 2011

홍성화, <百濟와 倭 왕실의 관계-왕실 간 혼인관계를 중심으로->, <<한일관계사연구>>39, 2011

*2012~2013

구난희 2013, 「渤海와 日本의 交流 航路 變化에 관한 연구」『역사교육』1 26, 역사교육연구회.

김은숙 2012, 「일본서기 불교공전연대의 검토」『인문논총』12, 한국교원대학교인문과학연구소.

_____ 2013, 「일본 율령국가의 여성천황」『사회과학연구』14, 한국교원대학교사회과학연구소.

김은정 2013, 「平城宮 庭園의 使用形態와 그 特徵」『백제연구』57, 백제연구소.

김지은 2013, 「통일신라 黃漆의 일본 전래와 金漆」『신라문화』41, 신라문화연구소.

김천학 2013a, 「일본고대 화엄종의『대승기신론』및 그 주석서 수용」『대동철학』64, 대동철학회.

_____ 2013b, 「헤이안시대 화엄종에 보이는 신라불교사상의 역할」『범한철학』70-3, 범한철학회.

나행주 2012, 「고대일본의 국제관계와 대외인식」 『사림』 41, 수선사학회.

박남수 2012, 「新羅 聖德王代 '上宰' 金順貞과 對日交涉」 『신라사학보』 25, 신라사학회.

박문식 2013, 「고대 한일 변소 유구의 비교 검토」 『선사와 고대』 39, 한국고대사학회.

박은영 2013, 「일본 역사교과서의 고대 한일관계사 서술 분석 - 후소샤(扶桑社)판 교과서를 중심으로」 『일본근대학연구』 42, 한국일본근대학회.

박이순 2012a, 「高麗·唐·日本에 있어서의 「歸化(人)」 관련의 법 연구 - 일본의 養老律令을 중심으로」 『한국민족문화』 43, 한국민족문화.

_____ 2012b, 「日唐의 賓禮관련의 律令法式에 관한 고찰」 『인문과학연구』 33, 강원대인문과학연구소.

박재용 2012, 「6세기 倭國의 대외관계 변화와 百濟系 씨족」 『백제와 주변세계』, 성주탁교수추모논총간행회.

박천수 2013, 「日本列島 出土 西域系 文物로 본 新羅와 日本」 『신라사학보』 28, 신라사학회.

백승충 2012, 「'임나 4현'의 위치 비정」 『역사와 경계』 85, 부산경남사학회.

서보경 2012a, 「『新撰姓氏錄』의 편찬과 목적」 『한일관계사연구』 41, 한일관계사학회.

_____ 2012b, 「고대일본의 治水事業과 韓人 - 茨田堤 축조 문제를 중심으로」 『한일관계사연구』 43, 한일관계사학회.

_____ 2013, 「『新撰姓氏錄』에 기재된 鎭守將軍 후예 씨족의 出自改變」 『일본연구』 57, 한국외국어대학교일본연구소.

서정석 2013, 「백제산성이 일본 '朝鮮式山城'에 끼친 영향 - 大野城을 중심으로」 『역사와 담론』 67, 호서사학회.

송완범 2012a, 「동아시아와 일본율령국가의 경계인식」 『전근대일본의 영토인식』, 동북아역사재단.

_____ 2012b, 「일본율령국가의 信仰과 災難 - '四天王신앙'과 '貞觀대지진'」 『일본학』 34, 일본학연구소.

_____ 2012c, 「'일본율령국가'의 도시 '평성궁·경' 연구」 『사총』 77, 역사연구소.

_____ 2013a, 「고대일본의 도시와 이동의 문제 - 遷宮과 遷京」 『동아시아고대학』 31, 동아시아고대학회.

_____ 2013b, 「일본율령국가의 天災異変과 정책의 전환」 『일본사상』 25, 한국일

본사상사학회.

신유진 2013,「『日本書紀』에 보이는 百濟의 '君'號에 대한 考察」『한일관계사연구』44, 한일관계사학회.

연민수 2012a,「5‐6世紀 北九州 豪族의 對韓交流와 多元性」『백제연구』55, 백제연구소.

_____ 2012b,「渤海・日本의 교류와 相互認識‐國書의 형식과 年期問題를 중심으로」『한일관계사연구』41, 한일관계사학회.

_____ 2012c,「일본 역사교과서의 古代史 서술과 對韓認識 ‐2012년도 고등학교 일본사・세계사 검정본을 중심으로」『일본학』35, 일본학연구소.

_____ 2012d,「日本古代國家形成期의 통합의 原理와 대외적 계기」『일본역사연구』36, 일본사학회.

_____ 2012e,「신공황후전승과 근대일본의 한국지배」『The Journal of Northeast Asian History』8-2, 동북아역사재단.

_____ 2013a「錦繪에 투영된 神功皇后傳說과 韓國史像」『한국고대사연구』69, 한국고대사학회.

_____ 2013b,「일본고대의 大宰府의 기능과 新羅問題」『한일관계사연구』45, 한일관계사학회.

_____ 2013c,「웅진시대 百濟의 對倭同盟과 외교」『백제문화』49, 백제문화연구소.

_____ 2013d,「延烏郞・細烏女 전승을 통해 본 新羅와 倭」『일본학보』97, 한국일본학회.

_____ 외7 2013,『역주 일본서기』, 동북아역사재단.

이근우 2012,「고대의 낙동강 하구와 왜」『역사와 세계』41, 효원사학회.

_____ 2013,「養老令과 御成敗式目을 통해 본 일본사회의 특질」『동양사학연구』123, 동양사학회.

이병호 2013a,「飛鳥寺에 파견된 百濟瓦博士의 性格」『한국상고사학보』81, 한국상고사학회.

_____ 2013b,「일본의 도래계 사원과 백제유민의 동향Ⅰ‐大阪・大津・東國・吉備의 고고학성과를 중심으로」『한국사학보』53, 고려사학회.

_____ 2013c,「일본의 도래계 사원과 백제 유민의 동향Ⅱ」『선사와 고대』39, 한국고대학회.

이재석 2012a, 「6세기 초 계체 신왕조의 성립과 그 의의」, 『한성사학』 27, 한성사
　　　학회.
_____ 2012b, 「6세기 초 축자국 이와이(磐井)의 난과 신라」, 『신라사학보』 25, 신
　　　라사학회.
_____ 2013a, 「7세기 후반 百濟復興運動의 두 路線과 倭國의 선택」, 『백제연구』
　　　57, 충남대백제연구소.
_____ 2013b, 「일본서기의 '일본부' 구상과 그 모티브에 관한 시론」, 『백제연구』
　　　58, 충남대백제연구소.
_____ 2013c, 「속일본기의 시대와 그 역사서술의 제상」, 『소통과 인문학』 17, 한
　　　성대인문과학연구원.

정수옥 2012, 「한반도 취사문화가 일본 古墳시대에 미친 영향과 수용과정 - 북부
　　　규슈 및 긴키지역을 중심으로」, 『한국상고사학보』 76, 한국상고사학회.
정순일 2013a, 「『속일본후기』 所收 신라국 집사성첩에 보이는 '島嶼之人'」, 『일
　　　본역사연구』 37, 일본사학회.
_____ 2013b, 「緣海警固と『九世紀』の黎明」, 『일본학보』 97, 한국일본학회.
_____ 2013c, 「9세기 후반 큐슈지역의 신라인집단과 그 행방」, 『선사와 고대』 39,
　　　한국고대학회.

정진아 2012, 「고대일본의 도래계 직능집단에 관한 연구 - 外記, 官史, 樂人, 무관
　　　직을 중심으로」, 『일본연구』 17, 일본연구센터.
정효운 2012, 「韓國史와 日本史의 遭遇 - 古代韓日關係史의 觀點에서」, 『일어
　　　일문학』 53, 대한일어일문학회.
_____ 2013, 「고지도에 보이는 한국과 일본의 대마도 영토인식 - 전근대시기를
　　　중심으로」, 『일어일문학연구』 57, 대한일어일문학회.
조이옥 2013a, 「발해와 일본의 상호인식과 교섭 - 8세기를 중심으로」, 『신라문화』
　　　42, 동국대 신라문화연구소.
_____ 2013b, 「8세기 신라와 일본의 대재부 교역」, 『신라사학보』 29, 신라사학회.
최성은 2013, 「百濟 7세기 塑造像의 樣相과 傳播 - 신라 및 일본 白鳳期 소조
　　　상과 관련하여」, 『백제문화』 49, 백제문화연구소.
최재석 2012a, 「현행(2011년)중·고등학교 국사교과서의 고대 한일관계사 서술은
　　　사실을 반영하고 있는가?」, 『신라사학보』 24, 신라사학회.
_____ 2012b, 「『일본서기日本書紀』의 사실기사와 왜곡기사 - 고대 한일관계를

중심으로』, 집문당.

한나래 2013, 「百濟 佛敎建築이 日本에 끼친 影響 - 6～7世紀 百濟와 日本 寺刹 比較」『문화사학』40, 문화사학회.

홍성화 2012a, 「야마토정권의 영역확장을 통해 본 고대일본의 경계인식」『전근대일본의 영토인식』, 동북아역사재단.

_____ 2012b, 「服飾文化交流를 통해 본 古代 韓日 관계」『한복문화』15-3, 한복문화학회.

_____ 2012c, 「古代 韓日의 龍鳳紋環頭大刀 고찰」『동양예술』20, 한국동양예술학회.

_____ 2012d, 「通信使行錄에 보이는 古代史 관련 기술 고찰」『한일관계사연구』43, 한일관계사학회.

_____ 2013a, 「古代 韓半島系 大刀 銘文에 대한 재조명」『동양예술』21, 한국동양예술학회.

_____ 2013b, 「七支刀와 谷那鐵山」『한일군사문화연구』15, 한일군사문화학회.

_____ 2013c, 「金石文과 5세기의 倭王」『동양예술』22, 한국동양예술학회.

_____ 2013d, 「다카마쓰즈카(高松塚) 벽화복식에 대한 고찰(考察) - 벽화 제작연대와 피장자(被葬者)를 중심으로」『한복문화』16-3, 한복문화학회.

*2014～2015

강용자 편역, 『고사기』(서울, 지식을 만드는 지식, 2014).

강은영, 2015a, 「大伴古麻呂의 석차 논쟁에 대한 고찰」『역사학연구』제58호(광주, 호남사학회).

_____, 2015b, 「야마토왕권과 임나문제」『동양사학연구』제131집(서울, 동양사학회).

_____, 2015c, 「고대 일본의 禮樂思想 수용과 三國樂」『일본역사연구』제42집(서울, 일본사학회).

고현정, 「일본 儀鳳曆의 傳來 문제와 新羅」『한국고대사연구』75(서울, 한국고대사학회, 2014).

김낙중, 「묘제(墓制)와 목관(木棺)을 통해 본 익산 쌍릉(益山 雙陵)의 의미」『문화재』47(서울, 국립문화재연구소, 2014).

_____, 2015, 「3~5세기 일본의 왕궁과 풍납토성」『중부고고학회학술대회논문집』(강릉, 중부고고학회, 2015).

김선민, 2014, 「天武·持統期와 韓半島」 『일본연구』제22집(서울, 고려대학교 일본학연구센터).

_____, 2015, 「日本古代史硏究의 硏究動向과 課題-共存의 歷史學-」 『동양사학연구』제133집(서울, 동양사학회).

김　영, 2015a 「일본 고대의 香道와 香文化-향의 문학적 기능을 중심으로-」 『일본문화학보』 65(대전, 한국일본문화학회).

_____, 2015b, 「일본의 후각문화와 향(香)」 『동아인문학』32(대구, 동아인문학회).

김은숙, 2015 「光仁天皇의 卽位過程」 『백제연구』제61집(대전, 충남대학교 백제연구소).

김은정, 2015 「平安京 神泉苑의 성격에 관한 고찰-祥瑞의 放生과 관련하여」 『일본역사연구』 제41집(서울, 일본사학회).

김정희, 2015 「古代史研究方法論の見直し-歷史敎科書をめぐって-」 『일본문화연구』제54집(서울, 동아시아일본학회).

나행주, 2015 「일본고대국가와 백제계 도래인-특히, 백제계 문필(史姓)씨족의 활동과 역할을 중심으로-」 『한일관계사연구』제52집(서울, 한일관계사학회).

노성환, 2014 『일본 신화에 나타난 신라인의 전승』(서울, 민속원).

_____, 2015a, 「백제 임성태자의 일본이주전설에 관한 연구」 『일어일문학』제67집(부산, 한국일어일문학회).

_____, 2015b, 「동아시아의 고구마 전래자와 현창문화」 『동북아문화연구』43(서울, 동북아시아문화학회).

박재용, 2014a 「『일본서기』의 '任那'와 '任那日本府', 그리고 '任那의 調'」 『지역과 역사』35호(부산, 부경역사연구소).

_____, 2014b, 「6세기 고대일본 백제계 渡倭人과 불교」 『백제문화』제50집(공주, 공주대학교 백제문화연구소).

백승옥, 2014, 「『日本書紀』에 보이는 阿羅斯等의 정체와 그의 외교활동」 『한국민족문화』51(부산, 부산대학교 한국민족문화연구소).

_____, 2015, 「'任那日本府'의 所在와 등장배경」 『지역과 역사』36호(부산, 부경역사연구소).

백승충, 2014, 「안라국의 대외관계사 연구의 제문제」 『한국민족문화』51(부산, 부산대학교 한국민족문화연구소).

_____, 2015 「『일본서기』木氏·紀氏 기사의 기초적 검토-신공~현종기를 중심으

로-」『한국민족문화』52(부산부산대학교 한국민족문화연구소).

서각수, 송완범, 서보경 역, 『정창원』(스기모토 가즈키)(서울, 동북아역사재단, 2015).

서보경, 2014a, 「고대 日本의 신지식 전수 방식의 변화와 특징-大學寮의 성립과정을 중심으로-」『일본학』제38집(서울, 동국대학교 일본학연구소).

_____, 2014b, 「難波朝廷의 宮殿과 朝參·朝儀」『백제연구』제60집(대전, 충남대학교 백제연구소).

서영교, 2014 「倭의 百濟 援助와 蘇定方의 平壤城 撤軍」『대구사학』제17집(대구, 대구사학회).

송완범, 2014a 「'壬申의 난'과 日本-동아시아세계의 재편과 관련하여」『사총』83 (서울, 고려대학교 역사연구소).

_____, 2014b, 「융·복합적 日本學으로서의 '歷史地震學'-'災難學'에 대한 제언-」『일본학보』100(고양, 한국일본학회).

_____, 2015a, 「고마(高麗)군 건군(建郡) 1300년에 즈음한 고마약광(高麗若光)의 의미」『東아시아古代學』제39집(서울, 동아시아고대학회).

_____, 2015b, 「조선총독부 초등국사교과서의 고대사 서술에 대한 일고찰」『일본연구』제23집(서울, 고려대학교일본학연구센터).

여순종, 2014,「韓·日古代漢詩に見る「曲水宴」の比較文化論的研究-上巳風俗から曲水宴の詩宴文化」『일어일문학』제62집(부산, 대한일어일문학회).

여승화, 홍성화, 2014 「인물하니와에 나타난 복식의 변천과 특징-한일 고대 복식관계를 중심으로-」『한복문화』17-2(서울, 한복문화학회).

연민수, 2014, 『고대 일본의 대한인식과 교류』(서울, 역사공간).

_____, 2015, 「변진시대 가락국의 성장과 외교-포상팔국의 침공과 관련하여」『한일관계사연구』제51집(한일관계사학회).

윤용혁, 2015, 「백제의 對外 항로와 가카라시마(加唐島)」『백제문화』51(공주, 공주대학교 백제문화연구소).

윤재운, 2014, 「『동아시아사』교과서의 고대국제관계 서술 검토」『대구사학』제115집(대구, 대구사학회).

이병호, 2014 『백제 불교 사원의 성립과 전개』(서울, 사회평론).

이병호 역, 2014, 『아스카의 목간 : 일본 고대사의 새로운 해명 』(이치 히로키)(서울, 주류성).

이연심, 2014, 「안라국의 대왜교역로에 관한 검토」『한국민족문화』51(부산, 부산대학교 한국민족문화연구소).

_____, 2015, 「한일 양국의 '임나일본부'를 바라보는 시각 변화 추이」『한국민족문화』57(부산, 부산대학교 한국민족문화연구소).

이용현, 2014, 「祢軍 墓誌의 "日本"에 대한 검토-"日本" 및 그와 관련된 용어를 중심으로-」『한국고대사연구』75(서울, 한국고대사학회).

이재석, 2014a, 「일본 고대국가 성립기의 宮都의 제문제」『일본학보』제98집(고양, 한국일본학회).

_____, 2014b, 「『日本書紀』를 통해 본 안라국과 주변제국-특히 왜를 중심으로」『한국민족문화』51(부산, 부산대학교 한국민족문화연구소).

_____, 2014c, 「고대 일본의 국가성립을 보는 시점」『일본역사연구』제40집(서울, 일본사학회).

_____, 2015a, 「백촌강 전투의 史的 의의」『한국민족문화』57(부산, 부산대학교 한국민족문화연구소).

_____, 2015b, 「『續日本紀』편찬의 제문제」『일본역사연구』제42집(서울, 일본사학회).

_____, 2015c, 「7세기 동아시아 정세에서 본 上宮王家 멸망사건」『역사학보』제228집(서울, 역사학회).

정동준, 2015,「『동아시아사』교과서의 고대사 서술 분석-'평화 공존'목표를 저해하는 서술을 중심으로-」『사림』제51호(서울, 수선사학회).

정순일, 2015 「일본고대사연구와 데이터베이스(DB)의 활용」『인문학연구』29권(서울, 경희대학교인문학연구원).

정효운, 2014a 「阿羅國의 멸망과 日本列島로 건너간 아라국의 후예들」『한국민족문화』51(부산, 부산대학교 한국민족문화연구소).

_____, 2014b, 「'任那의 調'와 對馬島-해양교류사적 관점을 중심으로-」『일어일문학』제61집(부산, 대한일어일문학회).

_____, 2014c, 「고대 일본의 전쟁과 율령국가」『일어일문학』제64집(부산, 대한일어일문학회).

조이옥, 2015, 「신라 경덕왕대 국내외정세에서 본 일본의 '신라정토계획'」『신라문화』46(경주, 동국대학교 신라문화연구소).

임영진, 2003 <백제의 성장과 마한세력, 그리고 왜> <<검증고대일본과 백제>> 八
    巧社(일본어)
우재병, 2004 <영산강유역 전방후원분의 출현과 그 배경> <<호서고고학>>10
이용현, 2008 <한국고대에 있어서 전라도와 백제·가야·왜> <<고대일본의 이문화
    교류>> 勉誠出版(일본어)
土生田純之, 2008 <전방후원분을 둘러싼 한과 왜> <<고대일본의 이문화교류>>
    勉誠出版(일본어)
모리 기미아키, 2010 <고대왕권의 성립과 일한관계-4~6세기-> <<제2기 한일역사
    공동연구보고서>>1 한일역사공동연구위원회
김태식, 2010 <고대 왕권의 성장과 한일관계-임나문제를 포함하여-> <<제2기 한일
    역사공동연구보고서>>1 한일역사공동연구위원회
연민수, <일본율령국가의 신라관 형성과 실태> <<8세기 동아시아 역사상>>(동북
    아역사재단, 2011)
구난희, <8세기 전반 발해의 동아시아 외교와 그 성격><<8세기 동아시아 역사
    상>>(동북아역사재단, 2011)
박남수, <8세기 신라의 동아시아 외교와 영빈체계><<8세기 동아시아 역사상>>(동
    북아역사재단, 2011)
박재용, 「일본서기의 임나와 임나일본부, 그리고 임나의 조」, 『지역과 역사』35, 부
    경역사연구소, 2014
박재용, 「『일본서기』에 보이는 왜계백제관료」, 『백제학보』15, 백제학회, 2015.
이재석, <백촌강 전투의 사적 의의> (<한국민족문화>57. 2015. 11)
이재석, <무내숙녜 전승의 형성과 대신제> (<한성사학>30, 2015.12)
이재석, <속일본기 편찬의 제문제> (<일본역사연구>42 2015. 12)
이재석, <7세기 동아시아 정세에서 본 상궁왕가 멸망사건>(<역사학보>228 2015.
    12)
정순일, <신라해적과 국가진호의 신·불> <<역사학보>> 226, 2015.6
홍성화, 「己汶, 帶沙 지명 비정에 대한 일고찰」, 『史叢』82, 2014
홍성화, 「5세기대 木氏를 중심으로 한 百濟와 倭의 고찰」, 『동아시아고대학』39,
    2015

*2016~2017

나행주, <한반도제국과 왜국의 사신외교-백제·신라의 대왜외교의 형태와 그 특징->

<<한일관계사연구>>56, 2017.

나행주, <일본고대사와 동이의 소제국론-'질'과 '임나의 조'의 관점에서 본 이시모다 학설-> <<일본역사연구>>45, 2017.

박재용, 「백제의 對倭교섭과 航路」, 『백제학보』19, 백제학회, 2017.

박재용, 「고대 일본의 蘇我氏와 백제계 씨족」, 『한국고대사연구』86, 한국고대사학회, 2017.

연민수, <고대일본의 한국관계기록과 사례연구 - 일본서기의 왜곡된 역사상-> 한일문화교류기금, <<한일양국, 서로를 어떻게 기록했는가?>>(경인문화사, 2016)

박민경, <백제 무왕대의 대왜관계> <<한일관계사연구>>53, 2016.4

박재용, 「고대 일본에 전파된 백제의 술 문화」, 『충청학과 충청문화』22, 충남역사문화연구원, 2016.

송완범, 「'전쟁'과 '재난'으로 보는 '동아시아안전공동체'」, 『사총』88호, 2016

송완범, 「'육국사(六國史)'의 편찬과 '일본율령국가'의 수사(修史)사업」, 『일본역사연구』43호, 2016

서보경, <일본 중학교 역사교과서 고대 한일관계 기술에 대한 분석 -2015년도 검정통과본을 중심으로-> << 동북아역사논총>>51, 2016

서보경, <8세기 秦氏의 氏族分化와 官人化> <<일본연구>>67, 2016

서보경, <'同祖'계보의 변화를 통해 본 王仁, 王辰爾系 씨족> <<한일관계사연구>>53, 2016

이재석, <8세기 중엽 일본의 '新羅征討' 소동과 多賀城碑·말갈국> (<한일관계사연구>55 2016. 12)

연민수, <고대일본의 신라 적시관과 복속사상> <<한일관계사연구>>53, 2016.4

정순일, <9세기 초 일본의 변경과 통역-쓰시마에 배치된 신라역어를 중심으로-> <<동북아역사논총>> 51, 2016.3

정순일, <『동아시아사』교과서 고대사 서술의 현재와 향후방향성-'동아시아 세계의 성립' 단원을 중심으로-> <<한일관계사연구>>53, 2016.4

홍성화, 「"日本書紀" 소위 '任那 4縣 할양' 기사에 대한 고찰」, 『史叢』87, 2016

홍성화, 「『日本書紀』繼體·欽明紀에 보이는 新羅와 倭의 관계」, 『한일관계사연구』54, 2016

이재석, <『日本書紀』와 '神夷'·華夷의 이중구조> (<일본역사연구>45 2017)

송완범, 「헤이안쿄(平安京)와 교토(京都)가 갖는 일본사적 함의」, 『東研』창간호, 2017

서보경, <고대 일본의 文筆實務職과 한국계「渡來」씨족> <<사림>>59, 2017
서보경, <『新撰姓氏錄』의 기초적 연구> <<한림일본학>>30, 2017
홍성화, 「칠지도의 제작연대와 제작배경에 대한 재조명」, 『東硏』 창간호, 2017
홍성화, 「『日本書紀』 한반도 관계기사에 보이는 吉備氏에 대하여」, 『日本硏究』
    28, 2017
하마다 고사쿠, <고대한국의 문헌과 문자자료에 나타난 왜·일본> 한일문화교류기
    금, <<한일양국, 서로를 어떻게 기록했는가?>>(경인문화사, 2016)
이경섭, <6~7세기 한국 목간을 통해서 본 일본 목간 문화의 기원> <<신라사학
    보>>37, 2016.8
강봉원, <진·변한과 왜의 국가 형성과정-원거리 교역의 역할에 대한 비판적 재검
    토-><<신라사학보>>39, 2017.4

   *연구서·번역서·대중서·학위논문

홍성화, <<한일고대사유적답사기>>(삼인, 2008)
박천수, <<일본 속 고대한국문화>>(동북아역사재단, 2012)
김현구, <<일본은 한국에 어떤 나라인가>>(고려대학교출판문화원, 2016)
김현구, <<동아시아 세계와 백촌강 싸움>>(고려대학교출판문화원, 2016)
한일관계사학회 편, 『한일관계사 연구의 회고와 전망』(국학자료원, 2002)
한일문화교류기금, <<되돌아본 한일관계사>>(경인문화사, 2005)
한일관계사학회 편, 『동아시아 속에서의 고구려와 왜』(경인문화사, 2006)
이기동·연민수외, <<8세기 동아시아 역사상>>(동북아역사재단, 2011)
오오야마 세이치 저, <<일본서기와 천황제의 창출>>(연민수·서각수 역, 2012, 동
    북아역사재단)
나카무라 슈야 저, <<김춘추>>(박재용 역, 2013, 역사공간)
이치 히로키의 <<아스카의 목간 : 일본 고대사의 새로운 해명>>(이병호 역, 2014b)
스기모토 가즈키 저, <<정창원>>(서각수·송완범·서보경 역, 2015)
사토 마코토 저, <<목간에 비친 일본고대의 서울 헤이조쿄>>(송완범 역, 2017)
한일문화교류기금 편, <<한일양국, 서로를 어떻게 기록했는가?>>(경인문화사, 2017)
한일관계사학회 편, <<한일수교 50년, 상호이해와 협력을 위한 역사적 재검
    토>>1,2권(경인문화사, 2017년 8월)

*학위논문

서보경, 『日本書記』한반도 관계 기사 검토(2004, 고려대)
박윤선, 5세기 중반~7세기 백제의 대외관계(2007, 숙명여자대학교)
홍성화, 古代 韓日關係史 硏究 : 韓半島 南部 經營論 批判을 중심으로 (2008, 고려대)
박재용, 「日本書紀」의 편찬과 백제 관련 문헌 연구(2009, 한국교원대)
박민경, 6~7세기 백제의 대왜관계 연구(2014, 성균관대학교)

〈토론문〉

고대한일관계사연구의 회고와 전망

연민수 | 동북아역사재단

고대한일관계사연구를 회고해 보면 한일관계사학회의 출발과 더불어 시작되었다고 해도 과언이 아니다. 1992년에 창립한 이래 4반세기가 지난 현재 연구자수가 늘어남에 따라 시대별, 주제별 폭도 넓어지고 거의 전 분야에 걸쳐 확대되고 있는 현상이다. 그전까지는 국내의 가야, 백제사 연구자가 일본측 자료를 참고하는데 지나지 않았다. 한일관계사학회 창립 이후 일본에서 유학한 고대사 연구자들의 귀국하여 활동하기 시작하였고, 현재 이 분야를 전문으로 하는 연구자만도 20여명에 달하고, 한국고대사연구자들도 이에 영향을 받아 양 지역관계사 연구를 쏟아내었다. 뿐만아니라 언어, 문학, 신화 등 인접학문의 세계에서도 관심이 증가하고 있다. 발표문에서도 지적했지만, 학회지인 한일관계사연구의 피인용지수, 영향력지수에서 높은 평가를 받고있는 것은 학회의 위상, 연구자들의 수준을 말해주고 있는 것으로 생각된다.

고대한일관계 연구사료는 90% 이상이 일본사료이고 이념적인 측면에서 왜곡, 윤색, 조작되어 있고 일본식민사학의 원류사료로서 인용되고 있기 때문에 엄정한 사료비판을 요한다. 학설에 대한 충돌도 여기에 기인하며 사료에 대한 정합적, 논리적 해석이 연구의 평가를 좌우한다고 할 수 있다.

오늘 나행주 선생 발표는 2002년 이후 15년간의 연구성과를 개관, 논평한 것인데, 모든 성과를 다 반영하지는 못했지만 주요 특징은 잘 지적하고 있다고 생각한다. 고대한일관계사의 최대쟁점인 임나일본부설 연구는 일정 부분 학설상의 공약수가 정리된 이후에도 나오고 있으며 그 연장선상의 임나의 조 문제도 세부적으로는 논점이 나눠져 있다. 한반도지배설의 개개의 사료인 신공기 사료를 비롯한 칠지도명문, 광개토왕비문, 송서왜국전 등도 여전히 연구자들의 관심을 끌고 있다. 특히 신공기 해석문제는 백제사, 가야사와의 관련성도 깊어 한국고대사 연구자의 주요사료로서 연구되고 있다. 최근 영산강유역의 전방후원분 문제, 고고학적으로 본 교류사, 백제와 왜국 교류사, 백촌강전투를 둘러싼 외교사, 도래인과 그 후예씨족들, 백제멸망 이후의 백제왕씨 등 다방면에 걸친 연구성과를 소개하고 있다. 또 일본서기 등 고대사료에 대한 역주본, 번역서, 율령 등 새로운 성과들도 잘 정리, 소개되어 있다. 다만 통일신라기의 다양한 외교사 연구, 발해와 일본과의 관계, 9세기에서 10세기초에 이르는 신라해적 등 동아시아해상사적 측면에서의 연구성과가 소개되지 않은 것이 아쉽다. 시간적 제약으로 생각되나 추후 보완을 기대한다.

고대한일관계사는 새로운 자료의 발굴도 긴요하지만 기존 사료의 엄정한 사료비판과 재구성을 통한 역사상을 복원하는 일이 중요하다. 일본학계의 고대한일관계사 연구의 기본적 시각은 한반도제국을 하위에 두는 일본우위의 정치사관, 이른바 동이의 소제국론은 여전히 유효하게 작용하고 있다는 것이다. 일본사료에 투영된 율령국가의 천황제 이데올로기를 걷어내고 당시의 시대적 상황 속에서 정치적, 경제적 실리문제와 관련해서 국제적으로 통용될 수 있는 합리적 해석이 중요하다고 생각된다. 아울러 국내의 고대한일관계사 연구도 학설의 다양성은 존중되어야 하지만, 차별성을 보여주기 위해 납득하기 어려운 불안정한 주장도 나오고 있어 문제점으로 남는다.

끝으로 학회의 연구영역의 폭을 확산시키고 활성화를 위해 인접학문의 연구자의 참여를 유도하고, 새로운 시각에서의 주제 발굴, 기획력있는 학술회의, 대중을 위한 교양서 편찬 등 다각적인 방안을 함께 고민해야 한다.

고려후기·조선전기 한일관계사 연구의 회고와 전망

한문종 | 전북대학교

1. 머리말

2017년은 한일관계사학회가 창립된 지 4반세기를 맞이하는 해이다. 한일관계사학회의 전신인 한일관계사연구회는 1992년 7월경에 충남 유성에서 발기모임을 갖고 창립되었다. 그 후 1997년에 한일관계사학회로 명칭을 변경하여 오늘날에 이르고 있다. 학회에서는 1993년에 학술지『한일관계사연구』창간호의 간행을 시작으로 2018년 2월까지 총 59집을 간행하였다.

본고에서는 1993년부터 2017년까지 발간된『한일관계사연구』1~58집을 대상으로 어떠한 연구가 행하여졌는지를 개괄적으로 살펴보고, 이어서 고려후기·조선전기 한일관계사 연구에 대한 회고와 전망을 하려고 한다.

『한일관계사연구』는 학회 창립 초기인 1993년과 1994년에는 1년에 1책씩, 1995년부터 2006년까지는 1997년을 제외하고는 1년에 2책씩, 그리고 2007년부터 현재까지는 1년에 3책씩 간행되었다. 그리고 2018년부터는 1년에 4책씩 간행할 예정이다.『한일관계사연구』는 2003년에 한국연구재단의 등재후보 학술지가 되었으며, 2006년에 등재 학술지가 되어 현재까지 유지되고 있다.

먼저 1993년부터 2017년까지『한일관계사연구』(1~58)에 발표된 논문을 연구대상과 시기별로 정리하면 다음 <표 1>과 같다.

〈표 1〉『한일관계사연구』(1~58)에 발표된 논문의 시기별 분포

시기 \ 구분	고대	고려	조선전기	조선후기	근대	현대	기타	서평	소계
1993~1999	3	1	8	19	24	2	1	14	72
2000~2009	18	5	23	46	38	15	21	7	173
2010~2017	33	5	23	78	52	12	37	7	247
소계	54	11	54	143	114	29	59	28	492

* 표는 『한일관계사연구』(1~58)를 대상으로 하였다.
* 시기구분은 편의상 고대는 선사시대부터 후삼국시대까지, 고려는 건국부터 멸망까지, 조선전기는 조선 건국에서 임진왜란 이전까지, 조선후기는 임진왜란부터 개항 이전까지, 근대는 개항부터 8.15 해방 이전까지, 현대는 8.15 해방 이후부터 현재까지, 기타는 자료소개와 연구노트, 시기 구분이 애매한 것, 유구·여진 등 동아시아 관계사 등을 포함하였다.

위의 <표 1>을 통해서 보면 1993년부터 2017년까지 『한일관계사연구』(1~58)에 발표된 논문은 서평을 포함하여 총 492편이었다. 발표된 논문은 조선후기(143), 근대(114), 조선전기(54), 고대(54), 현대(29), 고려(11) 순이 었으며, 나머지는 서평(28), 기타(59) 등이었다. 이에서 보면 조선후기와 근대가 가장 많이 연구되었으며, 고려시대가 가장 적었다. 이는 아마 조선후기와 근대를 전공한 회원들이 다른 시기를 전공한 회원보다 많았기 때문으로 생각된다. 반면에 고려시대의 연구가 적은 이유는 고려와 일본 간의 공식적인 외교관계가 단절되었기 때문에 관련 자료가 많지 않아 상대적으로 연구자와 논문이 적은 것으로 추정된다.

『한일관계사연구』에 게재된 서평은 28편이었다. 그 중 한국학자의 저술에 대한 서평이 17편, 일본학자의 저술에 대한 서평이 11편이었다. 시대별로는 조선시대가 16편으로 가장 많았으며, 그 다음은 근·현대가 8편, 고대와 통사류가 각각 2편씩이었다. 특히 조선시대 저술에 대한 서평이 많은 이유는 『한일관계사연구』에 조선시대 논문이 많이 게재된 것과도 관련이 있을 것이다. 또한 학회 창립 초기에 간행된 1~14집까지 매호마다 서평이 1편에서 3편까지 게재되었다. 그러나 이후에는 서평이 거의 게재되지 않고 논문만 게재되다가 2016년에 와서야 다시 서평이 게재되었다. 이는 한국연구

재단과 각 대학에서 신규채용과 교수업적을 평가할 때 서평을 연구업적으로 인정하지 않았기 때문에 나타난 현상으로 생각한다. 그러다가 최근에 한국연구재단의 학술지 평가에서 내용의 다양성이 강조되면서 다시 서평을 학술지에 게재하였다. 그리고 『한일관계사연구』에는 새로 발견된 왜관지도(장순순)와 1696년 안용복의 제2차 渡日 공술자료(손승철), 일본 淸見寺 소장 통신사 유묵 조사보고(유종현) 등 4편의 자료소개도 수록되어 있다.

한편 『한일관계사연구』에 발표한 논문의 특징 중의 하나는 <일본 역사교과서 분석과 역사교육의 실태> <일본역사 개설서 및 사전류의 역사왜곡> 등 한일 간의 외교현안이나 외교의 인물 등의 주제로 개최된 학술대회에서 발표한 논문이나 사전에 기획한 논문을 특집 또는 기획논문의 형식으로 많이 게재하였다는 점이다. 참고로 『한일관계사연구』에 게재된 특집 또는 기획논문을 정리하면 다음과 같다.

〈표 2〉 『한일관계사 연구』(1~58) 특집 또는 기획논문

호수(연도)	특집 또는 기획논문 주제	논문수
1(1993)	조선후기 외교문서	3
2(1994)	개항 전후 일본의 조선론	2
13(2000)	유길준과 한일관계	5
25(2006)	일본역사 개설서 및 사전류의 역사왜곡	6
27(2007)	동아시아 세계와 해동제국기	6
28(2007)	울산과 충숙공 이예	4
30(2008)	2007년도 검정 일본고등학교 역사교과서 분석	12
33(2009)	전환기 일본 역사교과서의 諸相 - 2009년 검정통과본 일본 역사교과서를 중심으로-	6
36(2010)	한일 역사 속의 전후 처리	5
39(2011)	전근대 동아시아 지역의 해류 경계 인식	8
40(2011)	일본 역사교과서 분석과 역사교육의 실태 - 2011년 검정통과 일본 역사교과서를 중심으로-	7
42(2012)	전근대 동아시아 지역의 해류 경계 분쟁	9

호수(연도)	특집 또는 기획논문 주제	논문수
43(2012)	1590년 통신사행과 귀국보고 재조명	5
49(2014)	조선의 대외관계와 국경지역 사람들	5
54(2016)	왜관과 조일통교	4
56(2017)	동아시아 삼국간의 사신 외교	4
57(2017)	정유재란과 동아시아	4

본 발표에서는 기왕의 연구 성과를 토대로『한일관계사연구』(1~58)에 발표된 고려후기·조선전기 한일관계사연구의 연구 성과 및 문제점을 정리하려고 한다. 이를 토대로 학술지『한일관계사연구』가 고려후기·조선전기 한일관계사 연구에 어떠한 역할과 기여를 하였으며, 그 한계점은 무엇이었는지, 그리고 앞으로 어떠한 주제의 연구가 더 진행되어야 할 것인지를 고찰하고자 한다.

2. 고려후기 한일관계사 연구의 회고와 전망

고려후기 한일관계사 연구의 회고와 전망은 한문종의「조선전기 한일관계사 연구의 회고와 전망」에서 간략하게 정리한 바 있다.[1] 본 논문에서는 『한일관계사연구』(1~58)에 게재된 고려시대 논문을 대상으로 하였다.『한일관계사연구』(1~58)에는 고려시대 한일관계사 논문이 11편으로 매우 적었다. 그 이유는 아마 당시의 한일관계와 밀접한 관련을 가지고 있다고 생각

---

1) 한문종은「조선전기 한일관계사 연구의 회고와 전망」(『한일관계사연구의 회고와 전망』, 국학자료원, 2002)에서 1945년부터 2000년까지 고려후기 한일관계사 연구의 회고와 전망을 여원연합군의 일본정벌, 교역 및 상호인식, 기타로 나누어서 정리하고 논저목록을 첨부하였다. 다만 이 논문에서는 고려말 조선초의 왜구를 조선전기에 포함시켜 왜구의 침입 실태와 구성, 근거지, 왜구대책과 대마도정벌에 대한 연구 성과를 정리하였다.

한다. 즉 779년 이후 신라와 일본 간의 공식적인 사절 파견이 중지되었다가 조선이 건국되면서 비로소 조일 간의 공식적인 외교관계가 회복되었다. 따라서 고려시대에는 일본과 공식적인 외교관계가 단절되었고 사적인 교섭만 행하여 졌기 때문에 연구자료나 연구주제가 많지 않았다. 그러나 고려 말에 왜구의 침입이 본격화되면서 왜구 관련 자료가 많아지고 연구도 많이 이루어졌다.

『한일관계사연구』(1~58)에 게재된 고려시대 논문 9편은 모두 왜구에 대한 것으로, 주로 이영, 김보한, 윤성익 등이 발표하였다. 그 중 이영은 왜구 관련 논문 4편을 발표하였다. 먼저 그는 14세기 후반 고려의 사료에 등장하는 왜구집단의 주체가 고려·조선인 또는 고려·일본인연합이었다는 일본 학계의 제설을 李順蒙의 상서 내용을 토대로 상세하게 비판하였다. 그리고 경인년(1350)년 이후 왜구의 주체는 남북조의 내란이라고 하는 특수상황 하에서 對馬·壹岐를 중심으로 한 九州 일대와 四國 지역의 악당화한 武士들이었다고 주장하였다.[2] 또한 그는 일본 측 문헌 사료를 토대로 경신년(1380) 왜구의 실체와 침구 배경을 고찰하여 〈경신년 왜구〉는 九州探題 이마가와 료의 예상되는 공격에 대하여 큐슈의 남조 세력이, 다카기·아마쿠사 일대의 선박을 대피시키기 위해, 그리고 남조의 본거지 기쿠치 일대가 포위당한 상황 속에서 병량미를 얻기 위해 침입하였다고 주장하였다. 그 결과 〈경신년 왜구〉를 근거로 하여 제기된 소위 〈왜구=고려·조선인 주체〉설 내지 〈왜구=고려·일본인 연합〉설은 立論부터 잘못되었다고 강조하였다.[3]

또한 이영은 공민왕 15년(1366) 일본에 파견한 김용과 김일의 禁倭使節

---

2) 이영, 「고려말기 왜구구성원에 관한 고찰 - ‘고려·일본인 연합’론」 또는 ‘고려·조선인주체’론의 비판적 검토」 『한일관계사연구』 5, 1996.
3) 이영, 「고려말 왜구와 남조 - 경신년(1380)의 왜구를 중심으로-」 『한일관계사연구』 31, 2008.

의 고찰하였다. 그 결과 경인(1350) 왜구 이후 17년 동안 금왜사절의 파견이 지체된 이유는 고려가 원나라에 왜구의 침구사실을 숨기고, 일본에 고려 내부의 혼란을 숨기기 위한 對元·對日 외교 정책의 일환 때문이었다고 파악하였다. 더불어서 고려의 금왜사절 파견은 일본 남북조 내란을 급진전시키는 원동력이 되었다고 평가하였다.[4] 한편 이영은 현재 일본 큐슈의 가라쓰(唐津) 시의 카가미(鏡) 신사에 소장되어 있는 고려시대 불화(佛畵) 수월관음도(水月觀音圖; 楊柳觀音像)가 원래는 충선왕의 원찰인 흥천사에 있었으나 1357년 9월에 왜구가 침입하여 약탈해 간 것이라고 주장하였다.[5]. 이처럼 이영은 1990년대 말부터 2000년대 초까지 『한일관계사연구』에 왜구 논문을 발표였다. 그러나 그 이후에는 『한일관계사연구』가 아닌 다른 학술지에 왜구 논문을 많이 발표하였다.

김보한도 왜구 관련 논문 4편을 발표하였다. 그는 먼저 고려말 조선초 일본의 막부에 파견한 왜구금지 사절에 대해 고찰하였다. 그 결과 조선조정이 일본과 다원적인 외교를 전개하고 향화왜인에게 유화정책을 실시함에 따라 재정적 부담은 커졌지만, 이는 조선의 국내안정에 필요한 평화유지 비용이었으며 일본에 대한 영향력을 제고시키기 위한 범국가적 외교행위였다고 주장하였다.[6] 그는 또 '전기왜구'와 '후기왜구'의 용어 사용에 대한 문제점을 제기하면서 대체 용어로 '가마쿠라기 왜구'와 '무로마치기 왜구'를 사용할 것을 제안하였다.[7] 그리고 그는 고려 조정에서 삼별초가 제주도에 상륙하는 것을 방비할 목적으로 쌓은 제주도 '환해장성(環海長城)'과 일본의 가

---

4) 이영, 「14세기의 동아시아 국제정세와 왜구 - 공민왕 15년(1366)의 禁倭使節의 파견을 중심으로-」『한일관계사연구』26, 2007.
5) 이영, 「가라쓰(唐津) 카가미신사(鏡神社) 소재 고려 수월관음도의 유래」『한일관계사연구』34, 2009.
6) 김보한, 「고려·조선의 대일본 외교와 왜구 - 13~15세기 禁寇外交와 그 성과를 중심으로-」『한일관계사연구』47, 2014.
7) 김보한, 「'가마쿠라기 왜구'와 '무로마치기 왜구'의 성격과 그 주체 연구」『한일관계사연구』52, 2015.

마쿠라 막부에서 여몽연합군의 침공을 막기 위해 큐슈의 북쪽 연안과 도서
지역에 쌓은 해안성곽인 '원구방루(元寇防壘)'는 몽골의 대륙적 특성과 제
주도와 큐슈의 해양적 특성이 충돌하는 과정에서 쌓아진 성곽으로 동아시
아의 해양성을 대표하는 역사 흔적이라고 규정하였다.[8] 한편 그는 2007년
도 검정 합격 일본 역사교과서에 나타난 왜구에 대한 기술을 분석하여 사
료의 자의적 선택과 인용문의 편파적 해석으로 성립된 일본학계의 왜구 논
리가 일선의 고등학교 역사교과서에는 어떻게 접목되어 있는가를 고찰하였
다.[9]

윤성익은 일제 강점기부터 1945년 이전까지 일본에서의 왜구에 대한 인
식의 변화를 고찰하였다. 특히 후기왜구의 구성원 중 중국인 왜구의 존재는
왜구의 부정적 이미지를 해소하는 데 이용되었으며, 군국주의 일본에서 왜
구는 과거 일본인의 해외활동 혹은 대륙진출의 선구로써 가치가 있는 활동
으로 인식하였다고 주장하였다. 또한 상업적인 면을 강조하는 일본과 폭력
적인 면만 부각하는 한국의 왜구관도 재고의 여지가 있다고 지적하였다.[10]

3. 조선전기 한일관계사 연구의 회고와 전망

1945년부터 2007년까지 조선전기 한일관계사 연구의 현황과 전망은 기
왕의 연구 성과에 잘 정리되어 있다.[11] 본 논문에서는 기왕의 연구성과를

---

8) 김보한, 「제주도 '環海長城'과 규슈 '元寇防壘'의 역사적 고찰」『한일관계사연구』
   55, 2016.
9) 김보한, 「중세의 왜구」『한일관계사연구』 30, 2008.
10) 윤성익, 「戰前·戰中期 日本에서의 倭寇像 構築」『한일관계사연구』 31, 2008.
11) 한문종은 「조선전기 한일관계사연구의 회고와 전망」(『한일관계사연구의 회고와 전
    망』, 국학자료원, 2002)에서 1945년 해방 이후부터 2001년 4월까지 국내에서 발표
    된 조선전기 한일관계사 연구 현황과 문제점을 정리하였다. 그 논문에서는 조선전
    기 한일관계사 개관 및 시기구분·외교체제, 왜구와 대마도정벌, 왜인의 통교와 통

토대로『한일관계사연구』(1~58)에 발표된 조선전기 한일관계사연구의 성과
및 문제점을 정리하려고 한다.

〈표 3〉『한일관계사연구』(1~58) 조선전기 논문의 주제별 분포

연대＼구분	개관, 시기구분, 외교체제	대마도정 벌과 왜구	왜인의 통교와 통제, 향화왜, 수직·수 도서왜인	삼포와 왜관, 삼포왜란 전후의 관계	무역	사절 왕래, 피로·표류인 의 송환, 문화교류, 상호인식	사료, 인물 등 기타	소계
1993~1999	1	1	2	1	1	0	2	8
2000~2009	0	1	4	1	2	7	8	23
2010~2017	0	3	3	0	0	7	10	23
소 계	1	5	9	2	3	14	20	54

『한일관계사연구』(1~58)에 수록된 조선전기 논문은 모두 54편이었다. 그
중 이예·김성일·이이 등 인물과 자료 소개에 대한 논문이 21편으로 가장
많았으며, 그 다음은 사절 왕래·표류인의 송환·문화교류·상호인식 등이 14

제, 향화·수직·수도서왜인, 삼포와 왜관, 삼포왜란 이후의 관계, 사절의 왕래와 문
화교류·표류인·상호인식, 기타 등으로 나누어서 정리하였다. 그리고 부록으로
1945년부터 2001년 4월까지 논저목록을 첨부하였다. 또한 그는 「조선전기 한일관
계사 연구의 현황과 과제-2000년~2007년의 연구성과를 중심으로-」(『제2기 한일역
사공동연구보고서』2. 경인문화사, 2010)에서 2000년부터 2007년까지의 연구성과를
한일관계사 개관 및 외교체제, 왜인의 접대 및 통제, 삼포와 한일관계, 사절의 왕래
와 문화교류·상호인식 등으로 나누어서 정리하였다. 그리고 뒤에 논저목록을 정리
하여 제시하였다. 이 두 연구에 1945년부터 2007년까지 조선전기 한일관계사연구
의 성과와 문제점을 파악하는데 도움이 된다. 또한 그는 「조선전기 한일관계사 연
구의 학술사적 검토」(『전북사학』38호, 2011)에서 1945년부터 최근까지 한국 내에
서 발표된 연구를 중심으로 학자들 사이에서 학설상으로 대립되거나 또는 연구가
미진한 주제인 시기구분과 외교체제, 왜구문제, 왜인의 통제와 통교 위반자 문제,
왜관의 설치시기와 삼포항거왜인의 수세문제, 고초도의 위치 비정문제, 향화왜인과
조일교역 등을 간략하게 정리하고 앞으로의 연구방향을 제시하였다.

편, 왜인의 통교와 통제, 향화·수직·수도서왜인 등이 9편, 대마도정벌과 왜
구가 4편이었다. 그러나 조일 간의 무역 3편, 왜관과 삼포왜란 전후의 외교
관계 2편, 개관 및 외교체제 1편으로 다른 주제보다 매우 적었다.

1) 개관 및 시기구분, 외교체제

조선전기 한일관계에 대한 개관은 이현종, 신기석, 하우봉 등에 의해서
행하여졌다. 특히 이현종의 『조선전기 대일 교섭사 연구』(한국연구원,
1964)은 그동안 일본인 학자들에 의해 주도되어 온 조선전기 한일관계사
연구를 국내 학자들이 관심을 갖고 연구할 수 있는 계기를 마련하였으며,
이 분야의 연구자들에게 교과서적인 역할을 하였다.[12]

조선전기 한일관계의 성격을 명확하게 이해하기 위해서는 시기구분에 대
한 문제가 선행되어야 한다. 시기구분에 대한 견해를 가장 먼저 발표한 학
자는 三浦周行이며, 이후 田中健夫, 北島万次, 有井智德 등 일본학자들이
조선전기 한일관계를 3기 또는 4기로 시기구분 하였다. 한편 한국에서는 하
우봉, 나종우, 한문종 등이 3기 또는 5기로 시기 구분하였다.[13] 그러나 『한
일관계사연구』(1~58)에는 한일관계의 개관과 시기구분에 대한 논문이 한편
도 없었다.

조선시대 한일간의 외교체제에 대한 연구는 일찍부터 이현종, 김병하 등
많은 학자들이 행하였다. 이들은 대체로 대일외교를 단순히 조선국왕과 일
본국왕(幕府將軍)사이에 행해진 交隣外交體制로 인식하였으며, 또한 교섭
의 대상이 다원적이었다고 주장하였다. 1990년대에 들어서 손승철과 민덕
기가 조선전기 외교체제에 대한 새로운 견해를 제시하였다. 이들은 조선전

---

12) 조선전기 한일관계사 연구의 개관은 한문종, 앞의 논문(2002)에 정리되어 있으므로
   참조하기 바람.
13) 한문종, 앞의 논문(2011) 참조.

기의 대일외교는 조선국왕과 幕府將軍은 敵禮關係의 대등한 교린외교를, 조선국왕과 대마도를 중심으로 지방호족과는 羈縻關係의 교린외교라는 重層的이고 多元的인 외교체제였다고 주장하였다. 이는 조선전기 대일외교에 있어서 대마도를 막부와 구별하려고 하였던 점에서 종래의 연구보다 진일보한 것이라 할 수 있다. 한편 한문종은 조선전기 한일관계에서 대마도가 차지하는 비중이 매우 크다는 사실에 주목하여 왜구대책과 대마도정벌, 대마도의 대조선통교와 무역, 통교자에 대한 통제와 수직·수도서제 등의 회유책, 대마도에 파견한 사행 등을 분석하여 조선전기 대일외교의 특징과 대마도의 역할에 대해 고찰하였다. 그 결과 조선전기 대일외교의 특징은 적극적이고 능동적이었으며, 대마도주를 적극적으로 활용하였다는 점, 그리고 외교체제가 일본국왕과는 달리 기미관계의 외교체제였다는 점, 삼포왜란을 계기로 대일관계가 붕괴하면서 대조선통교권이 대마도주에게 집중되었으며 이 시기 통교위반자가 집중적으로 발생하였다는 점을 지적하였다.14)

한편, 『한일관계사연구』(1~58)에 발표된 외교체제에 대한 논문은 손승철의 논문 1편 밖에 없다.15) 그는 연구노트 형식으로 조선시대 한일관계의 역사적 추이를 교린체제의 구조와 분석이라는 문제의식을 갖고 통시대적으로 정리하였다. 그 결과 조선시대의 조일외교는 대등관계의 교린과 기미관계의 교린이라는 이중구조의 체제였다고 주장하였다. 더불어서 그는 조선전기의 조일 교린체제는 중화적 국제질서의 편입을 전제로 한데 비해서 조선후기는 탈중화적 교린체제를 지향하고 있다는 점, 탈중화적 교린체제는 자민족중심주의의 배타성과 허구성을 고조시켜 대립과 갈등의 역사를 반복시켜 갔다는 점, 조일간의 교린체제가 일본의 일방적인 무력침략으로 붕괴되었다는 점을 지적하였다.

---

14) 한문종. 앞의 논문(2002, 2011) 참조.
15) 손승철, 「朝鮮時代 交隣體制의 分析과 그 문제점」『한일관계사연구』 1, 1993.

2) 대마도정벌과 왜구

대마도정벌에 대한 본격적인 연구는 1970년부터 행하여 졌으며, 현재까지 10여 편의 논문이 있다. 그 중 이은규, 오경애, 손홍렬은 주로 대마도정벌의 원인과 경과, 대마도의 경상도 속주편입 등을 평면적으로 고찰하였다. 한편 장학근은 대마도정벌의 원인을 왜구의 소굴에 대한 징벌이었다는 종래의 견해와는 달리 명의 대왜정벌론과 대북벌론에 대처하기 위한 조처였다고 주장하였다. 한문종은 고려말 조선초기의 왜구 대책과 대마도정벌에 대해 고찰하면서 특히 대마도정벌이 이후 한일관계에 끼친 영향에 주목하였다. 그 결과 대마도정벌은 조선정부가 대마도와 기미관계의 외교를 실시할 수 있는 배경이 되었으며, 또한 대마도정벌을 계기로 대마도주가 조일외교의 중간세력으로 급부상하였다는 점을 지적하였다.16)

『한일관계사연구』(1~58)에 대마도정벌에 대한 연구는 1편도 없는 반면에 왜구에 대한 연구는 이태훈과 윤성익의 논문 3편이 있다. 이태훈은 이영의 논문(「고려말·조선초 '왜구 = 삼도지역 해민설'의 비판적 검토」)을 비판하면서, '삼도'에 대한 인식은 고려 우왕 3 (1377)년경에 형성되고, 고려와 조선정부는 하카타를 제외한 '쓰시마, 이키도, 마쓰우라'지방으로 '삼도'로 인식하고 있다고 주장하였다.17)

한편, 윤성익은 '正統年間(1436~1449) 의 왜구를 분석하여 왜구의 주체와 발생 요인을 고찰하였다. 그 결과 正統年間의 왜구는 대마도인이 중심이었으며, 少貳·宗氏의 정치동향과 밀접한 관계가 있었을 가능성이 많다는

---

16) 한문종, 앞의 논문(2002) 참조.
　　근래에 대마도 정벌과 관련하여 2편의 논문이 발표되었다. 이규철, 「1419년 대마도 정벌의 의도와 성과」『역사와 현실』74, 한국역사연구회, 2009; 장준혁, 「麗末鮮初 동아시아 국제정세 속의 대마도 정벌」『歷史와實學』53, 역사실학회, 2014.
17) 이태훈, 「〈삼도왜구〉의 〈삼도〉에 대한 이영 說의 재검토」『한일관계사연구』43, 2012.

사실을 지적하였다.[18] 또한 그는 '후기왜구'와 관련하여. 을묘왜변을 일으킨 집단은 '五峯(王直의 호)이 이끄는 중국인과 일본 구주 서북부지역의 사람이 중심이었으며, 이들을 중국대륙에서 활동하던 '후기왜구'와 같은 유형으로 파악하였다. 그리고 을묘왜변은 종래에 왜변(왜구, 왜란)와는 사건의 성격이나 중심 세력이 다르다고 주장하였다.[19] 윤성익의 논문은 그동안 연구가 미진하였던 '후기왜구'를 규명하는데 많은 도움이 될 것으로 기대한다.

한편 신태훈은 조선조정이 도서지역의 백성들을 보호하고 왜구·荒唐船·水賊 등의 침입을 차단하기 위한 목적으로 실시한 수토제를 고찰하였다.[20]

3) 왜인의 통제 및 접대

왜인의 통교에 대한 연구는 田村洋幸, 田中健夫 등 주로 일본인 학자들에 의해서 행하여졌다. 그러나 국내에서의 연구는 한문종의 논문 2편밖에 없다. 먼저 그는 1392년부터 1591년까지 200여년 동안『조선왕조실록』에 기록된 왜인들의 통교를 정리 분석하고, 이어서 전체 통교의 49.3%를 차지하는 대마도의 통교에 주목하여 對馬島主, 島主의 一族, 仁位宗氏, 早田氏, 島主管下 및 기타로 나누어서 통교의 추이와 특징과 교역품을 실증적으로 고찰을 하였다.[21] 또한 그는 고려말 조선초기 왜구의 우두머리였던 對馬의 早田氏의 분석을 통해서 그들 가문이 倭寇→通交者→受職倭人→三浦恒居倭人으로 변화하면서 조선과 통교관계를 유지하려 한 사실을 규명하였다.[22] 이는 왜구가 평화적인 통교자로 전환한 이후 어떻게 조선과

---

18) 윤성익,「'正統年間 의 倭寇'와 對馬島- 倭寇 발생구조에 대한 일고찰」『한일관계사연구』43, 2012.
19) 윤성익,「'후기왜구'로서의 乙卯倭變」『한일관계사연구』24, 2006.
20) 신태훈,「조선시대 島嶼地域 搜討에 대한 연구」『한일관계사연구』57, 2017.
21) 한문종,「조선전기 對馬島의 통교와 대일정책」『한일관계사연구』3, 1995.
22) 한문종,「조선전기 對馬 早田氏의 對朝鮮通交」『한일관계사연구』12, 2000.

통교관계를 유지해 가는가를 구체적인 사례를 통하여 고찰하였다는 점에서 매우 주목된다.

왜인의 접대 및 통제책에 대한 연구는 이현종, 나종우, 한문종의 논문이 있다. 그 중 한문종은 대일통제책의 실시배경과 연원, 내용 등을 살펴보고 통제책이 대일관계에서 어떠한 의미를 가지고 있는가를 고찰하였다. 특히 그는 文引의 연원 및 적용 대상을 정리하는 한편 癸亥約條가 1443년 신숙주에 의해서 체결되었다는 종래의 연구를 비판하면서 약조를 체결한 것은 대마도에 체찰사로 파견되었던 이예라고 주장하였다. 이 文引制度와 癸亥約條는 대마도주를 비롯한 지방호족 들을 기미관계의 외교체제 속에 편입시키는데 크게 하였으며, 이후 대일통교체제의 근간이 되었다고 평가하였다.[23)

한편, 한문종은 『해동제국기』에 수록된 왜인접대규정 중 삼포에서의 접대규정을 중심으로 고찰하였다. 그 결과 왜인접대규정은 세종 20년(1438)부터 세종 25년(1443)까지의 시기에 집중적으로 정비되었고, 이 규정은 시행 과정에서 나타난 문제점을 보완하여『해동제국기』「조빙응접기」에 집대성되어 왜인접대의 典範으로 사용하게 되었다. 그리고 왜인접대규정은 왜인 통제책과 더불어 양국의 외교관계를 지속시키는 중요한 요소로서 작용하였다는 점에서 조선전기 한일관계사에서 가지는 의의가 매우 크다는 사실을 강조하였다.[24) 또한 그는 조선에서 왜사에게 설행한 연향접대의 내용, 횟수, 비용 등을 검토하고, 이어 왜사의 연향접대에 사용된 女樂의 변천 과정을 고찰하였다.[25) 유재춘은 세종대에 일어난 崔浣 사건을 계기로 조선이 의도적으로 왜인의 통교를 제한하였으며, 대마도주에게도 犯法倭人에 대한

---

23) 한문종, 앞의 논문(2002, 2011) 참조.
24) 한문종, 「『海東諸國紀』의 倭人接待規定과 朝日關係- 三浦에서의 접대규정을 중심으로」『한일관계사연구』34, 2009.
25) 한문종, 「조선전기 倭使의 宴享接待와 女樂」『한일관계사연구』36, 2010.

강력한 단속과 처벌을 요구할 수 있게 되었다고 주장하였다.[26)

　1441년 조선은 대마도주와 고초도조어금약을 맺어 대마도민이 조선 영내의 고초도에서 고기잡이를 할 수 있도록 허락하였다. 그러나 고초도의 위치가 어디인가에 대한 연구는 주로 長節子, 三浦周行, 藤田元春, 吉田敬市, 朴九秉, 中村榮孝 등 일본인 학자들에 의해서 행하여졌다.[27) 이에 비해 국내에서의 연구는 거의 없다. 최근에 주철회는 오사 세츠코의 고초도의 위치 비정에 대해 재검토하면서 고초도를 초도와 손죽도 근처로 비정하였다.[28) 한편 한문종은 항해상의 안전과 풍부한 어족자원 등을 고려하면 고초도는 전라남도 여천군 삼산면 손죽리에 위치한 손죽도 인근으로 비정하고, 조어금약은 1441년 11월부터 1510년 4월까지 지속되었다고 주장하였다.[29)

4) 向化倭人과 受職倭人, 受圖書倭人

　조선에서는 왜구에 대한 회유책의 일환으로 降倭나 向化倭人에게 토지나 가옥, 노비 등을 하사하거나 관직을 제수하였다. 그 결과 조선에 向化하는 왜인들이 증가하였다. 국내에서는 이현종이 처음으로 향화왜인에 대해 연구하였다. 그 후 향화왜인에 대한 본격적인 연구는 한문종에 의해서 행하여 졌다. 그는 2001년에『조선전기 향화·수직왜인 연구』를 출간하였다. 이 책에서 그는 향화·수직왜인이 나타나게 된 배경은 무엇이고 그들은 어떠한 이유로 조선에 들어와 살게 되었는가? 조선정부는 그들을 어떻게 수용하였으며, 향화 이후 정치·사회·경제적으로 어떻게 대우하였는가, 그리고 조선시대 한일관계에서 향화왜인의 역할과 의의는 무엇인가 등을 고찰하였다.

---

26) 유재춘, 「세종대 崔浣 事件과 朝日關係의 추이」『한일관계사연구』 10, 1999.
27) 고초도의 위치 비정에 대한 연구성과는 한문종, 앞의 논문(2011) 참조.
28) 주철회, 「고초도의 위치 비정에 대한 재검토」『한일관계사연구』 41, 2012.
29) 한문종, 「조선전기 조일간 어업분쟁과 해양권의 강화」『한일관계사연구』 42, 2012.

이로써 조선시대 왜인들의 향화와 수직, 그들이 한일 관계에서 차지하는 역할이나 의미를 종합적으로 이해할 수 있었다. 그러나 향화왜인과 그의 자손들이 조선의 사회에 어떻게 동화되어 살아가는지, 향화왜인과 수직왜인을 통한 조일간의 교역과 문화교류, 상호인식에 대한 유기적이고 종합적인 고찰이 이루어지지 못한 한계가 있다.[30]

최근에 한문종은 향화왜인과 그의 후손들이 조선에서 어떻게 정착하여 살아가는지에 대한 사례 연구로 피상의와 평도전에 대해 고찰하였다. 향화왜인 皮沙古의 아들인 皮尙宜는 1443년부터 1461년(세조 7)까지 5회 대일 사행의 정사 또는 종사관, 통사로 壹岐島와 對馬島에 갔다 왔다. 피상의는 당시 조일간의 외교현안이었던 세견선의 定數 문제와 왜구의 동향 및 일본의 정세 탐지, 표류인의 송환, 대마도주 및 도주가에 대한 問慰 등 대일교섭의 주요한 업무를 담당하였으며, 그 공으로 靖難原從功臣 3등에 녹훈되고 東萊를 본관으로 하사받았다는 사실을 밝혔다.[31] 또한 대마도왜인 평도전의 향화 배경과 시기, 생애 등을 살펴보고, 그가 조선과 대마도와의 외교관계의 형성과 전개과정에 어떠한 역할을 하였는지를 고찰하였다.[32] 그러나 이 두 논문은 사례 연구에 불과할 뿐 향화왜인과 그의 후손들이 조선에서 어떻게 정착하여 살아가고 있는지를 파악하기는 한계가 있다. 따라서 이러한 사례연구가 많이 행해져야만 향화왜인과 그 후손들의 정착과 생활모습을 구체적으로 파악할 수 있을 것이다.

통교자에 대한 회유책의 일환으로 실시된 授職制와 授圖書制에 대한 연구는 국내보다는 中村榮孝, 有井智德 등의 일본의 학자들에 의해서 주로 행하여졌다.[33] 그러나 그들의 연구는 제도사적인 연구에 치중하였고 수직

---

30) 향화왜인에 대한 연구성과는 한문종, 앞의 논문(2010, 2011) 참조.
31) 한문종, 「조선초기 向化倭人 皮尙宜의 대일교섭 활동」『한일관계사연구』 51, 2015.
32) 한문종, 「조선초기 대마도의 向化倭人 平道全 - 대일 교섭 활동을 중심으로-」『군사연구』 141, 2016.
33) 授職制와 授圖書制에 대한 연구 성과는 한문종, 앞의 논문(2002, 2011)을 참조하기

왜인이나 수도서왜인에 대한 연구는 소홀히 취급하였다. 이 점에 주목하여 한문종은 수직왜인과 수도서왜인에 대해 연구하였다. 먼저 그는 수직제도의 실시배경과 변천과정을 통해서 조선시대 대왜정책이 변화되는 과정을 살피고 아울러 수직왜인의 지역적 분포와 특징, 수직왜인에 대한 정치 경제적인 대우, 수직왜인의 역할 등을 고찰하였다. 그리하여 1444년을 전후로 하여 수직왜인의 범위가 항왜 또는 향화왜인에서 일본에 거주하는 왜인에 게까지 확대된 배경을 왜구정책의 변화에서 구하였다. 즉 조선의 대왜구정 책이 왜구의 懷柔→投降→授職이라는 방식에서 일본 국내 거주자들에게 관직을 제수하고 그들을 조선의 외교질서 속에 편입시킴으로써 왜구의 침입을 미연에 방지하는 방식으로 전환하였다고 하였다. 반면에 왜인들은 조선의 관직을 제수받고 독자적인 대조선통교권을 확보할 수 있었다. 결국 일본 거주 수직왜인의 존재는 조선과 대마도의 외교체제가 기미관계였음을 나타내는 대표적인 사례라고 주장하였다. 이후 수직왜인과 受職女眞人을 비교 분석하면 수직왜인의 실체가 보다 더 선명하게 드러날 수 있을 것이다. 또한 그는 수도서제도의 연원, 수도서왜인의 지역별 분포와 특징, 역할 등을 살펴보고, 대마도주가 삼포왜란 이후 폐지되었던 수도서왜인의 통교를 부활하면서 조선과의 통교를 어떻게 독점해 가는지 고찰하였다.[34]

5) 三浦와 한일관계

① 삼포와 왜관

조선전기의 왜관은 상경왜인의 객관인 東平館과 삼포의 왜관, 그리고 사무역의 폐지로 단기간 무역의 장소로서 역할을 하였던 倭物庫가 있다. 이에 대한 연구는 일본에서 中村榮孝, 金義煥, 村井章介, 田代和生 등에 의

바람.
34) 한문종, 「조선전기의 受圖書倭人」『한일관계사연구』 5, 1996.

해서 활발하게 행하졌지만 국내에서의 연구는 이현종, 김용기, 손승철의 논문이 있을 뿐 매우 적다.[35] 최근에 한문종은 조선전기 왜관의 설치배경을 왜구문제와 왜인통제의 측면에서 검토한 후 왜관의 설치시기와 변천과정, 직제 그리고 조일관계에서 왜관이 어떠한 기능을 하였는지를 종합적으로 정리하였다.[36]

한편 三浦恒居倭人이 증가함에 따라 지정된 지역을 벗어나 불법적으로 거주하는 지역이 확대되고 경작하는 토지도 증가하는 등의 폐단이 발생하였다. 조선에서는 삼포항거왜인을 대마도로 송환하는 한편 그들의 경작지에 대해 조세를 징수하려는 논의가 일어났다. 또한 고기잡이를 위해 조선에 온 釣魚倭船에게도 收稅하려 하였다. 이에 대해 이현종은 삼포항거왜인과 釣魚倭人에 대한 收稅論이 등장하게 된 배경과 수세론의 논의과정 및 실행 여부 등을 고찰하였다. 그 결과 항거왜인의 토지에 대한 수세는 논의에 그쳤으며, 조어왜선에 대한 수세만 실행되었다고 하였다. 한편 신기석은 삼포항거왜인의 문제를 중심으로 조선전기 한일관계를 간략하게 고찰하였다.[37]

② 삼포왜란과 그 이후의 한일관계

삼포왜란은 조선전기 한일관계를 이해하는데 있어 중요한 주제의 하나이다. 이는 삼포왜란을 계기로 양국 관계가 급격히 쇠퇴하여 결국 임진왜란이라는 대전란을 맞이하였기 때문이다. 삼포왜란에 대한 연구는 국내보다는 일본에서 많이 연구되었다. 반면에 국내에서의 연구는 1960년대 초 이현종의 논문 3편과 최근의 이재범의 논문이 있다. 이들의 연구는 삼포왜란의 발생원인과 경과와 그 이후 외교관계의 단절 복구에 대해서는 어느 정도 규

---

35) 조선전기 왜관에 대한 연구 성과는 한문종, 앞의 논문(2002, 2011) 참조.
36) 한문종, 「조선전기 왜관의 설치와 기능」 『한일관계 속의 왜관』, 경인문화사, 2012.
37) 삼포왜인의 수세에 대한 연구성과 정리는 한문종, 앞의 논문(2002) 참조.

명하였다. 그러나 후기왜구의 침입과 그에 대한 대책, 통교위반자에 대한
연구는 거의 이루어지지 않아서 이 시기 한일관계를 종합적으로 조망하는
데 한계가 있다.[38]

임진왜란 이전의 한일관계를 다룬 논문은 이인영, 최영희, 김문자의 논문
이 있다. 그중 김문자는 宗室에 대한 연구가 博多의 부흥과 博多商人의 역
할에 치중하였을 뿐 1597년 대조선 외교에서 宗室의 역할에 대한 연구가
미진하다는 사실을 지적하면서 宗室의 조선 渡海 배경 및 그가 조선·對馬
島·豊臣政權의 중간입장에 서서 수행했던 상인으로서의 외교적 역할을 고
찰하였다.[39] 한편 나종우는 임진왜란 당시 조선 수군의 무기체계와 전술을
고찰하고 조선 수군이 전쟁에서 승리할 수 있었던 요인은 전함·무기의 개
발과 지휘관의 전술 때문이었다고 주장하였다.[40]

6) 교역

조선전기 대일무역에 관한 연구는 1960년대 이현종과 김병하에 의해서
주도되었다. 이현종은 대일무역에 관한 논문을 처음으로 발표하였으며, 김
병하는 이현종의 연구를 체계화하여 『이조전기 대일 무역 연구』(한국연구
원, 1969)를 출간하였다. 이 책은 조선전기 한일 간의 무역에 관한 유일한
저술일 뿐만 아니라 이후 대일무역사 연구의 지침서가 될 정도로 후학들에
게 많은 영향을 주었다고 할 수 있다.[41] 그 이후 조선전기 대일무역에 관한
직접적인 연구는 거의 없었으며 다만 조선전기 대일관계를 언급하면서 간
략하게 무역을 정리하였다. 대일무역에 대한 연구는 이현종과 하우봉, 김동

---

38) 삼포왜란에 대한 연구성과 정리는 한문종, 앞의 논문(2002, 2011) 참조.
39) 임진왜란 이전의 조일관계에 대한 연구성과 정리는 한문종, 앞의 논문(2002, 2011)
   참조.
40) 나종우, 「조선 수군의 무기체제와 전술 구사」 『한일관계사연구』 10, 1999.
41) 이들의 연구성과는 한문종, 앞의 논문(2002)에 참조.

철, 이정수의 논문이 있다.42)

2000년 이후에 정성일과 정지연이 한일 간의 화폐유통과 사무역에 대한 논문을 발표하였다. 특히 무역에 대한 연구가 다른 분야에 비해 활발하게 못한 이유는 연구자가 많지 않다는 점과 관련 사료가 다른 주제에 비해서 많지 않았기 때문으로 생각한다. 먼저 정성일은 15세기부터 17세기까지의 조선의 동전과 일본의 은화 유통을 고찰하였다. 그 결과 16세기 초까지는 조선의 동전이 일본으로 유출되었다. 그러나 16세기 중반부터는 일본의 은이 조선으로 유입되기 시작하였으며, 17세기 중반 이후 50여 년간 일본은화의 조선유입이 피크를 이루었다. 그 후 18세기부터 德川幕府가 은화의 유출을 통제하면서 은화의 조선 유입이 쇠퇴하였다고 주장하였다. 특히 그는 16세기 중반이후 일본이 은이 조선에 유입된 이유는 일본에서 은광 개발과 은 제련 기술의 발달로 은의 공급이 증대됨에 따라 조선과 일본의 은 가격에 차이가 있었기 때문이었다고 지적하였다.43) 다만 화폐의 유통을 연구하는 데 있어서 한중일의 화폐단위와 가치에 대한 차이를 보다 명확하게 규명할 필요가 있다.

한편 정지연은 태조~성종대에 대일무역의 전개과정 속에서 支待·운송·밀무역의 폐해가 누적되자 그에 대한 해결방안으로 사무역을 허용, 폐지하는 변화 과정을 고찰하였다.44) 특히 그는 15세기 말의 조일무역은 공무역 보다는 사무역에 편중되었으며, 공무역에 비해 가격변동이 상대적으로 심한 사무역의 불안정한 경제적 이윤이 불만 요소가 되어 조일양국의 무역 마찰을 초래하였다고 주장하였다.

이상에서 살펴본 바와 같이 조선전기 조일간의 무역에 대한 연구는 주로

---

42) 이들의 연구성과는 한문종, 앞의 논문(2002) 참조.
43) 정성일, 「조선의 동전과 일본의 은화; 화폐의 유통을 통해 본 15-17세기의 한일관계」『한일관계사연구』20, 2004.
44) 정지연, 「조선전기 대일 사무역 연구」『한일관계사연구』24, 2006.

제도사적인 면에서의 연구만 행하여졌다. 반면에 대일무역의 규모와 물품의 유통과정, 일본과의 교역이 조선의 경제 사회에 끼친 영향 등에 대한 연구는 아직도 충분하지 않다고 생각한다. 따라서 앞으로 이에 대한 연구가 보다 활발하게 행하여져야 한다. 이와 더불어서 조일무역은 단순히 조선과 일본 간의 무역이 아닌 동아시아 국가와의 상호관련성 속에서 파악할 필요가 있다.

7) 사절의 왕래 및 문화교류, 상호인식

이 분야에 대한 연구는 총 12편으로 다른 분야에 비해서 활발하였다. 그 중에서도 문화교류와 상호인식에 대한 연구는 1990년 이후 집중적으로 나타났다.

① 사절의 왕래

조일 간의 사절의 왕래에 대한 연구는 이현종과 한문종의 논문이 있다. 그 중 한문종은 조선에서 대마도에 파견한 사절 중의 하나인 대마도경차관에 주목하여 경차관의 기원 및 명칭, 파견과 구성, 임무 및 역할의 분석을 통해서 대마도경차관이 대일 외교관계에서 어떠한 역할을 하였는가를 검토하였다. 특히 그는 조선초기 對地方使臣이었던 경차관을 대마도에 파견한 사실을 조선이 대마도를 자국의 영토로 인식하고 그곳을 조선의 외교질서 속에 편입시키려 한 것으로 해석하였다. 또한 그는 조선에서 일본에 파견한 사행의 횟수를 62회에서 65회로 수정하였다.45) 최근에 장순순은 조선전기 통신사의 파견 및 중단 과정을 고찰하고, 조선정부가 일본에 통신사를 파견하여 얻고자 하는 것이 무엇이었는지를 추적함으로써 조선전기 통신사 외

---

45) 한문종, 앞의 논문(2002, 2010) 참조.

교의 실체를 규명하려고 하였다.[46]

한편 일본의 막부장군이 조선국왕에게 파견한 사절인 일본국왕사에 대한
국내에서의 연구는 거의 없다. 한문종은 일본국왕사의 실체를 규명하기 위
한 기초작업의 일환으로 조일외교의 성립배경과 일본국왕사의 추이 및 통
교목적, 국왕사의 변질 과 위사 문제 등을 고찰하였다. 특히 그는 조선조정
이 삼포왜란 이후의 일본국왕사가 僞使라는 사실을 알고 있었지만 왜구의
재발 등을 우려해서 이 문제를 강력하게 대처하지 않고 미온적으로 처리하
였으며, 이 때문에 결국 조선후기 대마도에서 행하여진 國書改作事件(柳川
事件)으로 이어지게 되었다고 주장하였다.[47] 한편 정지연은 조선전기 壹岐
지역의 조선통교 현황을 시기별, 통교자별, 교역 품목별로 정리하였다.[48]
그 결과 壹岐 지방의 통교는 성종대에 가장 활발하였으며, 그 다음은 세종,
단종대 순이었다는 사실을 밝혔다. 이 논문은 그동안 한일관계사 연구에서
그리 주목받지 못한 壹岐 지방을 대상을 하였다는데 의미가 있다. 향후 壹
岐 이외의 지역인 五島, 對馬, 九州지역에 대한 연구가 더해지면 조선전기
통교와 특징을 보다 명확하게 규명할 수 있을 것이다.

② 피로·표류인의 송환

피로인과 표류인의 송환은 조일관계를 형성하고 유지하는 주요한 수단의
하나였다. 이에 대한 일본에서의 연구는 石原道博의 논문이 있으나, 국내에
서는 1970년대에 손홍렬에 의해서 처음으로 시작되었다. 2000년대 들어서
지역과 지역 간의 교류에 관심이 집중되면서 국내에서도 표류인의 송환에
대한 연구가 이훈과 손승철 등에 의해 본격화되었다. 특히 이훈은 조선이

---

46) 장순순, 「조선전기 통신사행과 대일외교의 특징」 『한일관계사연구』56, 2017.
47) 한문종, 「조선전기 日本國王使의 朝鮮通交」 『한일관계사연구』 21, 2004.
48) 정지연, 「조선전기 壹岐 지역의 조선통교 현황에 대한 연구」 『한일관계사연구』 57,
   2017.

표류·표착에 대한 조선의 인식과 조·일간 표류 송환의 실태 및 송환 의례 등을 검토하였다. 한편 손승철은 조선전기 동아시아 국가 간에 이루어진 피로·표류인의 송환이 조선의 사대·교린정책과 밀접한 관련이 있다는 점에 주목하여, 조선의 피로인과 표류인의 송환이 사대·교린정책과 어떠한 상관관계 속에서 이루이지며 그것이 동아시아 국제관계 내지 국제질서 속에서 어떻게 자리매김해 가는가를 고찰하였다.49)

③ 문화교류

일본의 대장경 구청에 대한 연구는 1930년대부터 今村革丙 , 川口卯橘, 堀池春峰, 村井章介등의 일본 학자들에 의해서 활발하게 진행되었다. 반면에 국내에서의 연구는 이현종, 이재창, 김병하, 나종우 등의 논문이 1960년대 3편, 1980년대에 1편이 발표되었다. 이들의 연구는 대장경의 구청과 사급을 중심으로 문화교류의 한 측면을 연구하였다는 점에서 주목된다. 그러나 사료에 대한 기초조사를 소홀히 하여 대장경의 구청과 사급실태에 대한 정확한 자료를 제시하지 못하고 있다.50) 이에 한문종은 조선전기 한일 간의 사절왕래를 통해서 이루어진 문화교류의 제 양상을 특히 대장경 구청 등 불교문화를 중심으로 고찰하였다. 그 결과 大藏經, 梵鐘 비롯한 조선의 불교문화가 한일 양국 간의 우호적인 외교관계를 형성 유지하는데 중요한 역할을 하였을 뿐만 아니라 일본의 불교문화와 출판문화의 발전에도 크게 기여하였다고 하였다. 또한 사절의 왕래를 통해서 나타난 조선의 木棉 재배 기술과 鉛銀 분리 기술, 水墨畵, 유교서적 등이 일본에 전파되어 일본의 衣生活 및 산업, 繪畵, 문화발전에 큰 영향을 주었다.51)

---

49) 한문종, 앞의 논문(2002, 2010) 참조.
50) 2001년까지의 연구성과는 한문종, 앞의 논문(2002)에 정리되어 있으므로 참조하기 바람.
51) 한문종, 「조선전기 일본의 大藏經求請과 한일간의 文化交流」『한일관계사연구』 17,

그 밖에도 박상국과 정우택의 연구는 기존의 연구와는 달리 고려대장경판과 불화의 일본 전래에 과정과 현존 실태에 대해 고찰하였으며, 이현종, 하우봉은 일본과의 문화교류를, 안휘준은에 조선초기의 수묵화와 일본 室町時代의 수묵화와의 관계를 양국 간의 문화교섭사적인 측면에서 고찰하였으며, 이준걸은 조선시대 일본과의 서적교류에 관해서 고찰하였다.52) 한편 이태훈은 웅천도요지와 조일 간의 교류가 가장 활발하게 행해진 제포의 수중 유물, 그리고 대마도의 水崎(假宿) 출토 유물을 중심으로 상호 교류의 한 단면을 고찰하였다.53)

④ 상호인식, 인물

1990년대 이전의 조일 간의 상호인식에 대한 연구는 이현종, 조영빈·정두희, 박경희 등에 의해서 이루어졌다. 그 후 하우봉은 조선의 대일인식을 본격적으로 연구하였다. 그는 조선초기 대일사행원인 이예, 송희경, 신숙주 등이 남긴 복명기록과 사행록의 분석을 통해서 조선초기의 지식인 내지 지배층의 대일인식을 고찰하였으며, 또한 고대에서 근대에 이르기까지 한국인의 대마도 인식을 문헌자료를 중심으로 정리하였다. 최근에 하우봉은 한일 간의 상호인식의 전개과정을 고대, 중세, 근세, 근대, 현대로 나누어서 개관하고, 양국의 상호인식의 공통적 특징을 파악하였다. 한편 손승철은 조선인들의 천황관에 대한 변화와 天皇과 關白에 대한 인식, 호칭변화에 주목하여 조선초기부터 한말까지 통시적으로 고찰하였다.54) 그 외에도 김태준, 안병주, 정장식, 小幡倫裕는 김성일과 송희경, 퇴계의 대일인식에 대해

2002.

52) 이에 대한 연구성과는 한문종, 앞의 논문(2002)에 정리되어 있다.

53) 이태훈, 「熊川陶窯址와 水崎(假宿)遺跡에서 본 朝日 交流」 『한일관계사연구』 48, 2014

54) 1945년부터 2001년까지 조일간의 상호인식에 대한 연구성과는 한문종, 앞의 논문(2002)에 정리되어 있다.

연구하였다.

한편 조영빈·정두희는 신숙주의『해동제국기』에 대한 분석을 통해서 조선에 온 왜사의 성격, 왜사에 대한 대응책,『해동제국기』의 찬술목적 등을, 박경희는『해동제국기』에 나타난 신숙주의 대일인식을 정치관, 경제관, 문화관, 왜인입국규정 등으로 고찰하였다.

그 후 신숙주의『해동제국기』에 대한 연구는 2007년도에 한국학술연구진흥재단 기초연구지원 사업의 일환으로 손승철, 유재춘, 심보경, 엄찬호, 신동규 등에 의해서 구체적으로 이루어 졌다.[55] 손승철은『해동제국기』의 〈日本國紀〉와 〈琉球國紀〉에 수록된 내조기록을 중심으로 해동제국기의 사료적 가치를 재조명하였으며, 유재춘은『해동제국기』에 수록된 삼포 지도를 분석하여 이 지도는 군사적인 측면에서 삼포지역의 방어체제를 파악하는데 매우 중요하다는 점을 지적하였다. 심보경은『해동제국기』에 반영된 199개의 지명 표기법의 특징을 고찰하여『해동제국기』에 수록된 지명은 일본 지명 표기음이 대부분 그대로 현재 일본 지명에 나타났다는 사실을 규명하였다. 엄찬호는『해동제국기』의 역사 지리적 의미를 고찰하였으며, 신동규는 日本國王使가『해동제국기』가 편찬된 1471년을 전후해서 어떻게 변화하였는지를 고찰하였다.

한문종은『해동제국기』에 수록된 왜인접대규정 중 삼포에서의 접대규정

---

55) 손승철, 「『海東諸國紀』의 사료적 가치」『한일관계사연구』27, 2007; 유재춘, 「『海東諸國紀』속의 三浦를 중심으로 한 군사방어에 대하여」『한일관계사연구』27, 2007; 심보경, 「『海東諸國紀』지명에 반영된 한일 중세어 표기법」『한일관계사연구』27, 2007; 엄찬호, 「『海東諸國紀』의 역사지리적 고찰」『한일관계사연구』27, 2007; 신동규, 「『海東諸國紀』로 본 中世日本의 國王觀과 日本國王使의 성격」『한일관계사연구』27, 2007.
위의 논문은 손승철 역음, 『『海東諸國紀』의 세계』(경인문화사, 2008)에 수록되어 있다. 또한 이 책에는 「동아시아 세계와 海東諸國紀」(佐伯弘次), 「오키나와현 公文書館의 자료 소개와 그 활용에 대하여」(久部良和子), 「중세의 壹岐 -『海東諸國紀』속의 壹岐」(市山等)의 논문 3편도 추가하여 수록하였다.

에 대해 고찰하였으며,[56] 이근우는 「혼일도」와 「일본국대마지도」에 보이는
대마도의 형태, 기해동정 시기와 이예의 계문 및 『해동제국기』의 지도에 보
이는 지명의 공통성 등을 검토하여 『해동제국기』의 대마도 부분은 이예가
46년 동안 수집한 정보가 그대로 반영된 것이라고 주장하였다.[57] 그러나 『해
동제국기』 대마도 지도를 이예와 결부시키는 것은 논란의 여지가 있다. 한
편 이명훈은 조선왕조실록에 나타 이예의 성명 표기에 대한 오류를 지적하
며, 국사편찬위원회에서 校勘 작업을 할 때 이를 활용할 것을 제안하였
다.[58]

한편, 김성일, 이이 등 인물 연구도 활발하게 이루어졌다. 오바타 미치히
로는 1590년에 일본의 국내정세를 정탐하기 위해서 파견되었던 김성일의
일본사행을 그의 스승인 이황의 화이관과 관련하여 고찰하였다.[59] 그 후
1590년 사행과 김성일에 대한 재검토가 2012년 한명기, 민덕기, 하우봉, 김
돈, 김학수 등에 의해 행하여졌다.[60] 먼저 한명기는 임진왜란 직전의 동아
시아 삼국의 국내정세를 고찰하였으며, 민덕기는 1590년 통신사의 파견목

---

56) 한문종, 「『海東諸國紀』의 倭人接待規定과 朝日關係- 三浦에서의 접대규정을 중심으
로」 『한일관계사연구』 34, 2009.
57) 이명훈, 「이예 관련 왕조실록의 오기 -국사편찬위원회 교감의 우선순위-」 『한일관
계사연구』 57, 2017.
58) 오바타 미치히로, 「鶴峰 金誠一의 日本使行에 대한 思想的 考察- 학봉의 사상과 華
夷觀의 관련을 중심으로」 『한일관계사연구』 10, 1999.
59) 오바타 미치히로, 「鶴峰 金誠一의 日本使行에 대한 思想的 考察- 학봉의 사상과 華
夷觀의 관련을 중심으로」 『한일관계사연구』 10, 1999.
60) 한명기, 「임진왜란 직전 동아시아 정세」 『한일관계사연구』 43, 2012; 민덕기, 「경
인통신사의 활동과 일본의 대응」 『한일관계사연구』 43, 2012; 하우봉, 「김성일의
일본인식과 귀국보고」 『한일관계사연구』 43, 2012; 金燉, 「임진왜란사의 庚寅通信
使 관련 역사서술의 문제」 『한일관계사연구』 43, 2012; 김학수, 「조선후기 사림계
의 金誠一에 대한 인식과 평가」 『한일관계사연구』 43, 2012.
이 논문은 한일관계사학회 편, 『1590년 통신사행과 귀국보고 재조명』(경인문화사,
2013)에 수록되어 있다. 또한 이 책에는 「조선조의 인물을 바라보는 몇 가지 錯視」
(신봉룡)의 논문도 추가되어 있다.

적과 활동 등을 부사인 김성일을 중심으로 고찰하였다. 하우봉은 1590년 庚寅通信使行의 귀국보고에 대해 기존의 黨爭論的 시각에서 접근하던 방식에서 벗어나 사상사적으로 접근하였으며, 김돈은 1590년 통신사에 관한 서술방식이 언제부터 어떻게 등장하여 서술되어왔는가 하는 점을 사학사적 측면에서 정리하였다. 김학수는 조선후기 사림의 김성일에 대한 인식과 평가가 어떻게 형성되었는가를 고찰하였다. 이들의 연구는 1590년 통신사 김성일의 귀국보고에 대한 오해와 편견을 바로잡고, 임진왜란 직전의 국내외 정세를 보다 객관적으로 파악할 수 있을 것으로 기대한다.

이이에 대한 연구는 방기철과 민덕기에 의해서 행하여 졌다. 방기철은 李珥의 대일인식을 조선과 對馬島 간의 통상에 관한 입장, 대일국방강화론 등을 통해 고찰하였다.[61] 민덕기는 외적에 대비하여 10만의 군대를 양성해야 한다는 이이의 "십만양병설"을 1580년대의 니탕개의 난과 연관지어 고찰하였다. 그 결과 이이의 "십만양병설"은 남쪽의 왜적이 아니라 북쪽의 여진족에 대항하기 위한 것이었다고 추론하였다.[62]

한편 한문종과 지두환은 조선초기 제1의 대일외교 전문가라고 할 수 있는 이예라는 인물에 주목하여 그의 활동상을 분석하고 그의 활동이 대일관계에서 갖는 의미를 파악하였다. 2000년대에 들어오면서 이예에 대한 인물연구가 활발하게 행해졌다.[63] 그 후 2007년 11월에는 한일관계사학회가 주

---

61) 방기철, 「栗谷 李珥의 대일인식」『한일관계사연구』 29, 2008.
62) 민덕기, 「이율곡의 십만양병설은 임진왜란 용이 될 수 없다- 동북방의 여진 정세와 관련하여」『한일관계사연구』 41, 2012.
63) 이명훈은 이예에 대한 기왕의 연구논문 2편과 이예의 생애와 업적을 간략하게 정리해《이예의 사명-나는 조선의 통신사로소이다-》(새로운사람들, 2005)를 편찬했다. 이런 연구성과를 기반으로 문화관광부에서는 이예를 2005년 2월 이달의 문화인물로 선정했다. 이를 계기로 한일관계사학회에서는 이예의 업적을 재조명을 하기 위한 국제학술심포지엄을 개최했다. 당시 이예의 일본인식 특징,《학파선생실기》의 편찬과정과 사료적 가치에 대한 종합적 검토, 세종대 이예의 대일교섭 활동 등에 대한 연구 발표가 있었다. 당시 발표한 논문을 수정 보완해《통신사 이예와

관하여 <울산과 충숙공 이예>를 주제로 학술심포지엄을 개최했다. 이때 학성 이씨 가문의 吏族과 士族으로 분화과정, 역사교육 현장에서의 이예의 활용방안, 이예의 향화 왜인설에 대한 비판 등 다양한 내용의 연구가 발표되었다.64) 발표된 논문들은『한일관계사연구』28집에 특집으로 게재되었다.

8) 기타, 서평 등

손승철은『조선왕조실록』등의 관찬사서와 대일외교를 담당했던 예조와 전객사의 등록류, 외교자료집 등 조선시대 한일관계사료의 종류와 편찬 년대, 내용, 사료적 가치 등을 개괄적으로 정리하였다.65) 또한 그는 한일 양국에서 일반인 또는 대학생들이 알고 있는 한국사 또는 일본사의 사전류 및 개설서에서 고려·조선전기 한일관계사가 어떻게 서술되었는지를 비교 분석하고, 한일관계사 서술을 위한 몇 가지의 제안을 하였다.66) 한편 홍성덕은『조선왕조실록』의 번역 중에 한일관계기사에 대한 내용을 검토하여 인명, 기관명, 신분과 관직명에 잘못된 번역 사례가 많았다는 점을 지적하였다. 또한 그는 아울러『조선왕조실록』재번역에 사용될 수 있도록 한일관계사에 대한 전문용어를 정리할 필요성을 제시하였다.67)

독도의 명칭을 규명하기 위한 작업의 일환으로 손승철은 세종, 성종대에

한일관계》(새로운사람들, 2006)가 출판되었다.

64) 이종서, 「고려~조선전기 鶴城李氏의 지역 내 위상과 역할」『한일관계사연구』28, 2007; 이현호, 「조선 초기 대일 관계와 통신사에 대한 역사교육 방안- 이예를 중심으로」『한일관계사연구』28, 2007; 이명훈, 「조선왕조실록의 울산인(蔚山人)」『한일관계사연구』28, 2007; 한문종, 「조선초기의 向化倭人과 李藝」『한일관계사연구』28, 2007.

65) 손승철, 「조선시대 한일관계 사료소개」『한일관계사연구』18, 2003.

66) 손승철, 「고려·조선전기 한일관계사 기술의 공통점과 차이점」『한일관계사연구』25, 2006.

67) 홍성덕, 「『조선왕조실록』한일관계기사 번역 검토」『한일관계사연구』38, 2011.

실시한 요도, 삼봉도의 탐색 작업을 고찰하여 요도와 삼봉도를 울릉도 또는 독도로 비정하는 것은 현실적으로 모순이며 의미가 없다고 지적하면서, 독도의 명칭은 우산도, 석도, 독도의 세 용어만을 써야한다고 주장하였다.68) 그리고 유재춘은 14~17세기 한일 양국의 산성을 비교 연구하여 한일 양국의 산성의 특징과 축성 문화의 차이점을 규명하였다. 특히 그는 조선의 산성은 공동체의 보호기능을 중시하는 방향으로 발전하였지만 일본의 산성은 주민 수용보다는 전투의 기능을 높이는 진지 구축 형태로 발전하였다고 하였다.69).

『한일관계사연구』(1-58)에는 모두 28편의 서평이 수록되어 있다. 그 중 조선전기 한일관계사만을 다룬 저술에 대한 서평은 없으며, 조선후기를 다루면서 조선전기를 간략하게 언급한 저술의 서평이 14편으로 가장 많았다.

4. 맺음말

이상에서 기왕의 연구 성과를 토대로 하여 『한일관계사연구』(1-58)에 수록된 고려후기·조선전기 한일관계사 연구 성과를 정리하였다. 그 특징과 문제점을 간략하게 살펴보고 앞으로의 과제를 제시하는 것으로 결론을 대신하려 한다.

첫째, 『한일관계사연구』에서 고려후기 한일관계사는 왜구의 주체와 경인년 왜구의 실체, 禁倭 사절의 파견, 왜구의 약탈상, 일본 교과서에 나타난 왜구상 등을 주로 왜구문제가 주요한 연구 주제였다. 그러나 아직도 왜구의 주체에 대해서는 한일 학자들 사이에서 논란이 많다. 한편으로 제주도 '환

---

68) 손승철, 「조선전기 요도와 삼봉도의 실체에 관한 연구」『한일관계사연구』44, 2013.
69) 유재춘, 「조일 양국의 산성에 대한 비교 연구」『한일관계사연구』11, 1999. 이 논문은 후에 『近世 韓日城郭의 比較硏究』(국학자료원, 2000)에 수록되었다.

해장성(環海長城)'과 일본 큐슈의 '원구방루(元寇防壘)'에 대한 비교 연구도 있었다. 그러나 여원연합군의 일본정벌과 상호인식에 대한 연구는 전혀 없다. 따라서 고려후기 한일관계사 연구는 앞으로 왜구의 주체에 대한 인식의 차이를 좁히고, 연구주제를 다양화할 필요성이 있다.

둘째, 조선전기 한일관계사 연구는 조선후기나 근대에 비해서 많지 않았으며, 연구도 소수의 학자들에 의해서 행해졌다. 이는 아마 이 분야 연구자가 다른 분야에 비해서 매우 적기 때문으로 생각한다. 따라서 조선전기 한일관계사 연구를 활성화하기 위해서는 많은 연구자들이 다양한 주제를 연구할 수 있는 분위기를 조성할 필요가 있다.

셋째, 조선전기 한일관계사 연구에서 특기할 점은 이예와 김성일 등 외교 인물과 외교 사료집인 『해동제국기』에 대한 연구가 활발하게 이루어졌다는 점이다. 그 과정에서 그동안 알려지지 않았던 이예라는 외교의 인물을 새로 발굴되었고, 1590년 통신사행 김성일을 재평가하는데 많은 역할을 하였다. 또한 『해동제국기』에 대한 종합적인 연구를 통해 사료적 가치를 부각시키고 연구를 활성화하는데 크게 기여하였다고 생각한다.

넷째, 조선전기 조일간의 무역에 대한 연구는 주로 제도사적인 면에서의 연구만 행하여졌다. 반면에 대일무역의 규모와 물품의 유통과정, 일본과의 교역이 조선의 경제 사회에 끼친 영향 등에 대한 연구는 거의 행해지지 않았다. 앞으로 이에 대한 연구가 보다 활발하게 행하여져야 한다.

다섯째, 왜인의 통제와 접대, 향화·수직·수도서왜인에 대한 연구는 비교적 많이 행하여졌다. 그러나 주로 한국 측의 자료만을 가지고 연구하는 한계가 있었다. 일본 측의 자료도 활용하여 역사적 사실에 대한 객관성을 높일 필요가 있다.

여섯째, 삼포왜란 이후의 한일관계에 대한 연구가 거의 없다는 점이다. 특히 삼포왜란 이후의 한일관계는 이른바 임진왜란의 발발 배경과 통교위반자를 연구하는데 매우 중요한 주제이다. 특히 통교위반자의 문제는 한일

학자들 사이에서 커다란 견해 차이를 보이고 있는 주제 중의 하나이다. 이러한 견해 차이를 극복하기 위해서는 한일 학자간의 공동 연구가 필요하다.

일곱째, 조선전기 한일관계사를 자국 중심적으로 인식하려는 경향이 강하고, 연구의 시각이 한국과 일본으로 고정되어 있다는 점이다. 이러한 경향은 한일관계사 연구의 전반적인 현상이기도 하다. 한일관계사는 한국과 일본 간의 관계를 규명하는 것이다. 따라서 한일관계사 연구는 양국의 입장과 견해를 반영하여 보다 객관적으로 하여야 함에도 불구하고 그러한 점에 소홀하였다고 생각한다. 따라서 한국 측의 사료뿐만이 아니라 일본 측의 사료를 적극적으로 활용하여 연구의 객관성을 높여야 한다. 그리고 연구의 시각을 동아시아 세계로 확대하고, 여진·유구 등 주변의 여러 나라와 비교연구를 통하여 한일관계 특징을 보다 더 명확하게 규명할 필요가 있다. (이 글은 2017년 9월 16일에 열린 한일관계사학회 25주년 기념 국제학술회의에서 발표한 내용을 수정·보완한 것이다),

논저목록

■ 고려후기 논문목록(2000~2017)

이 영, 「<庚寅年 倭寇>와 일본의 국내정세」『국사관론총』93, 국사편찬위원회, 2000.

鈴木哲雄, 「일본역사교과서의 중세 일한관계사 서술」『역사교과서 속의 한국과 일본』, 혜안, 2000.

楠木武, 「일본의 중세일한관계사 연구동향」『역사교과서 속의 한국과 일본』, 혜안, 2000.

이익주, 「한국의 고려·일본관계사 연구동향」『역사교과서 속의 한국과 일본』, 혜안, 2000.

남기학, 「고려와 일본의 상호인식」『일본력사연구』11, 일본사학회, 2000.

이 영, 「<庚寅年 倭寇>와 일본의 국내정세」『국사관론총』92, 국사편찬위원회,

2000.

이경환, 「11세기 후반 고려와 일본 西海道 지방의 관계」『청람사학』 5, 한국교원
대 청람사학회, 2002.

柳田純孝, 「몽고의 일본 침입에 대한 소고」『제주도사연구』 11, 제주도사연구회,
2002,

손승철, 「일본 역사교과서 고려·조선시대 기술의 왜곡실태 분석」『한일관계사연
구』 19, 한일관계사학회, 2003.

리재범, 「여원련합군의 일본정벌과 『東方見聞錄』」『군사』 50, 국방부 군사편찬연
구소, 2003.

장동익, 「일본의 日記資料에 수록된 고려왕조 관계 기사의 연구」『퇴계학과 한국
문화』 33, 경북대 퇴계연구소, 2003.

이재범, 「고려 후기 倭寇의 성격에 대하여」『사림』 19, 수선사학회, 2003.

한문종, 「고려말 조선초의 '倭萬戶'」『전북사학』 26, 전북사학회, 2003.

이 영, 「고려 말의 왜구와 마산」『한국중세사연구』 17, 한국중세사학회, 2004.

박수철, 「일본 중학교 역사교과서의 중·근세사 서술과 역사인식 -후소샤 교과서를
중심으로-」『한국사연구』 129, 한국사연구회, 2005.

윤용혁, 「여원군의 일본침입을 둘러싼 몇 문제 - 1274년 1차 침입을 중심으로 -」
『島嶼文化』 제25집, 목포대학교 도서문화연구소, 2006.

남권희, 「일본 南禪寺 所藏의 高麗 初雕大藏經」『서지학연구』 36, 서지학회,
2007.

구산우, 「일본 원정, 왜구 침략과 경상도 지역의 동향」『한국중세사연구』 22호, 한
국중세사학회, 2007.

이 영, 「14세기의 동아시아 국제 정세와 왜구 - 공민왕 15년(1366)의 禁倭使節의
파견을 중심으로 -」『韓日關係史研究』 26, 한일관계사학회, 2007.

이형우, 「기본조사자료 1 : 고려말 대일본 관계와 포은 정몽주」『포은학연구』 1,
포은학회, 2007.

장동익, 「중국·일본 문헌의 고려왕조 관련기록과 『고려사』」『한국중세사연구』
23, 한국중세사학회, 2007.

박종기, 「고려 말 왜구와 지방사회」『한국중세사연구』 24, 한국중세사학회, 2008.

윤용혁, 「여원 연합군의 일본 침입과 고려 軍船」『군사』 69, 국방부 군사편찬연구
소, 2008.

이 영, 「고려 말 왜구의 허상과 실상」『대구사학』 91, 대구사학회, 2008.

이 영, 「쓰시마 쯔쯔 다구쓰다마 신사(多九頭魂神社) 소재 고려 청동제 飯子와

왜구」『한국중세사연구』제25호, 한국중세사학회, 2008.

이 영, 「고려 말 왜구와 남조-경신년(1380)의 왜구를 중심으로」『한일관계사연구』
31, 한일관계사학회, 2008.

이난희, 「일본 기타무라(北村)미술관 소장 고려시대 나전모란당초문 경함 - 제작
기법을 중심으로」『생활문물연구』제22호, 국립민속박물관, 2008.

정영현, 「고려 禑王代 倭寇의 동향과 성격 변화」『역사와 세계』33, 효원사학회,
2008.

한성욱, 「日本 京都 出土 高麗靑瓷의 現況과 性格」『한국중세사연구』제25호,
한국중세사학회, 2008.

김보한, 「중세 일본 표류민 • 피로인의 발생과 거류의 흔적」『史叢』68, 역사학연
구회, 2009.

도현철, 「고려말 사대부의 일본 인식과 문화 교류」『한국사상사학』32, 한국사상
사학회, 2009.

신정엽·기윤혜, 「南禪寺 大藏經애 포함된 일본 寫經과 목판 경전」『고인쇄문화』
17, 청주고인쇄박물관, 2010.

이영식, 「경인년(1350)~병신년(1356)의 왜구와 규슈 정세 - 쇼니 요리히사(少貳賴
尙)를 중심으로」『한국중세사연구』26, 한국중세사학회, 2009.

전영섭, 「10~13세기 동아시아 교역시스템의 추이와 海商정책-宋 · 高麗 · 日本의
海商관리규정비교」『역사와 세계』36, 효원사학회, 2009.

손승철, 「고려시대 강원지역에 대한 왜구의 침탈과 대응」강원사학』24·25, 강원
사학회, 2010.

신정훈, 「고려 말기 倭寇의 침입과 기근에 따른 民生」『향토서울』76, 서울특별
시사편찬위원회, 2010.

이 영, 「동아시아 국제 질서의 변동과 왜구-14세기 후반에서 15세기 초를 중심으
로-」『한일관계사연구』36, 한일관계사학회, 2010.

이재범, 「고려후기 왜구와 해양방어대책」『이순신연구논총』13, 순천향대학교 이순
신연구소, 2010.

장동익, 「14세기의 고려와 일본의 접촉과 교류」『대구사학』100, 대구사학회,
2010.

최우경·임호원, 「일본 南禪寺 소장의 高麗本」『고인쇄문화』17, 청주고인쇄박물
관, 2010.

이 영, 「원명(元明)의 교체와 왜구 - 공민왕 15년(1366) 금왜사절에 대한 일본의
대응을 중심으로 -」『일본력사연구』33, 일본사학회, 20 11.

김보한, 「중세 왜구의 경계침탈로 본 한·일 관계」『한일관계사연구』 42, 한일관계
　　사연구회, 2012.

김위현, 「麗·元 일본원정군의 출정과 麗·元관계」『탄신 800주년 기념 충렬공
　　김방경 논문집』, 안동김씨 대종회, 2012.

남기학, 「몽고의 일본 침략과 일본의 대응 -고려와 일본의 관계에 유의하여-」『탄
　　신 800주년 기념 충렬공 김방경 논문집』, 안동김씨 대종회, 2012.

박재우, 「김방경, 삼별초 평정과 일본 정벌을 이끈 고려군 최고 지휘관」『탄신 800
　　주년 기념 충렬공 김방경 논문집』, 안동김씨 대종회, 2012.

이　영, 「여말~선초 왜구 발생의 메카니즘 -왜구의 실체에 관한 용어 분석을 중심
　　으로 -」『한국중세사연구』 34, 한국중세사학회, 2012.

이　영, 「여몽 연합군의 일본침공과 여일관계」『탄신 800주년 기념 충렬공 김방경
　　논문집』, 안동김씨 대종회, 2012.

이익주, 「14세기 후반 동아시아 국제질서의 변화와 고려-원·명-일본 관계」『진단
　　학보』 114, 진단학회, 2012.

이정신, 「원 간섭기 원종·충렬왕의 정치적 행적 -김방경의 삼별초 정벌, 일본원정
　　을 중심으로-」『탄신 800주년 기념 충렬공 김방경 논문집』, 안동김씨 대
　　종회, 2012.

장동익, 「麗元연합군의 일본원정과 충렬공 김방경」『탄신 800주년 기념 충렬공
　　김방경 논문집』, 안동김씨 대종회, 2012.

전영섭, 「唐·日本·高麗의 部曲·家人·家奴 비교연구 -그 기원과 특징을 중심으
　　로-」『지역과 역사』 30, 부경역사연구소, 2012.

김기섭, 「高麗·唐·日本의 국가적 土地分給制 운영에 관한 비교사적 검토」『역
　　사와 세계』 43, 효원사학회, 2013.

김대식, 「고려전기 동해안을 둘러싼 고려와 일본의 분쟁」『숭실사학』 30, 숭실사
　　학회, 2013.

김현라, 「高麗·唐·日本의 율령과 良賤秩序」『한국민족문화』 47, 부산대학교 한
　　국민족문화연구소, 2013.

윤용혁, 「고려 말 보령지역의 왜구와 金成雨」『역사와 담론』 66, 호서사학회,
　　2013.

윤용혁, 「고려시대 보령의 바다 - 연안 해로와 왜구 문제 -」『애향』 17, 대천문화
　　원, 2013.

이　영, 「동 아시아 삼국간 연쇄관계 속의 고려 말 왜구와 대마도」『동북아 문화연
　　구』 34, 동북아시아문화학회, 2013.

이 영, 「공민왕 원년(1352)의 동아시아 삼국의 국내 정세와 왜구」 『일본연구』 35, 중앙대학교 일본연구소, 2013.

이 영, 「고려 말 왜구의 '다민족 복합적 해적'설에 대한 재검토 - 후지타 아키요시(藤田明良)의 「蘭秀山의 난과 동 아시아 해역세계」를 중심으로 -」 『지역과 역사』 33, 부경역사연구소, 2013.

이종봉, 「高麗·唐·日本 都城의 건설 이념과 구조 - 高麗 都城·長安城·平城京의 비교 검토를 중심으로 -」 『한국민족문화』 47, 부산대학교 한국민족문화연구소, 2013.

정은우, 「西日本地域의 高麗佛像과 浮石寺 銅造觀音菩薩坐像」 『동악미술사학』 14, 동악미술사학회, 2013.

고명수, 「몽골의 일본인식과 麗蒙관계」 『사총』 83, 고려대학교 역사연구소, 2014.

김대식, 「일본 식민사학자의 고려시대 영토·영해문제의 기원 - 동해와 독도를 중심으로 -」 『사학연구』 115, 한국사학회, 2014.

김보한, 「고려·조선의 對일본 외교와 왜구 -13~15세기 금구(禁寇) 외교와 그 성과를 중심으로 -」 『한일관계사연구』 47, 한일관계사학회, 2014.

馬場久幸, 「『高麗再雕大藏經』の日本流通と活用 - 琉球國を中心として-」 『석당논총』 58, 동아대학교 석당학술원, 2014.

윤용혁, 「고려 말의 왜구와 서산 부석사」 『역사와 담론』 69, 호서사학회, 2014.

이재범, 「고려와 몽골 연합군의 일본정벌에 관한 재인식 -麗·元 일본원정군의 성격 -」 『사림』 48, 수선사학회, 2014.

김보한, 「'가마쿠라기 왜구'와 '무로마치기 왜구'의 성격과 그 주체 연구」 『한일관계사연구』 52, 한일관계사학회, 2015.

이정란, 「왜구의 충청지역 침구의 시기별 추이와 고려의 대응」 『사림』 52, 수선사학회, 2015.

허인욱, 「고려 말 왜구의 전북지역 침입 연구 - 全州를 중심으로 -」 『전북사학』 46, 전북사학회, 2015.

이 영, 「고려 우왕 원년(1375)의 羅興儒 일본 使行의 외교적 성과」 『한국중세사연구』 47, 한국중세사학회, 2016.

이 영, 「고려말 수군의 재건과 해양 지배권의 장악」 『동북아 문화연구』 48, 동북아시아문화학회, 2016.

정영현, 「倭寇 '阿只拔都'의 명칭과 고려 民의 시각」 『한국민족문화』 58, 부산대학교 한국민족문화연구소, 2016.

정영현, 「여말선초 왜구 被虜人의 쇄환과 그 성격」 『지역과 역사』 39, 부경역사연구소, 2016.

정진아, 「일본 고대왕권과 빈례(賓禮) 고려 팔관회와의 의식비교를 중심으로」『일
　　본연구』 27, 고려대학교 글로벌일본연구원, 2017.

■ 조선전기 논문목록(2000~2017)

민덕기·손승철·하우봉·이훈·정성일, 「한일간 표류민에 관한 연구」『한일관계사연
　　구』 12, 한일관계사학회, 2000.

한문종, 「조선전기 對馬 早田氏의 대조선 통교」『한일관계사연구』 12, 한일관계
　　사학회, 2000.

손승철, 「조선전기 피로·표류민 송환과 동아시아 국제질서」『조선시대 한일표류
　　민연구』, 국학자료원, 2001.

이　훈, 「조선전기 조·일간 표류민 송환과 교린」『조선시대 한일표류민연구』, 국
　　학자료원, 2001.

장순순, 「조선전기 왜관의 성립과 조·일 외교의 특질」『한일관계사연구』 15, 한일
　　관계사학회, 2001.

하우봉, 「일본에 표착한 조선인의 일본인식」『조선시대 한일표류민연구』, 국학자
　　료원, 2001.

민덕기, 「朝鮮時代の對日認識 : 世宗·成宗朝の認識」『일본문화학보』 12, 한
　　국일본문화학회, 2002.

손승철, 「조선시대 통신사연구의 회고와 전망」『한일관계사연구』 16, 한일관계사
　　학회, 2002.

한문종, 「조선전기 일본의 대장경구청과 한일간의 문화교류」『한일관계사연구』
　　17, 한일관계사학회, 2002.

손승철 「조선시대 한인관계사료의 소개」『한일관계사연구』 18, 한일관계사학회,
　　2003.

손승철, 「일본 역사교과서 고려·조선시대 기술의 왜곡실태 분석」『한일관계사연
　　구』 19, 한일관계사학회, 2003.

손승철, 「조선시대 통신사 개념의 재검토」『조선시대사학보』 27, 조선시대사학회,
　　2003.

橋本雄, 「宗貞國의 博多出兵과 僞使問題 - 《朝鮮遣使 붐》 論의 再構成을
　　위하여 -」『한일관계사연구』 20, 한일관계사학회, 2004.

한문종, 「조선전기 일본국왕사의 조선통교」『한일관계사연구』 21, 한일관계사학

회, 2004.

한문종, 「조선전기 왜인통제책과 통교위반자의 처리」『일본사상』7, 한국일본사상
사학회, 2004.

須田牧子, 「15세기 일본의 조선불구 수입과 그 의의- 대내씨의 대장경 수입을 중
심으로-」『한일관계사연구』20,한일관계사학회, 200

정성일, 「조선의 동전과 일본의 은화; 화폐의 유통을 통해 본 15-17세기의 한일관
계」『한일관계사연구』2 0, 한일관계사학회, 200

정지연, 「조선전기 대일 사무역 연구」『한일관계사연구』24, 한일관계사학회, 2006.

米谷均, 「조선침략 전야의 일본 정보」『한일역사 공동연구보고서』3, 2005.

伊藤幸司, 「日·朝關係에서 僞使의 時代」『한일역사 공동연구보고서』3, 2005.

손승철, 「해동제국기의 역사지리학적 연구 -「일본국기」와 「유구국기」의 來朝기사
를 중심으로」『인문과학연구』15, 강원대학교 인문과학연구소, 2006.

손승철, 「고려 · 조선전기 한일관계사 기술의 공통점과 차이점」『한일관계사연구』
25, 한일관계사학회 2006.

윤성익, 「'後期倭寇'로서의 乙卯倭變」『한일관계사연구』24, 한일관계사학회
2006.

하우봉, 「해양사관에서 본 조선시대의 재조명 -동남아시아국가와의 교류를 중심으
로-」『일본사상』10, 한국일본사상사학회, 2006.

한문종, 「임진왜란시의 降倭將 金忠善과『慕夏堂文集』」『한일관계사연구』24,
한일관계사학회 2006.

손승철, 「『해동제국기』의 사료적 가치」『한일관계사연구』27, 한일관계사학회,
2007.

신동규, 「『해동제국기』로 본 中世日本의 國王觀과 日本國王使의 성격」『한일
관계사연구』27, 한일관계사학회, 2007.

심보경, 「『해동제국기』지명에 반영된 한일 중세어 표기법」『한일관계사연구』27,
한일관계사학회, 2007.

유재춘, 「『해동제국기』속의 三浦를 중심으로 한 군사방어에 대하여」『한일관계사
연구』27, 한일관계사학회, 2007.

엄찬호, 「『해동제국기』의 역사지리적 고찰」『한일관계사연구』27, 한일관계사학
회, 2007.

이명훈, 「조선왕조실록의 울산인(蔚山人)」『한일관계사연구』28, 한일관계사학회,
2007.

이현호, 「조선초기대일관계와 통신사에 대한 역사교육 방안 - 이예를 중심으로 -」

『한일관계사연구』 28, 한일관계사학회, 2007.

한문종, 「조선초기의 向化倭人과 李藝」 『한일관계사연구』 28, 한일관계사학회, 2007.

김동철, 「15세기 부산포왜관에서 한일 양국민의 교류와 생활」 『지역과 역사』 22, 부경역사연구소, 2008.

방기철, 「율곡이리이의 대일인식」 『한일관계사연구』 29, 한일관계사학회, 2008.

심민정, 「조선시대 倭使 接賓茶禮에 대하여」 『동북아 문화연구』 17, 동북아시아 문화학회, 2008.

정다함, 「조선초기 野人과 對馬島에 대한 藩籬·藩屛 認識의 형성과 敬差官의 파견」 『동방학지』 141, 연세대학교 국학연구원, 2008.

윤성익, 「戰前·戰中期 일본에서의 倭寇像 구축」 『한일관계사연구』 31, 한일관계사학회, 2008.

한문종, 「조선전기 한일관계와 1407년의 의미」 『지역과 역사』 22, 부경역사연구소, 2008.

김보한, 「일본 중·근세 어업에서 본 「漁場請負制」와 울릉도 어업」 『역사민속학』 30, 한국역사민속학회, 2009.

한성주, 「조선전기 '字小'에 대한 고찰 -對馬島 倭人 및 女眞 努力을 중심으로」 『한일관계사연구』 33, 한일관계사학회, 2009

방기철, 「退溪 李滉의 일본 인식」 『아시아문화연구』 16, 경원대학교 아시아문화연구소, 2009.

이규철, 「1419년 대마도 정벌의 의도와 성과」 『역사와 현실』 74, 한국역사연구회, 2009.

이준락, 「통신사 李宗實의 조난 사고」 『울산 남구문화』 7, 울산광역시 남구문화원, 2009.

한성주, 「조선전기 '字小'에 대한 고찰 -對馬島 倭人 및 女眞 努力을 중심으로」 『한일관계사연구』 33, 한일관계사학회, 2009.

한문종, 「임진왜란 직전의 국내정세와 한일관계」 『인문과학연구』 21, 강원대학교 인문과학연구소, 2009.

한문종, 「『해동제국기』의 왜인접대규정과 조일관계 - 三浦에서의 접대규정을 중심으로」 『한일관계사연구』 34, 한일관계사학회, 2009.

김덕진, 「1587년 損竹島 倭變과 임진왜란」 『동북아역사논총』 29, 동북아역사재단, 2010.

김보한, 「고려와 조선 전기 왜인 집단거주지의 형성과 운영」 『역사와 담론』 56,

호서사학회, 2010.

손승철, 「조선시대『行實圖』에 나타난 日本의 表象」『한일관계사연구』37, 한일
관계사학회, 2010.

심민정, 「제4장 조선 전기 대일 교린체제 - 일본 사신 접대를 중심으로」『민족사
상』4(1), 한국민족사상학회, 2010.

케네스 로빈슨, 「1392~1592년 강원도의 섬 행정과 일본과의 교류」『독도연구』9,
영남대학교 독도연구소, 2010.

유재춘, 「조선전기 경상도의 지역거점 산성 연구」『지역과 역사』26, 부경역사연
구소, 2010.

이민웅, 「조선전기(15~16C) 수군의 변천사」『이순신연구논총』14, 순천향대학교
이순신연구소, 2010.

이 영, 「동 아시아 국제 질서의 변동과 왜구」『한일관계사연구』36, 한일관계사
학회, 2010.

장순순, 「조선전기 통신사의 개념과 성격」『전북사학』37, 전북사학회, 2010.

하우봉, 「조선 전기 부산과 대마도의 관계」『역사와 경계』74, 부산경남사학회,
2010.

한문종, 「조선초기 외교관 李藝」『외교』95, 한국외교협회, 2010.

한문종, 「조선전기 倭使의 宴享接待와 女樂」『한일관계사연구』36, 한일관계사
학회, 2010.

홍성덕, 「『조선왕조실록』한일관계기사 번역 검토」『한일관계사연구』38, 한일관
계사학회, 2011.

김보한, 「중근세 일본인의 조선에 대한 정계인식 고찰」『한일관계사연구』39, 한
일관계사학회, 2011.

손승철, 「중·근세 조선인의 島嶼 경영과 경계인식 고찰」『한일관계사연구』39,
한일관계사학회, 2011.

손승철, 「조선통신사 사행록 연구 -『海東諸國紀』와『和國志』의 同異点 분석」『인
문과학연구 30』, 강원대학교 인문과학연구소, 2011.

이 영, 「게릴라 전 이론을 통해서 본 왜구 - 조선 왕조의 대마도 영유권 주장을
중심으로」『일본연구』31, 한국외국어대학교 일본연구소, 2011.

한문종, 「조선전기 한일관계사 연구의 학설적 검토」『전북사학』38, 전북사학
회, 2011.

한문종, 「조선의 남방지역과 일본에 대한 경계인식」『한일관계사연구』39, 한일관
계사학회, 2011.

홍성덕, 「『조선왕조실록』한일관계기사 번역 검토」『한일관계사연구』49, 한일관
　　계사학회, 2011.
김　돈, 「임진왜란사의 경인통신사 관련 역사서술의 문제」『한일관계사연구』43,
　　한일관계사학회, 2012.
김학수, 「조선후기 사림계의 김성일에 대한 인식과 평가」『한일관계사연구』43,
　　한일관계사학회, 2012.
김현영, 「16세기 동아시아 국제질서의 변동과 왜란 전후 조선사회의 변화」『한국
　　사학사학보』26, 한국사학사학회, 2012.
민덕기, 「경인통신사의 활동과 일본의 대응」『한일관계사연구』43, 한일관계사학
　　회, 2012.
민덕기, 「이율곡의 십만양병설은 임진왜란용이 될 수 없다 -동북방의 여진 정세와
　　관련하여-」『한일관계사연구』41, 한일관계사학회, 2012.
윤성익, 「'正統年間 의 倭寇'와 對馬島- 倭寇 발생구조에 대한 일고찰」『한일관
　　계사연구』43, 한일관계사학회, 2012.
하우봉, 「김성일의 일본인식과 귀국보고」『한일관계사연구』 43한일관계사학회
　　2012.
한문종, 「조선전기 왜관의 설치와 기능」『인문과학연구』32, 강원대학교 인문과학
　　연구소, 2012.
한문종, 「조선전기 조일간 어업분쟁과 해양권의 강화」『한일관계사연구』42, 한일
　　관계사학회, 2012.
한명기, 「임진왜란 직전 동아시아 정세」『한일관계사연구』43, 한일관계사학회,
　　2012.
민덕기, 「임진왜란용이 되어버린 율곡의 십만양병설」『역사와 담론』65, 호서사학
　　회, 2013.
손승철, 「조선전기 요도와 삼봉도의 실체에 관한 연구」『한일관계사연구』44, 한
　　일관계사학회, 2013.
심민정, 「삼포왜란의 발생원인과 대마도」『동북아문화연구』34, 동북아시아문화학
　　회, 2013.
장순순, 「조선시대 對馬島 연구의 현황과 과제」『동북아역사논총』41, 동북아역
　　사재단, 2013.
한문종, 「조선전기 한일관계와 對馬」『동북아역사논총』41, 동북아역사재단,
　　2013.
장준혁, 「麗末鮮初 동아시아 국제정세 속의 대마도 정벌」『歷史와 實學』53, 역사

실학회, 2014.

한문종, 「조선시대 對日使行과 對馬島」『한일관계사연구』 49, 한일관계사학회, 2014.

이태훈, 「熊川陶窯址와 水崎(假宿)遺跡에서 본 朝日 交流」『한일관계사연구』 48, 한일관계사학회, 2014.

김종수, 「훈련도감 설치 및 운영의 동아시아적 특성」『장서각』 33, 한국학중앙연구원, 2015.

이근우, 「『해동제국기』의 지리정보와 李藝」『한일관계사연구』 51, 한일관계사학회, 2015.

한문종, 「조선초기 向化倭人 皮尙宜의 대일교섭 활동」『한일관계사연구』 51, 한일관계사학회, 2015.

김경옥, 「1441년 釣魚禁約을 통해 본 조선과 대마도의 해양인식」『력사학연구』 61, 호남사학회, 2016.

한문종, 「조선초기 대마도의 向化倭人 平道全 - 대일 교섭 활동을 중심으로 -」『군사연구』 141, 육군군사연구소, 2016.

심민정, 「조선 전기 낙동강 유역 水站에서 보이는 倭館的 성격 - 낙동강 하류 구간 수참을 중심으로 -」『해항도시문화교섭학』 16, 한국해양대학교 국제해양문제연구소, 2017.

유재춘, 「조선전기 축성기술의 변천 연구」『인문과학연구』 52, 강원대학교 인문과학연구소, 2017.

장순순, 「조선전기 통신사행과 對日外交의 특징」『한일관계사연구』 56, 한일관계사학회, 2017.

■ 조선전기-저술 목록(2000~2017)

한문종, 『조선전기 향화·수직 왜인 연구』, 국학자료원, 2001.

한일관계사학회, 『한일관계사연구의 회고와 전망』, 국학자료원, 2002

한일관계사학회, 『통신사 李藝와 한일관계』, 새로운사람들, 2006.

부경대학교 해양문화연구소, 『조선전기 해양개척과 대마도』, 국학자료원, 2007.

손승철 엮음, 『『해동제국기』의 세계』, 경인문화사, 2008.

佐伯弘次 저, 손승철·김강일 역, 『조선전기 한일관계와 博多·對馬』, 경인문화사, 2010.

한일관계사학회, 『1590년 통신사행과 귀국보고 재조명』, 경인문화사, 2013

■ 조선전기-학위 논문

이규철, 「조선초기의 對外征伐과 對明意識」, 가톨릭대학교 박사학위논문, 2013.
김나영, 「조선시대 濟州島 漂流·漂到 연구」, 제주대학교 박사학위논문, 2017.

〈토론문〉
고려후기·조선전기 한일관계사 연구의 회고와 전망

荒木和憲 | 日本·國立歷史民俗博物館

한문종 선생님의 발표는 1993~2016년의 『韓日關係史研究』 1~55号에 揭載된 論文을 중심으로 해서 「高麗後期·朝鮮前期韓日關係史研究의 回顧과 展望」을 살펴본 것이다. 結言에서 論点을 세심히 정리하고 있기에, 이에 입각하여 日本 側의 研究動向과 比較하면서 약간의 코멘트와 질문을 드리고 싶다.

1. 高麗와 日本과의 交流史에 관하여

韓國에서는 總体的인 研究成果가 적은 가운데 「庚寅年倭寇」(日本에서는 「前期倭寇」)에 관심이 집중되고 있으며 元·高麗 連合軍의 日本 遠征에 관한 것조차도 研究가 이루어지지 않고 있는 實態를 指摘하였다.

日本에서는 史料가 적기는 하지만 10~13世紀 日本과 高麗와의 交流史에 관한 研究가 蓄積되어 왔으며 양국 사이의 交流에 그치지 않고 宋(北宋·南宋)이나 遼(契丹)도 포함한 多國 사이의 交流 속에서 위치 짓고자 하는 흐름도 있다. 또 몽골습래(日本遠征)는 「外寇」의 제일가는 것으로 오래 전부터 거론되어 온 주제인데, 최근에는 몽골제국(大元ウルス)의 유라시아 규모의 歷史的 展開 속에서 이해하는 것이 추세이다.

물론「庚寅年倭寇」問題도 重要하지만 왜 10~13世紀의 高麗와 日本과
의 交流史, 혹은 元·高麗 連合軍의 日本遠征 問題가 별로 주목되지 않았
는가, 그 이유에 대해서 질문 드리고 싶다.

2. 朝鮮과 日本과의 交流史에 관하여

(1) 韓国 측의 韓日關係史研究에 대하여

朝鮮 前期를 專門으로 하는 研究者가 적고 研究成果도 朝鮮 後期·近代
와 비교해서 적은 것, 이러한 研究 狀況 속에서 李芸·金成一 등 인물에 주
목한 研究나 制度史的 研究가 주류이며 貿易史 研究가 빈약한 점 등을 지
적하였다.

日本에서는 1980年代 以降의 約40年間에 中世日朝交流史研究가 飛躍
的으로 進展했고 신진·중견연구자의 수도 증가하고 있다. 이것은 中世日本
의 동아시아 交流史研究가 눈에 띄게 進展한 것과 동반한 現象이다.「日
本史」研究에 내재된 一國史的인 認識의 틀을 의문시하는 문제의식이 계
기가 된 흐름이며 현재는「對外關係史」가「日本史」研究의 一分野로서의
지위를 얻게 되는데 이르렀다(『史學雜誌』의「回顧と展望」에서는「對外關
係」의 항목이 구성되어 있다). 더욱이「日本史」를 초월한「海域 아시아史」
라고 하는 틀도 제기되고 있으며 여기에 日朝交流史를 어떻게 위치 지을
것인가가 과제가 되고 있다.

이러한 日本의 研究狀況에 대해서, 韓日關係史研究가「韓國史」研究
속에서는 어떤 위치에 있는가를 질문 드리고 싶다. 또한 朝鮮 前期보다도
朝鮮 後期에 研究가 집중되고 있는 이유에 대해서도 궁금하다.

(2) 韓日關係史硏究의 史料에 관하여

朝鮮 前期의 韓日關係史硏究에 대해서는, 韓國 측의 史料가 적고 또한 自國中心的으로 歷史를 認識하려고 하는 傾向이 강한것에서 日本 측 史料를 積極的으로 活用해 事實 確定의 客觀性을 높일 필요가 있다고 지적하였다.

集權 國家인 朝鮮王朝와 分權性을 특징으로 한 日本中世 社會에서는 史料의 生成·保存 형태가 다르며, 전해져 오는 史料의 性格도 다르다. 『朝鮮王朝實錄』이 基本 史料인 것은 말할 필요도 없지만 어디까지나 國家가 主体로 編纂한 二次 史料이다. 이에 대해 日本의 中世史料에는 「正史」, 「實錄」이 없고 그런 유형으로서는 鎌倉幕府의 關係者가 編纂한 『吾妻鏡』 혹은 畿內의 寺社 등이 編纂한 「年代記」 등을 꼽을 수 있다. 단 그러한 中世 段階에서 編纂된 二次 史料는 매우 적으며 반대로 다양한 社會集団이 自律的으로 作成한 文書·記錄類(一次 史料)가 大部分을 차지하고 있다.

일본 측 硏究에서는 二次 史料이긴 하지만 記述量이 豊富한 『朝鮮王朝實錄』을 기초로 하면서 日本 側의 一次 史料에 의해 『實錄』을 相對化하는 방법이 이루어지고 있다. 韓國 측 硏究에서도 日本 측의 一次 史料가 活用되기를 바라고 있으나 다양한 社會集団이 個別 分散的으로 作成·保存한 史料는, 記事가 斷片的인 것이 많으며 그것을 정확히 해석하기에는 日本史硏究의 成果를 어느 정도 고려하지 않으면 어려운 것이다. 今後, 한일 양국 간에서 보다 한층 硏究者 交流가 진행되는 한편 史觀 차원의 抽象的인 議論이 아닌, 史料 차원의 具体的인 議論를 나눌 수 있기를 희망한다. 이러한 점에 관해서 선생님의 의견을 듣고 싶다.

또한 약간 덧붙이자면 分散的인 日本 측의 一次 史料를 활용하기에는 그것을 網羅的으로 收集해야 하는 어려운 작업이 필수이다. 이 점에 관해서 일본 측 보다는 한국 측이 앞선 성과를 올리고 있다(張東翼, 『韓國古中世高麗資料硏究』, 2004; 김기섭 외, 『日本古中世文獻中의 韓日關係史料集

成』, 2005). 토론자는 이러한 성과를 보다 발전시켜 日朝交流史關係史料의 採錄 範囲를 擴大함과 동시에 동아시아 交流史 全般의 關係史料를 收集하기 위한 研究를 추진하고 있다(科學研究費基盤研究 (B) 「中世日本の東アジア交流史に關する史料の集成的研究と研究資源化」, 研究代表者荒木和憲, 2017~21年). 2018年 3月까지 데이터베이스를 공개하고. 이후 2021年 3月까지 데이터를 순차적으로 追加할 予定이다. 韓國에서 이미 公開되어 있는『高麗史』,『朝鮮王朝實錄』등의 데이터베이스나『韓國文集叢書』,『韓國文集叢刊』등의 데이터 베이스와 맞춰 활용하는 것으로 高麗~朝鮮 前期의 韓日關係史研究에 관한 史料를 包括的으로 把握할 수 있을 예정이다. 今後 韓日關係史研究의 進展에 작은 도움이 되었으면 한다.

朝鮮後期(江戸時代) 韓日關係史 研究의 回顧와 展望

鄭成一 | 光州女子大學校

Ⅰ. 韓日關係史學會와 《韓日關係史研究》

韓日關係史學會의 前身인 韓日關係史研究會가 1993년 8월 韓日關係史에 관한 '最初의 體系的인 目錄集'인 《韓日關係史論著目錄》(玄岩社)을 발간하였다. 동년 7월 河宇鳳 韓日關係史研究會長이 쓴 서문에 따르면, "1992년 7월 결성된 韓日關係史學會(韓日關係史研究會)는 40대 전후의 젊은 연구자 15명이 모여 출발"하였다. 그 뒤 회원이 늘어 1년 뒤인 1993년 7월 시점에 회원 수가 30여 명으로 증가하였다고 한다. 2017년 8월 현재 한일관계사학회 회원 수는 약 300명(機關會員 포함)에 이르니 한일관계사학회 규모가 지난 25년 동안 量的으로는 10배 以上 成長을 했다고 말할 수 있다.

韓日關係史學會는 학회 설립 1년 뒤인 1993년 10월 學會誌 創刊號를 세상에 내놓았다. 孫承喆 회장은 創刊辭에서 "우리들의 첫 번째 結實이 《韓日關係史論著目錄》이었고, 두 번째 成果가 學會誌인 《韓日關係史研究》의 創刊이다."고 밝혔다. 이어서 그는 "過去 韓日關係史 研究가 주로 日本人에게서 始作되었고, 그것도 植民史學을 正當化시키기 위한 歪曲된 目的意識에서 出發하였던 만큼 그 問題點이 적지 않은 것이 事實이다. 東아시아 속의 韓國史, 나아가 世界史 속의 한국사를 再構成해야 하는 지

금, 우리의 歷史研究는 그 前提가 되는 對外關係史 연구에 너무 미흡하였
고, 이를 特殊史로만 取扱하여 한국사를 總體的으로 구성하는 데에 매우
소홀했던 것도 사실이다. 外政이 內政의 연장이며, 동시에 外政은 內政의
國際的 表現임을 상기할 때, 內政과 外政의 연구 어느 한 쪽이라도 소홀해
서는 안 될 것이다."고 하면서, 《韓日關係史研究》 창간의 의미를 강조하였
다. 《韓日關係史研究》는 그 뒤 많은 발전을 거듭하여 현재 정부의 학술
지 평가에서 最高 等級인 '登載誌'로서 優秀한 評價를 받는 質的 發展을
이룩하였다.

Ⅱ. 先行研究의 檢討

朝鮮後期(江戶時代) 韓日關係史에 관한 研究史는 이미 閔德基·孫承
喆·李薰 등에 의해 잘 정리되어 있다. 첫 번째로 閔德基는 2002년에 간행
된 《韓日關係史研究의 回顧와 展望》(韓日關係史學會, 國學資料院, 127~
192쪽)에서 <朝鮮後期의 回顧와 展望>을 발표하였다. 그는 이 논문의 제2
장에서 '壬辰倭亂' 연구의 회고와 전망을, 제3장에서는 '朝鮮後期 韓日關
係史' 연구의 회고와 전망에 대하여 서술하였다. 이에 따르면 壬辰倭亂 연
구는 1945년 光復 전부터 池內宏·中村榮孝·崔南善 등에 의해 시작되었으
며, 광복 후에는 李舜臣을 비롯한 人物 연구와 義兵과 外交에 관한 연구,
社會經濟와 文化 측면의 연구, 戰爭과 武器에 관한 연구 등 다양하게 전개
되어 왔다. 이에 반해서 "조선후기 한일관계사 연구는 임진왜란 연구보다
그 시작이 늦고 量的인 면에서도 상대적으로 적다. 開拓者로는 朝鮮前期
對日關係를 연구하던 이현종을 들 수 있다. 50년대 논문은 유일하게 그의
<李朝倭館略考>만이 보인다. 60년대 들어서도 연구자가 소폭 증가했다고
는 하나 여전히 制度史 위주였다. 70-80년대에 들어 연구경향이 다양해지

고 양적인 면에서도 증가하게 되었다.''(민덕기 2002, 128)

민덕기는 조선후기 한일관계사 연구가 더욱 다양해지고 활발해진 시기를 1990년대 이후로 보았다. 이것은 1992년 7월 결성된 韓日關係史學會 會員들의 활동을 念頭에 둔 것이 틀림없다. 이러한 관점에 서서 그는 위의 글에서 '1990년대 이후 韓日關係史學會 會員의 研究動向'이라는 항목을 따로 만들어서 '(朝鮮後期 韓日關係史 論文) 2편 以上을 發表한 研究者 14명'의 業績을 소개한 바 있다.

두 번째로 孫承喆은 2002년에 간행된 《韓日關係史研究》 제16집(韓日關係史學會, 41~59쪽)에서 <朝鮮時代 通信使研究의 회고와 전망>을 발표하였다. 그는 이 논문에서 朝鮮前期와 朝鮮後期의 通信使를 槪觀한 뒤, 제2장에서 韓國의 通信使 研究現況을 제3장에서 日本의 通信使 研究現況을 분석하였다. 이 가운데 한국의 연구 동향을 중심으로 몇 가지를 인용하면 다음과 같다. 첫째, 朝鮮前期 通信使에 대한 연구가 적으며, 日本國王使에 대한 연구를 병행해야만 제대로 된 통신사 연구가 이루어질 수 있다는 점을 지적하였다. 둘째, 朝鮮後期 通信使 연구는 1970년대부터 시작되었다고 볼 수 있는데, 분야별로는 外交와 制度에 관한 연구가 가장 많았고, 그 다음이 相互認識·文學·文化交流·書誌 등이었다. 통신사 연구의 주제를 시간의 흐름에 맞추어 살펴보면 1990년대 이후 통신사 외교를 통한 文化나 相互認識의 交流 등 통신사 연구의 소재가 多樣함을 보여준다고 하였다. 잘 알다시피 2002년은 월드컵 축구대회를 한국과 일본이 공동 주최한 해이다. 2002년 5월 통신사를 주제로 한 학술대회가 여러 곳에서 개최된 것도 그러한 사회 분위기를 반영한 것으로 볼 수 있다.

세 번째로 李薰은 2016년에 간행된 《韓日關係史研究》 제54집(韓日關係史學會, 3~76쪽)에서 <倭館 연구의 회고와 전망 ― 1990년대 이후 한국 측 연구를 중심으로>를 발표하였다. 74쪽 분량의 이 논문에서 그는 倭館이라는 열쇳말을 가지고 朝鮮前期와 朝鮮後期와 開港期의 韓日關係史를 잘 정리하였다. 이 논문의 제2장은 1945~1980년대, 제3장은 1990년대, 제4장은 2000년대 이후부터 현재까지를 분석 대상으로 한 것이다. 그는 朝鮮後期 倭館 研究의 동향을 10가지 小主題로 나누어 자세하게 분석하였다(① 朝日 通交制度, ② 朝鮮政府의 倭館 統制, ③ 倭館의 建築物 造營 및 管理, ④ 對日貿易, ⑤ 接觸(마찰·갈등·충돌)과 倭館, ⑥ '地域의 生活史'라는 觀點에서 본 倭館, ⑦ 倭館과의 意思疏通과 言語, ⑧ 倭館과 儀禮, ⑨ 倭館과 情報, ⑩ 倭館을 媒介로 한 地域間 文化 經濟 交流~流通). 위와 같은 분석 과정을 거쳐서 "향후 論爭이 예상되거나 課題로 생각되는 부분"으로 朝鮮後期 倭館 研究史에 대해서는 다음 두 가지를 제시하였다.

첫째, "전반적으로 왜관이 조선정부의 통제 대상이었다는 인식 공유를 바탕으로 통제의 정도(실태)에 대한 것들은 상당히 많이 밝혀졌다고 생각된다. 그리고 통제의 주체인 東萊府(東萊府使·譯官)·接慰官, 통제 대상(관수·通詞) 등에 대해서도 직무와 권한 및 역할 등이 꾸준히 검토되고는 있다. 그러나 朝鮮側 記錄이 破片的인 것에 비해, 日本側 記錄은 具體的이다 보니 兩側 資料의 不均衡으로 인해 東萊府와 倭館 內 主體의 職務와 範圍와 權限, 倭館의 性格 등에 대해서는 誤解(例外的 狀況의 一般化, 過大 및 過小 評價)도 생기는 것 같다. 말하자면 統制의 性格에 대해서는 아직도 미진한 부분이 있다고 하겠다."(이훈 2016, 4)

둘째, "2000년대 이후 倭館을 日本人들의 生活空間이나 '地域의 生活史'라는 관점에서 연구가 증가하면서, 왜관의 本質的인 性格(對日通交의 必要上 마련된 施設로서의 '客館')이 주목받지 못하게 되었다는 것이다. 오히려 왜관과 왜관을 품고 있는 東萊~釜山 地域에 대해 中央政府로서도 어쩌지 못하는 당시 朝鮮의 對日政策 내지는 朝鮮社會와 동떨어진 異質的 空間이라는 이미지가 形成되게 되었다."(이훈 2016, 4)

그러면서 李薰은 "研究의 觀點·分析·方法·資料 등을 綜合해 본다면, 倭館을 據點으로 하는 朝日 通交의 具體的인 實態들이 많이 밝혀졌음에도 불구하고, 總體的으로는 朝日關係~朝日通交에서 '朝鮮 政府(國家)'의 役割이나 權限을 相對化하는 方向으로 연구가 진행되어 왔다고 할 수 있다. 그 결과 관념상 존재하는 쓰시마번(對馬藩)의 役割이 상대적으로 크게 부각되었음을 과제로 지적할 수 있겠다."고 결론을 내린 바 있다(이훈 2016, 4).

이상 3인의 기존 硏究史 정리 결과를 소개하였는데, 이 가운데 李薰이 결론으로 제시한 부분에 대해서는 그 자신이 밝힌 대로 '論爭'의 여지가 있어 보인다. 가령 일본 자료만 가지고 분석을 할 때 그 결과를 확대 해석하는 것—例外的 狀況을 一般的인 것으로 보는 誤謬, 또는 過大評價나 過小評價의 誤謬—에 대해서 注意를 促求한 점은 妥當하다고 본다. 모든 연구자가 이 충고의 참된 의미를 깊이 새겨야 한다고 생각한다. 다만 "'朝鮮 政府(國家)'의 役割이나 權限을 相對化하는 方向으로 연구가 진행되어 왔다"거나, "관념상 존재하는 쓰시마번(對馬藩)의 役割이 상대적으로 크게 부각되었다"고 쓴 대목에서는 李薰의 추가적인 설명이 있어야 할 것으로 판단된다. 그렇지 않을 경우 이 表現에 대한 誤解의 소지가 있어 보인다.

가령 用語의 槪念 자체만 놓고 본다면 相對化의 반대 개념은 絶對化가 될 터인데, 그렇다면 앞의 주장이 "朝鮮 政府(國家)의 役割이나 權限을 絶對化하는 方向의 연구가 필요하다"는 의미가 되는 것인지 그 의미를 정확하게 알 수 없다. 더 나아가 이것이 '국가의 역할을 절대화하는 연구는 좋은 것(善)이고, 국가의 역할을 상대화하는 연구는 나쁜 것(惡)인가' 하는 생각까지도 할 수 있게 하는 표현이 되어버릴 위험성도 있다고 본다. 그리고 "관념상 존재하는 쓰시마번(對馬藩)의 役割이 상대적으로 크게 부각되었다"고 쓴 대목에서도 오해의 가능성이 엿보인다. '대마도의 역할이 상대적으로 크게 부각되었다'는 정도로는 대다수가 동의하겠지만, "관념상 존재하는 쓰시마번(對馬藩)" 또는 "관념상 존재하는 쓰시마번(對馬藩)의 役割"이란 것이 도대체 어떤 것인지 혼란스럽다. 만일 觀念의 반대 개념이 事實(또는 現實)이라고 한다면, 앞의 주장이 '사실상(또는 현실적으로) 쓰시마번(對

馬藩)은 존재하지 않았다'는 것을 말하려는 것인지? 아니면 '사실상(또는 현실적으로) 쓰시마번(對馬藩)의 역할은 무시해도 될 정도로 미미했다고 보아야 한다.'는 것인지? 아마도 그런 의미가 아니었을 것으로 생각하는데, 이처럼 誤解의 素地가 있는 일부 표현을 論外로 한다면, 필자는 李薰의 지적이 상당 부분 타당하다고 본다. 다만 본인 스스로 밝혔듯이 朝鮮後期 韓日關係史 研究의 發展을 위해서는 李薰이 提起한 批判과 問題意識에 대하여 앞으로 더 많은 '論爭'이 必要하다고 생각한다.

Ⅲ. 《韓日關係史研究》 收錄 朝鮮後期 論文의 現況

韓日關係史 研究 成果가 《韓日關係史研究》에만 發表된 것은 물론 아니지만, 韓日關係史 분야의 연구 성과를 診斷하고자 할 때 가장 먼저 分析 對象으로 삼아야 하는 것이 韓日關係史學會의 學會誌인 《韓日關係史研究》임은 더 말할 나위가 없다. 이 글에서는 韓日關係史學會가 25년 동안 發刊해 온 《韓日關係史研究》를 中心으로 그 成果와 課題를 함께 提示해 보고자 한다. 다만 필자의 능력과 지면 부족으로 임진왜란 연구보다는 한일관계사 연구를 중심으로 서술하게 됨을 미리 밝혀 둔다.

1. 分析 時期別 論文의 數

먼저 1993년 10월부터 2017년 4월 현재까지 《韓日關係史研究》에 실린 글을 時代別로 나누어 보면 다음과 같다. 書評 등을 제외한 論文만 놓고 본다면 445편에 이르렀다. 分析時期는 朝鮮後期가 161편으로 전체의 약 36%를 차지하여 가장 많았다. 그 다음이 開港과 日帝 强占期(107편, %), 高麗와 朝鮮前期(69편, 15%)의 순이었으며, 現代(60편, 13% ; 敎科書 포함)와 古代(46편, 10%), 先史時代(2편, 0.4% ; 民俗 포함)가 그 뒤를 이었다.

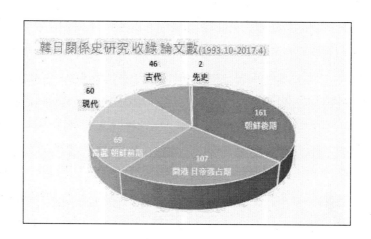

〈표 1〉《韓日關係史研究》收錄 論文의 時代別 分類(1993.10~2017.4)

時期	論文 件數	%
先史	2	0.4
古代	46	10.3
高麗 朝鮮前期	69	15.5
朝鮮後期	**161**	**36.2**
開港 日帝强占期	107	24.0
現代	60	13.5
計	445	100.0

資料 : 韓日關係史學會 홈페이지(2017.8 現在)

이와 같은《韓日關係史研究》의 朝鮮後期 論文 偏重 現狀은 韓日關係 史學會 創立 當初부터 朝鮮後期 研究者가 전체 회원 중에서 가장 많은 비중을 차지했던 것에서 비롯된 것으로 보인다. 그러한 현상이 25년을 經過하는 동안에도 크게 달라지지 않았음이 위의 統計에서도 그대로 드러난다고 말할 수 있다.

2. 歷史研究 人力의 問題

歷史研究는 아직까지는 人間의 領域이다. 따라서 韓日關係史 研究의 過去를 살펴보고 未來를 眺望하고자 할 때 가장 먼저 考慮해야 할 것이 研究人力에 관한 것이라고 생각한다. 앞에서 소개하였듯이 《韓日關係史研究》 創刊號(1993.10)부터 제56집(2017.4.30)까지 韓日關係史學會 學會誌에 실린 論文 중 朝鮮後期에 해당하는 것은 161편이었다(【부록】참조). 이 논문을 작성한 研究者는 약 60명이 된다. 2017년 8월 현재 한일관계사 학회 전체 회원 수가 약 300명(기관, 외국인 포함)이므로, 전체 회원 중에서 조선후기 논문 작성자가 차지하는 비율은 20% 정도가 되는 셈이다. 다시 말해서 會員數로 보면 전체의 20% 정도를 차지하는 조선후기 연구자가 《韓日關係史研究》 揭載 論文의 36%를 作成하였으니(<표 1> 참조), 韓日關係史學會에서 조선후기 연구가 꽤 활발하게 진행되었다고 말할 수 있다.

〈표 2〉《韓日關係史研究》 收錄 論文의 現況

No	성명	1992~2002년 (10년간)	2003~2017년 (15년간)	비고
1	孫承喆	4	13	
2	河宇鳳	4	4	
3	吳星	0	0	
4	金東哲	2	8	
5	李薰	5	10	이상 14명 研究者에 대해서는 閔德基(2002)를 참조
6	閔德基	4	14	
7	鄭成一	6	12	
8	柳在春	3	3	
9	洪性德	4	3	
10	玄明喆	3	8	

No	성명	1992~2002년 (10년간)	2003~2017년 (15년간)	비고
11	張舜順	6	6	
12	李敏鎬	0	0	
13	申東珪	1	10	
14	梁興淑	0	4	
15	김문자	0	4	
16	이상규	0	4	
17	허지은	1	3	
18	이승민	0	3	
19	윤유숙	0	2	
20	심민정	0	2	
21	김강일	0	2	2편 이상 15명
22	유채연	0	2	(3편 이상 5명)
23	김태훈	0	2	
24	한승희	1	1	
25	엄찬호	0	2	
26	岩方久彦	1	3	
27	小幡倫裕	1	1	
28	箕輪吉次	0	2	
29	Lewis James	1	1	

자료 : 韓日關係史學會 홈페이지에서 필자가 작성.

그런데 위의 <표 2>에서 보듯이 韓日關係史 研究人力이 크게 늘지 않은 점은 깊이 생각해 볼 問題이다. 閔德基(2002)가 지적한 것처럼 15년 전인 2002년 시점에서 朝鮮後期 韓日關係史 專攻者는 14명 수준이었다. 그가 제시한 '朝鮮後期 韓日關係史 專攻者'의 기준은 '朝鮮後期 韓日關係史 論文 2편 以上을 발표한 사람'이었다. 필자는 이 기준을 조금 수정하여 《韓日關係史研究》에 朝鮮後期 韓日關係史 論文 2편 以上을 발표한 사람'을 '朝鮮後期 韓日關係史 專攻者'로 定義해 보았다. 그랬더니 지난 15

년의 시간이 흐르는 동안 《韓日關係史研究》에 朝鮮後期 韓日關係史 論
文 2편 이상 발표한 사람이 15명(그 중 3편 이상이 5명) 더 늘어나는 정도
에 그쳤다. 따라서 2017년 현재 韓國의 朝鮮後期 韓日關係史 專攻者의 數
는 대략 30명 정도로 보아도 크게 잘못은 없을 것이다(한문종과 김보한의
연구는 高麗·朝鮮前期 연구 현황에서 소개될 것이므로 朝鮮後期 韓日關
係史 硏究者의 수에서는 除外함).

위의 統計에서 보았듯이 朝鮮後期 韓日關係史 硏究者의 數가 1992년
韓日關係史學會 創立 當時의 人員數에서 크게 늘지 않은 것은 分明하다.
그 이유는 여러 가지가 있겠으나, 우선 構造的인 側面에서 볼 때, 最近 低
出産에 따른 學齡人口의 減少로 말미암아 大學 入學者의 數가 크게 줄어
들자 大學 構造調整이 進行되었고, 그 過程에서 歷史學 관련 學科나 專攻
課程이 縮小됨으로써, 結果的으로 歷史 硏究者의 就業 등 進路가 밝지 못
한 社會의 全般的인 雰圍氣도 그 原因이 될 수 있다고 본다.

IV. 몇 가지 提言

1. 人力 : 硏究 支援策의 講究

韓日關係史의 硏究振作을 위한 對策 마련이 시급함을 미리 간파한 韓
日關係史學會는 學術賞을 制定하여 硏究振興을 圖謀하고 있다. 前任 會
長團이 自發的으로 寄附한 1,200만 원이 넘는 金額을 財源으로 하여 2014
년부터 著述部門과 論文部門으로 나누어서 現在까지도 施賞을 해오고 있
다. 물론 學術賞 受賞의 對象은 朝鮮後期 硏究者로만 局限된 것이 아니라,
韓日關係史學會 會員이라면 어느 시기 專攻을 莫論하고 누구나 대상이 될
수 있음은 물론이다.

그런데 韓日關係史 硏究 活性化는 단지 償金으로만 解決될 일은 아니다. 그 밖에도 여러 支援策이 뒤따라야 함은 더 말할 나위가 없다. 그 가운데 하나가 韓日關係史를 專攻하려는 사람들에게 歷史資料에 대한 接近性을 높여 주는 일이다.

2. 資料 : 歷史資料의 飜譯·刊行

韓日關係史 硏究를 위해서는 韓國 資料는 물론이고 日本 資料도 함께 活用할 수 있는 能力을 必要로 한다. 그렇기 때문에 歷史硏究의 基礎資料가 되는 韓國과 日本의 古書나 古文書 등을 解讀하기 쉽게 飜譯하여 硏究者에게 提供하는 것도 매우 重要하고 必要한 일이다.

韓國과 日本의 歷史資料를 分析할 때 注意할 점에 대해서는 이미 李薰(2016)이 適切한 批判과 指摘을 한 바 있으므로 여기에서 重言復言 하지 않겠다. 다만 兩國의 史料를 硏究者가 綜合的이고 體系的으로 分析할 수 있도록 하려면, 朝鮮後期 韓日關係史 硏究에 必要한 基礎資料를 飜譯하여 刊行하는 事業이 積極的으로 推進되어야 한다고 본다. 이러한 作業이 제대로 이루어지지 못한 狀態에서 韓國과 日本 어느 한쪽의 一部 資料만 分析한 結果를 가지고 성급하게 결론을 내리다 보면, 李薰의 지적처럼 '例外的인 事實을 無理하게 一般化 하는 오류'또는 '過大評價나 過小評價의 오류'를 저지를 可能性이 크다고 본다.

따라서 필자는 앞으로 朝鮮後期 韓日關係史 硏究의 質的 高度化를 達成하기 위해서는 韓日關係史學會가 더욱 積極的으로 國家機關(예를 들면 國史編纂委員會 또는 東北亞歷史財團 등)에 提案을 하여 朝鮮後期 韓日關係史 硏究에 必要한 韓國과 日本의 基礎資料를 飜譯하여 刊行하는 事業을 長期間 持續할 필요가 있다고 본다. 물론 일부 자료의 경우는 이미 飜譯·刊行이 이루어지기도 하였으며(《海行摠載》,《增正交隣志》,《邊例集

要》,《倭人求請謄錄》,《典客司日記》,《通信使謄錄》 등), 그것이 朝鮮後期 韓日關係史 研究者에게 크게 도움을 주고 있음은 더 말할 나위가 없다. 이러한 점에서 볼 때 國史編纂委員會가 推進한 바 있는 《分類記事大綱》의 脫草 作業이 中斷된 것은 매우 안타까운 일이 아닐 수 없다. 그나마 다행인 것은 慶熙大學校 日語日文學科의 연구팀이 箕輪吉次의 指導 아래 《分類記事大綱》의 脫草 作業을 진행하면서 그 結果物을 慶熙大學校 學會誌에 揭載해 오고 있는 점이다.

韓日關係史學會 會員들이 지난 25년 동안 蓄積한 研究能力을 活用하여 國家機關의 國譯事業에 參與시킨다면 이 事業은 充分히 成功할 수 있다고 본다. 그렇게 해서 한국 측 기록(禮曹와 東萊府 記錄 등)과 일본 측 기록(《館守日記》 등 倭館記錄)을 함께 활용할 수 있는 기회가 주어진다면 조선후기 한일관계사 연구자들이 더 많은 後續 研究를 進行할 수 있을 것으로 확신한다. 이러한 國家支援事業과 研究者의 努力이 結合될 때 비로소 李薰(2016)이 지적한 研究方法上의 問題가 解消될 可能性이 높아질 것으로 판단된다. 그리고 그렇게 될 때 朝鮮後期 韓日關係史 研究者도 크게 增加하고 研究 水準도 높아질 수 있다고 생각한다.

3. 技術 : 데이터베이스(DB)를 活用한 融複合的·長期動態的 分析의 推進

컴퓨터와 인터넷 使用이 擴大되면서 歷史研究에도 커다란 變化가 일어나고 있다. 이제는 論文이나 書籍의 檢索뿐만 아니라, 歷史資料에 대한 檢索도 전보다 훨씬 손쉽게 할 수 있는 時代가 되었다. 이것은 물론 國內外 여러 研究機關이 홈페이지를 통해서 歷史資料의 原文 서비스를 비롯한 다양한 서비스를 제공하고 있기 때문이다. 이러한 서비스가 앞으로 더욱 高度化 될 것은 너무도 분명하다. 그렇기 때문에 그 동안 밝혀지지 않은 새로

운 歷史 事實을 규명하는 硏究도 여전히 이루어지겠지만, 머지않은 將來에
는 이미 學界에 紹介된 資料를 綜合的으로 활용하는 融複合型 硏究가 더
욱 많아질 것으로 展望된다. 歷史學과 社會科學의 만남은 말할 것도 없고
歷史學과 自然科學의 만남이 한층 빈번해질 것으로 보인다.

韓日關係史 硏究에서도 政治史·外交史·經濟史·貿易史와 같은 領域뿐
만 아니라, 科學史·技術史, 더 나아가서는 美術史·音樂史·文化史·生活史
등 매우 多樣한 分野의 學問과 서로 疏通을 늘려갈 것이 明確하다. 그리고
特定 年度만을 주로 다루는 靜態的인 分析이 아니라 長期間의 變化를 추
적하는 動態的 分析이 더욱 활발해질 것이다. 이러한 硏究傾向은 컴퓨터와
인터넷 등 情報通信 技術이 發達하면서 더욱 擴大될 것이 분명하다. 이러
한 變化에 積極 對應함과 동시에, 向後 10년 또는 20년 뒤 韓日關係史 硏
究의 더 나은 發展을 위해서라도 앞에서 말한 것처럼 朝鮮後期 韓日關係
史 分野에서 韓國과 日本 兩國의 古書와 古文書 등 歷史資料를 飜譯·刊
行하는 作業이 더욱 절실하게 要求된다 하겠다.

【부록】《韓日關係史研究》에 수록된 朝鮮後期 研究者의 論文 현황(1993.10~2017.4)

No	저자	논문명	권호	발행일
1	孫承喆	朝鮮時代 交隣體制의 분석과 그 문제점	1	1993-10-01
2		조선시대 通信史硏究의 회고와 전망	16	2002-04-01
3		조선시대 한일관계사료의 소개	18	2003-04-01
4		松雲大師(四溟堂) 對日使行의 외교사적 의미	21	2004-10-01
5		1696년, 安龍福의 제2차 渡日 공술자료	24	2006-04-30
6		朝鮮時代『行實圖』에 나타난 日本의 表象	37	2010-12-01
7		중·근세 조선인의 島嶼 경영과 경계인식 고찰	39	2011-08-01
8		17세기말 안용복 사건을 통해 본 조일간의 해륙경계분쟁	42	2012-08-01
9		조선후기 수토기록의 문헌사적 연구	51	2015-08-30
10	河宇鳳	朝鮮後期 實學과 日本近世 古學의 比較硏究 試論	8	1998-04-01
11		동아시아 국제전쟁으로서의 임진전쟁	39	2011-08-01
12		김성일의 일본인식과 귀국보고	43	2012-12-30
13		19세기 전반 대둔사 승려의 일본 표류와 일본인식	48	2014-08-30
14		원중거(元重擧)의 한일관계사 인식	50	2015-04-30
15	金東哲	『東萊府商賈案』을 통해서 본 19세기 후반의 東萊商人	1	1993-10-01
16		왜관도(倭館圖)를 그린 변박(卞璞)의 대일 교류 활동과 작품들	19	2003-10-01
17		조선후기 통제와 교류의 장소, 부산 왜관	37	2010-12-01
18		17~19세기 부산 왜관의 開市와 朝市	41	2012-04-30
19		對馬島 易地通信과 譯官, 그 '의례적' 관계와 '은밀한' 교류의 간극	50	2015-04-30
20	李薰	조선후기 違式書契를 통해서 본 朝·日交涉의 특질	1	1993-10-01
21		조선후기 일본인의 조선 漂着과 送還	3	1995-05-01
22		18세기 중엽 일본 표선에 대한 雜物(五日糧) 지급과 조·일 교섭 왜곡	9	1998-11-01
23		1836년, 南膺中의 闌入사건 취급과 近世 倭館	21	2004-10-01
24		외교와 경제 : 조선후기 통신사외교와 경제시스템	26	2007-04-30
25		조선후기 東萊府와 倭館의 의사소통	27	2007-08-30
26		조선후기 대일외교창구 관련「실무문서」의 수량과 수록실태	34	2009-12-01
27		비용으로 본 交隣儀禮	38	2011-04-01
28		임란 이후 '회답겸쇄환사'로 본 대일본외교 전략	49	2014-12-30
29		광해군대 '회답겸쇄환사'의 파견(1617년)과 대일본외교	52	2015-12-31
30		왜관 연구의 회고와 전망	54	2016-08-31
31		인조대의 국정운영과 1636년의 통신사 외교	56	2017-04-30
32	閔德基	朝鮮·琉球를 통한 에도 바쿠후(江戶幕府)의 對明 접근	2	1994-07-01
33		日本史上의 '國王' 稱號	13	2000-10-01
34		임진왜란에 납치된 조선인의 귀환과 잔류로의 길	20	2004-04-01
35		최천종 살해사건으로 본 19세기 중반 通信使의 대마도 인식	21	2004-10-01

No	저자	논문명	권호	발행일
36		조선후기 對日 通信使行이 기대한 반대급부	24	2006-04-30
37		임진왜란기 조선의 북방 여진족에 대한 위기의식과 대응책	34	2009-12-01
38		임진왜란의 '戰後처리'와 동아시아 국제질서의 변동	36	2010-08-01
39		중·근세 동아시아의 해금정책과 경계인식	39	2011-08-01
40		동아시아 해금정책의 변화와 해양 경계에서의 분쟁	42	2012-08-01
41		경인통신사의 활동과 일본의 대응	43	2012-12-30
42		임진왜란기 정경운의『孤臺日錄』에서 보는 아래로부터의 聞見 정보	45	2013-08-31
43		임진왜란기 '부왜'(附倭) 정보와 조선 조정의 대응	47	2014-04-01
44		도쿠가와 이에야스의 1606년 조선에 보낸 '국서'에 대한 위조설 검토	52	2015-12-31
45		1861~62년 對馬藩의 密貿易事件 處理過程	2	1994-07-01
46		朝鮮後期 對日貿易에 참가한 商賈都中의 규모와 활동 (1844~49)	8	1998-04-01
47		漂流民 送還體制를 통해 본 近現代 韓日關係	17	2002-10-01
48		朝鮮의 銅錢과 日本의 銀貨	20	2004-04-01
49		외교와 경제 : 조선후기 통신사외교와 경제시스템	26	2007-04-30
50		해남 대둔사 승려의 일본 표착과 체험(1817~1818)	32	2009-04-01
51	鄭成一	日本人으로 傷裝한 琉球人의 濟州 漂着	37	2010-12-01
52		조선과 일본의 銀유통 교섭(1697~1711)	42	2012-08-01
53		해남 선비 김여휘의 유구 표류와 송환 경로(1662~1663년)	43	2012-12-30
54		19세기 대일공무역 결제수단의 변경과 금납화	45	2013-08-31
55		1872~75년 조·일 무역 통계	46	2013-12-31
56		朝鮮의 對日關係와 巨濟 사람들	49	2014-12-30
57		倭館 開市 때 제공된 日本料理 기록의 비교(1705년, 1864년)	52	2015-12-31
58		1860년대 對日貿易과 公木·公作米	54	2016-08-31
59		朝鮮後期 朝·日國書 研究	1	1993-10-01
60	柳在春	중·근세 韓·中間 국경완충지대의 형성과 경계인식	39	2011-08-01
61		韓日 兩國의 山城에 대한 比較研究	11	1999-12-01
62		壬辰倭亂 직후 日本의 對朝鮮 講和交涉	3	1995-05-01
63		朝鮮後期 日本國王使 檢討	6	1996-12-01
64	洪性德	조선후기 對日외교사절 問慰行의 渡航人員 분석	11	1999-12-01
65		조선후기 통신사 수행 醫員에 대하여	32	2009-04-01
66		『조선왕조실록』한일관계기사 번역 검토	38	2011-04-01
67	玄明喆	1861년 對馬州의 移封요구운동	12	2000-04-01
68		기유약조체제의 붕괴 과정에 대하여	54	2016-08-31
69	張舜順	朝鮮後期 日本의 書契 違式實態와 朝鮮의 對應	1	1993-10-01
70		朝鮮後期 倭館의 設置와 移館交涉	5	1996-05-01

No	저자	논문명	권호	발행일
71		새로 발견된 왜관지도	16	2002-04-01
72		조선후기 대일교섭에 있어서 尹趾完의 通信使 경험과 영향	31	2008-12-30
73		17세기 후반 '鬱陵島爭界'의 종결과 對馬島(1696년~1699년)	45	2013-08-31
74		1696년 안용복의 渡日과 「元祿九丙子年朝鮮舟着岸一卷之覺書」	49	2014-12-30
75		18세기 조선 지식인의 對日談論으로서 울릉도·독도	51	2015-08-30
76		조선후기 왜관 통제와 교간사건의 처리	54	2016-08-31
77		네덜란드인의 日本行 '도주사건'과 德川幕府의 대응	14	2001-04-01
78		"VOC"의 동북아시아 진출에 보이는 조선무역의 단절과 일본무역 유지정책	22	2005-04-30
79		前近代 일본의 西洋 異國船 표착처리	25	2006-10-01
80	申東珪	일본의 중세적 世界觀에서 근세적 世界觀으로의 변화와 조선의 전통적 世界觀 변화에 대한 비교 고찰	35	2010-04-01
81		에도시대(江戶時代) 후기 일본 經世論家의 에조치(蝦夷地)에 대한 침탈적 인식 고찰	39	2011-08-01
82		전근대 시기 '釣魚島諸島'에 대한 中·日의 영토인식 고찰	42	2012-08-01
83		朝鮮後期 通信使를 수행한 謹官의 구성과 역할	36	2010-08-01
84		조선의 對日關係와 동래 사람들	49	2014-12-30
85	梁興淑	『울산부 호적대장』을 통해 본 조선후기 降倭의 존재와 정착	54	2016-08-31
86		對馬島 易地通信과 譯官, 그 '의례적' 관계와 '은밀한' 교류의 간극	50	2015-04-30
87		정보·통신과 임진왜란	22	2005-04-30
88	김문자	壬辰倭亂期 일본사료연구	30	2008-08-30
89		일본 대하드라마에서 보이는 히데요시像	35	2010-04-01
90		임진왜란기의 강화교섭과 加藤淸正	42	2012-08-01
91		조선후기 川寧玄氏家의 譯官活動	20	2004-04-01
92	이상규	17세기 전반 왜학역관 康遇聖의 활동	24	2006-04-30
93		17세기 초중반 왜학역관 洪喜男의 활동	26	2007-04-30
94		1617년 회답부사 朴梓의 『東槎日記』고찰	55	2016-12-31
95		17세기 조선의 왜관통제책과 조일관계	15	2001-10-01
96		쓰시마(對馬島) 조선어통사의 성립과정과 역할	29	2008-04-30
97	허지은	근세 쓰시마 조선어통사의 정보수집 경로와 내용	32	2009-04-01
98		근세 쓰시마의 바쿠후로의 정보보고와 유통	37	2010-12-01
99		근세 왜관 館守의 역할과 도다 도노모(戶田賴毛)	48	2014-08-30
100		조선후기 대일무역상의 폐해와 己巳約條(1809)의 체결	22	2005-04-30
101	이승민	조선후기 對馬島 求貿의 개념과 실태	36	2010-08-01
102		조선후기 일본과의 매[鷹] 교역과 그 의미	45	2013-08-31
103	윤유숙	근세 돗토리번(鳥取藩) 町人의 울릉도 도해	42	2012-08-01

No	저자	논문명	권호	발행일
104		조선후기 문위행(問慰行)에 관한 재고(再考)	50	2015-04-30
105	심민정	조선후기 통신사 원역의 선발실태에 관한 연구	23	2005-10-30
106		조선 후기 日本使臣 접대절차와 양상	50	2015-04-30
107	김강일	조선 후기 倭館의 정보수집에 관한 연구	29	2008-04-30
108		撤供撤市 연구	53	2016-04-30
109	유채연	조선후기 통신사행의 三使 선발과 대일정책	41	2012-04-30
110		조선후기 '問慰行' 명칭과 성립과정에 대한 재고	52	2015-12-31
111	김태훈	병자호란 이후 倭情咨文의 전략적 의미	50	2015-04-30
112		인조대 전반기 국제정세 변화와 대일정책	55	2016-12-31
113	한승희	己亥通信使의 儀式改定에 대한 새로운 검토	16	2002-04-01
114		己亥通信使에 대한 各藩의 御馳走役	25	2006-10-01
115	엄찬호	고지도를 통해 본 한·중·일 경계인식의 변화	39	2011-08-01
116		조·중간의 경계분쟁과 고지도	42	2012-08-01
117	김경미	對馬島 易地通信과 譯官, 그 '의례적' 관계와 '은밀한' 교류의 간극	50	2015-04-30
118	김영록	조선후기 대일공무역과 公木	42	2012-08-01
119	하여주	조선후기 대일관계 속의 皮物	49	2014-12-30
120	이재훈	호소이 하지메(細井 肇) 초역본 『海游錄』	47	2014-04-01
121	김경옥	조선의 對淸關係와 西海海域에 표류한 중국 사람들	49	2014-12-30
122	김경록	조선과 중국(명·청)의 사행외교	55	2016-12-31
123		雨森芳洲의 '誠信外交'論에 관한 一考察	12	2000-04-01
124	岩方久彦	1811年 對馬島 易地通信研究	23	2005-10-30
125		憲宗代 오사카(大坂)역지통신 교섭과 조선의 대응책	35	2010-04-01
126		正祖代 대마도 易地通信 교섭과 '江戸通信' 연구	52	2015-12-31
127	小幡倫裕	鶴峰 金誠一의 日本使行에 대한 思想的 考察	10	1999-04-01
128		신유한의 『해유록海游錄』에 나타난 일본관과 그 한계	19	2003-10-01
129	箕輪吉次	壬戌年 信使記錄의 集書	50	2015-04-30
130		倭館과 和館	55	2016-12-31
131	楊秀芝	琉球王國의 對外關係에 관한 一考察	3	1995-05-01
132	James B.	朝鮮後期 釜山 倭館의 記錄으로 본 朝日關係	6	1996-12-01
133	Lewis	대영박물관 소장 1748년 朝鮮 通信使行列 繪卷	38	2011-04-01
134	김돈	임진왜란사의 庚寅通信使 관련 역사서술의 문제	43	2012-12-30
135	김선희	7세기 초가-중기 林羅山의 타자상	16	2002-04-01
136	김학수	조선후기 사림계의 金誠一에 대한 인식과 평가	43	2012-12-30
137	남기훈	17세기 朝·日 양국의 울릉도·독도인식	23	2005-10-30
138	남의현	元·明交替期 한반도 북방경계인식의 변화와 성격	39	2011-08-01
139	류종현	일본 淸見寺 소장 通信使의 遺墨 조사 보고	24	2006-04-30

No	저자	논문명	권호	발행일
140	米谷均	『全浙兵制考』「近報倭警」에서 본 日本情報	20	2004-04-01
141	박도식	어촌 심언광의 북방 경험과 국방 개선안	48	2014-08-30
142	박병섭	일본인의 제3차 울릉도 침입	35	2010-04-01
143	박한민	1878년 두모진 수세를 둘러싼 조일 양국의 인식과 대응	39	2011-08-01
144	신명호	19세기 후반 한·일 궁중의 후계자 교육 비교연구	43	2012-12-30
145	유연성	임진왜란기 한성 주변 전투의 전략적 의의	48	2014-08-30
146	이혜진	17세기 후반 朝日外交에서의 裁判差倭 성립과 조선의 외교적 대응	8	1998-04-01
147	田中隆二	兼山 洪熹의 생애와 활동	5	1996-05-01
148	田阪正則	關白退休告知差倭(1746년)를 둘러싼 朝日間交涉	56	2017-04-30
149	정예정	草梁客舍 造營에 관한 硏究	37	2010-12-01
150	정장식	1636년 通信使의 日本認識	11	1999-12-01
151	조병노	江戶時代 宿驛에서의 助鄕에 대하여	14	2001-04-01
152	하태규	丁酉再亂期 全羅道 지방의 義兵活動에 대하여	10	1999-04-01
153		임진왜란 초기 전라도 관군의 동향과 호남방어	26	2007-04-30
154	한명기	임진왜란 직전 동아시아 정세	43	2012-12-30
155	홍을표	조선후기 척계광의 戰法에 대한 논의		2013-04-01
156	김보한	중근세 일본인의 조선에 대한 경계인식 고찰	39	2011-08-01
157		전근대 '환한국해' 권역에서 한반도 중심의 해상 네트워크	45	2013-08-31
158	한문종	임진왜란시의 降倭將 金忠善과 『慕夏堂文集』	24	2006-04-30
159		조선의 남방지역과 일본에 대한 경계인식	39	2011-08-01
160		임진왜란 시기 장성 남문의병의 활동과 성격	45	2013-08-31
161		조선시대 對日使行과 對馬島	49	2014-12-30

자료 : 한일관계사학회 홈페이지(2017.8 현재)
주 1 : 朝鮮後期에 해당하는 논문만 정리한 것이며, 서평과 교과서 관련 논문은 제외하였음.
주 2 : 김보한과 한문종은 高麗時代와 朝鮮前期 전공자이므로 여기에서는 조선후기에 해당하는 2인의 논문 목록만 제시하였음.

〈토론문〉

조선후기(江戸時代) 한일관계사 연구의 회고와 전망

장순순 ㅣ 전북대학교

1. 논문의 의의

본 연구는 한일관계사학회 관련 학회지인 『한일관계사연구』를 중심으로 한일관계사의의 발자취를 추적하고, 1992년~2017년까지 조선후기 한일관계사의 연구현황을 분석한 것이다. 나아가 현재 한일관계사 연구가 직면한 현실적 과제를 직시하고, 연구의 활성화 방안에 대한 제언을 제시하였다는 점이 돋보인다.

2. 의견 및 질문

1) 『한일관계사연구』 창간 특수사로 취급되었던 한일관계사가 현 한국사 속에서 차지하는 위치와 그것과 관련하여 기존 학계에서 한일관계사학회 (한일관계사연구회)의 역할 및 성과를 어떻게 평가할 수 있는가?

2) 발표자께서는 『한일관계사연구』에 수록된 한일관계 관련 논문을 시대별로 나누어 분석하고 그 결과를 제시하고 있다. 그러나 '조선후기(에도시대) 한일관계사 연구' 성과에 대해서는 본격적으로 다루지는 않았다. 제목대로 조선후기 한일관계 논문을 세부적으로 분류·분석한다면-예를 들어, 주

제별 분류- 기존 연구 성과 분석과 비교하여 어떤 특징을 도출해 낼 수 있을까? 최근의 연구 성과가 이훈을 통해서 왜관에 관한 것은 분석되어 있지만, 통신사에만 한하더라도 2002년 이후의 연구 현황에 관한 언급은 없는 실정이다. 이에 2002년 이후 한일관계사연구 중 왜관 이외의 연구 동향에 대한 의견을 듣고 싶다.

3) '2. 역사연구 인력의 문제'에서 한일관계사 연구 인원수가 1992년 한일관계사학회 창립 당시의 그것과 비교해서 않았다고 지적하고, '최근 (한국 사회의) 저출산에 따른 학령인구의 감소', '대학입학자수'의 감소로 인한 '대학 구조조정의 진행'과 '역사학 관련 학과나 전공 과정의 축소' 등 한국 사회의 구조적인 문제를 그 배경으로 제시하고 있다. 그러나 이러한 의견 외에 현재 한국을 둘러싼 국제상황이 1990년대 초반과 달라진 점도 있지 않을까 생각한다. 현한국ㅍ사회에서 중국(한중관계)과 미국(한미관계)의 영향력이 커지면서, 상대적으로 일본관계에 대한 관심의 축소가 한일관계사 연구자의 축소를 가져왔을 수도 있다고 생각된다. 또한 일본에 유학하여 일본사를 전공한 젊은 연구자들의 귀국과 활동, 일본사 중심의 연구 진행도 관련이 있을 것으로 생각한다.

개항기 한일관계사 연구의 회고와 전망

현명철 | 국민대학교

개항기란 일반적으로 1876년 조일수호조규에서 일제의 강점을 맞이하는 1910년까지의 시기를 일컫는다. 그러나 개항기를 연구하기 위해서는 기존의 외교 관계가 흔들리는 계기가 되는 에도막부의 멸망과 메이지 정부의 성립에서부터 살펴보지 않을 수 없다. 개항 과정에서 우리 역사는 일본과 밀접한 관련을 맺고 있기 때문이다. 따라서 본 발표에서는 대원군이 집권하는 1863년부터 1910년 조선의 멸망에 이르는 시기(고종시대)에 대한 연구를 다루고자 한다.

개항기 회고와 전망은, 우리 학회 10주년 기념 심포지움에서 다룬 바 있다. 그때 심기재는 인상적인 발표를 담당해 주었다[1]고 기억한다. 특히 일본에서의 연구를 소상히 소개하여 우리의 시야를 넓혀주었다. 그리고 15년의 세월이 흘렀다. 그 사이, 한일관계사 연구의 현황에 대해 장순순은 「조선시대 대마도 연구의 현황과 과제」[2]를, 이훈은 「왜관연구의 회고와 전망」[3]을 발표하였다. 본 발표는 먼저 2000년대 이후 『한일관계사연구』에 수록된 개항기 관련 논문과 이를 근거로 저자들의 연구 활동을 소개하고, 다음으로

---

1) 심기재 「개항기의 회고와 전망」(『한일관계사연구의 회고와 전망』 국학자료원) 2002년.
2) 장순순, 「조선시대 대마도 연구의 현황과 과제」(『동북아역사논총』41) 2013년 9월
3) 이 훈, 「왜관연구의 회고와 전망」(『한일관계사연구』54) 2016년 8월

필자의 관심에서 앞으로 필요한 연구 방향을 제시하고자 한다. 그 후 일본
조선사연구회에서 소개한 관련 저작과 논문을 소개하는 것으로 마무리를
짓고자 한다.

Ⅰ. 한국에서의 연구

2000년도 이후 『한일관계사연구』에서 개항기(1868-1910)에 관련된 논문
을 뽑아보면 27명의 연구자에 의한 39편의 논문이 검출된다. 이를 정치·외
교(Ⅰ), 경제(Ⅱ), 사회문화·사상(Ⅲ)으로 나누어 표로 만들어 보면 다음과
같다.

이름	분류	논문제목	출전	연도
김경록	Ⅰ	「청일전쟁 초기 조일맹약의 강제 체결과 일본의 군사침략」	한일관계사연구51	2015
김흥수	Ⅰ	운요호 사건과 이토히로부미	한일관계사연구33	2009
김흥수	Ⅰ	「1875년조일교섭실패의요인」	한일관계사연구45	2013
남상구	Ⅰ	「한국인과 야스쿠니 신사 문제」	한일관계사연구35	2010
방광석	Ⅰ	「러일전쟁 이전 이토히로부미의 조선 인식과 정책」	한일관계사연구48	2014
岩方久彦	Ⅰ	1876년수신사연구	한일관계사연구27	2007
엄찬호	Ⅰ	청일전쟁에 대한 조선의 대응	한일관계사연구25	2006
윤소영	Ⅰ	朝日修好條規의역사적위치	한일관계사연구18	2003
정광섭	Ⅰ	식민지화과정에 井上角五郞의 역할	한일관계사연구15	2001
정광섭	Ⅰ	23부제지방행정제도에관한소고	한일관계사연구41	2012
정광섭	Ⅰ	「갑오개혁기 감리서의 정체성에 관한 연구」	한일관계사연구56	2017
조명철	Ⅰ	「청일·러일전쟁의 전후 처리와 한국문제」	한일관계사연구36	2010
한성민	Ⅰ	「제2회헤이그만국평화회의특사에대한일본의대응」	한일관계사연구51	2015
현명철	Ⅰ	「田保橋潔의 『近代日鮮關係の研究』무엇이 잘못되었을까」	한일관계사연구51	2015
현명철	Ⅰ	「기유약조체제의 붕괴 과정에 대하여」	한일관계사연구54	2016

이름	분류	논문제목	출전	연도
현명철	I	「제1차수신사행의외교사적위치」	한일관계사연구56	2017
박병섭	II	「일본인의제3차울릉도침입」	한일관계사연구35	2010
정성일	II	漂流民送還體制를통해본近現代韓日關係:制度史的接近(1868~1914)	한일관계사연구17	2002
정성일	II	朝鮮의對日關係와巨濟사람들:1830~80년대巨濟府舊助羅里[項里]주민의대마도난파선구조를중심으로	한일관계사연구49	2014
정영미	II	「『죽도고증』의 마쓰시마 개척원과 아마기함의 울릉도 조사」	한일관계사연구43	2012
현명철	II	메이지 정권과 독도	한일관계사연구23	2005
김동철	III	「17-19세기부산왜관의개시와조시」	한일관계사연구41	2012
김연지	III	「개항장 객주의 변모 양상과 성격 고찰」	한일관계사연구44	2013
김연지	III	「1890년대부산항생우의일본수출」	한일관계사연구53	2016
박한민	III	「1878년두모진수세를둘러싼조일양국의인식과대응」	한일관계사연구38	2011
정성일	III	「1872-1875조일무역통계」	한일관계사연구46	2013
정성일	III	「1860년대대일교역과공목·공작미」	한일관계사연구54	2016
강성우	IV	「개항기 조선에서 근대적 위생 문화의 수용」	한일관계사연구52	2015
國分典子	IV	한국에서의 서양법사상 수용과 유길준	한일관계사연구13	2000
김경남	IV	「일제강점초기 자본가 중역겸임제에 의한 정치 사회적 네트워크의 형성」	한일관계사연구48	2014
김경남	IV	「1894~1930년전통도시전주의식민지적도시개발과사회경제구조변용」	한일관계사연구51	2015
김동철	IV	개항장 釜山에서 閔建鎬가 경험한 음력과 양력	한일관계사연구46	2013
月脚達彦	IV	유길준의 일본관	한일관계사연구13	2000
윤병희	IV	유길준의 사회 활동	한일관계사연구13	2000
이기용	IV	유길준과 福澤諭吉의 정치론 비교연구	한일관계사연구13	2000
장순순	IV	「18세기조선지식인의대일담론으로서울릉도·독도」	한일관계사연구51	2015
차철욱	IV	「전근대 군사도시에서 근대 식민도시로의 변화」	한일관계사연구48	2014
하우봉	IV	수운 최재우의 대외인식	한일관계사연구17	2002
한철호	IV	유길준의 생애와 사상	한일관계사연구13	2000

정치외교 관련16편, 바다/표류/독도 관련 5편, 경제 관련 6편, 사회문화·
사상 12편으로 나눌 수 있다. 『한일관계사연구』에 발표한 연구자들이 2000
년 이후 다른 곳에 발표한 논문 중 개항기에 관한 논문을 정리하면 다음과
같이 55편의 논문이 검출되었다.

김경록	청일전쟁기 일본군의 경복궁 침략에 관한 군사사적 검토	군사93	2014
김동철	18세기후반~20세기전반 기장지역의 시장권	지방사와지방문화13	2010
김동철	19세기 후반 동래상인의 존재와 활동 : 都中 洪在昇, 朴時爽, 李塤의 사례	지역과역사38	2016
김연지	19세기 말·20세기 초 부산지역 객주 영업과 자본 축적 유형	역사와 경계71	2009
김연지	『통상휘찬 - 주한 일본 영사관 보고』 한국편의 체제 검토와 사료적 가치	지방사와 지방문화19	2016
김흥수	병인양요 이후 막부의 조선사절 파견계획 재검토	일본역사연구29	2009
박병섭	메이지時代의 자료에서 본 독도의 歸屬問題	독도연구3	2007
박병섭	시모조 마사오의 논설을 분석한다	독도연구4	2008
박병섭	일본의 새 논조와 시마네현 어민의 독도어업	독도연구9	2010
박병섭	러일전쟁과 독도의 가치	독도연구10	2011
박병섭	안용복사건 이후의 독도 영유권 문제	독도연구13	2012
박병섭	근대기 독도의 영유권 문제 : 새 자료 및 연구를 중심으로	독도연구12	2012
박병섭	17세기 일본인의 독도 어업과 영유권 문제	독도연구15	2013
박병섭	대일강화조약과 독도·제주도·쿠릴·류큐제도	독도연구16	2014
박병섭	광복 후 일본의 독도 침략과 한국의 수호 활동	독도연구18	2015
박병섭	샌프란시스코 강화조약 전후 일본의 독도 정책	독도연구19	2015
박병섭	샌프란시스코 강화조약에서 독도가 누락된 경위와 함의: 조약에서 누락된 섬들과의 비교	독도연구21	2016
박병섭	「일본영역참고도」와 일본 외 무성의 독도 정책 모색	영토해양연구13	2017
박한민	조일수호조규 관철을 위한 일본의 정찰활동과 조선의 대응	역사학보217	2013
박한민	유길준 『世界大勢論』(1883)의 전거(典據)와 저술의 성격	한국사학보53	2013
박한민	개항장 '間行里程' 운영에 나타난 조일 양국의 인식과 대응	한국사연구165	2014
박한민	갑오개혁기 보빙대사 의화군과 유길준의 일본 파견과 활동	한국근현대사연구81	2017
방광석	일본의 한국침략정책과 伊藤博文 : 統監府 시기를 중심으로	일본역사연구32	2010

방광석	'이토 히로부미 저격사건'에 대한 각국 언론의 반응과 일본 정부의 인식 : 일본외무성 외교사료관 소장자료를 중심으로	동북아역사논총30	2010
방광석	한국병합 전후 서울의 '재한일본인' 사회와 식민권력	역사와 담론56	2010
윤소영	1870년 전후 조선의 對日認識과 정책	한국근현대사연구25	2003
윤소영	한말기 조선의 일본 근대화 논리의 수용-'和魂'論과 '國魂'論의 비교를 통하여	한국근현대사연구29	2004
윤소영	일본 메이지 시대 문헌에 나타난 울릉도와 독도 인식	독도연구1	2005
윤소영	1900년대 초 일본 측 조선어업 조사 자료에 보이는 독도	한국독립운동사연구41	2012
윤소영	근대 일본 관찬 地誌와 지리교과서에 나타난 독도 인식	한국독립운동사연구46	2013
윤소영	메이지후기지리지·향토지에 나타난 독도 기술	독도연구17	2014
윤소영	울릉도민 홍재현(洪在現)의 시마네 현 방문(1898)과 그의 삶에 대한 재검토	독도연구20	2016
이기용	일본침략사상의 원형인 '神功皇后說話'	일본사상13	2007
이기용	20세기초 동아시아에서의 전쟁과 평화사상 : 기독교인과 사회주의자를 중심으로	일본사상15	2008
장순순	草梁倭館의 폐쇄와 일본 租界化 과정	일본사상7	2004
정성일	全羅道 住民의 日本列島 漂流記錄 分析과 데이터베이스 화(1592~1909)	사학연구72	2003
정성일	근대 조선과 일본의 해난구조제도와 국제관계	동북아역사논총28	2010
정영미	독도 영유권 관련 자료로서의 「죽도고증(竹島考證)」의 역할과 한계	독도연구17	2014
정영미	일본의 독도 영유권 근거 자료 조사·정리의 역사적 경과와 의미	영토해양연구11	2016
정영미	SCAPIN 677과 『1945년 칙령 제707호(중의원 의원 선거법 시행령 중 개정의 건)중 개정의 건』: SCAPIN 677의 일본 국내법화 과정에 대한 고찰	일본역사연구44	2016
정영미	사료로 본 독도 논쟁사: 새로운 자료 발굴의 방향성 모색을 위한 전사(前史)로서	영토해양연구12	2016
정영미	독도 자료 발굴사: 『독도문제』와 「삼국접양지도」 발굴	영토해양연구13	2017
차철욱	개항기~1916년 부산 일본인상업회의소의 구성원 변화와 활동	지역과 역사14	2004
한성민	구라치 데츠키치(倉知鐵吉)의 '韓國併合' 계획 입안과 활동	한국근현대사연구54	2010

한성민	일본정부의 '韓國倂合' 실행계획 수립 과정 : 「구라치 案」과 「아키야마 案」의 비교를 중심으로	동양사학회 학술대회 발표논문집	2017
한철호	제1차 수신사(1876) 김기수의 일본인식과 그 의의	사학연구84	2006
한철호	대한제국기 주일 한국공사의 활동과 그 의의(1900~1905)	사학연구94	2009
한철호	매천야록에 나타난 황현의 역사인식	한국근대사연구55	2010
한철호	개화파연구의 실증적 초석 쌓기와 그 의의 : 李光麟의 『開化黨研究』를 중심으로	한국사연구148	2010
한철호	일본 해군 수로부의 오키 측량과 독도 인식	한국근현대사연구65	2013
한철호	일본 수로부 간행의 수로지와 해도에 나타난 독도	독도연구17	2014
한철호	일본 수로부의 「조선전안」 간행·개정 및 활용과 독도 인식	한국사연구169	2015
한철호	일본 수로국 아마기함[天城艦]의 울릉도 최초 측량과 독도 인식	동북아역사논총50	2015
현명철	對馬藩 소멸과정과 한일관계사	동북아역사논총41	2013
현명철	1872년 일본 화륜선의 왜관 입항	동북아역사논총49	2015

위의 논문을 바탕으로 현황과 과제를 살펴보자.

1. 정치외교 관련 연구의 현황과 과제.

1) 개항 과정에 대한 연구

그 동안 개항 과정에 대한 한일관계사 연구는 다보하시 기요시(田保橋潔)의 『近代日鮮關係の硏究』(1940)를 부분적으로 비판하면서도 기본적으로 그 틀을 넘어서지 못하였다. 다보하시는 많은 사료를 활용하여

메이지 정부는 성립 후 양국의 우호를 확인하기 위해 서한을 보내었으나 사소한 자구에 연연한 조선의 외교 라인과 대원군의 쇄국 정책, 그리고 훈도의 농간으로 접수되지 못하였으며 이로 말미암아 일본에서는 정한론이 발생하였고 결국은 힘에 의해 강화도 조약을 체결하여 조선을 개국의 길로 이끌었다.

라는 이미지를 구축하였다. 여기에는 일본이 호의를 보였음에도 이를 거

부하는 조선의 어리석음과 무례함, 그리고 훈도의 일탈과 독단이 가능한 조
선 외교 라인의 기강 문란이 강조되었다. 그 의도는 개항 전 한·일간의 갈
등의 책임을 전적으로 조선에 귀결시키고자 한 것이었다. 이러한 의도는 성
공적으로 기능하였다고 판단된다. 그리하여 부분적인 비판이 없는 것은 아
니지만 큰 틀에서는 이를 대신할 역사상이 제시되지 못하였기에 아직까지
도 일반적이고 또 교과서의 기술도 크게 다르지 않음은 주지의 사실이다.4)

개항 과정에 관한 연구는 역사학계에 앞서서 정치학계에서 먼저 연구가
시작된 감이 있다.

배성동 「개항 직전의 한일관계 1868~1874」5)는 정치학적 입장에서 田保
橋潔의 기술을 적절하게 비판한 부분이 많다. 이 연구는 기본적으로 정한론
에 대한 연구가 중심이다. 우선, 정한론의 역사적 배경에서 八戶順叔의 기
사에 대한 청 예부의 咨報를 받고 조선이 일본의 침입을 두려워하여 驚愕
하였다는 것은 사실이 아니고, 조선은 즉각 回咨를 보내어 이 신문 기사는
허망한 말이라고 지적하고, 일본에 보낸 서계에서도 일본의 침입에 대한 질
책과 경고가 아니라 우호관계의 확인에 머무르고 있음을 지적한(10쪽) 부분
은 타당하다. 그러나 배성동은 대마도주가 보내온 서계에 대해 일단 훈도가
독자적으로 이를 거절하였다는 가능성에 무게를 두고 「이것이 사실이라면
이것이 한일관계를 결정적으로 악화시킨 전환점」 이 될 것이라고 하고 조
선의 서계 거부에 따라서 정한론이 시작된다고 보는 입장을 취한다. 즉 전
통적인 정한론과 다른 본격적인 정한론이 이 서계의 수취 거부에서 시작된
다고 보았다.(17쪽) 그리고 배성동은 이 서계를 받아들이지 않은 것에 대해
아쉬움을 표현하고 있다. 「그것을 읽으면서 …새로운 정치의 원리가 전개
되고 있다는 사실을 깨달을 수 없었던 것일까」「이때로부터 불과 6,7년에

---

4) 현명철, 「개항기 일본 역사교과서 서술의 검토」, 『한일관계사연구30』, 2008년 8월
   참고.
5) 배성동 「개항 직전의 한일관계 1868-1874」 (『한국정치학회보』6, 1972)

저들의 무력적 위협에 굴복하고 말 것을 맹랑하게 버티었던 것이다」(18쪽)
라는 표현은 대표적이라 하겠다. 결국 서계를 거부한 조선에 잘못이 있다
(어리석었다)는 당시 일본의 논리에 따르게 된 것이라고 하겠다.

한편, 채중묵 「왜관을 접촉점으로 한 한일외교교섭사 연구 1868~1875년
까지」6)는 강화도 조약을 일본이 강화에 침공하여 무력에 의해 개국을 강요
한 것으로 파악하고 그 과정을 정리하였는데, 그는 메이지 정부가 유신을
통고하라는 명령을 대마주에 내렸을 때 대마주는 한일 양국 사이에서 난처
하였고 여러 가지 건의를 올리고 있다고 보았다. 사실은 조선과의 외교 개
혁을 주장하고 원조를 요청한 것은 대마주였음을 몰랐기 때문에 그렇게 추
정하였다고 보인다. 그 또한 1868년 12월18일 문정차 입관한 훈도가 선문
서계를 거절하였다(209쪽)고 田保橋潔의 견해를 그대로 받아들이고 있다.
문정이 항해에 대한 출입국 수속절차임을 모르기 때문으로 생각된다. 이후
의 논지 역시 田保橋潔의 『近代日鮮關係の硏究』를 나름대로 풀어서 설명
한 부분이 많아 조선의 입장과 논리에 대한 이해는 찾아볼 수 없다. 반면
장순순은 「초량공관의 폐쇄와 일본 조계화 과정」7)을 발표하여, 근세한일관
계에서 근대한일관계로 변화하는 과정에서 왜관의 성격과 지위가 어떻게
달라지는지 객관적 입장에서 살펴보고자 시도하였으나 성공하였다고 말할
수 없다.

한편, 윤소영은 「1870년 전후 조선의 對日認識과 정책」8) 에서 조일수호
조규 체결의 내적 조건을 추구하여 서계를 거부한 이유와 고종 친정 이후
의 외교 노선의 변화를 살폈다. 그리하여 조일수호조규 체결 전야의 조선은
대외정보에 어둡고 침체되어 있었다는 기존의 견해에 적절한 비판을 가하

---

6) 채중묵 「왜관을 접촉점으로 한 한일외교교섭사 연구 1868-1875년까지」 전북대학교
   논문집,1974
7) 장순순, 「초량공관의 폐쇄와 일본 조계화 과정」, 일본사상7, 2004년
8) 윤소영, 「1870년 전후 조선의 對日認識과 정책」(『한국근현대사연구』25, 2003년)

였다. 이어 윤소영은 「조일수호조규의 역사적 위치」(2003)에서 조일수호조 규가 강압에 의해 체결된 불평등조약이라는 기존 견해를 부정하고 조선이 주도적으로 체결한 조약으로 정치적 평등성을 인정한 것임을 부각시켜 이 시기 연구의 새로운 이정표를 세웠다. 또한 제홍일은 미야모토 코이치를 중 심으로 연구를 계속하여 「근대 여명기 일본의 조선정책과 宮本小一」[9]를 통해 일본이 소극적이고 온건하였음을 실증하여 조일수호조규가 위협을 통 해 맺어진 것이라는 기존의 연구를 비판하였다. 한편, 이근관은 「조일수호 조규의 재평가」[10]에서 전통적인 동아시아 국제질서의 틀 안에 묶어두려고 했던 조선의 의도를 부각시켜 개국이나 개항등의 패러다임의 변경이 있었 다고 보기 어려우며 전통적 질서의 연속성을 강조하였다. 매우 중요한 지적 이라고 판단된다. 또한 츠키아시다츠히코[月脚達彦]는 조일수호조규를 불 완전한 불평등조약으로 규정하고 이 조약을 불평등하다고 보는 인식은 체 결 당시는 물론 3.1운동 시기까지도 일반적이지 않았다고 지적하였다.[11] 접 견대관 신헌의『심행일기』를 번역한 김종학 역시 「조일수호조규는 포함외 교의 산물이었는가」[12]에서 협상이 일본의 강압에 의해 이루어진 것만은 아 니라고 설명하였다. 현명철은 「제1차 수신사의 외교사적 위치」(2017)를 발 표하여 조선정부는 조일수호조규를 완수하기 위한 사절로 수신사를 파견하 였으며, 조선정부는 이 조약을 일본과의 우호관계를 회복(重修舊交)한 조약 으로 간주하였을 뿐 개국을 의도하지 않았음을 입증하였다. 수신사는 서양 열강에 대한 쇄국 단행을 지속할 것이며 또한 서양 문물의 도입에도 큰 관 심이 없음을 일본에 충분히 전달하였다는 것이다. 결국, 조일수호조규는 지

---

9) 제홍일, 「근대 여명기 일본의 조선정책과 宮本小一」(『역사와 세계』37), 2010
10) 이근관 「조일수호조규(1876)의 재평가 - 전통적 동아시아 국제질서의 시점으로부 터 -」(『서울국제법연구』11-1, 2004년
11) 月脚達彦, 「近代朝鮮の條約に於ける′平等′と′不平等′ 一日朝修好條規と朝米 修好通商條約を中心に」′『東アジア近代史』13′2010年
12) 김종학, 「조일수호조규는 포함외교의 산물이었는가」(『역사비평』114) 2016년 봄

금까지 통설로 받아들여진 일본의 압력에 의해 개항한 불평등한 조약이라는 것에 대해 많은 비판이 이루어진 것으로 판단된다.

그러나 조일수호조규는 무엇이었는가, 그리고 이를 어떻게 가르칠 것인가에 대한 학계의 공통 이해는 아직 형성되지 않았으며, 아직 역사교육의 장에 파급된 흔적은 찾을 수 없다. 앞으로의 연구가 필요한 이유이다. 실패를 통해 얻을 수 있는 역사적 교훈을 우리는 개항 과정에서 찾아내지 못하고 있어서 개항기는 학생들에게 피하고 싶은 역사가 되고 말았음은 우리의 책임이 아닐까 생각해 본다. 현재까지의 연구는 田保橋潔의 연구를 철저히 비판하지 못한 상태에서 새로운 연구가 병립하여 진행되고 있는 상황이라고 볼 수 있다. 여기서 2013년 김종학에 의해 田保橋潔의『近代日鮮關係の研究』가 일조각에서 번역 출간된 것을 기술하지 않을 수 없다. 田保橋潔의 역사관을 뛰어넘기 위해서는 앞으로도 시간이 필요할 것으로 보인다.

한편, 일본에서는 이시가와 히로시(石川寬)가 정력적인 연구 성과[13]를 발표하였다. 이시가와는「明治期の大修參判事と對馬藩」에서 대마주가 개혁지향을 가지고 있었다고 보고 조선무역에 고집하지 않았다는 입장에서 대마주를 변호하고자 하였다. 하지만 그는「倭館接收後の日朝交涉と對馬」에서는 왜관접수의 원인을 대관소가 무역을 계속하려는 의도를 가지고 있었기 때문이라고 하지 않을 수 없었다. 일본 사료에만 의존하였기에 한계는 있지만, 그의 연구는『每日記』를 비롯하여 종가문서를 활용하였기에 연구의 수준을 한 단계 끌어 올렸다고 평가할 수 있다.

---

13) 石川寬 2001年 「明治維新と朝鮮·對馬關係」 (明治維新史學會編 『明治維新とアジア』) 吉川弘文館.

　　石川寬 2002年 「日朝關係の近代的改編と對馬藩」 (『日本史研究480』)

　　石川寬 2002年 「明治維新期の對馬藩政と日朝關係」 (『朝鮮學報』183' 朝鮮學會)

　　石川寬 2003年 「明治期の大修參判事と對馬藩」 (『歷史學研究775』' 歷史學研究會)

　　石川寬 2003年 『明治維新期の日朝關係と對馬藩』 名古屋大學 博士學位論文

　　石川寬 2004年 「倭館接收後の日朝交涉と對馬」 (『九州史學』139' 九州史學研究會)

일본에서 개항기 연구 성과가 만족스럽지 못한 이유는 당시의 일본사 사료 자체가 메이지 정부의 입장만을 강조한 선전적 요소가 강한 특성에 기인하는 바가 크다. 따라서 사료를 비판하는 능력이 선행되어야 하며 이를 위해서는 당시 한국 측 사료를 활용하는 것이 필수적이다. 또한 일본사 사료를 꼼꼼히 읽어서 지금까지 주목되지 않았던 기술을 찾아내어 정당하게 해석하는 것이 필요하다. 개항 과정기의 연구의 문제점을 살펴보면서 앞으로의 연구를 제안하고자 한다.

(1) 첫째과제 : 조선이 메이지 정부의 요청을 거부한 것은 잘못된 일이었을까.

田保橋潔의 연구 이래, 기본적으로 메이지 정부의 요청을 거부한 조선에 잘못이 있다는 논조가 일반적임은 앞에서 언급하였다. 그러나 과연 이러한 인식은 타당한 것인지 아니면 메이지 정부의 정치적 선전인지 명확히 분석해야 한다. 제3자의 객관적인 눈으로 살펴볼 필요가 있다. 이를 해결하기 위해서 다음과 같은 연구를 제안한다.

① 훈도는 독단으로 대수대차사의 서계를 거부하였을까.

훈도가 독단으로 그것도 문정하는 자리에서 대수대차사의 서계를 거부하였다는 악의적인 기술에 대한 비판이 필요하다. 長崎市役所 長崎學研究所의 젊은 연구자 藤本健太郎는 「慶應年間における以酊菴輪番制の廃止と日朝間外交文書往復体制の再編」이라는 소논문을 발표하였다.[14] 이 연구는 서계를 받아들이는 외교적 절차를 규명한 논문이다. 이 연구에 주목하는 이유는 다름이 아니라 대수대차사가 도착하였을 때 훈도가 문정을 하는 단계에서 서계를 거부하였다는 田保橋潔 이래의 설명이 사실이 아님을 증명하기 때문이다. 외교 절차상 있을 수 없는 일이다. 『관수 매일기』를 읽어보

---

14) 藤本健太郎「慶應年間における以酊菴輪番制の廃止と日朝間外交文書往復体制の再編」 『조선후기 왜관 연구의 새로운 방향』 동북아역사재단 2016년 11월18일.

면 언제 첫 만남을 가졌는지, 그리고 언제 훈도에게 왕정복고를 알렸는지를 파악할 수 있을 것이다. 그리고『동래부 계록』을 읽어보면 훈도와 동래부가 언제 대수대차사의 서한을 보고하고 있으며 언제 비변사의 지시를 받아 서계 수리를 할 수 없음을 통고하는지 외교적 절차를 가지고 설명할 수 있을 것이다. 조선의 외교 결정 과정을 실증적으로 분석한 연구를 기대한다.

② 1868년 12월부터 대수대차사의 입항에서 1872년 1월 대수대차사가 귀국할 때까지 똑 같은 외교적 응수가 반복 지속된 것일까.

상식적으로 납득할 수 없는 상황이다. 그 사이에 일본에서는 판적봉환 (1870년)과 폐번치현(1871년) 그리고 청일수호조규가 맺어졌다. 엄청난 정치적 상황의 변화가 나타나는 것이다. 이에 따라서 대마번의 입장이 크게 변하고 있음은 말할 나위가 없다. 더구나 외무성은 대마주가 가지고 있었던 조선과의 외교 특권을 회수하고자 하였기에 여러 차례 갈등이 있었음은 주지의 사실이다. 외교는 이러한 상황을 반영하여 변화하는 것이다. 격변하는 시기에 4년간이나 같은 요구를 하고 같은 거부를 하였다는 설명은 사실을 반영한 것이 아니다. 여기에 대해 필자는「기유약조체제의 붕괴 과정에 대하여」(2016)에서 대략적으로 언급하였으나 집중적인 연구가 필요하다. 대마번이 외교 무역을 계속 담당하고자 활동하는 과정을 시야에 넣고 외무성-대마번-동래부의 외교 전략을 살펴볼 필요가 있다.

③ 당시 조선은 일본을 적으로 삼고 싶어 하지 않았고 우호를 유지하기 위해 매우 노력하였음을 입증할 필요가 있다. 박은영의「吉岡弘毅의 정한론 비판에 대한 일고찰」[15]은 종교적 색체를 제거하고 살펴보면 당시 일본 외무관료의 인식을 설명한 것이다. "'조선의 무례, 경멸적 태도'는 부설이며 조선은 일본을 '의구'하고 있다"는 주장이 사실이다. 이는 1872년 왜관에서 대마도인들을 철수시키고 귀국한 하나부사[花房義質]의 보고서와도 일치한다. 당시의 사료를 꼼꼼히 읽어보면, 조선은 일본의 강함을 충분히 알고 있

---

15) 박은영,「吉岡弘毅의 정한론 비판에 대한 일고찰」, (『일본사상』21, 2011년)

었고 가능한 전쟁을 피하기 위해 노력하였음을 입증할 수 있다. 조선이 서한을 받아들일 수 없었던 것에 대해 일본 외무 관료들이 이해를 표하고 있었다는 것은, 대마도주를 통해 보낸 서한이 무리가 있는 것이었고 조선의 거부가 타당한 것이었다는 논지를 가능하게 해 준다.16) 이를 밝힌다면 당시 일본이 조선에 대해 퍼부었던 무례하고 오만하다는 질타가 사실은 전쟁을 위한 정치적 선전이었음을 밝혀낼 수 있는 근거가 될 것이다. 주어가 강자인 일본이어서는 객관적인 사실이 보이지 않는다. 메이지 정부의 성립과 대마주의 요구에 대해 고민하였던 조선 정부와 동래부의 입장에서 위기를 회피하고 우호를 유지하려는 약자로서 조선의 노련한 외교적 수완을 긍정적으로 재구성하여 당시의 상황을 복원할 필요가 있다.

(2) 둘째 과제 : 메이지 정부의 외교 일원화 정책이 왜관에 미친 시점 (1872년9월)을 어떻게 명명할 것인가.

폐번치현 후 메이지 정부가 단행한 소위 '왜관 접수' 혹은 '왜관 처분'을 우리가 어떻게 받아들여 명명할 것인가에 대해 한국의 학계가 공통적 이해를 표현하지 못하고 있다는 이훈의 지적17)은 타당하다.

---

16) 현명철은 이 서한은 기본적으로 외교 갈등을 도모하여 일거에 대마주의 경제 문제를 해결하기 위한 전략으로 파악한 바 있다. 『19세기 후반의 대마주와 한일관계』, 전게서 185-186쪽

17) 이훈, 전게 논문, 개항기 왜관에 대해서는 다음과 같은 것들을 지적할 수 있다. 우선 1872년 메이지 신정부가 폐번치현을 단행한 이후 쓰시마번으로부터 왜관을 접수한 조치, 즉 '왜관침탈' 이후 왜관의 성격 변화를 둘러싸고 각종 견해차가 존재한다는 것이다. 연구자의 견해 차이는 '왜관 침탈'에 대한 용어의 다양함으로 볼 수 있는데, '왜관 점령, 왜관 처분, 왜관 접수, 대마도인 퇴거, 대조선 외교 단일화, 외무성 관할화, 외교권 몰수, 왜관 개혁' 에 이르기까지 다양하게 사용되고 있다. 이 중 왜관침탈과 대마도인 퇴거를 제외한 나머지 용어는 그 주체가 일본(외무성)이고 일본의 대외정책에서 본 이해를 반영한 것이다. … 일본의 대외정책에서 검토할 경우 조선정부의 대응을 지나치게 단순화하여 결과적으로 조선은 오로지 '구례'를 중시하는 것 외에는 대응 방법이 없었다는 조선외교의 '무능론'에 바탕을 둔 근

그동안은 일본에서의 연구 성과나 일본 사료상의 용어를 그대로 받아들여 "왜관 접수"라는 표현이 일반적이었다. 물론 주어는 일본(외무성)이어서 한국사 혹은 한일관계사에서 비판이 일어나는 것은 타당하다. 게다가 "왜관 접수"라는 표현은 왜관에 대한 관할권이 대마주에서 일본 외무성으로 넘어 갔다는 의미가 되며 일찍부터 왜관을 일본 대마주가 설치하고 관리하였다는 오해를 불러 일으킬 우려가 있다.[18] 이는 동래부의 왜관 관할권을 무시한 표현이므로 수정되어야 마땅하다.

여기에 대해 손승철은 일찍이 「1872년 일본의 왜관 점령과 조선침략」(1994)[19]을 통해 '왜관 점령'이라고 표현하였다. 이는 개항기의 역사가 조선의 쇄국 체제에 모든 책임을 전가하고 있음에 대한 반발이었다. 그는 일본의 침략의도를 강조하고 이 사건을 교섭사절로 위장하여 조선 정부를 기만한 침략행위라고 규정하였다. 이 견해는 두산백과나 한국민족문화대백과 사전에 그대로 반영되어 있다.

> 왜관 : …초량왜관이 신축되었으며, <u>1872년 메이지[明治]정부에 의해 점령될 당시까지</u> 양국의 외교 ·무역의 중심지로 존속되었다.
>
> 교린 : …1868년(고종 5) 교린체제의 형식을 무시한 메이지[明治]정부의 서계(署契)사 건과 <u>1872년 왜관 점령으로</u>…
>
> 사대교린 : 결국은 1868년 교린체제의 형식을 무시한 메이지(明治) 정부의 서계사건과 <u>1872년의 왜관 점령으로</u>, 조·일 교린관계는 침략과 피침략의 관계로 변질했다.

대외교의 실패로 연결될 수 밖에 없다. … 따라서 이 시기의 한일관계사를 밝히기 위해서는 조선 정부의 정책사 안에서 대일본통교 및 대응이 더 검토되어야 할 것이다.

18) 上垣外憲一, 『ある明治人の朝鮮觀』(筑摩書房, 1996년) 제1장에는 왜관은 …대마주번이 부산에 설치한 시설로, … 외교 공관 겸 商館이라는 성질을 갖는 것이었다. (3쪽) 라고 기술되어 있으며, 이러한 이해는 총독부 시기 이래 널리 퍼져있다.

19) 손승철, 『군사28』, 국방군사연구소, 1994년.

여기에 대해 의문이 존재한다. 왜관이 점령되었다면 소유권이 넘어가는 것인데, ①조그만 전투도 없이 10만평의 왜관을 그대로 넘겨주었다는 것은 상식이 아니다. ②또 이 사건 이전에 500명 가까이 일본인이 존재하던 왜관은 이 사건 이후 70여명으로 인원이 감소하였는데 점령지를 지키기 위해서 인원이 늘어야지 줄고 있음도 상식적이 아니다. ③ 이 사건 이후에도 동래부는 왜관의 담장과 가옥 및 왜관 선창을 수리하고 있으며, 일본 선박들은 조선이 준 도서를 날인한 路引을 가지고 왜관에 입항하고 입항시마다 문정을 받고 있음은 점령이라고 파악해서는 설명이 될 수 없기 때문이다.

한편, 현명철은『19세기 후반의 대마주와 한일관계』[20]에서 일본의 개항에서 대마주 태수가 조선에 대한 외교권을 완전히 상실하는 이 때까지 일본의 정치적 변동과 대마번의 정치사의 연관 속에서 검토하고자 하였다. 그리하여 왜관 정리가 왜관 철폐를 의미하는 것은 아니며 국교가 단절된 것도 아니었음을 주장하였다. 결국 이는 일본 내부의 외교 일원화 과정으로 이해할 수 있으며, 여기에 이르기까지 조선 정부는 외교 관계가 파탄에 이르지 않도록 일관성과 인내를 가지고 대마주를 회유하였다는 주장이었다. 결국 그동안 한일관계의 파탄 원인이 대원군의 쇄국정책이나 역관의 직무유기에 있었다는 조선에 책임을 돌리는 기존 연구에 대한 비판 의식은 손승철과 같았지만 1872년 9월의 사건을 '왜관침탈'이나 '왜관점령'은 아니라고 주장한 것이다. 하지만 이 사건을 어떻게 명명할 것인지에 대한 명확한 입장은 표명하지 못하고 '왜관접수'라 표현할 수밖에 없었다.

한편 제홍일은「明治初期 朝日交涉의 放棄와 朝鮮政策」(1997)에서 폐번치현 이후 메이지 정부는 조선과의 교섭을 방기하였고 이에 외무성 관원에 의해 일방적인 왜관 처분이 행해졌다고 파악하고, 외무성의 의도를 분석하여 왜관은 유지하되 세견선은 폐지하고 왜관 경비를 외무성이 부담하며 무역은 유지하도록 하여 왜관을 '구래 차용의 지'에서 '초량공관 - 외무성

---

20) 현명철『19세기 후반의 대마주와 한일관계』(국학자료원, 2003년)

관할지'로 변화시키려는 의도를 가지고 있음을 논증하였다. 그는 일본 외무성의 일방적인 왜관 처분을 '도발'로 인식하였지만 조선은 구례를 존중하여 근본적인 대책을 강구하지는 않았다고 보았으며, 특히 왜관을 존속시켜 현상을 유지하려는 대원군의 의도는 일본의 일방적인 왜관 처분에 대응하지 않았다고 파악하였다. 결국 제홍일도 일본 외교사 전개의 관점에서 당시 외무성이 무력으로 왜관을 침탈하려는 사실은 없었다고 입증하면서도 현명철과 마찬가지로 1872년 9월의 사건을 '왜관처분'이라는 일본사의 틀로 볼 수밖에 없었다.

일본의 대외 정책사적 시각에서 심기재의 일련의 연구21)도 주목된다. 그는 일본에서 『幕末維新 日朝外交史の研究』22)를 발표한 이래, 「메이지 5년 하나부사 일행의 조선 파견」, 「명치정부의 대조선 외교·무역 일원화 과정의 일고찰, - 대관 처리를 중심으로-」, 「메이지 초년 일본의 동아시아 외교 개편과정」등을 발표하였다. 심기재는 메이지 외무성의 외교·무역 일원화 과정을 "왜관 개혁"으로 외무성 관리가 왜관에 상주하게 된 것을 "불법 점거"라는 표현으로 정리하였다. 김흥수 역시 『한일관계의 근대적 개편 과정』(2009)에서 '외무성의 왜관 점거'라고 표현하여 설명하였다. 이는 네 사람 모두 일본 메이지 정부의 사료는 상세히 검토한 반면, 조선 정부의 대응을 알 수 있는 사료를 충분히 활용하지 못하였기 때문이었다. 하지만 이 표현도 동의하기는 어렵다. 왜냐하면 그 이후에도 왜관을 통해 표류민 송환이 이루어지고 동래부에서 왜관 내의 가옥을 수리하고 선창을 수리해 주고 있

---

21) 심기재, 1996년, 「版籍奉還後の朝鮮政策と外務省 (佐田) 調査團の朝鮮派遣」, (『史林』79-6)

심기재, 2003년, 「메이지 5년 하나후사 일행의 조선 파견」(『동양학』34)

심기재, 2004년, 「명치정부의 대조 외교·무역 일원화 과정의 일고찰 - 대관처리를 중심으로 -」(『일어일문학연구』48-2)

심기재, 2006년, 「메이지 초년 일본의 동아시아 외교 개편과정」(『일본역사연구』23)

22) 심기재, 『幕末維新日朝外交史の研究』,(臨川書店), 1997년

다. 고치고 수리하는 것은 내 것이기 때문이며 불만은 있지만 손님에 대한 기본적인 외교적 예우를 다하고 있다고 보는 것이 타당하지 않을까.

2015년에 들어서 현명철은 「1872년 일본 화륜선의 왜관 입항」(동북아역사논총49), 「기유약조체제의 붕괴 과정에 대하여」(한일관계사연구54)를 잇달아 발표하여 그간의 의문을 해소하고자 하였다. 현명철은 1872년 9월의 사건을 "기유약조체제의 붕괴"로 명명하여 파악하였다. 하나부사 일행은 조선이 준 도서를 사용한 노인(입항증명서)을 지참한 선박과 함께 도항하여 조선의 국법을 준수하는 모습을 보였으며, 그 이후에도 왜관에 입항하는 선박들은 路引을 소지하고 조선의 국법에 따라 문정에 응하였지만, 대관소를 폐지하고 세견선 파견을 중지시키고 서계를 지참하지 않도록 하는 등 일방적으로 기유약조체제를 붕괴시켰다는 점에 중점을 둔 것이었다. 그러나 "기유약조체제의 붕괴"라는 표현이 학계의 일반적 표현이 될 수 있을지는 아직 의문이며 많은 논의가 필요한 상황이다.

따라서 둘째 과제에 대해 다음과 같은 연구를 제안한다.

① 1872년 9월 하나부사가 도한하여 대마도인을 철수시킨 사건을 역사적으로 자리매김하는 연구. (왜관이 침탈당하지 않았다는 개별 연구를 포함)

② 그 이후 영래차왜가 없는 표류민 송환에 대한 연구.

여기에 대한 연구로는 이훈 「'표류'를 통해서 본 근대 한일관계」(『한국사연구』123, 2003년)과 「근대 동해바다를 둘러싼 표류민의 송환과 한일관계 : 조선인의 일본 표착을 중심으로」(『영남대학교 독도연구소 학술대회』2012) 이 선구적이며 참고가 된다.

③ 세견선이 폐지된 다음의 무역에 대한 연구

여기에 대해서는 정성일의 전게 연구가 참고가 될 것이다. 나아가 조선은 무기와 화약을 일본에서 수입하고자 하였는데 이를 설명하는 연구가 있으면 더욱 좋겠다.

④ 세견선 폐지 이후 출입국 관리(路引과 圖書 문제를 포함)와 방어체제
  의 변화에 관한 연구
⑤ 세견선 폐지 이후 양국 간의 갈등을 어떻게 관리하고 있었는지에 대
  한 연구 등이다.

2) 조일수호조규(강화도조약)과 개항에 관한 연구.

1990년대 이후 조일수호조규에 대한 연구는 상당한 진척을 이루었다고
평가된다. 초점은 과연 이 조약이 조선을 국제사회에 개방시킨 조약이며 불
평등 조약인가에 대한 재검토였다고 판단된다. 윤소영, 이근관, 이태진, 김
홍수, 김종학 등의 연구가 주목된다. 윤소영은 「조일수호조규의 역사적 위
치」(2003)에서 체결당시의 주안이 양국의 정치적 평등성의 확보를 부각시
켰고, 이태진은 「1876년도 강화도 조약의 명암」23)에서 조일수호조규가 맺
어지게 된 이유는 조선 군주(고종)의 개국에 대한 확고한 결의에 따른 것으
로 조선이 더욱 적극적이었다고 강조하여 조선의 주도성을 부각시켰다. 또
한 김홍수, 이근관, 김종학 등의 연구는 조일수호조규 협상이 일본측의 강
압에 의해 이루어진 것만은 아니며, 기존의 외교관계의 유지에 더 비중을
두어야 한다는 지적이었음은 앞에서 지적한 바이다.

이상의 연구 성과는 조금 더 이전의 교섭과 연관 지어 설명할 필요가 있
었다. 이전의 교섭과 연관 지어 설명한 것으로는 김홍수 「1875년 조일교섭
의 실패 요인」(2013)이 주목된다. 즉 그 이전의 갈등에 대한 이해가 선행되
어야 하기 때문이다. 그의 저서 『한일관계의 근대적 개편 과정』과 일련의
논문들24)도 이러한 문제의식을 바탕으로 저술된 것이어서 매우 흥미롭다.

---

23) 이태진, 「1876년 강화도조약의 명암」(『한국사시민강좌』36, 일조각), 2005년
24) 김홍수, 『한일관계의 근대적 개편 과정』, 서울대 출판문화원, 2009년
    김홍수, 「1875년 조일교섭의 실패 요인」(『한일관계사연구』45), 2013년
    김홍수, 「일본 역사교과서의 강화도 조약 기술 검토」(『동북아역사논총』35)

후속 연구가 기대된다.[25]

이상과 같은 연구 성과에도 불구하고 '조일수호조규가 일본의 무력 위협에 의해 맺어진 불평등 조약이며 일본 침략의 서곡이었다.'는 결과론적인 기존의 인식을 불식시키기에는 부족한 것이 사실이다. 개항 과정에 대한 단계적이며 주체적인 결정을 미시적으로 분석하는 것이 잘못을 되풀이 하지 않기 위한 역사적 교훈으로 작동하기 위한 기본 작업이다. 이러한 분석이 또한 전체의 흐름으로 설명되어야 할 것이다. 그리고 이를 어떻게 가르칠 것인가에 대한 학계의 공통 이해와 역사교육의 장에 파급이 필요하다. 앞으로의 연구가 필요한 이유이다. 여기에 대해서는 다음과 같은 연구가 필요하다고 생각된다.

(1) '중수구교'의 필요성에 대한 연구

(2) 조일수호조규 체결 과정에 관한 연구

① 일본의 무력 위협의 실체에 관한 연구 - 신헌의 명예 회복과 관련 -

② 조약의 내용, 불평등성에 관한 연구

③ 조약 체결 이후의 평가에 관한 연구.

(3) 조일수호 조규에 대한 인식의 연구.

3) 수호조규 체결 이후 강점에 이르기까지

수호조규 체결과 연관지어 제1차 수신사행에 대한 연구가 주목된다. 이와가타[岩方久彥]는 「1876년 수신사 연구 -고종의 구호회복론을 중심으로-」(2007), 현명철은 「제1차 수신사의 외교사적 위치」(2017)를 발표하였다. 현명철은 수신사가 서양열강에 대한 쇄국 단행의 지속과 서양문물의 도입에 관심이 없음을 일본에 어필하려고 노력하였음을 논증하였다. 이근관이 논

---

25) 김흥수는 「병인양요 이후 막부의 조선사절 파견계획 재검토」(2009년, 『일본역사연구』29집), 그리고 「포사드니크호 사건과 對馬藩의 移封運動」(2011년, 『일본역사연구』33집)을 연이어 발표하여 시기를 거슬러 올라가면서 연구를 거듭하고 있다.

지인 전통적인 외교 관계의 틀이 지속되었음을 확인한 것이며, 아직 패러다임의 변화가 없음을 확인한 것이라 하겠다. 중요한 것은 이러한 인식이 계속되는 외교적 접촉과 상황의 변화 그리고 일본의 요구에 따라서 어떻게 변화가 나타나며 실현되는가, 이에 대한 내부의 반발을 어떻게 극복하여 나가는가 하는 주체적이며 미시적 분석이 필요하다는 것이다. 박한민은 「조일수호조규 관철을 위한 일본의 정찰활동과 조선의 대응」(2013)과 「개항장 '間行里程' 운영에 나타난 조일 양국의 인식과 대응」(2014), 그리고 「갑오개혁기 보빙대사 의화군과 유길준의 일본 파견과 활동」을 발표하였다.

정광섭은 「식민지화 과정에서 井上角五郎의 역할」, 「23부제 지방행정제도 소고」, 「갑오개혁기의 감리서의 정체성에 관한 연구」 등을 발표하였으며, 엄찬호는 「청일전쟁에 대한 조선의 대응」을, 김경록은 「청일전쟁기 일본군의 경복궁 침략에 관한 군사사적 검토」와 「청일전쟁 초기 조일맹약의 강제 체결과 일본의 군사침략」을 발표하였으며, 조명철은 「청일·러일 전쟁의 전후처리와 한국 문제」를 발표하였다. 방광석은 「러일전쟁 이전 이토히로부미의 조선 인식과 정책」, 「일본의 한국 침략 정책과 伊藤博文」, 「'伊藤博文 저격사건'에 대한 각국 언론의 반응과 일본정부의 인식」, 「한국병합 전후 서울의 '재한일본인 사회'와 식민권력」등을 발표하였다.

한성민은 「제2회 헤이그 만국평화회의 특사에 대한 일본의 대응」, 「구라치 데츠기치의 '韓國倂合'계획 입안과 활동」 등을 발표하였다.

전체적인 개항기 한일관계사의 흐름은 침략과 저항이라는 틀에서 크게 벗어나지 못하고 있다. 여기에 친일파라는 부정적 낙인을 쉽게 찍게 되면 근대화를 추구하는 다양한 가능성에 대해 자유롭게 평가하기 어렵게 된다. 아직 단죄가 익숙한 역사학계에서 근대화 담론은 성숙되지 못하고 더 시간이 필요할 것 같다. 최근 발표된 김종학의 『개화당의 기원과 비밀외교』(일조각, 2017)도 개화당을 단죄하는 경향을 강화시킬 수 있어서 많은 생각을 하게 만든다. 당시 모든 사람들이 나름대로 최선을 다하였다고 인정한 다음에 그 최선을 평가하는 연구 풍토가 요망된다고 생각한다.

2. 바다/표류민/독도 문제

최근까지 역사연구의 주류는 내륙의 정치, 경제, 사회, 문화에 초점이 맞추어졌던 것을 부인할 수 없다. 바다와 표류에 대한 연구는 해양에 대한 연구 관심과 더불어 앞으로 더욱 활발히 진행될 것으로 생각한다. 우리학회에서는 일찍이 「표류민을 통해 본 한일관계」심포지움(2009)을 계기로 이 부분에 대한 회원들의 관심이 높아졌다. 민덕기·손승철·하우봉·이훈·정성일이 공동으로 작성한 「한일간 표류민에 관한 연구」(2000)가 아마 그 시작일 것이다. 최근 우리 학회에서 우수 저서상을 수상한 김수희『근대의 멸치, 제국의 멸치』[26]는 멸치를 열쇳말로 하여 어장의 발전과 약탈의 과정을 설명하였기에 높은 평가를 받았다.

정성일은 「표류민 송환 체제를 통해 본 근현대 한일관계」(2002)를 시작으로 「조선의 대일관계와 거제 사람들 : 1830-80년대 거제부 구조라리 주민의 대마도 난파선 구조를 중심으로」(2014)를 발표하였다. 그는『전라도와 일본 -조선시대 해난 사고 분석 -』[27] 을 저술하여 해양과 뱃길에 대한 관심을 표명하여 제주를 포함한 전라도 서남 해안에서 일본의 고토렛도, 가고시마, 오키나와로 이어지는 해역을 무대로 펼쳐진 한일관계사를 조명하였다. 또한 데이터베이스화 작업에도 힘을 기울여 「전라도 주민의 일본열도 표류 기록 분석과 데이터베이스화(1592-1909)」(『사학연구』72, 2003)을 발표하였으며, 이러한 연구를 바탕으로 「근대 조선과 일본의 해난 구조제도와 국제관계」(『동북아역사논총』28, 2010)을 발표하였다. 이훈 역시 「'표류'를 통해서 본 근대 한일관계 - 송환 절차를 중심으로 -」(『한국사연구』123, 2003)과

---

26) 대우휴먼사이언스, 2015년
27) 경인문화사, 2013년

「근대 동해바다를 둘러싼 표류민의 송환과 한일관계 : 조선인의 일본 표착을 중심으로」(영남대학교 독도연구소 학술대회, 2012)를 발표하여 개항기 표류민의 실태와 송환 절차의 변화를 추적하였다. 이는 공백으로 남아 있었던 그리하여 마치 단교 상태처럼 인식되고 있었던 개항 전야 한일관계사 연구에 중요한 연구로 기록될 것이다.

바다에 대한 연구는 이제 시작되었을 뿐이다. 앞으로 어업과 해로, 해방(海防)의 문제와 더불어 송환된 표류민에 대한 문정 결과 등을 통해 표류민의 직업이 무엇인지 바닷길을 통한 어떠한 활동을 하고 있었는지 등을 검토하는 작업이 요청된다.

독도문제에 대한 연구를 빼 놓을 수 없다. 우리 학회에서 『독도와 대마도』(1996년)을 발표한 이래 회원들에 의한 독도 문제 연구는 꾸준히 계속 발표되었다. 현명철 「메이지 정권과 독도」(2005), 박병섭 「일본인의 제3차 울릉도 침입」(2010), 정영미 「마쓰시마 개척원과 아마기함의 울릉도 조사」(2012) 등이 우리 학회지에 발표되었다. <표2>에서 알 수 있듯이 특히 박병섭은 『독도연구』지와 『영토해양연구』지에 12편의 독도 관련 논문을 발표하였으며, 정영미도 5편의 독도 관련 논문을, 한철호가 일본 해군 수로부와 독도에 관련하여 4편의 논문을, 윤소영이 일본 자료를 통해 나타나는 독도에 대하여 5편의 논문을 발표하는 등 활발한 활동을 하고 있다. 위에 열거한 논문만도 29편에 달한다.

3. 개항기 경제관련 논문의 현황과 과제

지금까지 개항 전야에는 한일관계가 두절되었다고 인식되어왔다. 그러나 정성일은 「1872~1875 조일 무역 통계」(2013), 「1860년대 대일 교역과 공목·공작미」(2016)를 발표하여 외교 갈등이 있었던 메이지 초기의 무역을 제시하여 조일수호조규 이전과 이후의 무역을 연속선상에서 살펴볼 필요가

있음을 역설하였는데 매우 중요한 연구를 제시하였다. 과연 세견선이 폐지
되고 기유약조 체제가 붕괴된 다음의 무역은 어떠하였는지 앞으로의 연구
가 기대된다.

김동철 「19세기 후반 동래상인의 존재와 활동」(2016), 「18세기 후반~20
세기 전반 기장 지역의 시장권」(2010), 「17~19세기 부산 왜관의 개시와 조
시」(2012)등도 개항기 무역의 연속성을 의식하고 있어서 주목된다. 한편 박
한민은 「1878년 두모진 수세를 둘러싼 조일 양국의 인식과 대응」(2011)을,
김연지는 「개항장 객주의 변모 양상과 성격 고찰」(2013), 「1890년대 부산항
생우의 일본 수출」(2016)을 발표하였다.

앞으로의 연구는 경제적 측면에서 세견선이 폐지된 이후 일본(대마주)에
지급하기 위한 공작미와 공목이 지급되지 않음에 따라서 어떻게 관리되는
지(유용, 부패, 판매)에 대한 연구가 궁금하다. 이 부분이 훈도 안동준의 처
형과 관련이 있을 것이며 동래상인과 소통사들의 동향을 파악하는 데에 필
요한 부분이다. 김홍수가 이 부분에 대해 언급한 바[28]가 있으며 참고가 될
것이다. 아울러 세견선이 폐지된 상황에서 예조의 물품 요구는 어떠하였으
며 동래부가 밀무역을 통해 이를 조달한 흔적에 대해서도 살펴볼 필요가
있다. 아울러 무기와 화약을 수입하려고 하였던 동래부의 의도와 경과에 대
해서 살펴보는 것도 당시의 상황을 복원하는 데에 흥미로운 작업이라 생각
한다. 그리고 조일수호조규가 맺어지고 난 다음 일본이 생각하는 만큼 무역
규모가 성장하지 않았던 이유에 대해서도 당시의 물가와 관련하여 분석이
필요하다고 생각한다.

---

28) 김홍수, 『한일관계의 근대적 개편 과정』 4장 「정한론 정변 이후의 조선정책과 소씨
　　파견론」 pp.339~349.

4. 사회문화 및 사상

유길준 특집으로 2000년도 한철호「유길준의 생애와 사상」, 쓰키아시다쓰히코「유길준의 일본관」, 이기용「유길준과 福澤諭吉의 정치론 비교 연구」, 윤병희「유길준의 사회 활동」, 고쿠부노리코「한국에서 서양법 사상 수용과 유길준」 등의 논문이 발표된 후, 우리 학회지에 발표된 사회문화나 사상 관련 논문은 비교적 적다. 김동철「개항장 부산에서 민건호가 경험한 음력과 양력」(2013), 강성우「개항기 조선에서 근대적 위생 문화의 수용」(2015), 차철욱「전근대 군사도시에서 근대 식민도시로의 변화」(2014), 장순순「18세기 조선 지식인의 대일 담론으로서 울릉도·독도」(2015) 정도가 보인다. 윤소영은「한말기 조선의 일본 근대화 논리의 수용 - 和魂론과 國魂론의 비료를 통하여 -」(『한국근현대사연구』29, 2004)를, 이기용은「20세기 초 동아시아에서의 전쟁과 평화사상 - 기독교인과 사회주의자를 중심으로 -」(『일본사상』15, 2008)를, 한철호는「매천야록에 나타난 황현의 역사 인식」(『한국근현대사연구』55, 2010) 등의 주목되는 연구를 발표하였다. 한편 박화진은「왜관 관수일기를 통해 본 초량 왜관의 생활상 - 1860년대 일기를 중심으로 -」(『동북아문화연구』33, 2012),「명치초기 초량 왜관의 변화에 대한 분석연구」(『동북아문화연구』39, 2014),「막말·명치 초기 초량왜관 의례양상에 대한 고찰」(『동북아문화연구』43, 2015)를 발표하였는데 관수 일기를 바탕으로 발표한 것이어서 주목된다. 또한 김강식「개항기 해항도시 부산의 絕影島鎭 설치와 운영」(『역사와 경계』90, 2014)와 차철욱·양흥숙「개항기 부산항의 조선인과 일본인의 관계 형성」(『한국학연구』26집, 2012)도 주목되는 논문이다.

II. 일본에서의 연구

일본에서 개항기 관련 단행본을 정리해 보면 다음과 같다.

福澤諭吉 [杉田聰編]	福澤諭吉朝鮮·中國·台湾論集 – 「國權擴張」「脫亞」の果て	明石書店	2010年
和田春樹	日本と朝鮮の一〇〇年史 – これだけは知っておきたい〈平凡社新書560〉	平凡社	2010年
小川原宏幸	伊藤博文の韓國併合構想と朝鮮社會 – 王權論の相克	岩波書店	2010年
O. N. デニー[岡本隆司校訂·譯註]	清韓論〈東北アジア文獻研究叢刊4〉	東北アジア文獻研究會	2010年
大里浩秋, 貴志俊彦, 孫安石編著	中國·朝鮮における租界の歴史と建築遺産〈神奈川大學人文學研究叢書27〉	御茶の水書房	2010年
古川昭	朝鮮開國後の開港地における日本人の經濟活動〈開港史叢書7〉	ふるかわ海事事務所	2010年
安田常雄, 趙景達編	近代日本のなかの「韓國併合」	東京堂出版	2010年
キム·ミヒョン責任編集 [根本理惠譯]	韓國映畵史 – 開化期から開花期まで	キネマ旬報社	2010年
金斗宗	『韓國貨幣整理』と植民地金融 – 植民地統治インフラを貨幣·金融面から迫る	創英社(三省堂書店發賣)	2010年
布野修司, 韓三建, 朴重信, 趙聖民	韓國近代都市景觀の形成 – 日本人移住漁村と鐵道町	京都大學學術出版會	2010年
韓相一, 韓程善(神谷丹路譯)	漫畵に描かれた日本帝國 – 「韓國併合」とアジア認識	明石書店	2010年
上田崇仁, 崔錫榮, 上水流久彦, 中村八重編	交渉する東アジア – 近代から現代まで:崔吉城先生古稀記念論文集	風響社	2010年
本山美彦	韓國併合と同祖神話の破綻 – 「雲」の下の修羅	御茶の水書房	2010年

片野次雄	日韓併合－李朝滅亡・抵抗の記憶と光復　1910～2010	彩流社	2010年
片野次雄	李朝滅亡－自主の邦への幻影と蹉跌　1864～1910	彩流社	2010年
康成銀	朝鮮の歴史から「民族」を考える－東アジアの視点から〈明石ライブラリー139〉	明石書店	2010年
高大勝	西郷隆盛と〈東アジアの共生〉	社會評論社	2010年
高城幸一	政治評論家・福澤諭吉　その朝鮮評論	文芸社	2011年
李修京編	海を越える100年の記憶－日韓朝の過去清算と争いのない明日のために	図書新聞	2011年
山本華子	李王職雅樂部の研究－植民地時代の朝鮮の宮廷音樂伝承	書肆フローラ	2011年
尹瑢均	尹文學士遺稾（復刻版）〈韓國併合史研究資料88〉	龍溪書舍	2011年
高尾新右衛門	大陸發展策より見たる元山港（復刻版）〈韓國併合史研究資料100〉	龍溪書舍	2011年
滿洲日々新聞社編	安重根事件公判速記録（復刻版）〈韓國併合史研究資料96〉	龍溪書舍	2011年
河田宏	民亂の時代－秩父農民戰爭と東學農民戰爭	原書房	2011年
歴史學研究會編	「韓國併合」100年と日本の歴史學－「植民地責任」論の視座から〈シリーズ歴史學の現在13〉	靑木書店	2011年
任文桓	日本帝國と大韓民國に仕えた官僚の回想	草思社	2011年
新城道彦	天皇の韓國併合－王公族の創設と帝國の葛藤〈サピエンティア19〉	法政大學出版局	2011年
本山美彦	韓國併合－神々の争いに敗れた「日本的精神」	御茶の水書房	2011年
伊藤之雄	伊藤博文をめぐる日韓關係－韓國統治の夢と挫折，1905～1921	ミネルヴァ書房	2011年
淸水詩織編	1860年代の東アジア世界の変容と日朝關係〈2010年度紙屋敦之ゼミ共同研究成果報告書〉	紙屋敦之研究室	2011年
趙景達	近代朝鮮と日本〈岩波新書 新赤版〉	岩波書店	2012年
池内敏	竹島問題とは何か	名古屋大學出版會	2012年
金文學	知性人伊藤博文　思想家安重根－日韓近代を讀み解く方程式	南々社	2012年
田村紀之	近代朝鮮と明治日本－一九世紀末の人物群像	現代図書（星雲社發賣）	2012年
大阪人權博物館編	日本と朝鮮半島の歴史－ビジュアル解說	大阪人權博物館	2012年

平山洋	アジア獨立論者福澤諭吉－脱亞論・朝鮮滅亡論聳王論をめぐって〈人と文化の探究8〉	ミネルヴァ書房	2012年
福原裕二	たけしまに暮らした日本人たち－韓國鬱陵島の近代史〈ブックレット《アジアを學ぼう》27〉	風響社	2013年
石田徹	近代移行期の日朝關係－國交刷新をめぐる日朝双方の論理	溪水社	2013年
森山茂德原田環編	大韓帝國の保護と併合	東京大學出版會	2013年
日韓共通歷史教材制作チーム編	學び、つながる日本と韓國の近現代史〈日韓共通歷史教材〉	明石書店	2013年
朴炳渉	日露海戰と竹島＝獨島の軍事的価値	鳥取短期大學北東アジア文化總合研究所	2013年
中塚明, 井上勝生, 朴孟洙	東學農民戰爭と日本－もう一つの日淸戰爭	高文研	2013年
中塚明	歷史の僞造をただす－戰史から消された日本軍の「朝鮮王宮占領」（オンデマンド版）	高文研	2013年
長田彰文	世界史の中の近代日韓關係	慶應義塾大學出版會	2013年
李孝庭著	19世紀末朝鮮使節団の日本体験	富士ゼロックス小林節太郎記念基金	2013年
金文子	日露戰爭と大韓帝國－日露開戰の「定說」をくつがえす	高文研	2014年
原朗	日淸・日露戰爭をどう見るか－近代日本と朝鮮半島・中國〈NHK出版新書〉	NHK出版	2014年
金學俊［金容權譯］	西洋人の見た朝鮮－李朝末期の政治・社會・風俗	山川出版社	2014年
高崎宗司 著	「妄言」の原形－日本人の朝鮮觀（定本）	木犀社	2014年
徐毅植 安智源 李元淳, 鄭在貞［君島和彦, 國分麻里, 山崎雅稔譯］	日韓でいっしょに讀みたい韓國史－未來に開かれた共通の歷史認識に向けて	明石書店	2014年

鄭晛旭, 板垣龍太編	日記が語る近代－韓國・日本・ドイツの共同研究〈同志社コリア研究叢書1〉	同志社コリア研究センター	2014年
日韓相互認識研究會編	日韓歴史共同研究プロジェクト第15回・第16回シンポジウム報告書	日韓相互認識研究會	2014年
川道麟太郎	西郷「征韓論」の眞相－歴史家の虛構をただす	勉誠出版	2014年
大谷正	日清戰爭－近代日本初の對外戰爭の實像〈中公新書〉	中央公論新社	2014年
月脚達彦	福澤諭吉と朝鮮問題－「朝鮮改造論」の展開と蹉跌	東京大學出版會	2014年
君島和彦編	近代の日本と朝鮮－「された側」からの視座	東京堂出版	2014年
月脚達彦	福澤諭吉の朝鮮－日朝清關係のなかの「脱亞」〈講談社選書メチエ〉	講談社	2015年
歴史教育者協議會, 全國歴史教師の會編	向かいあう日本と韓國・朝鮮の歴史　近現代編	大月書店	2015年
川道麟太郎	「征韓論政變」の眞相－歴史家の史料批判を問う	勉誠出版	2015年
柳英武	東アジアにおける近代條約關係の成立	龍溪書舍	2015年
伊藤博文文書研究會監修 檜山幸夫總編集	伊藤博文文書　121　秘書類纂　外交8	ゆまに書房	2015年
伊藤博文文書研究會監修 檜山幸夫總編集	伊藤博文文書　122　秘書類纂　外交9	ゆまに書房	2015年
伊藤博文文書研究會監修 檜山幸夫總編集	伊藤博文文書　125　秘書類纂　外交12	ゆまに書房	2015年
宋基淑 [仲村修譯]	＊朝鮮東學農民戰爭を知っていますか？－立ちあがった人びとの物語〈教科書に書かれなかった戰爭63〉	梨の木舍	2015年

일반 논문은 다음과 같다.

筆者名	論文名	掲載誌	巻号	刊行年月
A・R・ソロコフ	19世紀末朝鮮における露日兩國の帝國權益對立の歴史－ロシア國立海軍文書館所藏史料より	研究紀要〈東京大・史料編纂所〉	20	2010年3月

筆者名	論文名	揭載誌	卷号	刊行年月
ChinKi Hong	韓國郵便創業史	郵便史研究	13	2002年3月
Igor R.Saveliev	極東ロシア地域における東アジア移民對策の変容過程(1860~1884) - 自由移住から移民統制への道程	人文科學研究〈新潟大·人文〉	105	2001年3月
Igor Saveliev	20世紀初頭のロシア政府の對東アジア系移民政策について	人文科學研究〈新潟大·人文〉	108	2002年3月
V·S·ソボレフ [有泉和子譯]	十九世紀末朝鮮における露日兩國の帝國權益對立の歴史	紀要〈東京大·史料編纂所〉	20	2010年3月
イ·ヨンハク	書評：韓國國家記錄研究院編『記錄史料管理と近代』	記錄學研究	5	2009年4月
イジョンミン	在朝鮮領事館警察の「輕犯罪」取締り -「違警罪目」を中心に	人文學報〈京都大〉	106	2015年4月
エドワード·テハン·チャン [柏崎千佳子譯]	中國東北部（滿州）への朝鮮人移住 - 1869~1945：日本の植民地支配への抵抗	高全惠星監修『ディアスポラとしてのコリアン』（新幹社）		2007年10月
オ·ハンニョン	韓國記錄管理と「ガバナンス」に對する歴史的アプローチ	記錄學研究	4	2008年4月
シュラトフ·ヤロスラブ	朝鮮問題をめぐる日露關係（1905~1907）	スラヴ研究〈北大·スラヴ研〉	54	2007年6月
チェジョンウン	アメリカとの遭遇が韓半島に殘した痕跡	アメリカ太平洋研究	4	2004年3月
ユクヨンス	「隱者の國」朝鮮士大夫のアメリカ文明見聞錄(ユク·ヨンス) -出品事務大員鄭敬源と1893年シカゴ·コロンビア万國博覽會	佐野眞由子編『万國博覽會と人間の歴史』（思文閣）		2015年10月
加納格	ロシア帝國と極東問題	日本歴史學協會年報	26	2011年3月
加藤圭木	朝鮮東北部·雄基港における交易の変容 - 19世紀後半から1920年代まで	君島和彦編『近代の日本と朝鮮-「された側」からの		2014年9月

筆者名	論文名	揭載誌	巻号	刊行年月
		視座』（東京堂出版）		
岡克彦	韓國における近代政治秩序形成の一斷面 – 俞吉濬の「權利論」を中心として	論集〈長崎縣立大學〉	Feb-36	2002年 9月
岡克彦	韓國近代思想史における國家的自我と「競爭論」の初期的展開	長崎縣立大學論集	Jan-38	2004年 6月
岡克彦	韓國開化思想における對外認識と「競爭論」の再構成 – 俞吉濬の「競勵原理」を素材として	長崎縣立大學論集	Feb-38	2004年 9月
岡崎久彦	日韓併合100年の眞實 – 伊藤博文と李完用	Voice	394	2010年 1月
姜東局	中國的世界秩序の変容と言説 – 『朝鮮策略』の「親中國」をめぐる議論を中心に	思想	944	2002年 12月
姜東局	大韓帝國における自國·世界認識とベトナム	森山茂德，原田環編『大韓帝國の保護と併合』（東京大學出版會）		2013年 2月
姜東局	東學における天主の政治思想 – 太平天國との比較を中心に	名古屋大學法政論集	250	2013年 7月
康明豪	『漢城旬報』『漢城周報』に現れた獨立論	東アジア研究	53	2010年 3月
姜明喜 [靮香淑譯]	*韓國における中國近現代史研究について	現代中國研究	23	2008年 10月
姜範錫	甲申政変の底辺にあるもの – 1880年代朝鮮國の歴史的ブロック	廣島國際研究	7	2001年 7月
岡本隆司	馬建忠の朝鮮紀行 – 1882年，清朝·朝鮮·日本關係の轉換	史林	Jan-83	2000年 1月
岡本隆司	壬午変亂と馬建忠	學術報告（人文·社會）〈京都府立大〉	53	2001年 12月
岡本隆司	朴定陽のアメリカ奉使をめぐって – 1880年代末清韓關係の一面	學術報告（人文·社會）〈京都府立大〉	54	2002年 12月
岡本隆司	『奉使朝鮮日記』の研究	京都府立大學學術	58	2006年

筆者名	論文名	掲載誌	巻号	刊行年月
		報告〈人文・社會〉		12月
岡本隆司	「朝鮮中立化構想」の一考察－日清戰爭以前の清韓關係に着眼して	洛北史學	8	2006年6月
岡本隆司	大君と自主と獨立－近代朝鮮をめぐる翻譯概念と國際關係	近代日本研究〈慶応大・福澤センター〉	28	2012年2月
康成銀	「乙巳5條約」研究序說（2）－「乙巳5條約」研究の動向と課題	學報（日本語版）〈朝鮮大〉	5	2002年5月
康成銀	一次史料から見た「乙巳五條約」の强制調印過程	笹川紀勝、李泰鎭編著『韓國併合と現代－歷史と國際法からの再檢討』（明石書店）		2008年12月
康成銀	1905年韓國保護條約の法的問題－高宗皇帝の「協商指示・裁可」說に對する批判	統一評論	537	2010年7月
康成銀	高宗皇帝の1905年韓國保護條約「裁可」問題と條約合法・不法論爭の課題	朝鮮史研究會論文集	49	2011年10月
康成銀	申采浩－民族の主體性奪回のための鬪い	趙景達他編『講座東アジアの知識人2 近代國家の形成－日淸戰爭～韓國併合・辛亥革命』（有志舍）		2013年11月
康成銀	朴殷植－「大韓精神」と「大同社會」	趙景達他編『講座東アジアの知識人2』（有志舍）		2013年11月
古結諒子	「日淸・日露」という見方について	比較日本學教育研究センター研究年報	11	2015年3月
古結諒子, 望月直人, 荻惠里子	書評：石田徹著『近代移行期の日朝關係－國交刷新をめぐる日朝双方の論理』	北東アジア研究	26	2015年3月

筆者名	論文名	掲載誌	巻号	刊行年月
高橋秀直	書評：岡本隆司『屬國と自主のあいだ－近代淸韓關係と東アジアの命運』	東洋史研究	Apr-64	2006年 3月
高橋泰隆	書評：鄭在貞著，三橋廣夫譯『帝國日本の植民地支配と韓國鐵道 1892~1945』	鐵道史學	27	2010年 3月
高崎宗司	韓國保護條約無效論をめぐって	歷博	129	2005年 3月
高柳毅	〈遣韓＋征韓〉の二重構造	敬天愛人	22	2004年 9月
高柳俊男	「歷史の接点」を訪ねる（8）－東京に朝鮮關連の史跡を訪ねる（3）：伊藤博文と安重根，（9）－東京に朝鮮關連の史跡を訪ねる（4）：朝鮮總督の銅像あれこれ，(10)－東京に朝鮮關連の史跡を訪ねる（5）：朝鮮支配と關係するその他の銅像，(11)－東京に朝鮮關連の史跡を訪ねる（6）：在日韓國・朝鮮人に關する史跡	季刊Ｓａｉ	34~37	2000年 3，6，9，12月
高潤香	日本と韓國における國旗の制定とその社會的認識	韓國文化研究	1	2012年 3月
古川祐貴	對馬宗家文書の近現代－「宗家文庫」の伝來過程から	九州史學會，史學會編『過去を伝える，今を遺す-歷史資料 文化遺產 情報資源は誰のものか（史學會125周年リレーシンポジウム2014・4）』（山川出版社）		2015年 11月
谷渕茂樹	日淸修好條規の淸朝側草案よりみた對日政策	史學研究〈廣島大〉	231	2001年 1月
谷渕茂樹	日淸開戰をめぐる李鴻章の朝鮮政策－李鴻章の朝鮮認識と日本	史學研究	253	2006年 8月
谷川雄一郎	「間島協約」締結過程の再檢討	文學研究論集〈明治大・院〉	14	2001年 2月
谷川雄一郎	內藤湖南と間島問題に關する若干の再檢討	中國研究月報	638	2001年 4月

筆者名	論文名	揭載誌	巻号	刊行年月
菅野直樹	日露戰爭と日韓非公式チャンネルの展開	日露戰爭研究會編『日露戰爭研究の新視点』(成文社)		2005年5月
關周一	日朝多元關係の展開	桃木至朗編『海域アジア史研究入門』(岩波書店)		2008年3月
橋本雄	アジアのなかの中世日朝關係史のために	北島万次他編『日朝交流と相克の歴史』(校倉書房)		2009年11月
橋本雄、米谷均	倭寇論のゆくえ	桃木至朗編『海域アジア史研究入門』(岩波書店)		2008年3月
龜掛川博正	江華島事件と「日本側挑發說」批判	軍事史學	Jan-38	2002年6月
久保亨	書評：中村哲著『近代東アジア史像の再構成』	歷史評論	618	2001年10月
具仙姬	1880~90年代における朝清朝貢關係の性格	國立歷史民俗博物館編『「韓國併合」100年を問う2010年國際シンポジウム』(岩波書店)		2011年3月
君島和彦	漢城での日本公使館設置に關する考察	君島和彦編『近代の日本と朝鮮-「された側」からの視座』(東京堂出版)		2014年9月
君塚大學	東アジアの文化変動について-「非儒化」と近代化	論集〈仏教大·社會〉	35	2002年3月
堀和生	韓國併合に關する經濟史的研究-貿易·海運を素材として	森山茂德　原田環編『大韓帝國の保護と併合』(東京大學出版會)		2013年2月

筆者名	論文名	揭載誌	卷号	刊行年月
堀和生, 大越義則	近代朝鮮貿易の基礎的研究	經濟論叢別冊調査と研究〈京都大〉	30	2005年 4月
宮内彩希	日淸戰爭における朝鮮人人夫の動員	日本植民地研究	22	2010年 6月
磯本宏紀	潜水器漁業の導入と朝鮮海出漁－伊島漁民の植民地漁業経営と技術伝播をめぐって	研究報告〈德島縣立博物館〉	18	2008年 3月
吉野誠	明治初期における外務省の朝鮮政策－朝廷直交論のゆくえ	紀要文學部〈東海大〉	72	2000年 2月
吉野誠	征韓論から韓國併合へ	情況　第三期	11월 10일	2010年 12月
吉野誠	書評：月脚達彦著『朝鮮開化思想とナショナリズム』	歷史評論	725	2010年 9月
吉野誠	明治初期の日朝關係と征韓論	趙景達他編『「韓國併合」100年を問う『思想』特集·關係資料』（岩波書店）		2011年 3月
吉野誠	金允植と金玉均－「開化」の對抗	趙景達他編『講座東アジアの知識人1 文明と伝統社會－19世紀中葉～日淸戰爭』（有志舍）		2013年 10月
吉田光男	韓國における近世對外關係史研究の中の日本	佐藤信，藤田覺編『前近代の日本列島と朝鮮半島』（山川出版社）		2007年 月
吉田光男	書評：藤本幸夫『日本現存朝鮮本研究』	朝鮮學報	214	2010年 3月
吉田忠	朝鮮改革論と門戶開放宣言－福澤諭吉「脱亞論」がおかれる史脈	石井米雄編『アジアのアイデンティー』（山川出版社）		2000年 4月
金慶南	境界地域におけるローカリティ交流空間の形成と変形－對馬と釜山を中心に	大原社會問題研究所雜誌	679	2015年 3月

筆者名	論文名	掲載誌	卷号	刊行年月
金庚姬	ハーグ「密使」と「國際紛爭平和處理條約」	文學硏究論集（文學·史學·地理學)〈明大·院〉	12	2000年 2月
金光男	雲揚号事件をめぐる一考察	社會科學論集〈茨城大·人文學部〉	43	2007年 3月
金度亨	近代韓國知識人の西洋文化認識と改革論	日韓·韓日合同學術會議記錄	14	2001年 11月
金東明	植民地と文化触変	平野健一郎他編『國際文化關係史硏究』（東京大學出版會）		2013年 4月
金東洙	甲午改革期における地方制度の改革－特に日本からの影響を中心として考察	日韓文化交流基金編『訪日學術研究者論文集アカデミック4』（日韓文化交流基金）		2001年 3月
金文子	日露開戰と大韓帝國	歷史地理教育	836	2015年 7月
金範洙	旧韓末における留學生監督に關する一考察－留學生監督申海永を中心に	朝鮮學報	191	2004年 4月
金範洙	大韓帝國末期渡日韓國留學生の現實認識－留學生団体機關誌の論說にみる文明觀·國家觀	學校教育學研究論集〈東京學芸大〉	13	2006年 3月
金鳳珍	朝鮮の開化と井上角五郎－日韓關係史の「脫構築」を促す問題提起	紀要〈東京大·東洋文化研〉	140	2000年 12月
金鳳珍	「礼」と万國公法の間－朝鮮の初期開化派の公法觀	紀要〈北九州市立大·外國語〉	102	2001年 9月
金鳳珍	書評：岡本隆司著『屬國と自主のあいだ－近代淸韓關係と東アジアの命運』	歷史學研究	808	2005年 11月
金鳳珍	近代朝鮮と東アジア認識	貴志俊彦, 荒野泰典, 小風秀雅編『東アジアの時代性』（溪水社）		2005年 6月

筆者名	論文名	掲載誌	巻号	刊行年月
金鳳珍	李朝末期－金允植と兪吉濬	平石直昭・金泰昌編『知識人から考える公共性』(東京大學出版會)		2006年3月
金鳳珍	「朝鮮＝屬國」論考	社會システム研究	5	2007年3月
金鳳珍	「韓國併合有效・不当論」を問う	笹川紀勝, 李泰鎭編著『韓國併合と現代－歴史と國際法からの再檢討』(明石書店)		2008年12月
金成都	19世紀から20世紀前半期までのソウル・京畿地域の寺院大房の外部空間に關する研究	日本建築學會計畫系論文集	566	2003年4月
金聖培	旧韓末儒教開明官僚の對外觀と日本觀研究－雲養金允植の場合	日韓文化交流基金編『訪日學術研究者論文集 アカデミック4』(日韓文化交流基金)		2001年3月
金永柱	初期東學思想における西學觀－その天主觀を中心に	朝鮮學報	187	2003年4月
金容德 [宮嶋博史譯]	1880年代朝鮮開化運動の理念に對する檢討－『漢城旬報』・『漢城周報』を中心に	宮嶋博史, 金容德編著『日韓共同研究叢書2 (近代交流史と相互認識1)』(慶応義塾大學出版會)		2001年1月
金容植 [朴智泳譯]	大韓帝國における近代的公論形成と公論場の展開	三谷博編『東アジアの公論形成』(東京大學出版會)		2004年12月
金容贊	近代朝鮮における抵抗運動と民族形成に關する一考察	立命館國際關係論集	9	2009年1月
金容贊	近代朝鮮におけるネイション形成の政治的條件に關する一考察－「他者」の意識化と義兵運動の高揚をめぐって	立命館國際研究	02월24일	2011年10月
金容贊	近代朝鮮におけるネイション形成過程の二	立命館國際研究	80	2011年

筆者名	論文名	掲載誌	巻号	刊行年月
	つの潮流に關する一考察－大韓帝國の成立と國權恢復運動をめぐって			3月
金容贊	近代朝鮮におけるナショナリズムと「シンボル」の機能に關する一考察	立命館國際地域研究	36	2012年10月
金潤煥	前近代から近代への移行期における朝日關係－東本願寺釜山別院と朝鮮人訪問者を事例に	山本淨邦編『韓流・日流-東アジア文化交流の時代』（勉誠出版）		2014年4月
金允嬉［金泰動譯］	＊1897年（日本の金本位制實施）以後における大韓帝國金融環境の変化と居留地三國商人の營業實態	荒武賢一朗，池田智惠編著『文化交渉における畫期と創造－歴史世界と現代を通じて考える』(關西大學文化交渉學教育研究據点)		2011年3月
金恩實［藤井たけし譯］	＊朝鮮の植民地知識人，羅蕙錫の近代性を問う	伊藤るり，坂元ひろ子，タニ・E・バーロウ編『モダンガールと植民地的近代：東アジアにおける帝國・資本・ジェンダー』（岩波書店）		2010年2月
金銀眞	鍾路の変容を通してみるソウルの近代化に關する一考察－大韓帝國期（1883-1910年）の新聞記事を題材に	日本建築學會計畫系論文集	588	2005年2月
金興秀［野木香里譯］	韓日關係の近代的改編と宗氏渡韓論	日韓相互認識研究會編『日韓歴史共同研究プロジェクト第12回シンポジウム報告書』（日韓相互認識研究會）		2012年3月
南塚信吾	世界史の中の「韓國併合」－1910年前後の國際關係の中で	歴史學研究	867	2010年6月

筆者名	論文名	掲載誌	巻号	刊行年月
南塚信吾	世界史の中の韓國併合－1910年前後の國際關係の中で	歴史學研究會編『「韓國併合」100年と日本の歴史學』（青木書店）		2011年5月
內藤正中	1905年の竹島問題	北東アジア文化研究	34	2011年10月
奈良岡聰智	イギリスから見た伊藤博文統監と韓國統治	伊藤之雄　李盛煥編著『伊藤博文と韓國統治－初代韓國統監をめぐる百年目の檢証』（ミネルヴァ書房）		2009年6月
奈良岡聰智	伊藤博文研究の基礎史料	伊藤之雄　李盛煥編著『伊藤博文と韓國統治－初代韓國統監をめぐる百年目の檢証』（ミネルヴァ書房）		2009年6月
大谷正, 菅原光, 前川亨	「日淸戰爭」研究を語る－大谷正『日淸戰爭－近代日本初の對外戰爭の實像』（中公新書2014年）によせて	專修大學社會科學研究所月報	623	2015年5月
大里浩秋	租界研究の現狀と展望	年報非文字資料研究	7	2011年3月
大房信幸	第二次日韓協約締結交渉の経過と法的考察	中央史學	29	2006年3月
大淵憲一	伝統的価値觀の國際比較－日本，韓國　中國，米國における儒敎的価値觀	文化	79-1·2	2015年9月
大庭裕介	江戸から明治の朝鮮觀と歴史認識	岩下哲典編著『東アジアのボーダーを考える-歴史·國境·認識』（右文書院）		2014年5月
大竹聖美	明治期少年雜誌に見る朝鮮觀－日淸戰爭（1894）～日韓併合（1910）前後の『穎才新誌』·『少年園』·『少國民』·『少年世界』	朝鮮學報	188	2003年7月

筆者名	論文名	掲載誌	卷号	刊行年月
大澤博明	『征淸用兵　隔壁聽談』と日淸戰爭硏究	熊本法學	122	2011年 3月
都冕會	自主的近代と植民地的近代	宮嶋博史, 李成市, 尹海東, 林志弦編『植民地近代の視座』(岩波書店)		2004年 10月
渡辺利夫	日韓併合への道程－併合は避けられたか	海外事情	Dec-55	2007年 12月
渡辺利夫	日韓併合への道程－併合はさけられたか	海外事情	Dec-55	2007年 12月
島田昌和	書評：田村紀之著『近代朝鮮と明治日本』	澁澤硏究	26	2014年 1月
藤本尊正	日露戰爭後のウラジオストク朝鮮町における日本人賣春婦について	セーヴェルCEBEP	26	2010年 3月
落合弘樹	明治初期の外征論と東アジア	古屋哲夫, 山室信一編『近代日本における東アジア問題』(吉川弘文館)		2001年 1月
落合弘樹	朝鮮修信使と明治政府	駿台史學	121	2004年 3月
鈴木文	第一次朝鮮修信使來日時にみる日本人の朝鮮認識と自己認識	朝鮮史研究會論文集	45	2007年 10月
鈴木文	明治初期の朝鮮通信使認識	北島万次他編『日朝交流と相克の歷史』(校倉書房)		2009年 11月
鈴木文	明治初期日朝關係と詩文応酬	史觀	160	2009年 3月
鈴木文	『朝鮮聞見錄』縣史編纂本と市博本の比較について	福岡市總合図書館研究紀要	12	2012年 3月
鈴木文	近代日本の朝鮮觀	趙景達編『近代日朝關係史』(有志舍)		2012年 9月

筆者名	論文名	揭載誌	卷号	刊行年月
鈴木修	1904年玄暎運の伊藤博文招聘について	アジア史研究〈中央大〉	24	2000年 3月
麓愼一	維新政府の東アジア政策－樺太問題と朝鮮問題の關連について	環日本海研究年報〈新潟大〉	13	2006年 2月
麓愼一	日露開戰過程における滿州問題と韓國問題について－ポート・アルトーラにおける審議會を中心に	日韓文化交流基金編『訪韓學術研究者論文集10』（日韓文化交流基金）		2010年 月
麓愼一	日露戰後における新潟と對岸地域－自由港制の廢止から日韓併合へ	環東アジア研究センター年報	8	2013年 2月
麓愼一	明治政府の對外政策－樺太・朝鮮・台湾	東京大學史料編纂所研究紀要	25	2015年 3月
瀧澤秀樹	書評 木村幹著『朝鮮/韓國ナショナリズムと「小國」意識－朝貢國から國民國家へ』	土地制度史學	Apr-44	2002年 7月
瀧澤秀樹	東アジアの近代と國民國家	瀧澤秀樹編著『東アジアの國家と社會』〈大阪商業大學比較地域研究所研究叢書〉（御茶の水書房）		2004年 1月
瀧澤秀樹	東北アジアの経濟協力と國家間關係－近代國家成立過程に關する歷史的考察の必要性	地域と社會〈大阪商業大・比較地域研〉	11	2008年 9月
劉群芸	中國・朝鮮近代化改革における明治維新の受容－戊戌変法と甲午更張を中心に	日本経濟思想史研究	7	2007年 3月
柳尚熙	日韓併合当時の大韓帝國政權に關する一考察－伊藤博文と宋秉畯、一進會を中心に	東洋學研究所集刊〈二松學舍大・東洋研〉	34	2004年 3月
柳永烈［奧薗秀樹譯］	大韓帝國末期愛國啓蒙言論の日本認識	宮嶋博史、金容德編著『日韓共同研究叢書2（近代交流史と相互認識1）』（慶応義塾大學出版會）		2001年 1月

筆者名	論文名	掲載誌	巻号	刊行年月
柳在坤	近代韓國の平和思想研究（上）	世界平和研究	03월 28일	2002年 8月
柳浚弼	近代初期の韓國における自國學理念の形成過程	アジア太平洋研究	31	2006年 10月
柳忠熙	英文で〈再現〉された西洋－尹致昊日記(一八九六)に記されたヨーロッパと朝鮮使節の文化的ダイナミズム	朝鮮學報	235	2015年 4月
柳忠熙	近代東アジアの辭書學と朝鮮知識人の英語リテラシー－19世紀末の尹致昊の英語學習を中心に	超域文化科學紀要	18	2013年 11月
李康民	『日韓通話』と明治期韓國語學習書	國語國文	May-84	2015年 5月
李善惠	近代初期における韓國のプロテスタント社會事業に關する一考察	評論·社會科學〈同志社大·社會學會〉	92	2010年 5月
李成市	「韓國併合」と古代日朝關係史	趙景達他編『「韓國併合」100年を問う『思想』特集·關係資料』（岩波書店）		2011年 3月
李盛煥	日露戰爭と朝鮮民族主義の挫折	軍事史學	Jan-40	2004年 6月
李盛煥	韓國の中立政策と日露戰爭	日露戰爭研究會編『日露戰爭研究の新視点』（成文社）		2005年 5月
李盛煥	伊藤博文の韓國統治と韓國ナショナリズム－愛國啓蒙運動と伊藤の挫折	伊藤之雄　李盛煥編著『伊藤博文と韓國統治－初代韓國統監をめぐる百年目の檢証』（ミネルヴァ書房）		2009年 6月
李笑利	韓國の開化期教科書における日本語的な要素－『新訂尋常小學』を中心として	比較文化研究	65	2004年 10月

筆者名	論文名	揭載誌	卷号	刊行年月
李修京	日韓併呑の桎梏史から生まれた交流から考える未來關係の模索	東洋文化研究〈學習院大·東洋文化研〉	13	2011年 3月
李修京 朴仁植	朝鮮王妃殺害事件の再考	紀要〈東京學芸大·人文社會科學系〉	58	2007年 1月
李秀允	日清戰爭以前における朝鮮開港場をめぐる日中朝商人の確執	日本植民地研究	12	2000年 7月
李秀允	朝鮮開港後の流通機構の変遷-開港場客主と外國商人をめぐって	早稻田経濟學研究	53	2001年 9月
李穗枝	防穀賠償交涉（1893年）における日清韓關係	中國研究月報	Jun-63	2009年 6月
李穗枝	1885年の日朝海底電線條約續約締結交涉について	朝鮮學報	232	2014年 7月
李逑森［孟達來譯］	*ロシアの朝鮮半島政策-歷史的変化と未來のゆくえ	北東アジア研究	22	2012年 3月
李升熙	日本軍の「丁未義兵」鎮壓過程における憲兵隊台頭問題	文學研究論集〈明治大·院·文學研究科〉	15	2001年 9月
李英美	朝鮮統監府における法務補佐官制度と慣習調査事業-梅謙次郎と小田幹治郎を中心に（1）	法學志林〈法政大〉	Jan-98	2001年 1月
李英美	朝鮮統監府における法務補佐官制度と慣習調査事業-梅謙次郎と小田幹治郎を中心に（2），（3）	法學志林〈法政大〉	98-4, 99-2	2001年 3, 12月
李英美	朝鮮統監府における法務補佐官制度と慣習調査事業-梅謙次郎と小田幹治郎を中心に（4），（5·完）	法學志林〈法政大〉	99- 3, 4	2002年 1, 3月
李英美	韓國近代戶籍關連法規の制定及び改正過程-「民籍法」を中心に	東洋文化研究〈學習院大·東洋文化研〉	6	2004年 3月
李英美	韓國近代離婚慣習法の定立過程-協議上の離婚を中心に	東洋文化研究〈學習院大·東洋文化研〉	8	2006年 3月

筆者名	論文名	揭載誌	卷号	刊行年月
李英美	日本統治時代における韓國·朝鮮の慣習調査報告書に關する書誌學的考察－米國ハーヴァード大學·イェンチン図書館 (Harvard－Yenching Library)の所藏資料の紹介を中心に	明治大學敎養論集	491	2013年 1月
李英美	朝鮮總督府中樞院における韓國·朝鮮の慣習調査報告書に關する書誌學的考察－米國カリフォルニア大學バークレー校 (UCB)·the C.V.Starr East Asian Library所藏資料を中心に	紀要〈東京大·東洋文化研〉	165	2014年 3月
李英哲	中島敦における〈朝鮮〉－挑發する植民地	學報〈朝鮮大學校〉	6	2004年 12月
李榮昊 [宮嶋博史譯]	*東學·農民の日本認識と「輔國安民」理念	宮嶋博史 金容德編著『日韓共同研究叢書2 (近代交流史と相互認識1)』(慶応義塾大學出版會)		2001年 1月
李榮薰	大韓帝國期皇室財政の基礎と性格	森山茂德 原田環編『大韓帝國の保護と併合』(東京大學出版會)		2013年 2月
李榮薰 [橋本繁譯]	*民族史から文明史への轉換のために	宮嶋博史, 李成市, 尹海東, 林志弦編『植民地近代の視座』(岩波書店)		2004年 10月
李鎔哲	安重根の東アジア認識と地域協力構想	梅森直之, 平川幸子, 三牧聖子編著『歴史の中のアジア地域統合』(勁草書房)		2012年 6月
李正熙	朝鮮開港期における中國人勞働者問題－「大韓帝國」末期廣梁湾塩田築造工事の苦力を中心に	朝鮮史研究會論文集	47	2009年 1月
李正熙	日本帝國主義下在朝中國人の靴下製造業に關する研究	紀要〈京都創成大〉	40423	2009年 3月

筆者名	論文名	掲載誌	巻号	刊行年月
李正熙	近代朝鮮における中國農民の野菜栽培に關する研究－京畿道を事例として	史林	Mar-94	2011年 5月
李圭先	韓國における植民地統治の起源－「保護統治」をめぐる研究の現狀と課題	年報近現代史研究	1	2009年 3月
李圭先	「保護國」体制下における大韓帝國の外交主權－日本政府による國際條約の締結と批准をめぐって	歷史學研究	866	2010年 5月
李圭先	鴨綠江中洲をめぐる韓淸係爭と帝國日本	日本歷史	763	2011年 12月
李圭先	李王家歲費と財政狀況に關する一考察－新城道彦『天皇の韓國併合　王公族の創設と帝國の葛藤』の批評を通じて	年報近現代史研究	5	2013年 3月
李淸松	內村鑑三と朝鮮	岩手大學大學院人文社會科學研究科研究紀要	14	2005年 5月
李泰鎭 [辺英浩譯]	＊1905年「保護條約」における高宗皇帝協商指示說への批判	笹川紀勝, 李泰鎭編著『韓國併合と現代－歷史と國際法からの再檢討』(明石書店)		2008年 12月
李泰鎭 [野木香里譯]	＊19世紀韓國の國際法受容と中國との伝統的關係淸算のための闘爭	笹川紀勝, 李泰鎭編著『韓國併合と現代－歷史と國際法からの再檢討』(明石書店)		2008年 12月
李泰鎭 [太田秀春譯]	＊1904~1910年, 韓國國權侵奪條約の手續き上の不法性	笹川紀勝, 李泰鎭編著『韓國併合と現代－歷史と國際法からの再檢討』(明石書店)		2008年 12月
李豪潤	19世紀の「對外危機」における朝鮮王朝の思想的反応－崔益鉉の思想を中心に	立命館文學〈立命館大・人文學會〉	582	2004年 1月
李豪潤	朝鮮王朝後期思想史研究文獻目錄	東アジアの思想と文化	1	2006年 9月

筆者名	論文名	掲載誌	卷号	刊行年月
李豪潤	韓國における日本思想史研究	日本史研究	590	2011年 10月
林雄介	1898年平壤民亂について	朝鮮文化研究〈東京大·文·朝鮮文化研究室〉	8	2001年 3月
林雄介	19世紀末~20世紀初頭　朝鮮の民衆運動	東アジア近代史	4	2001年 3月
林雄介	中朝國境と日本帝國主義 – 朝鮮人親日派問題	季武嘉也編『日本の時代史24（大正社會と改造の潮流）』（吉川弘文館）		2004年 5月
林雄介	1910年前後の朝鮮 – 大韓帝國はなすすべもなく併合されてしまったのか	歷史評論	725	2010年 9月
林雄介	梶村秀樹著『朝鮮における資本主義の形成と展開』 – 「內在的發展論」のバイブル	歷史評論	757	2013年 5月
林宗元	韓國における「福澤諭吉」 – 1990年代における福澤諭吉の研究狀況を中心に	近代日本研究	25	2008年 11月
林泰弘	朝鮮「東學」の教祖崔濟愚の神秘体驗 – 神秘体驗は二回も起きうるのか	アジア文化研究	8	2001年 6月
林泰弘	韓國近代の東學教団と神秘体驗	アジア文化	28	2006年 4月
林泰弘	韓國近代の東學教団と神秘体驗	アジア文化	28	2006年 4月
牧野雅司	明治初期外務省の對朝鮮外交と近世日朝關係	朝鮮學報	230	2014年 1月
木畑洋一	1900年前後の帝國主義世界体制と日本	比較史·比較歷史教育研究會編『帝國主義の時代と現在 – 東アジアの對話』（未來社）		2002年 3月
木村幹	朝鮮·韓國における近代と民族の相克 – 「親日派」を通じて	政治経濟史學	403	2000年 3月

筆者名	論文名	掲載誌	卷号	刊行年月
木村幹	『高宗』から見た韓國併合-韓國近代史に位置づける	The Journal of Pacific Asia	9	2003年 3月
木村健二	明治期日本の調査報告書にみる朝鮮認識	宮嶋博史，金容德編著『日韓共同研究叢書2（近代交流史と相互認識1）』(慶応義塾大學出版會)		2001年 1月
木村直也	東アジアの中の近世日朝關係史	北島万次他編『日朝交流と相克の歴史』(校倉書房)		2009年 11月
木村直也	書評と紹介：石田徹著『近代移行期の日朝關係-國交刷新をめぐる日朝双方の論理』	日本歴史	809	2015年 1月
尾上守	海南新聞にみる東學農民戰爭1-後備步兵第十九大隊の出征	日本コリア協會・愛媛編著『植民地朝鮮と愛媛の人びと』(愛媛新聞社)		2011年 3月
尾上守	海南新聞にみる東學農民戰爭2-後備步兵第十九連隊の歸鄉	日本コリア協會・愛媛編著『植民地朝鮮と愛媛の人びと』(愛媛新聞社)		2011年 3月
閔德基	韓國における韓日關係史研究の回顧と展望-中・近世を中心に	北島万次他編『日朝交流と相克の歴史』(校倉書房)		2009年 11月
朴孟洙	近代日本と韓國（北朝鮮）における東學思想及び甲午農民戰爭に關する先行研究の到達点と問題点-甲午農民戰爭百周年以前までの研究を中心に	日本研究〈國際日本文化研究センター〉	23	2001年 3月
朴孟洙	甲午農民戰爭期における東學農民軍の日本認識	刊行委員會編『姜德相先生古希退職記念日朝關係史論集』(新幹社)		2003年 5月
朴孟洙	知の息吹-東學と田中正造	人環フォーラム	31	2012年 月

筆者名	論文名	掲載誌	巻号	刊行年月
朴炳渉	日本の竹島＝獨島放棄と領土編入	刊行委員會編『姜德相先生古希退職記念日朝關係史論集』（新幹社）		2003年5月
朴炳渉	明治政府の竹島＝獨島認識	北東アジア文化研究	28	2008年10月
朴炳渉	明治時代の鬱陵島漁業と竹島＝獨島問題（1），（2）	北東アジア文化研究〈鳥取短期大・北東アジア文化總合研〉	31，32	2010年3，10月
朴炳渉	日露海戰と竹島＝獨島の軍事的価値	北東アジア文化研究	(36·37)	2013年3月
朴三憲 [韓春子譯]	明治初年太政官文書の歴史的性格	洪性德　保坂祐二、朴三憲、吳江原　任德淳『獨島・鬱陵島の研究-歴史・考古・地理學的考察』（明石書店）		2015年12月
朴成淳	日露戰爭前後における日本の對韓言論政策－統監府の英字機關紙發刊を中心として	法學政治學論究〈慶応義塾大・院・法學研究科〉	52	2002年3月
朴贊勝 [申奎燮譯]	＊1890年代後半における官費留學生の渡日留學	宮嶋博史　金容德編著『日韓共同研究叢書2（近代交流史と相互認識1）』（慶応義塾大學出版會）		2001年1月
朴忠錫 [宮崎善信譯]	朴泳孝の富國强兵論－伝統と近代の內的連關を中心に	朴忠錫　渡辺浩編『「文明」「開化」「平和」－日本と韓國』（慶応義塾大學出版會）		2006年3月
飯田泰三	書簡に見る福澤人物誌（第17回）井上角五郎－福澤の朝鮮「開化」政略の担当者	三田評論	1083	2005年10月

筆者名	論文名	揭載誌	巻号	刊行年月
飯田泰三	福澤諭吉の朝鮮問題への「政治的戀愛」について	みすず	Jul-57	2015年 8月
方光錫	明治政府の韓國支配政策と伊藤博文	伊藤之雄, 李盛煥編著『伊藤博文と韓國統治-初代韓國統監をめぐる百年目の検証』(ミネルヴァ書房)		2009年 6月
方玉順	統監府期韓國におけるキリスト教系學校-統監府·宣教師·韓國人信徒間の相互關係を中心として	キリスト教教育論集	15	2007年 5月
裵亢燮 [鶴園裕, 飯倉江里衣譯]	東學農民戰爭に對する新しい理解と内在的接近	アジア民衆史研究會, 歴史問題研究所編『日韓民衆史研究の最前線-新しい民衆史を求めて』(有志舎)		2015年 12月
白忠鉉 [鳥海豊譯]	日本の韓國併合に對する國際法的考察	笹川紀勝, 李泰鎭編著『韓國併合と現代-歴史と國際法からの再検討』(明石書店)		2008年 12月
保坂祐二 [韓春子譯]	高宗と李奎遠の于山島認識の分析	洪性德, 保坂祐二, 朴三憲, 吳江原, 任德淳『獨島·鬱陵島の研究-歴史·考古·地理學的考察』(明石書店)		2015年 12月
福原裕二	20世紀初頭の鬱陵島社會	北東アジア研究	21	2011年 3月
北原スマ子	江華條約の締結	趙景達編『近代日朝關係史』(有志舎)		2012年 9月

筆者名	論文名	揭載誌	巻号	刊行年月
北原スマ子	大院君政權の攘夷政策と日本	趙景達編『近代日朝關係史』(有志舍)		2012年9月
浜下武志	日淸戰爭と東アジア	小風秀雅編『日本の時代史23(アジアの帝國國家)』(吉川弘文館)		2004年4月
山口華代	日本における倭館研究の動向	日韓歷史共同硏究委員會編『第2期日韓歷史共同硏究報告書(第2分科會篇)』		2010年3月
山内弘一	朴珪壽-「實學」から「開化」へ	趙景達他編『講座東アジアの知識人1 文明と伝統社會-19世紀中葉~日淸戰爭』(有志舍)		2013年10月
山本隆基	金允植の初期政治思想 (1)	法學論叢〈福岡大・研究推進部〉	Feb-55	2010年9月
山本隆基	金允植の初期政治思想 (2)	法學論叢〈福岡大〉	Feb-59	2014年9月
山村健	日淸戰爭期韓國の對日兵站協力	戰史研究年報	6	2003年3月
山泰幸	濟州島研究の先驅者泉靖一-『濟州島』をめぐって	森田雅也編『島國文化と異文化遭遇-海洋世界が育んだ孤立と共生』(關西學院大學出版會)		2015年3月
三ツ井崇	李容翊-時代の矛盾を体現した政治家	趙景達他編『講座東アジアの知識人2 近代國家の形成-日淸戰爭~韓國併合・辛亥革命』(有志舍)		2013年11月

筆者名	論文名	掲載誌	巻号	刊行年月
森まり子	日清戰爭再考(前篇) 史料の提示－イサベラ・バード著『朝鮮紀行』が捉えた近代日本と「アジア」	紀要〈跡見學園女子大・文〉	49	2014年 3月
森康郎	東學と『天主實義』－東學におけるカトリック思想の影響	アジア太平洋研究科論集	19	2010年 5月
三谷博	一九世紀における東アジア國際秩序の轉換－條約体制を「不平等」と括るのは適切か	東アジア近代史	13	2010年 3月
杉谷昭	「明治六年の政変」の再檢討－桐野利秋からの聞書	比較文化年報〈久留米大・院・比較文化研究科〉	11	2002年 3月
三谷憲正	「閔妃」試論－図像をめぐる一考察	日本研究〈國際日本文化研究センター〉	27	2003年 3月
三谷憲正	朝鮮總督府官僚・鈴木穆論－その軌跡とメンタリティーをめぐって	松田利彦，やまだあつし編『日本の朝鮮・台湾支配と植民地官僚』(思文閣出版)		2009年 3月
森口隼	韓國の被保護國化と保護國論	法政史論	31	2004年 3月
森崎光子	佐藤春夫「魔鳥」論－朝鮮人虐殺事件との關連を中心に	近代文學論創	6	2003年 10月
森万佑子	朝鮮近代の外交實務担当者に關する基礎的研究－「統理交渉通商事務衙門續章程」制定に注目して	アジア地域文化研究	9	2013年 3月
森万佑子	朝鮮政府の駐津管理通商事務の派遣(一八八六－一八九四)	朝鮮學報	231	2014年 4月
森万佑子	2013年の歷史學界：回顧と展望－朝鮮(近現代)	史學雜誌	123 5	2014年 5月
森山茂德	明治期日本指導者の韓國認識	宮嶋博史 金容德編著『日韓共同研究叢書2 〈近代交流史と相互認識		2001年 1月

筆者名	論文名	揭載誌	卷号	刊行年月
	1）』（慶応義塾大學出版會）			
森山茂德	保護政治下韓國における司法制度改革の理念と現實	淺野豊美　松田利彦編『植民地帝國日本の法的構造』（信山社出版）		2004年3月
森山茂德	日本の韓國植民地化と韓國都市の変化－保護政治期を對象として	法學會雜誌	Jan-50	2009年8月
森山茂德	併合と自治の間－伊藤博文の國際・韓國認識と「保護政治」	東アジア近代史	14	2011年3月
森山茂德	「保護政治」下の韓國ナショナリズム－その成立過程をめぐって	法學會雜誌	Jan-53	2012年7月
森山茂德	「保護」から「併合」へ－日本の韓國「保護政治」の官僚制化	森山茂德　原田環編『大韓帝國の保護と併合』（東京大學出版會）		2013年2月
杉原隆	明治10年太政官指令「竹島外一島之儀ハ本邦關係無之」をめぐる諸問題	第２期「竹島問題に關する調査研究」中間報告書（島根縣總務課）		2011年2月
杉田聰	福澤諭吉のマキャベリズムと侵略主義－『時事新報』朝鮮・中國問題論說から見える實像	唯物論	54・55	2010年1月
西野玄	開港期初期　外務省の居留地設置政策－釜山居留地の設置から仁川開港まで	韓國言語文化研究〈九州大〉	1	2001年7月
西野玄	仁川居留地に關する一考察－仁川日本居留地埋立問題を中心に	朝鮮學報	194	2005年1月
石田徹	征韓論再考	早稻田政治公法研究〈早稻田大・院・政治學研究科〉	65	2000年 12月
石田徹	明治初期外務省の朝鮮政策と朝鮮觀	早稻田政治経濟學雜誌	364	2006年7月
石田徹	新刊紹介：Owen Nickerson Denny著，岡本隆司校訂・譯註『淸韓論』	洛北史學	13	2011年6月

筆者名	論文名	掲載誌	巻号	刊行年月
石田徹	書評：岡本隆司編『宗主權の世界史－東西アジアの近代と翻譯概念』	北東アジア研究	26	2015年 3月
石川寬	倭館接收後の日朝交渉と對馬	九州史學	139	2004年 6月
石川亮太	開港後朝鮮における華商の貿易活動	森時彦編『中國近代化の動態構造』（京都大學人文科學研)		2004年 2月
石川亮太	書評：岡本隆司著『屬國と自主のあいだ－近代淸韓關係と東アジアの命運』	洛北史學	7	2005年 6月
石川亮太	韓國保護國期における小額通貨流通の変容	朝鮮史研究會論文集	44	2006年 10月
石川亮太	近代東アジアのロシア通貨流通と朝鮮	ロシア史研究	78	2006年 5月
石川亮太	開港期漢城における朝鮮人・中國人間の商取引と紛爭	年報朝鮮學〈九州大〉	10	2007年 3月
石川亮太	2006年の歴史學界：回顧と展望－朝鮮（近現代)	史學雜誌	116-5	2007年 5月
石川亮太	19世紀末の朝鮮をめぐる中國人商業ネットワーク	籠谷直人，脇村孝平編『帝國とアジア・ネットワーク』（世界思想社)		2009年 11月
石川亮太	開港期朝鮮華僑の商業活動	日韓文化交流基金編『訪韓學術研究者論文集』9（日韓文化交流基金)		2009年 月
石川亮太	Book Review：O.N.デニー著/岡本隆司校訂・譯註『淸韓論』	東方	355	2010年 9月
石川亮太	近代東アジア史のなかの朝鮮華僑	歷史と地理	669	2013年 11月
石川亮太	1880年代の紅蔘對淸輸出と華商－裕增祥事件を通じて	朝鮮史研究會論文集	53	2015年 10月
石川亮太	朝鮮開港期における華商の内地通商活動－同順泰文書を通じて	朝鮮學報	235	2015年 4月

筆者名	論文名	揭載誌	卷号	刊行年月
笹川紀勝	古典國際法の時代における日韓の旧條約 (1904~1910)	月報〈專修大·社會科學研究所〉	472	2002年 10月
笹川紀勝	伝統的國際法時代における日韓旧條約(1904~1910)	笹川紀勝, 李泰鎭編著『韓國併合と現代 – 歷史と國際法からの再檢討』(明石書店)		2008年 12月
笹川紀勝	ヒトラーの條約强制と現代的な「國家に對する强制」 – 韓國保護條約の位置づけのために	法律論叢〈明治大·法律研〉	80-2·3	2008年 2月
笹川紀勝	韓國併合と法の諸問題	法律論叢〈明治大·法律研〉	81-4·5	2009年 3月
笹川紀勝	征韓論までの國際法体系の問題 – 「交隣の誼」の世界秩序と「侮日」の外務省報告	法律論叢〈明治大·法律研〉	82-2·3	2010年 2月
笹川紀勝	韓國併合100年 – 安重根の抵抗の精神と平和論	世界	801	2010年 2月
笹川紀勝	征韓論に對応する國際法体系の問題 – 外國官指令·太政官決定から第一期保護國論まで	法律論叢〈明治大·法律研〉	82-4·5	2010年 3月
笹川紀勝	保護國の類型 – 日韓の1905年條約と第二期保護國論	法律論叢	83-1·2	2011年 2月
笹川紀勝	國際協調主義と歷史の反省 – 安重根とカントの思想の比較研究	笹川紀勝編著『憲法の國際協調主義の展開 – ヨーロッパの動向と日本の課題』(敬文堂)		2012年 4月
笹川紀勝	保護國の類型	都時煥編著『國際共同研究 韓國强制併合─○○年 – 歷史と課題』(明石書店)		2013年 8月
小川原宏幸	日本の韓國保護政策と韓國におけるイギリスの領事裁判權 – 梁起鐸裁判をめぐって	文學研究論集（文學·史學·地理學)〈明治大·院〉	13	2000年 9月

筆者名	論文名	揭載誌	卷号	刊行年月
小川原宏幸	朝鮮における各國居留地撤廢交涉と條約關係	文學研究論集〈明治大·院〉	14	2001年 2月
小川原宏幸	書評：海野福壽著『韓國併合史の研究』	駿台史學	113	2001年 7月
小川原宏幸	統監伊藤博文の韓國法治國家構想の破綻－「韓國ニ於ケル發明，意匠，商標及著作權保護ニ關スル日米條約」施行に伴う韓國國民への日本法適用問題をめぐって	刊行委員會編『姜德相先生古希退職記念日朝關係史論集』(新幹社)		2003年 5月
小川原宏幸	一進會の日韓合邦請願運動と韓國併合－「政合邦」構想と天皇制國家原理との相克	朝鮮史研究會論文集	43	2005年 10月
小川原宏幸	伊藤博文の韓國併合構想と第三次日韓協約体制の形成	青丘學術論集	25	2005年 3月
小川原宏幸	日露戰爭と日本の對朝鮮政策	安田浩·趙景達編『戰爭の時代と社會』(青木書店)		2005年 9月
小川原宏幸	日露戰爭期日本の對韓政策と朝鮮社會－統監の軍隊指揮權問題における文武官の對立を手がかりに	朝鮮史研究會論文集	44	2006年 10月
小川原宏幸	武斷政治と三·一獨立運動	和田春樹他編『岩波講座東アジア近現代通史 (3)：世界戰爭と改造－1910年代』(岩波書店)		2010年 11月
小川原宏幸	伊藤博文の韓國統治と朝鮮社會－皇帝巡幸をめぐって	思想	1029	2010年 1月
小川原宏幸	韓國併合と朝鮮併合	安田常雄，趙景達編『近代日本のなかの「韓國併合」』(東京堂出版)		2010年 3月
小川原宏幸	日本におけるアジア認識の欠落－日朝間の「アジア主義」の差異をめぐって	國立歷史民俗博物館編『「韓國併合」100年を問う 2010年國際シンポジウム』(岩波書店)		2011年 3月

筆者名	論文名	掲載誌	巻号	刊行年月
小川原宏幸	伊藤博文の韓國統治と朝鮮社會－皇帝巡幸をめぐって	趙景達他編『「韓國併合」100年を問う『思想』特集·關係資料』(岩波書店)		2011年3月
小川原宏幸	日本の歷史學における植民地意識－朝鮮史を中心に	歷史學硏究會編『「韓國併合」100年と日本の歷史學』(青木書店)		2011年5月
小川原宏幸	朝鮮の植民地化と韓國併合	趙景達編『近代日朝關係史』(有志舍)		2012年9月
小川原宏幸	日露戰爭と朝鮮	趙景達編『近代日朝關係史』(有志舍)		2012年9月
小川原宏幸	安重根と伊藤博文－東洋平和構想をめぐって	趙景達他編『講座東アジアの知識人1 文明と伝統社會－19世紀中葉～日清戰爭』(有志舍)		2013年10月
小川原宏幸	保護國下大韓帝國皇帝儀礼の展開	歷史評論	762	2013年10月
小風秀雅	一九世紀世界システムのサブシステムとしての不平等條約体制	東アジア近代史	13	2010年3月
松崎裕子	大韓帝國光武年間期の米國系企業家コルブラン&ボストウィックの電氣關係利權について	歷史學硏究	754	2001年10月
松崎裕子	日露戰爭前後の韓國における米國經濟權益－甲山鉱山特許問題を中心に	史學雜誌	112-10	2003年10月
宋炳基［內藤浩之譯］	高宗朝の鬱陵島経營－檢察使の派遣と開拓	北東アジア文化研究〈鳥取女子短大·北東アジア文化總合硏〉	12	2000年10月

筆者名	論文名	掲載誌	巻号	刊行年月
宋炳基［內藤浩之譯］	日本のリャンコ島（獨島）領土編入	北東アジア文化研究	22	2005年10月
松本智也	近世東アジア漂流問題に關する研究動向	東アジアの思想と文化	5	2013年7月
松本智也	近世東アジア漂流問題に關する史料および文獻目錄	東アジアの思想と文化	5	2013年7月
宋安鍾	1875年の日朝交涉	金澤法學	Feb-42	2000年3月
松田利彦	伊藤博文暗殺事件の波紋－警察資料に見る朝鮮人社會の狀況	伊藤之雄，李盛煥編著『伊藤博文と韓國統治－初代韓國統監をめぐる百年目の檢証』（ミネルヴァ書房）		2009年6月
松田利彦	日本の韓國併合	和田春樹他編『岩波講座東アジア近現代通史（2）：日露戰爭と韓國併合-19世紀末～1900年代』（岩波書店）		2010年10月
須田努	征韓論への系譜	安田常雄，趙景達編『近代日本のなかの「韓國併合」』（東京堂出版）		2010年3月
勝田政治	征韓論政変と大久保利通	國士館史學	15	2011年3月
勝田政治	大久保政權の朝鮮政策	國士舘史學	18	2014年3月
勝村誠	安重根と朝鮮植民地支配について－日韓國際平和シンポジウムを通して明らかになったこと	歷史地理教育	753	2009年12月
申圭秀	甲申政変を前後した韓日交涉史の研究	日韓文化交流基金編『訪日學術研究者論文集』		2002年10月

筆者名	論文名	掲載誌	巻号	刊行年月
		歷史6』(日韓文化交流基金)		
辛基秀	義士安重根と伊藤博文	勞働運動研究	421	2014年4月
申榮祐［尾上守, 尾上敏子譯］	1894年日本軍後備步兵第十九大隊中路軍の鎭壓策と東學農民軍の對応	日本コリア協會・愛媛編著『植民地朝鮮と愛媛の人びと』(愛媛新聞社)		2011年3月
新井勉	1905年日韓協約の瑕疵について	政経研究〈日本大〉	Apr-39	2003年3月
新井勉	金玉均暗殺教唆犯の犯罪地について	日本法學	Apr-71	2006年3月
辛珠柏	植民地期の安重根に關する朝鮮人社會の記憶—「伊藤博文狙擊事件」をめぐって	伊藤之雄 李盛煥編著『伊藤博文と韓國統治−初代韓國統監をめぐる百年目の檢証』(ミネルヴァ書房)		2009年6月
愼蒼宇	崔益鉉−東洋の平和と自主獨立を目指した抗日知識人	趙景達他編『講座東アジアの知識人1 文明と伝統社會−19世紀中葉〜日淸戰爭』(有志舍)		2013年10月
愼蒼宇	朝鮮の義兵將−階層を超える抗日運動・正規兵意識	趙景達他編『講座東アジアの知識人2 近代國家の形成−日淸戰爭〜韓國併合・辛亥革命』(有志舍)		2013年11月
愼蒼宇	日淸・日露戰爭と苗代川「朝鮮人」	久留島浩, 須田努, 趙景達編『薩摩・朝鮮陶工村の四百年』(岩波書店)		2014年7月

筆者名	論文名	揭載誌	卷号	刊行年月
愼蒼宇	無頼と倡義のあいだ－植民地化過程の暴力と朝鮮人「傭兵」	須田努ほか編『暴力の地平を越えて－歴史學からの朝鮮』 (靑木書店)		2004年5月
愼蒼宇	朝鮮植民地化過程における警察と民衆－1904~1907年を中心に	朝鮮史研究會論文集	44	2006年10月
愼蒼宇	植民地戰爭としての義兵戰爭	和田春樹他編『岩波講座東アジア近現代通史 (2)：日露戰爭と韓國併合-19世紀末~1900年代』(岩波書店)		2010年10月
愼蒼宇	朝鮮半島の「內戰」と日本の植民地支配－韓國軍事体制の系譜	歷史學研究	885	2011年10月
阿比留章子	對馬藩における朝鮮本の輸入と御文庫との關係について	雅俗	14	2015年7月
阿形佐惠子	朝鮮半島における英國聖書公會聖書販賣人「賣書人」に關する基礎的研究－1883年から1915年を中心に	朝鮮學報	187	2003年4月
阿形佐惠子	朝鮮半島における英國聖書公會バイブルウーマン(Bible Woman)の實態と，プロテスタント伝道活動上の特徵(1895~1940)	朝鮮學報	204	2007年7月
阿形佐惠子	朝鮮半島における英國聖書公會聖書販賣人「勸書」に關する基礎的研究(1915－1920年を中心に)	韓國文化研究〈韓國文化學會〉	4	2014年8月
延廣壽一	日淸戰爭と朝鮮民衆－電線架設支隊長の日記から見た抵抗活動	日本史研究	584	2011年4月
永島廣紀	旧韓末~日本統治期における「西北人」知識層の活動	韓國朝鮮の文化と社會	3	2004年10月
永島廣紀	日本統治期の朝鮮における〈史學〉と〈史料〉の位相	歷史學研究	795	2004年11月
永島廣紀	韓國併合後の東學系民俗運動をめぐる諸問題	七隈史學	5	2004年3月

筆者名	論文名	掲載誌	卷号	刊行年月
永島廣紀	保護國期の大韓帝國における「お雇い日本人」-日本人高等官人事の動向を中心に	森山茂德 原田環編『大韓帝國の保護と併合』(東京大學出版會)		2013年 2月
永留史彦	對馬で殉國した崔益鉉	永留史彦, 上水流久彦, 小島武博編『對馬の交隣』(交隣舍出版企畵)		2014年 8月
禹男淑	東洋三國における社會進化論の受容樣式に關する硏究	日韓文化交流基金編『訪日學術硏究者論文集 歷史 6』(日韓文化交流基金)		2002年 10月
牛林杰	梁啓超と韓國近代啓蒙思想	武庫川女子大學關西文化硏究センター編『東アジアにおける文化交流の諸相』(武庫川女子大學關西文化硏究センター)		2008年 11月
遠藤芳信	日露戰爭前における戰時編制と陸軍動員計畵思想(8)-1882年朝鮮壬午京城事件に對する日本陸軍の對応と動員	紀要〈北海道教育大・人文科學・社會科學編〉	58 2	2008年 2月
原田敬一	混成第九旅団の日淸戰爭1-新出史料の「從軍日誌」に基づいて	歷史學部論集〈仏教大〉	1	2011年 3月
原田敬一	韓國併合前後の都市形成と民衆-港町群山の貿易・生産・生活	韓哲昊他著『植民地朝鮮の日常を問う-第2回佛敎大學・東國大學校共同硏究』(佛敎大學國際交流センター)		2012年 12月
原田勝正	近代日本の進路とアジア主義	原田勝正編『「國民」形成における統合と隔離』(日本經濟評論社)		2002年 3月

筆者名	論文名	掲載誌	卷号	刊行年月
原田勝正	北東アジアの鐵道史における1906年	東西南北〈和光大·總合文化研究所〉		2005年 1月
原田環	井上角五郎と朝鮮－仁川まで	宮嶋博史　金容德編著『日韓共同研究叢書2（近代交流史と相互認識1）』（慶応義塾大學出版會）		2001年 1月
原田環	第二次日韓協約調印と大韓帝國皇帝高宗	青丘學術論集	24	2004年 4月
原田環	韓國併合	鳥海靖編『近代日本の轉機－明治·大正編』（吉川弘文館）		2007年 6月
原田環	日露戰爭と韓國問題－第二次日韓協約をめぐる大韓帝國內の動向	『日露戰爭と東アジア世界』（ゆまに書房）		2008年 1月
原田環	大韓國國制と第二次日韓協約反對運動－大韓帝國の國のあり方	日韓歷史共同研究委員會編『第2期日韓歷史共同研究報告書（第3分科會篇）』（日韓歷史共同研究委員會）		2010年 3月
原田環	建國から併合に至る大韓帝國	東アジア近代史	14	2011年 3月
原田環	第二次日韓協約締結時における韓國外部大臣の印章問題について	森山茂德　原田環編『大韓帝國の保護と併合』（東京大學出版會）		2013年 2月
月脚達彦	「保護國」期における朝鮮ナショナリズムの展開 － 伊藤博文の皇室利用策との關連で	朝鮮文化研究〈東京大·文·朝鮮文化研究室〉	7	2000年 3月
月脚達彦	近代朝鮮の改革と自己認識·他者認識	歷史評論	614	2001年 6月

筆者名	論文名	揭載誌	卷号	刊行年月
月脚達彦	書評：延世大學校國學研究院編『日帝の植民支配と日常生活』	韓國朝鮮の文化と社會	4	2005年 10月
月脚達彦	朝鮮の開化と「近代性」－斷髮·衛生·コレラ防疫	朴忠錫 渡辺浩編『文明』「開化」「平和」－日本と韓國』（慶応義塾大學出版會）		2006年 3月
月脚達彦	大韓帝國の今－韓國での歷史論爭をめぐって	UP〈東京大學出版會〉	440	2009年 6月
月脚達彦	近代朝鮮における國民國家創出と立憲君主制論	日韓歷史共同研究委員會編『第2期日韓歷史共同研究報告書（第3分科會篇）』（日韓歷史共同研究委員會）		2010年 3月
月脚達彦	近代朝鮮の條約における「平等」と「不平等」－日朝修好條規と朝米修好通商條約を中心に	東アジア近代史	13	2010年 3月
月脚達彦	近代朝鮮の儒教的知識人と「武」―朴殷植と「尚武の精神」	韓國朝鮮の文化と社會	10	2011年 10月
月脚達彦	新刊紹介：新城道彦著『天皇の韓國併合－王公族の創設と帝國の葛藤』	東アジア近代史	15	2012年 3月
月脚達彦	兪吉濬『世界大勢論』における「獨立」と「文明」	東洋史研究	72 3	2013年 12月
月脚達彦	「交通」のすゝめ－『福澤諭吉と朝鮮問題』をめぐって	UP	Nov-43	2014年 11月
尹虎	巨文島事件と淸國の東北アジア政策	國際日本學	11	2014年 3月
殷丁泰 [辺英浩譯]	一八九九年韓淸通商條約締結と大韓帝國一條約締結の手續きと爭点を中心として	笹川紀勝, 李泰鎭著『韓國併合と現代－歷史と國際法からの再檢討』（明石書店）		2008年 12月
伊藤俊介	甲午改革と王權構想	歷史學研究	864	2010年 3月

筆者名	論文名	掲載誌	巻号	刊行年月
伊藤俊介	甲午改革期地方警察制度の實施と各地での抵抗	久留島浩, 趙景達編『國民國家の比較史』(有志舍)		2010年 3月
伊藤俊介	甲午改革期の警察と民衆	千葉史學	61	2012年 11月
伊藤俊介	兪吉濬－その開化思想と政治活動	趙景達他編『講座東アジアの知識人1 文明と伝統社會－19世紀中葉～日清戰爭』(有志舍)		2013年 10月
伊藤俊介	甲午改革における警察制度改革と民衆の警察認識	アジア民衆史研究會, 歴史問題研究所編『日韓民衆史研究の最前線-新しい民衆史を求めて』(有志舍)		2015年 12月
伊藤之雄	近代日本の君主制の形成と朝鮮－韓國皇帝・皇族等の日本帝國への包攝	法學論叢〈京都大〉	154-4～6	2004年 3月
伊藤之雄	伊藤博文の韓國統治と韓國併合－ハーグ密使事件以降	法學論叢〈京都大〉	164-1～6	2009年 3月
伊藤之雄	伊藤博文の韓國統治－ハーグ密使事件以前	伊藤之雄, 李盛煥編著『伊藤博文と韓國統治－初代韓國統監をめぐる百年目の檢証』(ミネルヴァ書房)		2009年 6月
伊藤之雄	伊藤博文の「メモ」は眞筆の「メモ」の翻刻だ－水野直樹氏の所説への反論	日本史研究	611	2013年 7月
長谷川直子	朝鮮中立化論と日清戰爭	和田春樹他編『岩波講座東アジア近現代通史 (1)：東アジア世界の近代－19世紀』(岩波書店)		2010年 12月

筆者名	論文名	掲載誌	卷号	刊行年月
長谷川直子	壬午軍亂と日本	趙景達編『近代日朝關係史』(有志舍)		2012年9月
長谷川直子	朝鮮中立化構想と日本	趙景達編『近代日朝關係史』(有志舍)		2012年9月
長谷川香苗	韓國統監職と伊藤博文	道歷研年報〈北海道歷史研究者協議會〉	7	2007年3月
長森美信	朝鮮前近代史に關するデータベース	日本歷史	740	2010年1月
長森美信	朝鮮伝統船研究の現況と課題－近世の使臣船を中心に	年報朝鮮學	13	2010年5月
長森美信	朝鮮總督府『漁船調査報告』にみる植民地期朝鮮の伝統船－一九一〇～二〇年代の在來型漁船の船体構造	森平雅彦編『中近世の朝鮮半島と海域交流』(汲古書院)		2013年5月
全炳昊	開化期における韓國社會の教育觀と近代學校の形成過程	紀要〈仏教大・院〉	36	2008年3月
田星姬	第一次修信使の日本認識－日本による「富國强兵」勸告をめぐって	紀要〈仏教大・總合研〉	別冊	2000年3月
田中健之	金玉均の流轉	中央公論	121-4	2006年4月
田中敏彦	「征韓論」再考	神戸外大論叢	Feb-63	2013年3月
井口和起	「韓國併合」と日本近代史研究	東アジア近代史	14	2011年3月
井口和起	歷史認識問題と近代日朝關係史	日朝協會編『日本と韓國・朝鮮-平和と交友をめざして 日朝協會・全國組織結成60周年記念』(學習の友社)		2015年6月
鄭南用［崔誠姬譯］	「乙巳五條約」の非法性	笹川紀勝, 李泰鎭編著『韓國併合と		2008年12月

筆者名	論文名	揭載誌	卷号	刊行年月
		現代-歷史と國際法からの再檢討』(明石書店)		
井上勝生	甲午農民戰爭:日本軍による最初の東アジア民衆虐殺-東學農民戰爭 清算されない加害責任	世界	693	2001年10月
井上勝生	明治維新とアジア-二つの「併合」北海道と朝鮮	和田春樹他編『岩波講座東アジア近現代通史 (1):東アジア世界の近代-19世紀』(岩波書店)		2010年12月
井上勝生	東學農民軍包囲殲滅作戰と日本政府・大本營-日淸戰爭から「韓國併合」100年を問う	思想	1029	2010年1月
井上勝生	後備步兵第一九連隊・大隊長南小四郎文書-日淸戰爭から「韓國併合」100年を問う	國立歷史民俗博物館編『「韓國併合」100年を問う 2010年國際シンポジウム』(岩波書店)		2011年3月
井上勝生	東學農民軍包囲殲滅作戰と日本政府・大本營-日淸戰爭から「韓國併合」100年を問う	趙景達他編『「韓國併合」100年を問う『思想』特集・關係資料』(岩波書店)		2011年3月
井上直樹	日露戰爭後の日本の大陸政策と「滿鮮史」-高句麗史研究のための基礎的考察	洛北史學	8	2006年6月
井上直樹	2007年の歷史學界:回顧と展望-朝鮮(古代)	史學雜誌	117 5	2008年5月
井上直樹	2009年の歷史學界:回顧と展望-朝鮮(古代)	史學雜誌	119-5	2010年5月
諸星英俊	明治六年「征韓論」における軍事構想	軍事史學	Jan-45	2009年 月
諸点淑	朝鮮 (1877~1910) における日本仏教の社會事業動向-眞宗大谷派の活動を中心に	日本思想史研究會會報	24	2006年12月

筆者名	論文名	掲載誌	巻号	刊行年月
諸洪一	明治六年の征韓論爭と西鄕隆盛	日本歷史	655	2002年 12月
諸洪一	明治初期の朝鮮政策と江華島條約－宮本小一を中心に	紀要〈札幌學院大・人文學會〉	81	2007年 3月
諸洪一	江華島條約「附屬條約」の交涉と宮本小一	九州史學	154	2010年 2月
諸洪一	近代東アジアの黎明に關する一試論－日米和親條約と日朝修好條規	札幌學院大學人文學會紀要	96	2014年 10月
趙景達	近代朝鮮の小國思想	菅原憲一，安田浩編『國境を貫く歷史認識』（靑木書店）		2002年 9月
趙景達	朝鮮の近代とその政治文化	歷史學硏究會編『國家像·社會像の変貌』（靑木書店）		2003年 2月
趙景達	日露戰爭と朝鮮	安田浩·趙景達編『戰爭の時代と社會－日露戰爭と現代』（靑木書店）		2005年 9月
趙景達	日本·朝鮮におけるアジア主義の相克	情況 第三期	08月 02日	2007年 3·4月
趙景達	朴殷植における國家と民衆	深谷克己編『東アジアの政治文化と近代』（有志舍）		2009年 3月
趙景達	危機に立つ大韓帝國	和田春樹他編『岩波講座東アジア近現代通史 (2)：日露戰爭と韓國併合-19世紀末～1900年代』（岩波書店）		2010年 10月
趙景達	近代日本のなかの「韓國併合」	安田常雄　趙景達編『近代日本のな		2010年 3月

筆者名	論文名	掲載誌	巻号	刊行年月
		かの「韓國併合」』 (東京堂出版)		
趙景達	朝鮮の國民國家構想と民本主義の伝統	久留島浩, 趙景達編『國民國家の比較史』(有志舍)		2010年 3月
趙景達	朝鮮の士と民	大橋幸泰, 深谷克己編『〈江戸〉の人と身分6－身分論をひろげる』(吉川弘文館)		2011年 1月
趙景達	東アジアの近代と「韓國併合」	國立歷史民俗博物館編『「韓國併合」100年を問う 2010年國際シンポジウム』(岩波書店)		2011年 3月
趙景達	朝鮮の近代化と宗敎－東學＝天道教の歴史から	宗敎研究	Apr-84	2011年 3月
趙景達	東學＝天道教正史の変遷－敎門の正当性と民族運動の主導權	歷史學研究	938	2015年 11月
糟谷憲一	第二次大院君政權の權力構造－政權上層部の構成に關する分析	同編集委員會編『西嶋博士追悼論文集 東アジア史の展開と日本』(山川出版社)		2000年 3月
糟谷憲一	隱蔽される朝鮮侵略	「教科書に眞實と自由を」連絡會編『徹底批判『國民の歴史』』(大月書店)		2000年 5月
糟谷憲一	書評と紹介：宮嶋博史・李成市・尹海東・林志弦『植民地近代の視座－朝鮮と日本』	日本歴史	695	2006年 4月
糟谷憲一	朝鮮の植民地化と東アジア	歷史評論	727	2010年 11月
糟谷憲一	「韓國併合」100年と朝鮮近代史	朝鮮學報	219	2011年 4月

筆者名	論文名	揭載誌	卷号	刊行年月
糟谷憲一	朝鮮の植民地化と東アジア	歷史評論	733	2011年 5月
糟谷憲一	甲午改革期以後の朝鮮における權力構造について	東洋史研究	Jan-70	2011年 6月
糟谷憲一	「韓國併合條約」の無效性と「併合詔書」	和田春樹他編『日韓歷史問題をどう解くか-次の100年のために』(岩波書店)		2013年 12月
糟谷憲一	書評：長田彰文著『世界史の中の近代日韓關係』	東洋史研究	Feb-73	2014年 9月
糟谷憲一	朝鮮に對する植民地支配	經濟	239	2015年 7月
糟谷憲一	日本の朝鮮に對する植民地支配の實態	經濟〈新日本出版社〉	239	2015年 8月
趙東成	安重根義士の遺骨發掘と遺品·遺物所在把握について-日韓共同作業を日本社會に提案する	コリア研究	4	2013年 3月
趙誠倫	開港初期ソウル地域民衆の近代的國民意識形成過程と反日意識	日韓歷史共同研究委員會編『第2期日韓歷史共同研究報告書 (第3分科會篇)』(日韓歷史共同研究委員會)		2010年 3月
趙映俊	大韓帝國期の皇室財政研究の現況と展望	森山茂德, 原田環編『大韓帝國の保護と併合』(東京大學出版會)		2013年 2月
曹榮煥 初田亨	近代期の韓國·釜山における市街地の変遷に關する研究 (1) -1870年代から1910年代 (日韓併合以前) における釜山の擴大と商工業·都市施設の分布について, (2) -1910年代から1940年代 (日韓併合期) における釜山の擴大と商工業·都市施設の分布について	日本建築學會計畫系論文集	587,594	2005年 1, 8月

筆者名	論文名	揭載誌	卷号	刊行年月
曹榮煥 初田亨	日韓倂合期における韓國·釜山の瓦斯電氣事業と都市の發展について	生活文化史	47	2005年 3月
足立啓二	東北アジアの近代化と從屬化	東アジア地域研究會, 植村泰夫 櫻谷勝美 堀和生編『講座東アジア近現代史2 (東アジア経濟の軌跡)』(靑木書店)		2001年 9月
佐伯友弘, 黃虎哲	福澤諭吉と金玉均の文明開化思想の比較史的考案	紀要〈鳥取大·教育地域科學〉	04월 02일	2003年 1月
佐々木揚	書評：岡本隆司著『屬國と自主のあいだ－近代淸韓關係と東アジアの命運』	史學雜誌	114-8	2005年 8月
佐佐木揚	書評：三谷博, 並木賴壽, 月脚達彦編『大人のための近現代史　一九世紀編』	東アジア近代史	13	2010年 3月
佐々木雄一	政治指導者の國際秩序觀と對外政策　條約改正, 日淸戰爭, 日露協商	國家學會雜誌	127 11·12	2014年 12月
佐々充昭	韓末における檀君敎の「重光」と檀君ナショナリズム	朝鮮學報	180	2001年 7月
佐々充昭	韓末における「强權」的社會進化論の展開－梁啓超と朝鮮愛國啓蒙運動	朝鮮史研究會論文集	40	2002年 10月
佐々充昭	東アジア近代における孔敎運動の展開－康有爲と朝鮮人儒學者との交流を中心に	立命館文學	626	2012年 3月
酒井裕美	甲申政変以前における朝淸商民水陸貿易章程の運用實態－關連諸章程と楊花津入港問題を中心に	朝鮮史研究會論文集	43	2005年 10月
酒井裕美	書評：岡本隆司著『屬國と自主のあいだ－近代淸韓關係と東アジアの命運』	歷史評論	676	2006年 8月
酒井裕美	開港期の朝鮮外交主体·統理交涉通商事務衙門の對內活動－甲申政変前の外交關連政策を中心に	一橋社會科學	2	2007年 3月
酒井裕美	開港期朝鮮の外交主体·統理交涉通商事務衙門に關する一考察－甲申政変前における	朝鮮學報	204	2007年 7月

筆者名	論文名	掲載誌	巻号	刊行年月
	地方官廳との關係, とくに財政政策を一例として			
酒井裕美	朝淸陸路貿易の改編と中江貿易章程－甲申政變以前朝淸關係の一側面	朝鮮史硏究會論文集	46	2008年 10月
酒井裕美	開港期朝鮮の關稅「自主」をめぐる一考察	東洋學報	Apr-91	2010年 3月
酒井裕美	最惠國待遇をめぐる朝鮮外交の展開過程－朝淸商民水陸貿易章程成立以後を中心に	大阪大學世界言語硏究センター論集	6	2011年 9月
酒井裕美	開港期朝鮮の關稅「自主」をめぐる一考察	日韓相互認識硏究會編『日韓歷史共同硏究プロジェクト第12回シンポジウム報告書』（日韓相互認識硏究會）		2012年 3月
酒井裕美	朝米修好通商條約（1882年）における最惠國待遇をめぐる一考察	朝鮮學報	229	2013年 10月
酒井裕美	2012年の歷史學界：回顧と展望－朝鮮（近現代)	史學雜誌	122 5	2013年 5月
朱鎭五	19世紀末朝鮮の自主と獨立	日韓歷史共同硏究委員會編『第2期日韓歷史共同硏究報告書（第3分科會篇）』（日韓歷史共同硏究委員會)		2010年 3月
朱鎭五 ［邊英浩譯]	近代日韓關係と韓國併合－大韓帝國期の對日認識と對応を中心に	都時煥編著『國際共同硏究 韓國强制併合─○○年－歷史と課題』（明石書店)		2013年 8月
中根隆行	日露戰爭後における朝鮮殖民事業の文化地政學	文學硏究論集〈筑波大〉	18	2000年 6月
中嶋久人	甲申政変と日本	趙景達編『近代日朝關係史』（有志舍)		2012年 9月

筆者名	論文名	掲載誌	巻号	刊行年月
中嶋久人	日清戰爭と朝鮮	趙景達編『近代日朝關係史』(有志舍)		2012年9月
中西直樹	朝鮮植民地化過程と日本仏教の布教活動－日清戰爭から初期の朝鮮總督府治政まで	龍谷史壇	137	2013年3月
中塚明	歴史のなかの日本と朝鮮	世界	686	2001年4月
中塚明	『日韓保護條約』100年－「明治の記憶」とその忘却しているもの（特集 戰後60年）	戰爭責任研究	49	2005年9月
中塚明	「韓國併合」百年とどう向き合うか－NHKスペシャルドラマ「坂の上の雲」を問う	前衛	843	2009年6月
中塚明	日本近代史研究と朝鮮問題	歴史學研究會編『「韓國併合」100年と日本の歴史學』(青木書店)		2011年5月
中塚明	虚構の極みとしての「韓國併合條約」	和田春樹他編『日韓歴史問題をどう解くか－次の100年のために』(岩波書店)		2013年12月
中塚明,姜万吉	對談：日韓の近代史を捉え直す－東アジアの平和をめざして	世界	696増刊	2001年12月
池內敏	「鮮人」考	歴史の理論と教育〈名古屋歴史科學研究會〉	109	2001年9月
池內敏	19世紀の東アジア史と日朝關係－その歴史的前提を中心にして	日韓文化交流基金編『訪韓學術研究者論文集』6（日韓文化交流基金）		2006年3月
池內敏	1900年前後の鬱陵島における朝鮮人と日本人・ノート	東郷和彦、朴勝俊編著『鏡の中の自己認識－日本と韓國の歴史・文化・未來』(御茶の水書房)		2012年3月

筆者名	論文名	揭載誌	卷号	刊行年月
陳南澤	韓國開化期の天主敎文獻におけるハングル綴字法について	大學敎育硏究紀要	7	2011年 月
陳南澤	『日韓通話捷徑』における仮名音注について	大學敎育硏究紀要〈岡山大〉	8	2012年12月
陳南澤	韓國の開化期新聞におけるハングル綴字法について	大學敎育硏究紀要〈岡山大〉	5	2009年5月
秦郁彦	閔妃殺害事件の再考察	政経硏究〈日本大·法學會〉	Feb-43	2006年10月
秦郁彦	日淸戰爭における對東學軍事行動	日本法學	Apr-71	2006年3月
淺野豊美	植民地での條約改正と日本帝國の法的形成	淺野豊美 松田利彦編『植民地帝國日本の法的構造』(信山社出版)		2004年3月
淺野豊美	帝國と地域主義の分水嶺－保護國韓國の治外法權廢止と在韓日本人課稅問題	日露戰爭硏究會編『日露戰爭硏究の新視点』(成文社)		2005年5月
淺野豊美	保護下韓國の條約改正と帝國法制－破綻した日韓兩國內法の地域主義的結合	酒井哲哉ほか編『岩波講座「帝國」日本の學知1「帝國」編成の系譜』(岩波書店)		2006年2月
淺野豊美	日本の最終的條約改正と韓國版條約改正－國際協調下の帝國的膨脹と「日韓協同」主義の変質	伊藤之雄、李盛煥編著『伊藤博文と韓國統治－初代韓國統監をめぐる百年目の檢証』(ミネルヴァ書房)		2009年6月
淺野豊美	國際關係の中の「保護」と「併合」－門戶開放原則と日韓の地域的結合をめぐって	森山茂德、原田環編『大韓帝國の保護と併合』(東京大學出版會)		2013年2月

筆者名	論文名	掲載誌	巻号	刊行年月
千葉功	日露戰爭の「神話」	小風秀雅編『アジアの帝國國家』〈日本の時代史23〉(吉川弘文館)		2004年 4月
靑山忠正	「征韓」－言語と認識	紀要〈仏教大·總合研〉	別冊	2000年 3月
靑山治世	書評：安井三吉著『帝國日本と華僑－日本·台湾·朝鮮』	歷史評論	680	2006年 12月
靑山治世	書評：岡本隆司『屬國と自主の間－近代淸韓關係と東アジアの命運』	現代中國研究	18	2006年 3月
村中朋之	明治期日本における國防戰略轉換の背景－朝鮮を「利益線」とするに至るまで	紀要〈日本大·院·總合社會情報研〉	5	2005年 2月
崔蘭英	1880年代初頭における朝鮮の對淸交涉－「中國朝鮮商民水陸貿易章程」の締結を中心に	朝鮮學報	226	2013年 1月
崔然植	兪吉濬の福澤諭吉に對する理解－日本の社會進化論の受容と朝鮮獨立の進路	日韓文化交流基金『訪日學術研究者論文集』19（日韓文化交流基金）		2013年 3月
崔元奎〔金耿昊, 李相旭譯〕	大韓帝國·日帝初期における土地帳簿とその性格	アーカイブズ學研究	22	2015年 6月
秋月望	末松二郎筆談錄に見られる「近代」－1881年の「紳士遊覽団」との交流を中心に	宮嶋博史, 金容德編著『日韓共同研究叢書2（近代交流史と相互認識1）』(慶応義塾大學出版會)		2001年 1月
秋月望	朝淸境界問題にみられる朝鮮の「領域觀」－「勘界會談」後から日露戰爭期まで	朝鮮史研究會論文集	40	2002年 10月
秋月望	華夷秩序の境界から國際法的な"國境"へ－朝鮮と淸の境界地帶をめぐる研究史	年報〈明治學院大·國際學部付屬研〉	13	2010年 12月

筆者名	論文名	掲載誌	卷号	刊行年月
沈箕載	明治新政府の東アジア外交と木戶孝允	歷史の理論と教育	126·127	2007年 4月
土谷涉	幕末征韓論の源流についての一考察	國史學硏究〈龍谷大〉	29	2006年 3月
八箇亮仁	甲申政変と日本側の關与	硏究論集〈河合文化敎育硏〉	11	2014年 3月
片山慶隆	韓國保護國化過程におけるメディアの韓國認識	一橋法學〈一橋大〉	04월 03일	2005年 11月
片山慶隆	ハーグ密使事件·第三次日韓協約をめぐる日英關係	一橋法學	08월 01일	2009年 3月
片山慶隆	韓國保護國化過程における日英關係－イギリスの對韓政策を中心に	關西外國語大學硏究論集	100	2014年 9月
平山洋	福澤諭吉「朝鮮人民のために其國の滅亡を賀す」と文明政治の6條件	國際關係·比較文化硏究〈靜岡縣立大〉	02월 02일	2004年 3月
浦川和也	壬午事変と岩倉具視意見書－明治前期の日朝關係と淸國の宗主權	硏究紀要〈佐賀縣立名護屋城博物館〉	6	2000年 3月
馮靑	日淸戰爭後における淸朝海軍の中央化	論集〈聖心女子大·院〉	23	2001年 7月
河西英通	書評：井上勝生著『明治日本の植民地支配 北海道から朝鮮へ』	新しい歷史學のために	287	2015年 10月
河宇鳳 [森山茂德譯]	開港期修信使の日本認識	宮嶋博史 金容德編著『日韓共同硏究叢書2（近代交流史と相互認識1）』（慶応義塾大學出版會）		2001年 1月
韓東洙 [徐東千譯]	仁川の旧淸國租界地にある建築の保存と再生	大里浩秋 貴志俊彦 孫安石編『中國·朝鮮における租界の歷史と建築遺產』（御茶の水書房）		2010年 3月

筆者名	論文名	揭載誌	卷号	刊行年月
韓東洙［徐東千譯］	仁川の旧淸國租界地にある建築の保存と再生	大里浩秋，貴志俊彦，孫安石編著『中國·朝鮮における租界の歷史と建築遺產〈神奈川大學人文學研究叢書27〉』(御茶の水書房)		2010年3月
韓旺澤	旧韓末における日本留學歸國者による軍隊教育機關の導入とその展開－特に軍隊体操との關係を中心として	アジア教育史研究	12	2003年3月
咸東珠［長森美信譯］	明治後半期の朝鮮史叙述と大衆的朝鮮史像の展開	朴忠錫　渡辺浩編『「文明」「開化」「平和」－日本と韓國』(慶応義塾大學出版會)		2006年3月
海野福壽	韓國倂合條約等旧條約無效＝日本の「不法な」植民地支配論をめぐって	駿台史學	112	2001年3月
海野福壽	韓國倂合條約無效說と國際法－條約の形式と締結手續きについて〈第42回特別研究會〉	ノモス〈關西大·法學研〉		2002年12月
海野福壽	第二次日韓協約と五大臣上疏	青丘學術論集	25	2005年3月
許聖一	漢詩文集に表れた兪吉濬の開化意識	紀要〈仏教大·總合研〉	別冊	2000年3月
狐塚裕子	1881年朝鮮朝士視察団（紳士遊覽団）の日本派遣－日本側から見た派遣経緯	紀要〈清泉女子大〉	51	2003年12月
狐塚裕子	1881年朝鮮朝士視察団（紳士遊覽団）の釜山集結と新聞報道	紀要〈清泉女子大·人文科學研〉	29	2008年3月
狐塚裕子	朝鮮初期開化派と明治政府－金玉均等「四氏」の日本への接近について	紀要〈清泉女子大·人文科學研〉	30	2009年3月
洪淳鎬岩谷十郎，田中佑季譯	旧韓末における外國人法律·外務顧問の外交史的研究	法學研究〈慶應義塾大·法〉	Nov-82	2009年11月
洪淳鎬［鄉	大韓帝國法律顧問L.Cr?mazyの任命過程分析	神奈川法學	Jan-41	2008年

筆者名	論文名	掲載誌	巻号	刊行年月
田正萬, 吉井蒼生夫譯]	－フランス外務省未刊外交文書によって			9月
洪庸碩	1876年から1910年代における韓國の都市·大邱（テグ）の商業施設と人々の生活変化	生活文化史	49	2006年3月
洪庸碩 初田亨	韓國·大邱における1876年から1910年までの日本人の活動と都市の近代化	日本建築學會計畵系論文集	610	2006年12月
和田春樹	日露戰爭と韓國併合－19世紀末～1900年代	和田春樹他編『岩波講座東アジア近現代通史 (2)：日露戰爭と韓國併合-19世紀末～1900年代』（岩波書店）		2010年10月
和田春樹	日露戰爭と韓國併合	安田常雄, 趙景達編『近代日本のなかの「韓國併合」』（東京堂出版）		2010年3月
和田春樹	日露戰爭と韓國併合－ロシアという要因から考える	都時煥編著『國際共同研究 韓國強制併合一○○年－歷史と課題』（明石書店）		2013年8月
和田春樹	日露戰爭と韓國併合－19世紀末～1900年代	和田春樹, 後藤乾一, 木畑洋一, 山室信一, 趙景達 中野聰 川島眞『東アジア近現代通史-19世紀から現在まで』上（岩波書店）		2014年9月
荒木和憲	中世對馬における朝鮮綿布の流通と利用	アジア遊學	177	2014年12月
荒武達朗	1870～90年代北滿洲における辺境貿易と漢民族の移住	アジア経濟	Aug-46	2005年8月

筆者名	論文名	掲載誌	巻号	刊行年月
荒井信一	韓國「保護國」化過程における軍事と外交	笹川紀勝, 李泰鎭編著『韓國併合と現代－歴史と國際法からの再檢討』(明石書店)		2008年12月
荒井信一	日本の對韓外交と國際法實踐	笹川紀勝, 李泰鎭編著『韓國併合と現代－歴史と國際法からの再檢討』(明石書店)		2008年12月
荒井信一	韓國併合百年をどうとらえるか	戰爭責任研究	66	2009年12月
荒井信一	「東アジアの大亂」と植民地主義	都時煥編『國際共同研究 韓國强制併合一〇〇年－歴史と課題』(明石書店)		2013年8月
檜皮瑞樹	1884年の東京專門學校朝鮮人留學生に關する研究ノート	早稻田大學大學史資料センター	46	2015年2月
黑澤文貴	日露戰爭への道－三國干涉から伊藤の外遊まで	外交史料館報	28	2014年12月

〈토론문〉
개항기 한일관계사 연구의 회고와 전망

김흥수 | 홍익대학교

발표자는 개항기 한일관계사 연구 성과를 정치·외교, 바다·표류·독도, 경제, 사회문화·사상 분야로 나누어 정리하고, 앞으로 더 천착해야할 연구 과제까지 제시하였습니다. 일본에서의 연구 성과도 2010년 이후 출간된 저서와 2000년 이후 발표된 논문의 목록을 정리해주어 이 분야 연구자에게 많은 도움이 될 것으로 기대됩니다. 연구사 정리가 원래 품이 많이 들고 빛이 나지 않는 작업인데, 어려운 작업을 해주신 발표자께 이 자리를 빌려 경의를 표합니다. 다만,『한일관계사연구』에 수록된 관련 논문과 그 저자들의 연구 성과 위주로 소개된 점은 다소 아쉬움이 남습니다.『한일관계사연구』에 논문을 발표하지 않은 개항기 연구자 중에 한일관계 관련 논문을 발표한 것도 많이 있을 것으로 생각합니다. 2000년대 이후 개항기 연구현황의 전모를 파악하기 위해서는 이들의 연구까지 포함해서 검토해야 하지 않을까 생각합니다. 특히 '병합조약' 100주년인 2010년을 전후하여 한일양국에서 과거사 문제를 둘러싸고 활발하게 논의되었는데, 그 성과와 한계는 어떤 식으로든 정리될 필요가 있다고 봅니다. 일본에서의 연구 성과도 저서는 2010년 이후에 출간된 것만 목록을 제시하였는데 논문과 형평성을 고려하여 2000년 이후부터 출간된 목록도 포함하면 향후의 연구에 도움이 되리라 생각합니다.

　발표자는 자신의 전공 분야인, 조일수호조규(강화도조약) 체결에 이르는 개항 과정기의 연구에 대해 기존 연구의 성과와 한계 그리고 앞으로 연구가 필요한 부분까지 적시하였습니다. 발표자의 지적에 대체로 공감하면서도 의견을 달리하는 부분도 있습니다. 토론자의 본분을 다하기 위해 발표자와 의견을 달리하는 부분을 중심으로 몇 가지 논점에 대해 논평하려 합니다.

　첫째, 개항 전 한일 양국의 갈등을 초래한 이른바 '서계문제'에 대해 그 책임을 전적으로 대원군의 쇄국정책과 훈도의 농간으로 돌린 다보하시 기요시(田保橋潔)의『近代日鮮關係の研究』의 문제점을 지적한 것에 대해 토론자도 공감합니다. 최근에 김종학이 각고의 노력을 기울여 이 책을 번역하였습니다마는, 역주를 통해 다보하시의 사실 인식에 대한 오류를 바로잡지 못한 점이 못내 아쉽습니다. 그런 측면에서 다보하시의 오류를 바로잡는 작업을 계속해오고 있는 발표자의 노력은 의미가 있다고 생각합니다. 그렇지만 무례하고 오만한 '왕정복고 통고 서계'가 "외교 갈등을 도모하여 일거에 대마주의 경제 문제를 해결하기 위한 전략"으로 작성되었다는 발표자의 주장은 동의하기 어렵습니다. 대마도가 '서계문제'를 경제 원조와 연동시킨 것은 분명하지만 외교 갈등을 의도하여 '皇', '勅' 글자가 들어간 서계를 작성한 것은 아니었습니다. 대마도는 일본 메이지 신정부의 원조를 얻기 위해 조정의 방침을 따르는 한편, 조선과의 갈등을 피하기 위한 고심의 산물이 서계에서 '황'자를 두 글자 올린 것입니다. 조선이 청에 보낸 자문에는 '황'자를 모두 석자 이상 올렸습니다. 대마도는 서계에서 일본의 천황이 막부의 '대군'을 대체하였고 조선 국왕과 대등한 존재임을 서계에서 표현한 것입니다. 이것이 1874년 박규수가 서계 수리론을 주장하는 하나의 근거가 됩니다. 그렇지만 서계 수리론을 주장한 박규수조차도 강화도담판에서 서계를 받지 않은 이유로 1867년의 八戸順叔의 정한론을 거론하라고 지시한 것에서 알 수 있듯이, 야토의 정한론이 서계 수용의 걸림돌이 됩니다. 야토가 정한의 근거로 주장한 '조공'의 불이행이 왕정복고 통고 서계의 '황'자와 오버렴 되면서 의구심을 자아냈기 때문입니다. 당시 대마도도 조선 정부가 서계를 수리하지 않을 것으로 예상하고 있었습니다. 일단 조선 측을 설득한 다음 받아들여지지 않으면 서계를 개찬한다는 복안을 가지고 있었으며, 일본 조정으로부터 원조가 이루어진 뒤에 대마도는 서계개찬론을 주장하고 나아가 양 정부의 대등한 외교체제를 의미하는 '정부등대론'까지 주장하게 됩니다. 조일수호조규의 주체가 양 국가인 것을 보면 이 정부등대론은 당시 상황에서 양국의 갈등을 해소할 수 있는 가장 합리적인 방안이었습니다. 대마도는 번의 사적 이익에 집착하는 면이 없지 않았지만 궁극적으로 양국의 갈등을 해소하기 노력했다고 토론자는 평가합니다.

두 번째, 발표자는 폐번치현 후 메이지 정부가 단행한 이른바 '왜관 접수', '왜관 처분', '왜관 점거', '왜관 점령'으로 표현되는 1872년 9월의 사건을 "기유약조체제의 붕괴"로 파악하자고 제안하였습니다. 위의 용어들이 일본사 중심의 용어이고 왜관의 소유권이 대마번에 있었다거나 이후 일본 정부에 소유권이 넘어갔다는 오해를 불러일으킬 수 있기 때문에 고쳐 부르자고 하였습니다. 그러나 국어사전을 찾아보면 '접수'는 소유권의 변동을 의미하지만, 점거나 점령은 군사적 지배라는 의미 외에 "어떤 장소를 차지하여 자리를 잡다"는 의미입니다. 그리고 역사용어는 행위자 중심으로 정의되어야 그 사건의 속성이 분명히 드러나기 때문에 '왜관 점거'라고 표현해도 무방하다고 생각합니다. 기유약조 붕괴라는 표현은 세견선 폐지를 포함하는 장점은 있으나 그럼에도 왜관에서 완전히 철수하지 않은 사실을 포괄할 수 없습니다. 토론자의 주장처럼 왜관이 정상적으로 유지되었다면 이는 오히려 기유약조체제의 '붕괴'와는 모순됩니다. 1872년 9월 하나부사 외무대승은 군함(春日艦)과 2개 소대를 이끌고 와서 먼저 대마도의 조선외교권(대마도주의 인장, 취허 등을 접수하여 대마도인의 조선 왕래를 통제)을 접수합니다. 이어서 일본 군대를 대동하지는 않았지만 군함을 타고 왜관에 와서 왜관을 외무성 관리의 통제 아래에 두었습니다. 왜관에 일본 군함이 파견된 것은 이 때가 최초입니다. 일본 정부가 일방적으로 왜관을 접수한 것은 그 전략적 가치에 주목했기 때문입니다. 당시로선 부산의 왜관을 대륙 침략의 발판으로 삼으려 했다기보다는 대륙의 동향을 체크하는 일종의 전진기지로 생각했습니다. 나아가 이 왜관점거는 몇 차례 시도된 대마도주 소씨(宗氏)의 조선 파견을 무산시키게 됩니다. 대마도나 일본 정부 모두 양국의 갈등을 최종적으로 해결하기 위해서는 소씨를 파견하여 조선 측과 협상해야 한다고 인식하고 있었습니다. 그러나 소씨의 협상에서 다시 왜관을 확보한다는 보장이 없기 때문에 일방적으로 왜관을 점거한 것입니다. 왜관의 전략적 이해 때문에 당시로선 가장 합리적인 방안을 던져버린 것입니다. 이 때문에 1872년 9월의 사건에서 '왜관'을 빼고 명명해서는 안 된다고 토론자는 생각합니다.

　마지막으로 토론할 내용은 아닙니다만, 개항기 한일관계에 대한 최근의 연구경향을 언급하고자 합니다. 2016년에 酒井裕美,『開港期朝鮮の戰略的外交』와 李穗枝,『朝鮮の對日外交戰略-日淸戰爭前夜 1873~1893』가 모두 '전략'이라는 이름을 달고 출간되었습니다. 개항이라는 새로운 조건 속에서 주체적으로 대응한 조선의 노력을 부각한 연구 성과라 할 수 있습니다. 결과적으로 그 노력이 실패했다 하더라도, 현재의 한반도를 둘러싼 엄혹한 국제환경에서 자주적으로 대응할 수 있는 역사적 자산이 될 수 있다고 생각합니다. 국내 개항기 한일관계사 연구자의 분발이 요구되는 부분이기도 합니다.

日本における日朝関係史研究(高麗時代)：
1992~2016年

村井章介 ｜ 東京大學名譽教授 / 立正大學

はじめに

　「日本における日朝關係史研究 （高麗時代） 」 （以下「日麗關係」の語を用いる） のすべてを對象とすることはもとより不可能なので、言語的には日本語で發表されたものに限り、時間的には韓日關係史研究會發足の1992年から昨2016年までの25年間に公表されたものに限ることにした。したがって、著者が外國人であっても日本語で發表されたものは對象とし、著者が日本人であっても外國語で發表されたものは對象としていない。初出論文が著書・論文集等に再錄されたような場合、再錄書の刊年ではなく初出の年次に據ったが、實際には再錄書で內容を把握した場合もある。また、初出文獻が外國語の場合は、日本語譯・日本語版の發行年に據った。別揭の文獻リストにおいて、年号に下線を施したものが初出の刊年、➡の後に記したのが再錄書の書誌データである。

　例：森公章「古代日麗關係の形成と展開」 （『海南史學』46、 <u>2008</u>） ➡同『成尋と參天台五臺山記の研究』 （吉川弘文館、2013）

　なお、2009年ころまでに發表された高麗前期（13世紀前半まで）を
扱う研究については、森平雅彦「10-13世紀前半における日麗關係史の諸
問題　日本語による研究成果を中心に」（『第２期日韓歴史共同研究報告
書：第２分科會篇』2010年、日韓歴史共同研究委員會）における整理が
ある。この文章で森平は、高麗時代の研究は朝鮮時代とくらべて「およ
そ不活發」なうえ、その前期は後期とくらべてさえ「實に寥々たる有様」
だと述べる（p.205）。しかしここ數年で狀況はかなり変わってきてお
り、とくに對外關係以外の分野で文獻數が增加傾向にある。その他、
留意すべき森平の指摘をいくつか揭げる。

　　「日本の對外關係史研究において一國史觀の克服が志向され、海域史・
海域交流史の視点が深まることにより、1990年代以降、日麗關係史研究
にも新たな機運が生まれつつある。」（p.206）
　　「日朝双方の文獻に錄文の形で殘された高麗の外交文書が注目される
が、その全文を丹念に讀み解く基礎作業は、必ずしも十全ではない。大
宰府に倭寇禁壓を求めた1227年の高麗全羅道按察使の牒を分析した近藤
剛［2008］の仕事は、數少ない成果のひとつである。」（p.216）
　　「日麗關係を本格的に追究するならば、むしろ……諸民族・諸國家がお
りなす当時の東方ユーラシアの全般的動向に注意しながら、そこに日麗
關係を相對的に位置づけていく必要がある。」（p.217）

　つぎに、上記の25年間に刊行されたこの分野における基本図書を、
いくつか擧げておこう。對象は日本の對外關係史全般であるが、類書
中もっともくわしく、かつ出典が明記され、補注も備わった年表とし
て、對外關係史總合年表編集委員會編『對外關係史總合年表』（吉川弘文
館、1999）がある。平安時代以前に限っては、さらに詳細な上に人や
物の往來までも視覺的に示した田島公『日本、中國・朝鮮對外交流史年表
（稿）大宝元年~文治元年〔增補改訂版〕』（私家版、2013）がある。

史料としては武田幸男編譯『高麗史日本伝：朝鮮正史日本伝２』（岩波書店、2005）を擧げておきたい。

Ⅰ. 通史·概説

[川添昭二.1992·1994] は、本稿が對象とする25年間の初年に書かれた日本中世對外關係史の概論で、輕視されがちな高麗關係にもバランスよく字數を割いている。 [田村洋幸1993] も、13世紀までの日麗關係を生産力を中心に経濟史の視点からたどっている。しかし、兩者とも12世紀以降の日麗交易の不振の原因を高麗の低生産力や商業未發達に求めるのは、証明されていない前提に基づく立論といわざるをえない。 [關周一2010] は、外交權の所在を軸に平安期から南北朝期までを見通すが、日麗關係について獨自の視点を設定してはいない。 [佐伯弘次2011] の前半は、前期倭寇の時代の日麗關係を概観しており、倭寇禁壓を求めて來日した高麗使と日本側の對応に紙幅を割いている。

[佐伯弘次2016] は蒙古襲來期から13世紀末までの主要な日麗關係史料（外交文書を中心とする）を全文紹介し、簡單なコメントを付したものである。 [森平雅彦2008] は日麗貿易の消長を、「進奉」などの制度的·政治的枠組みや史料の殘り方の偏りをも視野に入れて考えるべきと提言するが、高麗側からの海外進出の指向性が目立たないことをどう評価するかは、依然として難問のままである。 [石井正敏2010a] は、宋·契丹（遼）という大陸の國家や、女眞海賊·對馬人·大宰府官人などの境界的な勢力との關係のなかに置いて、11世紀までの日麗關係を見通す。とくに1079年の請医事件については外交文書の表現に踏みこんで檢討を試み、そこから日麗双方の大國意識の衝突を見いだしてい

る。［森公章2008］も［石井正敏2010a］とほぼおなじ範囲を對象とする通史で、典據史料を丹念に掲げている点に特徴がある。

　［近藤剛2011a］は、11世紀なかば~13世紀なかばの對日本外交について、その窓口となった機關や、中央への伝達と中央からの回答の形式を明らかにしたもので、12世紀末に高麗國內の治安惡化により對日本關係の業務が東南海都部署から金州防禦使へ移管された可能性が高いとする。［森平雅彦2014］は「事元期」を中心に、高麗の日本に對する応接・防衛の據点を史料から洗い出し、その地政學的位置づけを考察する。とくに金海から合浦への重要據点の移動を明らかにした点は成果である。［高橋公明2005］は、外交文書の呼称を指標として、國家元首が直接に對峙する「慰勞詔書　啓」の時代から、10世紀以降太政官　大宰府が当事者となって高麗の官廳や宋の明州と「牒」をやりとりする時代へと移行したが、とくに日本では樣式の如何に關わらず牒・牒狀の語が外交文書の代名詞のように使われたとする。さらに［森平雅彦2007］は、元中書省から高麗王に送られる文書が、1280年を初見として「牒」式から「咨」式に移行することを指摘した。

　［南基鶴2003］は、日麗の相互認識を通史的に跡づけたもので、その前半期は、支配層レベルでは自己を上位に置く華夷意識の視線で相手を見ていたが、高麗側が通交關係の實現に積極的だったのに對して、日本側は觀念的な自尊意識から拒否的だった、と整理する。しかし、双方が直接ふれあう北九州地域や金州地域では、中央とは異なる開明的な相互認識が育っていたことにも留意する。しかし後半期になると、モンゴル東征と倭寇という、たがいを敵對的關係へと驅り立てる歷史事象により、相手に對する硬直した否定的認識が、社會層の如何をとわず支配的になっていった、とする。

Ⅱ. 平安時代の日麗関係

　[石井正敏2000] は、997年の奄美海賊（南蛮賊徒とも）による九州各地襲撃事件が、中央の貴族層によって「高麗來襲」と誤解された一件を素材に、事件の直前に「日本國を辱しむるの句」をふくむ高麗牒状が到來しており、これが伏線となったこと、高麗をいつ襲ってくるか分からない「敵國」と見る意識が、鎌倉時代に至るまで保持され續けたことを論じる。

　[村井章介1996] は、1019年の刀伊の入寇に關して日本に殘った史料（とくに『小右記』）の特質を論じ、高麗側が友好的な態度で被虜人を取り戻して送還したのに對して、日本側の受けとめ方は、「敵國」高麗に國內の衰亡を覺られることを恐れ、その軍備狀況に異常な關心を示したことに注目した。[石井正敏2007a] は、刀伊船に掠われた２女性の証言中、高麗の兵船についての部分を、寫本の文字遣いにさかのぼって檢討し、先行研究の誤釋を正して、上下二段の構造を持ち、上甲板には櫓、下甲板には楫が懸けられていたことを明らかにした。さらにこの結論を朝鮮船舶史に位置づけ、「板屋船」への影響關係に說き及ぶ。[篠崎敦史2013] は、初期の高麗は日本との國交樹立をめざす姿勢をとったとされてきたが、じっさいはむしろ疎遠なもので、刀伊の入寇のさいの日本尊重は契丹との交戦中に日本との對立を避けるという目的があったとし、できごとを日本・高麗の２國間のみで考えることの狹さを強調する。

　[近藤剛2011b] は、1079年に文宗の病を治す医師の派遣を求めた大宰府宛「高麗國礼賓省牒狀」（『朝野群載』所收）の署名部分を、高麗の礼制や同時代の他の事例と突き合わせて詳細に檢討し、礼賓省を大宰府の上位に置く自尊意識と、医師派遣の要請にあたって敬意を表す必要

とが共存していたことを讀み取っている。おなじ事件を取り上げた
［篠崎敦史2015］は、東アジアの外交文書についての知見をふまえ
て、高麗側からの礼賓省牒は平行文書、日本からの返牒は下達文書の
様式であったとし、宋からたびたび医師が來ているなかで高麗が日本
へ要請した理由は、契丹との關係の変化で宋との交通が不可能になっ
た場合に備えてであった、と推論する。

　［近藤剛2015］は、藤原伊通の敎訓書『大槐秘抄』の對外關係記事の本
文校訂を踏まえて、平清盛大宰大貳在任中の「高麗に事あり」とは、1160
年に對馬の採鑛夫や商人が金海府によって拘束された事件を指し、そ
れはまた「李文鐸墓誌」の記す日麗間に外交文書が往來した「辺事」とも
同定できること、また「制」とは國法としての渡海制ではなく、宋商の
活動の変貌・擴大に伴って日本からの高麗渡航者が「對馬國人」に限定さ
れる趨勢のなかで、對馬島司が出した渡航管理令と考えられること、
を論じる。［小峯和明2006］は、大江匡房の『對馬貢銀記』述作の背景
に、匡房が大宰大貳として赴任中に起きた對馬守源義親の叛逆事件を想
定し、さらに對馬の銀採掘に高麗の勢力が容喙していた狀況までがか
らんでいたという。［李領1999a］は、11世紀末以前はひんぱんに高麗
を訪れていた日本商船が、高麗の政治的混亂を避けて宋へ直航するよ
うになった、とする森克己の說を批判し、商船が寄港を避けるほどの
混亂はなく、西北方の女眞勢力の動向を警戒する高麗が、日本船を開
京近海から遠ざけるために金州での應接に限定した結果だとする。

　［渡邊誠2007］は、平安貴族の對外意識を排外的とのみ評価してき
た通說を批判し、異國牒狀への對応の基本は中央政府で調製した大宰府
牒を送付するというもので、高麗に對する「敵國」意識も、國際關係の
なかで現實に脅威が認識されたときにのみ表面化している、と指摘す
る。獨善的な自尊意識が優越するようになるのは、むしろ12世紀に

入ってからだという。［渡邊誠2016］は、宋が契丹と對峙しつつ國際秩序を再構築しようとする動きのなかに高麗の日本認識や對日姿勢を位置づけ、光宗朝の自立志向や、日本側の再三の拒絶にもかかわらず交渉を継續したことに注目する。

Ⅲ．仏教界の交流と宋海商の活動

　［上川通夫2001］は、宋仏教の影響にばかり目をむけてきた從來の仏教史研究を批判して、院政期の日本が高麗義天の續藏経を通じて遼仏教を導入したことを抜きにしては、日本中世仏教の成立は語れないと主張し、こうした日本の國家や仏教界のスタンスを、「擬似的汎東アジア性」という概念で説明する。［横內裕人2002］は、高麗義天の續藏経が、院權力を後ろ盾とする仁和寺・東大寺僧が宋商に依頼することにより請來されたことを、丹念に洗い出し、宋・高麗が日本を從屬的地位に組みこもうとする動きを警戒して、僧侶の入宋に頼らずにアジア仏教の導入を図ったものと解する。［保立道久2004］は、上川・横內の議論を受けて、院政期の日本が宋・遼・高麗の仏教を國制的枠組みに位置づけたこと、なかんずく義天續藏経の導入の意義を強調する。［横內裕人2008］は、遼・高麗仏教とその日本への影響に關する研究史を義天版を中心にたどったものだが、保立論文への言及はない。日本と高麗がおたがいの仏教を参照していながら、その存在を默殺しあっている、という指摘には考えさせられる。

　［末木文美士2014］は、京都高山寺における典籍調査をふまえて、同寺には義天の續藏経を経由して入った遼の著作が多く含まれていることを指摘し、巻末に「高山寺所藏高麗版續藏關係寫本一覽」を掲げる。

高麗版を南宋で寫したり復刻したりした本が日本の高山寺にあるのは
興味ぶかい。 ［馬場久幸2016］は、日本における高麗版大藏経の遺存
狀況を網羅的に洗い出し、それらが室町~江戸時代に日本および琉球の
社會にどのように受容され、活用されていったかを展望する。影印本・
版本の書誌學的檢討や關係研究文獻目錄も付いており、今後の研究の基
本となるべき書である。

　［榎本渉2008］は、日宋・日元交通における高麗の位置を測定すると
いう視角から、入宋・入元僧の關係史料を洗い、高麗渡航自体を目的と
する者は皆無に近く、高麗は海難による漂着地や東シナ海航海の目印
としてしか表れないことを確認する。行論中、元からの歸途嵐に遭い
高麗を経て1324年に加賀に歸着した大智が、1323年明州を出港したか
の「新安沈船」の乗客だったとする ［村井章介2006］の說を批判して、
大智の高麗漂着は1321年だった蓋然性が高いとする。

　［原美和子1999］は、高麗王子義天と宋の師僧との通信を福建海商集
団のネットワークが担ったことをふまえ、同様の人的結合が義天の高
麗續藏経の日本輸入においても機能しており、日麗間においても特別
な文物や情報の入手は、拔きんじた情報網をもつ宋商人に賴るところ
が大きかったとする。續いて ［原美和子2002］は、勝尾寺縁起に見え
る「百濟國」の皇后が990年に宋商周文德・楊仁紹に託して觀音像などを勝
尾寺に送ってきた、という說話をとりあげ、完成が13世紀前半に下る
この話から、9世紀末に宋商が日麗間の媒介を担った史實を讀み取るこ
とはできないが、13世紀の人々が宋商を朝鮮半島から特別な文物をも
たらす存在として意識していたことを示してはいる、と論じる。 ［原
美和子2006］は、11世紀以降宋海商の交易活動が國家間關係から相對的
に自立し始め、日本・高麗など相手地域ごとに專門化しつつも、行憑發
給地の明州・杭州や住蕃貿易の基地博多などを結節点に海商ネットワー

クを作り、日麗間の往來の媒介者となるとともに、遼へも進出して
いった、と論じる。

Ⅳ. 鎌倉前期の日麗関係

　[李領1995] は、1206年以前から1263年以降に存在が確認される日麗
間の「進奉礼制」を、平氏が大宰府を掌握していた時代に、大宰府の關
与のもとで對馬島司と高麗側地方官廳との間に成立した、公的かつ恒
常的な關係だとする。「進奉礼制」を正面からとりあげた初めての本格
的研究だが、その成立を1169年に特定するのは無理がある。 [溝川
2003] は友好と憎惡、地方勢力と中央政府といった複眼的視野から、主
として [李領1995] を收める同『倭寇と日麗關係史』（東京大學出版
會、1999）を論評する。
　李領が重要史料とした2通の外交文書、①1206年の對馬島宛高麗國金
州防禦使牒と②1227年の大宰府宛高麗國全羅州道按察使牒を掘り下げて
分析したのが、近藤剛である。 [近藤剛2010] は、①の信頼できる本
文を最善本と認められる『平戸記』中院本を底本に作成し、これを踏ま
えて、「進奉礼制」とは來航日本人の方物獻上行爲に對して高麗側で設定
したものと解した。 [近藤剛2009] は、①の文中に見える「廉察使」の
語を「按察使」の別称、具体的には慶尙道按察使を指すとする。 [近藤
剛2008] は、②とその關係史料を深く讀んで、この年日麗間に、承存
を正使として倭寇禁壓を求めた交渉に續いて、朴寅を正使として新た
な通交協約を求める交渉があり、その結果結ばれたのが「年一回、船二
艘以內」という制限規定だった、と論じた。 [近藤剛2010] とあいまっ
て、この規定が「進奉礼制」の最初から存在したわけではなかった、と

いう主張となる。

　②の牒は寫本の質が惡く解釋がむずかしいため、諸説亂立の狀況だが、最大の謎は慶尙道の金海府で起きた對馬島民による略奪事件への抗議を、なぜ全羅州道按察使が行なったのかである。本史料に對してもっとも詳細な檢討を試みた［近藤剛2008］でも、この点はスルーされている。『百錬抄』安貞元年（1227）7月21日條によって「對馬島人が全羅州を襲ったことを抗議する高麗國全羅州道按察使牒」と解する向きもあるが、『吾妻鏡』に掲げる牒から事件が全羅道で起きたとするのは無理である。［高銀美2012］は、大宰府守護所牒が外交文書として高麗へ送られたいくつかの事例を檢討し、その機能は少貳氏が管轄する守護國に限定されたものでなく、幕府が掌握する外交權の具体的な行使だったと論じ、その始まりを上記②の交涉における少貳氏の返牒に求める。

　藤原定家書寫の『長秋記』の紙背にある高麗・渤海・東丹國の名が記された書狀について、［田島公2001］は1226~7年の「倭寇」をめぐる高麗との外交問題にからんで、定家が呈した質問に對する某の回答と推定した。これに對して［石井正敏2007b］は、朝廷でその問題が議論されるより前に書狀が書かれていることを示し、對案として、定家が『源氏物語』の校訂・書寫作業を進めるなかで、1225年に同物語の「高麗人（こまうど）」に關連する質問への回答書だとする。これに從えば、同書狀は鎌倉期日麗關係の史料とはいえなくなる。また『吾妻鏡』には、1224年に「高麗人乘船」（『百錬抄』には「異國船」とある）が越後寺泊に漂着したことが記され、乘員が持っていた銀簡に書かれていた4文字が寫されている。この銀簡は金朝發行のパイザ（旅券）で、文字は花押と「國の宝」を意味する3字と解讀されていたが、［川崎保2002］はそれに加えて、中世の出土錢に占める金錢の比率を遺跡ごとに洗い出し、件の

船が女眞船で、日本海を横断して來た可能性が高いとした。

　[高橋昌明2004・2010] は、唐末の節度使と五代王朝、高麗武人政權、日本の幕府を「武人政權」という觀点から比較し、「武」が全面開花せず宋という「文」優位の官僚制國家へと歸着した中國を「正常で直線的な發展」とする一方、日本中世の封建化を、辺境性が世界帝國との接觸により逸脱・飛躍・偏向させられたいびつな展開と評価し、高麗はいずれの性格ももつが距離の近さゆえに中國的な性格が優勢だという。結論のみならず評価の基準を「文(儒)の普及、確立度」に置くことについても、贊否兩論あるところだろう。

Ｖ. モンゴルの脅威のもとで

　[南基鶴1996] は、蒙古襲來後の日本の軍事的對應、外交、思想状況などを俯瞰するなかで、高麗が基本的に友好的な態度で日本に臨んだのに對して、日本は元に對していたずらに武斷的な姿勢を貫き、元を中心とする國際秩序のなかに入るという可能かつ賢明な態度を取らなかった、とする。蒙古襲來の影響は日元關係よりむしろ日麗關係において直接かつ深刻だ、との評価は、日本での研究の虚を衝くものがある。[森平雅彦2011] は、モンゴル帝國の政治体制についての知見をふまえて、いわゆる「事元期」高麗の政治や社會を平易に述べた書で、從屬か抵抗かといったありきたりの構図にとらわれず、複雑な國際關係のなかで高麗が歩んだ道をたどる。日本との關係でも、元に對して自己の存在理由を「威鎮東方極辺未附日本國辺面勾当」と説明しつつ、他方で元の言いなりでない獨自のアプローチを試みたことが指摘される。[森平雅彦2015] は、モンゴル東征を1268年から1294年までの幅

でとらえ、その間を7つの時期に區分して、戰爭・戰爭準備の概略を述べ、それぞれの期における高麗側の軍需負擔を、品目や種類別にできるかぎり定量的に把握することを試みる。さらに軍需調達の方式を概觀して、直接生產者の經營基盤を破壊するような收奪は避けられ、俸祿や備蓄の轉用や元からの供與に比重があったとする。

モンゴル東征にからむ日麗關係については、從來知られていなかった史料が複數紹介され、大幅な進展があった。 ［張東翼2005］は、內閣文庫と京都大學図書館に所藏される近世の寫本『異國出契』から、1269年の大蒙古國中書省牒（日本國王宛）と高麗國慶尙晋安東道按察使牒（日本國太宰府守護所宛）を見いだして紹介した。原態をかなりの程度留めており、見逃されてきたのが不思議なほどの重要史料である。張は1266年の最初の國書と比較して、「より具體的でかつ若干の脅迫性を備えている」と評している。なお、『異國出契』には1266年のモンゴルおよび高麗の國書を始め、多くの重要な外交文書の寫しが含まれており、今後の研究の進展が待たれる。

張の史料紹介が呼び水となって、当該期の外交文書についての史料學的檢討があいついだ。 ［植松正2007］は1266年から1270年までに元・高麗・日本間を往來した外交文書群を一連の流れとしてとらえ、共通する語彙・表現に注目し、最後に張の紹介した２通について、植松なりの翻刻・讀み下し・現代語譯を掲げている。 ［荒木和憲2008］は、上記の按察使牒への返答として用意されたが結局送られなかった1270年の高麗國慶尙晋安東道按察使宛日本國大宰府守護所牒について、從來より知られていた『本朝文集』本を『異國出契』本と校合して、可能な限り原態に近いテキストを作成した。 ［石井正敏2011］は、石井自身が1978年に紹介して日韓の學界に大きな反響を呼んだ、三別抄に關わる「高麗牒狀不審條々」についての再論で、その間に日韓の學界で發表された諸說

を丁寧に檢討し、基本的に自説を再確認している。同史料の現時点における研究狀況をつぶさに知ることができる。　[石井正敏2014]は、『元文類』所引『経世大典』逸文中の「日本條」の全文を檢討し、かつ從來知られていなかった1275年の大元皇帝國書の書き出しと文末の文言を紹介し、元皇帝國書に古文書學的な檢討を加えている。　[植松正2015]は、1280年代以降の元・高麗の對日本外交をとりあげ、普陀山關係者の提案を受けて實行されたところに特徴を見いだしている。末尾で、『金澤文庫文書』『金澤臺余殘編』『高麗史』にある1292年の高麗國王書簡に詳細な檢討を加えて、校訂原文・訓讀・翻譯文を作成し、さらに高麗使金有成による部分的な改竄の可能性を示唆する。

　　[李領1999b]は、モンゴルの日本経略をめぐる高麗の三つの政治勢力、すなわち附元勢力・高麗朝廷・反元勢力の動向を、趙彝・李藏用・三別抄にそれぞれ代表させて論じたもので、日本と最短距離にある金州や巨濟島の地域的特質をふまえた立論が興味ぶかい。　[張東翼2016a・b]は、モンゴル東征で高麗軍の指揮を執った２人の人物、金方慶と洪茶丘についての評伝で、２人の對照的な政治的立場のからみあいが描かれている。　[太田彌一郎1996]は、モンゴル使として高麗・日本を訪れた女眞人趙良弼に關わる2つの碑文　良弼の出身地に立つ石碑「贊皇復縣記」と『元朝名臣事略』趙良弼伝所收「野齋李公（李謙）撰墓碑」　をおもな材料として、日本僧桂堂瓊林が南宋の使者として大宰府に赴き、高麗・耽羅の反元勢力（三別抄）と連携して良弼の使節行を妨害した、という重大な史實をあぶりだした。　[山本光朗2001]は趙良弼のくわしい評伝で、彼は1260年という早い時期から高麗と接触し、日本・モンゴル間に挾まれた高麗の苦境をよく知っていた、という。日本史からは目の届きにくい詩文や碑銘を使い、とくに「野齋李公撰墓碑」に依據するところ大きいが、太田論文への言及はない。

[南基鶴1997] は、モンゴル東征期の高麗の日本觀を支配層・民間・三別抄を問わず日本を寇賊視するものととらえ、三別抄の姿勢に對日觀の変革をみる村井章介の說を「安易かつ短絡的な解釋」と退ける。もう少し地域や置かれた立場の違いによる変異の可能性を見てほしい氣がするが、前出の [南基鶴2003] では、中央と境界地域との認識の差も視野に入れている。

Ⅵ. 倭寇と日麗交涉

1366年に高麗が倭寇の禁壓を求めて日本に送った外交文書3通（醍醐寺報恩院文書）とその關係史料について、2007年以降あいついで論文が發表された。まず [張東翼2007] は、『異國出契』所收の寫しで原本を補った上、恭愍王の反元自主政策に關連させて理解を試み（[李領2008a] もおなじ視角）、征東行中書省咨文とセットになった箚付を使節団が日本のある官府に提出した文書との說を立てた。[岡本眞2007] は、その前半で、咨文・箚付をもたらした金龍より少し遅れて來日した使者金逸(金一とも)を、高麗國王名の外交文書を携えた使者だとした（[李領2008a] もおなじ理解）。[李領2008a] は、この使節派遣に元の意向はまったく働いておらず、文書が征東行省名で送られたのは高麗が日本を威壓するための偽裝だと主張した。[藤田明良2008] は、箚付を掲げての『太平記』の語りを諸史料によって裏づけるという視角から、元・高麗の帝室・王室における暗鬪や、元・麗・日の禪僧ネットワークの活發な動きを詳述する。

以上の諸說を受けて、[石井正敏2009] は、1366年に倭寇禁壓を求めて來日した高麗使に關わる史料、前田育德會尊経閣文庫藏『異國牒狀

記』を詳細に檢討した結果、官務小槻兼治が作成した勘例（古代以來の異國牒狀に對する日本側の對応の先例を書き上げたもの）をもとに、近衛道嗣（または二條良基）が後光嚴天皇に獻上したかな交じり文の意見書で、高麗使が歸途につく直前の1366年6月に書かれたものだとする。さらに［石井正敏2010b］では、３通に古文書學的な見地から詳細に檢討を加え、箚付に關する張說、使者の構成に關する岡本・李說を退けた。征東行省名義の意図については、元の威光の利用以外に、書き出しの「皇帝聖旨裏……」の文言が高麗國王を指すかのように意図的にふるまうことで、日本に對する名分上の優位を確保しようとした点に見いだした。金龍・金逸は本來同一の使節團だったとする推測が示されているが、なお殘された問題があることも明記されている。

　［岡本眞2007］の後半は、高麗から日本への外交文書の樣式が、1375年の交涉のあと交涉相手が今川了俊になったことを契機として、咨文から書簡へと変化することを指摘し、その形態が朝鮮時代に引き継がれてゆくという。［關周一2015］は高麗末期の對日使節の特徴を、派遣先は今川了俊・大內義弘、派遣目的は倭寇禁壓要請と被虜人の刷還とまとめている。［張東翼2016c］は元の第二次東征以降高麗滅亡までの、倭寇問題を中心とする外交交涉を年表にまとめて概述し、これとは別に文化面での交涉・往來の事例をあげ、日本所在の高麗時代の文化財を倭寇の略奪物とほのめかしている。［李鍾默2002］は使臣羅興儒・鄭夢周や日本僧永茂・守允らによる高麗末の詩交の事例を紹介する。

　［桑野榮治2015］は、朝鮮朝建國者李成桂の簡潔な伝記で、明朝との複雑な政治的關係や外交交涉、倭寇の軍事的脅威のなかで、どのような基盤のもとにどんな経緯を経て、李成桂が國家の頂点に上り詰めるにいたったのかを描く。鋼鐵の意志というより、ためらいがちな悩み多き人間性が印象的である。

　高麗末の倭寇の實体をどう考えるかは、學界で意見が分かれている。1987年に倭寇の主体を高麗・朝鮮人とする田中健夫・高橋公明の說が登場して以來、韓國ではこれへの反發が强く、とくに李領が精力的に論陣を張っている（後述）。しかし日本でも［浜中昇1996］が疑義を呈している。浜中は、田中・高橋說の根據となっている李順蒙上書の「倭人不過一二」という文言は信が置けない、また経營破綻した農民や禾尺・才人という賤民が倭寇と連合したとする見方には根據がないとし、倭寇の本質を境界性に求める村井章介の議論に對しても、倭寇に協力した高麗人や朝鮮出自の倭人がいたところで、倭寇の本質とは無關係だとする。［村井章介1997］も浜中同樣李順蒙上書や禾尺・才人＝倭寇說を批判するが、他方で、境界空間に對する高麗國家の掌握は徹底しておらず、そこを生活の基盤とする辺民・賤民と倭人の交じりあいを排除しきれてはいない、と主張する。［藤田明良1997］は、明初に浙江の舟山群島で起きた「蘭秀山の亂」に關する興味ぶかい朝鮮史料、『吏文』所收洪武3年10月9日明中書省咨を紹介した。そこには、亂の主謀者の一人林宝一が濟州島を経て高麗全羅道の沿岸・島嶼部に逃れ、「洪万戶」「高伯一」などの住民らと交じりあっている樣子が記されている。この海域にはむろん倭人も出沒していた。國家支配の届きにくい境界空間の流動性・多民族性を、ビビッドに見ることができる。［藤田明良1998］は、宋にもっとも近い黑山島に對する朝鮮歴代王朝の支配の試みをとりあげる。

　浜中說は倭寇は日本人だとするのみで、その社會的實体について積極的な提示がない。この点に踏みこんだのが李領である。［李領1999c］は、倭寇を戰鬪能力に優れた軍隊そのものと特徵づけ、九州の戰亂の過程で南朝方や少貳氏の武士団が兵粮獲得を目的に朝鮮沿海部を劫奪したものとする。［李領1999d］は、倭寇の主体＝高麗・朝鮮人說の批

判、『高麗史』が倭寇史料として客觀的かつ正確であることの検証、『高麗史』の複數の倭寇記事を地理的に關連づけながら讀み直すこと、などを試みている。［李領2005］は、1380年に倭寇が高麗水軍の火砲により大打擊を受けた「鎮浦口戰鬪」を、歴史地理學の手法を用いて詳細に復元する。［李領2008b］は、1377年の德叟周佐書狀にみえる「西海一路九州亂臣」と「西辺海道頑民」を倭寇の二大構成要素と理解し、後者の例として「有浦文書」にあらわれる肥前松浦党の武士たちをあげるが、同文書に倭寇との關係を示すようないかなる文言も見いだすことはできない。それにしても、「鎮浦口戰鬪の存在自体を信じない……日本の倭寇研究者たち」とは誰なのだろうか？高麗に海上勢力は存在しない、となぜ斷言できるのか？高麗の國家機構が全國のあらゆる地域・階層を支配の對象として確實に把握していたとする一方で、高麗軍が裝備・紀綱・訓練度等の諸点で倭寇に對抗できないほど弱体だったとする理解は、整合的なのだろうか？

　［孫承詰2011］は、倭寇の構成については李領とほぼ同様の理解に立ちつつ、被害者の苦しみの實相を語る史料として、1434年に頒布された『三綱行實図』（忠臣・孝子・烈婦それぞれ110名の事蹟を繪・解説・詩のセットであらわしたもの）にふくまれる、倭寇に屈しなかった烈女7件、孝子2件の記事を紹介する。［村井章介2011］は、「倭寇は日本人か朝鮮人か」という論の立て方自体を疑問視し、民族的區分に收まりきれない境界性こそ倭寇という集団の特徴と見る立場から、1350年の發生当初はそれ自体が境界空間である對馬・壹岐・松浦の三島倭人が倭寇の主体だったが、早い時期から朝鮮半島沿海や島嶼の人々を巻きこみ、行動範囲が廣がるとともに政治性を帶びてくる、と理解する。

1992~2017年の日麗關係史研究 (韓日關係史研究會25周年記念シンポ)

【編著者名の50音順】

荒木和憲「文永七年二月付大宰府守護所牒の復元 日本・高麗外交文書論の一齣」(『年報太宰府學』2、2008)

石井正敏「日本・高麗關係に關する一考察 長德3年(997)の高麗來襲說をめぐって」(中央大學人文科學研究所編『アジア史における法と國家』中央大學出版部、2000)

石井正敏「『小右記』所載「內藏石女等申文」にみえる高麗の兵船について」(『朝鮮學報』198、2007a)

石井正敏 「藤原定家書寫『長秋記』紙背文書「高麗渤海關係某書狀」について」(『(中央大學)人文研紀要』61、2007b)

石井正敏「『異國牒狀記』の基礎的研究」(『中央大學文學部紀要』史學54、2009)

石井正敏 「高麗との交流」(荒野泰典・石井正敏・村井章介編『日本の對外關係 3 通交・通商圈の擴大』吉川弘文館、2010a)

石井正敏 「貞治六年の高麗使と高麗牒狀について」(『中央大學文學部紀要』史學55、2010b)

石井正敏 「文永八年の三別抄牒狀について」(『中央大學文學部紀要』史學56、2011)

石井正敏「至元三年・同十二年の日本國王宛クビライ國書について」(『中央大學文學部紀要』史學59、2014)

植松正「モンゴル國國書の周辺」(『(京都女子大學史學會)史窗』64号、2007)

植松正「第二次日本遠征後の元・麗・日關係外交文書について」(『東方學報』京都90、2015)

榎本涉「入宋・日元交通における高麗 仏敎史料を素材として」(『中世港湾都市遺跡の立地・環境に關する日韓比較研究』東京大學大學院人文社會系研究科、2008)

岡本眞 「外交文書よりみた14世紀後期高麗の對日本交涉」(佐藤信・藤田覺編『前近代の日本列島と朝鮮半島』山川出版社、2007)

太田彌一郎 「石刻史料「贊皇復縣記」にみえる南宋密使瓊林について 元使趙良弼との邂逅」(『東北大學東洋史論集』6、1995)

上川通夫「中世仏敎と「日本國」」(『日本史研究』463号、2001) ➡『日本中世

仏教形成史論』（校倉書房、2007）

川崎保「『吾妻鏡』異國船寺泊漂着記事の考古學的考察」（『信濃』54-9、2002）

川添昭二「中世における日本と東アジア」（『福岡大學總合研究所報』147・156、
　　1992・1994）　➡『對外關係の史的展開』（文獻出版、1996）

桑野榮治『李成桂』（山川出版社　世界史リブレット人、2015）

高銀美「大宰府守護所と外交」（『古文書研究』73、2012）

小峯和明『院政期文學論』（笠間書院、2006）　:「『對馬貢銀記』の世界　異文
　　化交流と地政學」

近藤剛「嘉祿・安貞期（高麗高宗代）の日本・高麗交渉について」（『朝鮮學
　　報』207、2008）

近藤剛「泰和6年（元久3・1206）の對馬島宛高麗牒狀にみえる「廉察使」につ
　　いて」（『中央史學』32、2009）

近藤剛「『平戶記』所載「泰和六年二月付高麗國金州防禦使牒狀」について」（『古
　　文書研究』70、2010）

近藤剛「高麗における對日本外交條件の處理過程について」（中央大學人文
　　科學研究所編『情報の歷史學』中央大學出版部、2011a）

近藤剛「『朝野群載』所收高麗國礼賓省牒狀について　その署名を中心に」（『中
　　央史學』34、2011b）

近藤剛「12世紀前後における對馬島と日本・高麗　『大槐秘抄』にみえる「制」
　　について」（中央大學人文科學研究所編『島と港の歷史學』中央大學
　　出版部、2015）

佐伯弘次「14-15世紀東アジアの海域世界と日韓關係」（『第二期日韓共同研
　　究報告書』第二分科會篇、2011）

佐伯弘次「蒙古襲來以後の日本の對高麗關係」（『史淵』153、2016）

篠崎敦史「刀伊の襲來からみた日本と高麗との關係」（『日本歷史』789、2013）

篠崎敦史「高麗王文宗の「医師要請事件」と日本」（『ヒストリア』248、2015）

末木文美士「高山寺所藏高麗版續藏寫本に見る遼代仏教」（『平成25年度高
　　山寺典籍文書綜合調査団研究報告集』2014）

關周一「鎌倉時代の外交と朝幕關係」（阿部猛編『中世政治史の研究』日本史
　　史料研究會論文集 1、日本史史料研究會企畫部、2010）

關周一「高麗王朝末期・朝鮮王朝初期の對日使節」（『年報朝鮮學』18、2015）

孫承喆「14-15世紀東アジア海域世界と韓日關係　倭寇の構成問題を含む」（『第
　　二期日韓共同研究報告書』第二分科會篇、2011）

高橋公明「外交文書を異國牒狀と呼ぶこと」(『文學』6-6、2005)

高橋昌明「東アジアの武人政權」(歷史學研究會・日本史研究會編『日本史講座3 中世の形成』東京大學出版會、2004) ➡同『東アジア武人政權の比較史的研究』(校倉書房、2016)

高橋昌明 「比較武人政權論」(『日本の對外關係3 通交・通商圈の擴大』吉川弘文館、2010) ➡同『東アジア武人政權の比較史的研究』(校倉書房、2016)

田島公「冷泉家旧藏本『長秋記』紙背文書に見える「高麗」・「渤海」・「東丹國」」(上橫手雅敬編『中世公武權力の構造と展開』吉川弘文館、2001)

田村洋幸「高麗における倭寇濫觴期以前の日麗通交」(『(京都産業大學経濟経營學會) 経濟経營論叢』28-2、1993)

張東翼 「1269年「大蒙古國」中書省牒と日本側の對応」(『史學雜誌』114-8、2005) ➡同『モンゴル帝國期の北東アジア』(汲古書院、2016)

張東翼 「1366年高麗國征東行中書省の咨文についての檢討」(『アジア文化交流研究』〈關西大學アジア文化交流センター〉2、2007) ➡同『モンゴル帝國期の北東アジア』(汲古書院、2016)

張東翼『モンゴル帝國期の北東アジア』(汲古書院、2016) :「a金方慶の生涯と行蹟」「bモンゴルに投降した洪福源および茶丘の父子」「c 14世紀の高麗と日本の接触と交流」

南基鶴「蒙古襲來以後の日本と東アジア」(同『蒙古襲來と鎌倉幕府』臨川書店、1996)

南基鶴 「蒙古襲來と高麗の日本認識」(大山喬平教授退官記念會編『日本國家の史的特質』思文閣出版1997)

南基鶴 (村井章介譯) 「高麗と日本の相互認識」(科研報告書『グローバリゼーションの歷史的前提に關する學際的研究』2003、立教大學文學部)

馬場久幸『日韓交流と高麗版大藏経』(法藏館、2016)

浜中昇「高麗末期倭寇集団の民族構成」(『歷史學研究』685、1996)

原美和子 「宋代東アジアにおける海商の仲間關係と情報網」(『歷史評論』592、1999)

原美和子「勝尾寺緣起に見える宋海商について」(『學習院史學』40、2002)

原美和子 「宋代海商の活動に關する一試論」(小野正敏ら編『中世の對外交流〈考古學と中世史研究3〉』高志書院、2006)

藤田明良「「蘭秀山の亂」と東アジアの海域世界 14世紀の舟山群島と高麗・

日本」(『歴史學研究』698、1997)

藤田明良 「9世紀~16世紀の黒山島と朝鮮國家　東アジア國家の島嶼支配に關する覺書」(『新しい歴史學のために』230・231、1998)

藤田明良「東アジア世界のなかの太平記」(市澤哲編『太平記を讀む』吉川弘文館、2008)

保立道久「院政期の國際關係と東アジア仏教史　上川通夫・横內裕人氏の仕事にふれて」(同著『歴史學をみつめ直す　封建制概念の放棄』校倉書房、2004)

溝川晃司「日麗關係の変質過程　關係惡化の経緯とその要因」(『國際日本學』1、2003)

村井章介「1019年の女眞海賊と高麗・日本」(『朝鮮文化研究』3、1996)　➡同『日本中世の異文化接触』(東京大學出版會、2013)

村井章介 「倭寇の多民族性をめぐって　國家と地域の視点から」(大隅和雄・村井章介編『中世後期における東アジアの國際關係』山川出版社、1997)　➡同『日本中世境界史論』(岩波書店、2013)

村井章介「大智は新安沈船の乗客か」(『日本歴史』694、2006)　➡同『日本中世の異文化接触』(東京大學出版會、2013)

村井章介「倭寇とはだれか　14~15世紀の朝鮮半島を中心に」(『東方學』119、2011)　➡同『日本中世境界史論』(岩波書店、2013)

森公章 「古代日麗關係の形成と展開」(『海南史學』46、2008)　➡同『成尋と參天台五臺山記の研究』(吉川弘文館、2013)

森平雅彥「牒と咨のあいだ　高麗王と元中書省の往復文書」(『史淵』144、2007)　➡同『モンゴル覇權下の高麗　帝國秩序と王國の對応』(名古屋大學出版會、2013)

森平雅彥「日麗貿易」(大庭康時等編『中世都市・博多を掘る』(海鳥社、2008)

森平雅彥『モンゴル帝國の覇權と朝鮮半島』(山川出版社　世界史リブレット、2011)

森平雅彥「高麗・朝鮮時代における對日據点の変遷」(『東洋文化研究所紀要』164、2014)

森平雅彥 「モンゴルの日本侵攻と高麗における軍需調達問題」(『年報朝鮮學』18、2015)

山本光朗 「元使趙良弼について」(『史流』40、2001)

横內裕人「高麗續藏経と中世日本　院政期の東アジア世界觀」(『仏教史學

研究』45-1、2002)　➡同『日本中世の仏教と東アジア』塙書房、2008)

横內裕人「遼・高麗と日本仏敎　研究史をめぐって」(『東アジアの古代文化』136、2008)

李鍾默 (桑嶋里枝譯)「朝鮮前期韓日文士の文學交流の樣相について」(『朝鮮學報』182、2002)

李領「中世前期の日本と高麗　進奉關係を中心として」(東京大學地域文化研究會『地域文化研究』8、1995)　➡同『倭寇と日麗關係史』(東京大學出版會、1999) 第二章

李領 『倭寇と日麗關係史』東京大學出版會、1999) :「a院政期の日本・高麗交流に關する一考察」「b「元寇」と日本・高麗關係」「c〈庚寅年以降の倭寇〉と內亂期の日本社會」「d高麗末期倭寇の實像と展開 『高麗史』の再檢討による旣往說批判」

李領「「庚申年の倭寇」の歷史地理學的檢討　鎭浦口戰鬪を中心として」(『シリーズ港町の世界史 1 港町と海域世界』靑木書店、2005)

李領「14世紀における東アジアの國際情勢と倭寇　恭愍王15年(1366)禁倭使節の派遣をめぐって」(『中世港湾都市遺跡の立地・環境に關する日韓比較研究』2008a)

李領「〈庚寅年以降の倭寇〉と松浦党　禑王3年(1377)の倭寇を中心に」(『中世港湾都市遺跡の立地・環境に關する日韓比較研究』2008b)

渡邊誠「平安貴族の對外意識と異國牒狀問題」(『歷史學研究』823、2007)

渡邊誠「國際環境のなかの平安日本」(大津透編『攝關期の國家と社會』山川出版社、2016)

<번역문>

日本에서의 日朝關係史 연구(高麗時代) : 1992년~2016년

村井章介 ㅣ 東京大學名譽敎授 / 立正大學

머리말

「日本에서의 日朝關係史 연구(高麗시대)」(이하, 「日麗關係」로 약칭)의 전부를 대상으로 하는 것은 불가능하므로, 본고는 언어상 日本語로 발표된 것에 한정하겠다. 그리고 시기상으로는 한일관계사연구회가 발족한 1992년부터 해서 2016년까지의, 총 25년에 걸쳐 발표된 것에 한해 검토하기로 한다. 따라서 저자의 국적은 불문하고 日本語로 발표된 것만을 대상으로 한다. 저서·논문집 등이 재수록 되었을 때는 처음 수록된 연도에 의거하지만, 실제로는 재수록 된 것에서 그 내용을 접한 경우도 있다. 또 첫 간행된 문헌이 外國語인 경우는 日本語로 번역되어 출판된 발행연도에 의거했다. 부록의 문헌 목록에서 연호에 밑줄 친 부분이 첫 출판된 것의 간행 연도, ➡ 뒤에 표시한 것이 재수록 된 서지사항에 관한 자료에 해당한다.

예 : 森公章, 「古代日麗關係の形成と展開」(『海南史學』 46, 2008)
➡ 同, 『成尋と參天台五臺山記の硏究』 (吉川弘文館, 2013)

덧붙여 설명하자면, 2009년 무렵까지 발표된 것으로 高麗 前期(13世紀 전반까지)를 다룬 연구에 대해서는 森平雅彦, 「10-13世紀前半における日麗關係史の諸問題-日本語による研究成果を中心に」(『第2期日韓歷史共同研究報告書：第2分科會篇』, 2010, 日韓歷史共同研究委員會)에 정리되어 있다. 여기서 森平은 高麗시대 연구는 朝鮮時代와 비교해 "활발하지 않을" 뿐만 아니라, 전기는 후기와 비해 "더욱 빈약하다"고 지적하고 있다(p.205). 그러나 근래에는 상황이 크게 변했으며, 특히 대외관계 이외의 분야에서 관련 연구가 증가하고 있는 추세다. 그 외에 주목해 두어야 할 필요가 있는 森平의 지적을 몇 가지 언급해 두려고 한다.

「日本의 對外關係史 연구에서 一國史觀 극복이 지향되어, 海域史·海域交流史의 관점이 심화되고 있는 것에 의해 1990년대 이후 日麗關係史 연구에도 새로운 기운이 싹트고 있다」(p.206)
「日朝 양국의 문헌에 수록된 형태로 남아있는 高麗의 對外文書가 주목받았지만, 그 전부를 면밀히 분석할 기초 작업은 아직 충분히 이루어지지 않았다. 大宰府에 倭寇 禁壓을 요청한 1227년의 전라도 按察使의 서찰을 분석한 近藤剛 [2008] 의 연구는 많지 않은 성과 중의 하나이다」(p.216)
「日麗關係를 본격적으로 고찰하고자 한다면, 오히려 모든 민족·국가가 얽힌 당시 동방 유라시아의 전반적 동향을 염두에 두면서, 거기서 日麗關係를 상대적으로 위치 지을 필요가 있다. (p.217)

이어서 上記의 25년 동안에 간행된 이 분야의 기본 도서 몇 가지를 소개하겠다. 대상은 日本 對外關係史 전체를 망라하는 것이지만, 그 가운데 가장 자세하며 出典도 명확하고 보충 주석이 달린 연표로서 對外關係史總合年表編集委員會 編, 『對外關係史總合年表』 (吉川弘文館, 1999)이 있다. 平安時代 이전에 한해서는 더욱 상세한 사람이나 물품의 왕래까지도 시각적으로 보여준 田島公, 『日本, 中國·朝鮮對外交流史年表 (稿) - 大寶元

年~文治元年〔增補改訂版〕』(私家版, 2013) 이 있다. 사료로서는 武田
幸男 編譯,『高麗史日本伝 : 朝鮮正史日本伝 2』(岩波書店, 2005) 를 꼽
고 싶다.

Ⅰ. 通史·概説

[川添昭二1992·1994]는 본고가 대상으로 삼은 25년에서 초기에 간행된
日本中世 對外關係史 개론으로, 그동안 경시되어 왔던 高麗關係에도 균형
을 맞추어 지면을 채우고 있다. [田村洋幸1993]도 13世紀까지의 日麗關係
를 생산력 중심의 경제사 관점에서 접근하고 있다. 그러나 두 저자 모두 12
世紀 이후에 日麗 무역의 부진 원인을 高麗의 생산력 저하나 상업의 미발
달에서 답을 구하고 있는 것은, 규명되지 않은 논거에 입각한 가설이라고
말하지 않을 수 없다. [關周一2010]는 對外權 所在를 축으로 平安期에서
南北朝期까지를 조망했지만, 日麗關係에 대해서는 독자적인 고찰을 전개
하지 않았다. [佐伯弘次2011]의 전반은 전기 倭寇 時代의 日麗關係를 개관
하고 있으며 倭寇 禁壓을 요청하기 위해 日本에 온 高麗使와 日本 측의
대응을 다루고 있다. [佐伯弘次2016]는 蒙古襲來期에서 13世紀 말까지의
중요한 日麗關係史料(對外文書를 중심으로)를 전체 소개하고 간단한 설명
을 붙인 것이다. [森平雅彦2008]은 日麗貿易의 성쇠를「進奉」등의 제도
적·정치적 틀이나 남겨진 사료의 편향성도 염두에 두고 생각해야 한다고
제언하고 있으나, 高麗 측의 해외 진출 지향성이 두드러지지 않았던 점을
어떻게 평가할 것인가에 대해서는, 여전히 어려운 질문인 채로 남아있다.
[石井正敏2010a]는 宋·契丹 (遼) 이라고 하는 대륙 국가나 女眞海賊·對
馬人·大宰府 官人 등의 境界的인 세력과의 관계 속에서 11世紀까지의 日
麗關係를 조망하였다. 특히 1079년의 '請醫 事件'에 대해서는 외교 문서의

표현에 입각하여 검토를 시도하며 이를 통해 日麗 양국의 大國 意識의 충돌을 읽어내고 있다. [森公章2008]도 [石井正敏2010a]와 거의 동일한 범위를 대상으로 한 通史로, 근거 사료를 면밀히 꼽고 있다는 점에 특징이 있다.

[近藤剛2011a]는 11世紀 중반에서 13世紀 중반의 對日本外交에 대해서 그 창구가 되었던 기관이나 중앙으로의 전달과 중앙에서의 회답 형식을 밝힌 연구로 12世紀 말에 高麗 국내의 치안 악화에 의해 對日本關係의 업무가 東南海都 部署에서 金州 防禦使로 이관되었을 가능성이 높다고 보았다. [森平雅彦2014]는「事元期」를 중심으로 高麗의 日本에 대한 応接·防衛의 거점을 사료에 의거해 새롭게 이끌어내며 그 지정학적 의미를 고찰하였다. 특히 金海에서 合浦로 주요거점의 이동을 규명한 점을 성과로 꼽을 수 있다. [高橋公明2005]는 對外文書의 호칭을 지표로 삼아 국가 元首가 직접 대치하는「慰勞詔書啓」시대에서 10世紀 이후 太政官-大宰府가 당사자가 되어 高麗의 官廳이나 宋의 明州와「서찰」을 교환하는 시대로 이행했는데, 특히 日本에서는 양식에 관계없이 牒·牒狀의 문구가 外交文書의 대명사처럼 사용되었다고 한다. 또한 [森平雅彦2007]는 元中書省에서 高麗王에게 보내진 문서가 1280년을 초면으로 한「牒」式에서「咨」式으로 이행한 것을 지적했다.

[南基鶴2003]는 日麗의 상호인식을 通史的으로 탐구한 것으로, 전반기는 지배층 차원에서는 자신을 우위에 두는 華夷意識의 시선에서 상대를 대했는데, 高麗 측이 通交關係 실현에 적극적이었던 것에 대해 日本 측은 관념적인 自尊意識에서 거부하는 쪽이었다고 정리한다. 그러나 양국이 직접 소통하며 北九州 地域이나 金州 地域에서는 중앙과는 다른 개명적인 상호인식을 구축하고 있었던 것에도 염두에 둔다. 그러나 후반기가 되면 몽골의 東方 遠征과 倭寇라고 하는, 서로 적대적 관계를 야기하는 역사적 사실에 의해, 상대에 대한 경직된 부정적 인식이 계급을 불문하고 사회 전체를 지

배하게 되었다.

Ⅱ. 平安時代의 日麗関係

　[石井正敏2000]는 997년의 奄美海賊 (南蠻 도적들)에 의한 九州 각지 습격사건이 중앙의 귀족층에 의해 「高麗來襲」으로 오해된 것을 소재로 사건 직전에 「日本國을 모욕하는 구문」를 포함한 高麗 서찰이 왔으며 이것이 伏線이 되었던 것, 高麗를 언제 쳐들어올지 모를 「敵國」으로 간주하는 의식이 鎌倉時代에 이르기까지 유지되고 있었다고 논하였다.

　[村井章介1996]는 1019년 刀伊의 入寇에 관해서 日本에 남겨진 사료(특히 『小右記』)의 특징을 논하며 高麗가 우호적 태도로 被虜人을 송환한 것에 대해 日本 측의 반응은 「敵國」 高麗에 국내 쇠망을 노출시키는 것을 두려워하며 군비상황에 지대한 관심을 보인 것에 주목했다. [石井正敏2007a]는 刀伊船에 잡힌 두 명의 여성 증언 중 高麗의 兵船에 관한 부분을, 사본의 오자에 거슬러 검토하며 선행연구의 오역을 바로잡고, 상하 2단의 구조를 가지며 上甲板에는 櫓, 下甲板에는 檝가 걸려있었던 것을 밝혔다. 더욱이 이 결론을 조선의 船舶史에서 의미 매김하고 「板屋船」으로의 영향관계까지 언급했다. [篠崎敦史2013]는 高麗 초기는 日本과의 국교 수립을 지향하는 자세를 취해 왔다고 여겨졌으나 실제는 오히려 疎遠했던 것으로, 刀伊의 入寇 때에 日本 존중은 契丹과의 교전 중에서 日本과의 대립을 피하기 위한 목적이 있었다고 하며, 사건을 日本·高麗 양국만으로 생각하는 것의 협소함을 강조하였다.

　[近藤剛2011b]는 1079년 文宗의 병을 치료할 의원 파견을 요청하는, 大宰府 앞으로 보낸 「高麗國禮賓省牒狀」 (『朝野群載』所收) 의 署名 부분을, 高麗의 禮制나 동시대의 다른 사례와의 면밀한 비교를 통해 禮賓省을

大宰府의 우위에 두는 自尊意識과 의사 파견 요청에 대해 경의를 표할 필
요가 공존하고 있었던 것을 이끌어 냈다. 같은 사건을 주제로 한 [篠崎敦史
2015]는 동아시아 外交文書에 대한 知見을 바탕으로 高麗측에서의 禮賓省
牒은 平行文書, 日本으로부터의 返牒는 下達文書의 양식이었다고 하며 宋
으로부터 가끔 의사가 오고 있는 상황에서 高麗가 日本에 요청한 이유는
契丹과의 관계 변화에서 宋과의 交通이 불가능해 질 경우에 대비였다고,
추론한다.

[近藤剛2015]는 藤原伊通의 教訓書『大槐秘抄』의 대외관계 기사 本文
의 校訂을 정리하며 平淸盛 大宰大貳 在任 중의 「高麗に事あり」이란
1160년에 對馬의 採鑛夫이나 상인이 金海府에 의해 구속된 사건을 지적하
며, 이는 또 「李文鐸墓誌」에 적는 것과 日麗 간에 外交文書가 왕래한 「辺
事」과도 동일하게 된 것, 또 「制」란 國法으로서의 渡海制가 아닌, 宋商의
활동 변모·확대에 따라서 日本으로부터의 高麗 渡航者가 「對馬國人」에
한정되는 추세 속에서 馬島司가 내놓은 渡航管理令으로 생각할 수 있다는
점을 논하였다. [小峯和明2006]는 大江匡房의 『對馬貢銀記』述作의 배경
에, 匡房이 大宰大貳으로서 赴任 중에 일어난 對馬守 源義親의 叛逆事件
에 주목하고 또 對馬의 은 채굴에 高麗의 세력이 간섭하고 있는 상황도 얽
혀있었다고 한다. [李領1999a]은 11世紀 말 이전은 빈번히 高麗를 방문했
던 日本 商船이, 高麗의 정치적 혼란을 피해 宋으로 직항하게 되었다고 한
森克己의 주장을 비판하며 商船이 寄港을 피할 정도의 혼란은 없고 西北
方의 女眞 勢力의 동향을 경계하는 高麗가 日本船을 開京 近海로부터 멀
어지게 하기 위해 金州에서의 応接에 한정한 결과라고 한다.

[渡邊誠2007]는 平安 貴族의 對外意識을 排外的으로만 평가해 온 通說
을 비판하고 異國 牒狀에 대한 대응의 기본은 중앙 정부에서 調製한 大宰
府牒를 送付하는 것으로, 高麗에 대한 「敵國」 意識도 국제관계 속에서 현
실에 위협이 인식될 때만 표면화되고 있다고 지적한다. 獨善的인 自尊意識

이 優越하게 되는 것은 오히려 12世紀에 들어오면서부터라고 한다. [渡邊誠2016]는 宋이 契丹과 대치하면서 국제질서를 再構築하려고 하는 움직임 속에 高麗의 日本인식이나 對日 자세를 위치 짓고, 光宗朝의 自立志向이나 日本 측의 세 번의 거절에도 상관없이 교섭을 계속한 것에 주목했다.

Ⅲ. 仏教界의 交流와 宋 海商의 活動

[上川通夫2001]는 宋 仏教의 영향에만 주목해온 종래의 仏教史 研究를 비판하며 院政期의 日本이 高麗 義天의 續藏経을 통해 遼仏教를 도입한 것을 빼고는 日本中世 仏教의 성립은 말할 수 없다고 주장하며 이러한 日本의 國家나 仏教界의 시스템을, 「擬似的 범동아시아성」이라는 개념으로 설명한다. [橫內裕人2002]는 高麗 義天의 續藏経이 院 權力을 업은 仁和寺·東大寺 중이 宋商에 의뢰한 것에 의해 請來된 것을 면밀히 밝혀내며 宋·高麗가 日本을 從屬的 地位에 두려는 움직임을 경계해서, 僧侶의 入宋에 의지하지 않고 아시아 불교의 도입을 꾀한 것이라고 고찰했다. [保立道久2004]은 上川·橫內의 議論을 받아 院政期의 日本이 宋·遼·高麗 불교를 國制的 틀에 위치지은 것, 그 중에서도 義天 續藏経의 도입 의의를 강조한다. [橫內裕人2008]는 遼·高麗 仏教와 그것의 日本의 영향에 관한 研究史를 義天版을 중심으로 정리했는데, 保立 論文에 대한 언급은 없다. 日本과 高麗가 서로의 불교를 참고하면서 그 존재를 묵살하고 있었다는 지적은 다시금 생각게 한다.

[末木文美士2014]는 京都 高山寺의 典籍 調査를 포함해 同寺에는 義天의 續藏経을 経由해 들어간 遼의 著作이 많이 포함된 것을 지적하며, 말미에 「高山寺 所藏 高麗版 續藏關係 寫本 一覽」을 소개했다. 高麗版을 南宋에서 복사하거나 복각하거나 한 책이 日本의 高山寺에 있는 것은 흥미

깊다. [馬場久幸2016]는 日本에서의 高麗版 大藏経의 遺存 狀況을 면밀히
조망하며, 그것들이 室町~江戶時代에 日本 및 琉球 사회에 어떻게 수용,
활용되었는가를 전망했다. 影印本·版本의 書誌學的 檢討나 關係研究 문헌
목록도 첨부되어 있으며, 금후 연구의 기본이 될 것으로 생각한다.

　[榎本渉2008]는 日宋·日元 交通에서 高麗의 位置를 고찰한다는 시각에
서 入宋·入元 승려의 關係史料를 분석하고 高麗 渡航 자체를 목적으로 한
자는 거의 없으며 高麗는 海難에 의한 漂著地나 동지나 海航海의 目印 정
도밖에 보이지 않는다고 밝혔다. 行論 중, 元에서부터 歸途嵐에 조우, 高麗
를 걸쳐 1324년에 加賀에 歸著한 大智이 1323년 明州를 출항한 것은 「新
安沈船」의 乘客이었다고 하는 [村井章介2006]의 주장을 비판하며 大智의
高麗 漂著은 1321년이 개연성이 높다고 한다.

　[原美和子1999]는 高麗 王子 義天과 宋의 師僧과의 通信을 福建 海商
集団의 네트워크가 담당했다는 것에 입각해 같은 형태의 인적 결합이 義天
의 高麗 續藏経의 日本 輸入에서도 기능하고 있으며 日麗 사이에서도 특
별한 문물이나 정보의 입수는 뛰어난 정보망을 가진 宋 商人에 의지하는
부분이 컸다고 한다. 이어서 [原美和子2002]는 勝尾寺 緣起에 보이는 「百濟
國」의 황후가 990년에 宋商 周文德·楊仁紹에 부탁해서 觀音像 등을 勝尾
寺에 보내왔다고 하는 說話을 꼽아, 완성이 13世紀 전반에 이르는 이 이야
기로부터 9世紀 末에 宋商이 日麗 사이의 媒介를 담당한 사실을 파악할
수는 없지만, 13世紀의 사람들이 宋商을 朝鮮半島로부터 특별한 문물을 가
져오는 존재로 인식하고 있었다는 보여주고 있다고 논하였다. [原美和子
2006]은 11世紀 이후 宋 海商의 교역활동이 國家間關係로부터 相對的으로
자립하기 시작해 日本·高麗 등 상대 지역마다 전문화되면서도 行憑 發給
地의 明州·杭州나 住蕃 貿易의 基地 博多 등을 結節點으로 해상네트워크를
만들고 日麗 간 왕래의 매개자이면서 동시에 遼에도 진출했다고 논하였다.

IV. 鎌倉前期의 日麗関係

[李領1995]는 1206년 이전부터 1263년 이후에 존재가 인식되는 日麗 간의 「進奉禮制」를 平氏가 大宰府을 장악하고 있던 시대에, 大宰府의 관여 아래에서 對馬島司와 高麗側 地方 官廳 사이에 성립한 公的·恒常的인 관계라고 한다. 「進奉禮制」를 본격적으로 주목한 첫 연구인데 그 성립을 1169년に에 특정한 것은 무리가 있다. [溝川2003]는 友好와 憎惡, 地方 勢力과 中央 政府이라는 複眼的 視野에서 주로 [李領1995]을 수록한 同, 『倭寇と日麗關係史』(東京大學出版會, 1999) 를 논평했다.

李領이 주요사료라고 한 2통의 外交文書 ①1206년 對馬島 앞으로 보내진 高麗國 金州防禦使 牒과 ②1227년 大宰府 앞으로 보내진 高麗國 全羅州道 按察使 牒을 파헤치며 분석한 것이 近藤剛이다. [近藤剛2010]은 ①의 신뢰할 수 있는 本文을 最善本으로 인정되는 『平戶記』 중 院本을 底本으로 작성하며 이에 입각해 「進奉禮制」란 來航 日本人의 方物 獻上行 爲에 대해서 高麗 측에서 설정한 것으로 이해했다. [近藤剛2009]은 ①의 문구 중에 보이는 「廉察使」의 語를 「按察使」의 別稱, 구체적으로는 慶尙道 按察使를 가리킨다고 한다, [近藤剛2008]은 ②와 그 관계 사료를 깊이 있게 읽고 이 해 日麗 사이에 承存을 正使로 한 倭寇 禁壓을 요청한 교섭에 이어 樸寅을 正使로 한 새로운 通交協約을 요청한 교섭이 있으며 그 결과 맺어진 것이 「年 1回, 船 二艘 以內」라고 하는 제한규정이라고 논한다. [近藤剛2010]와 더불어 이 규정이 「進奉禮制」의 처음부터 존재했던 것은 아니라고 주장한다.

②의 牒는 寫本의 질이 나쁘고 해석이 어렵기 때문에 여러 설이 있는데, 가장 큰 수수께끼는 慶尙道의 金海府에서 발생한 對馬島 島民에 의한 略奪事件에 대한 抗議을, 왜 全羅州道 按察使가 행한 것인가라는 점이다. 본 史料에 대해서 가장 자세한 검토를 시도한 [近藤剛2008]도 이 점은 지나쳤

다.『百錬抄』安貞元년 (1227) 7월 21일 條에 의해「對馬島人이 全羅州를 습격한 것을 저항하는 高麗國 全羅州道 按察使 牒」이라고 해설하는 견해도 있으나『吾妻鏡』에 소개된 牒에서 事件이 全羅道에서 발생했다고 하는 것은 무리다. [高銀美2012]은 大宰府 守護所 牒이 外交文書로써 高麗에게 보내진 몇 몇 사례를 검토하고, 그 기능은 少貳氏가 관할하는 守護國에 한정된 것이 아니라, 幕府가 장악한 外交權의 구체적인 행사였다고 논하며, 그 시작을 上記 ②의 교섭에서 少貳氏의 返牒에서 보고 있다.

藤原 定家 書寫의『長秋記』의 종이 뒷면에 있는 高麗·渤海·東丹國의 이름이 기재된 書狀에 대해서 [田島公2001]은 1226~7년의「倭寇」를 둘러싼 高麗와의 외교문제에 엮어 定家가 올린 질문에 대한 어떤 회답으로 추정했다. 이에 대해 [石井正敏2007b]는 朝廷에서 그 문제가 의론되기 전에 書狀이 써진 것으로 보이고, 대안으로써 定家가『源氏物語』의 校訂·書寫 작업을 추진하는 가운데 1225년에 같은 이야기의「高麗人(こまうど)」에 관련하는 질문에 대한 回答書라고 한다. 그렇다면 同 書狀은 鎌倉期 日麗關係의 史料라고는 할 수 없게 된다. 또『吾妻鏡』에는 1224년에「高麗人 乘船」(『百錬抄』에는「異國船」이라고 있다) 이 越後寺泊에 漂著한 것이 기록되어, 乘員이 가지고 있던 銀簡에 쓰여 있던 4글자가 새겨져 있다. 이 銀簡은 金朝 發行의 여권으로 글자는 花押과「國の寶(나라의 보배)」를 의미하는 3글자로 해독되어 있는데 [川崎保2002]는 이에 더하여 중세 出土錢을 차지하는 金錢의 비율을 추적하여 규명하고 件의 船가 女眞船으로, 日本海를 횡단해 왔을 가능성이 높다고 했다.

[高橋昌明2004·2010]는 唐末의 節度使과 五代 王朝, 高麗 武人政權, 日本의 幕府를「武人政權」이라는 관점에서 비교하고「武」가 전면 개화하지 않고 宋이라고 하는「文」優位의 官僚制 國家로 歸著한 中國을「正常이고 直線的인 發展」으로 여기는 한편 日本중세의 封建化를, 辺境性이 세계 제국과의 접촉에 의해 逸脫·飛躍·偏向되어진 정상이 아닌 전개라고 평가

하며 高麗는 어느 쪽의 성격도 가지지만 거리가 가깝기 때문에 中國的인 성격이 우위라고 한다. 결론뿐만 아니라 평가의 기준을 「文(儒)의 보급, 確立度」에 두는 것에 대해서도 찬반이 양립할 것이다.

V. モンゴル의 脅威아래에서

[南基鶴1996]는 蒙古襲來 후의 日本의 군사적 대응, 외교, 사상 상황 등을 俯瞰하는 가운데 高麗가 기본적으로 우호적인 태도로 日本과 소통한 것에 대해서 日本은 元에 대해서 짓궂게 武斷的인 姿勢를 일관하며, 元을 중심으로 한 국제질서 속에 들어간다고 하는 가능성 및 현명한 태도를 취하지 않았다고 한다. 蒙古襲來의 영향은 日元關係보다 오히려 日麗關係에서 직접적이며 심각했다는 평가는 日本에서의 연구에 허를 찌른 점이 있다. [森平雅彦2011]는 몽골제국의 정치체제에 관한 견지에 입각해 소위 「事元期」 高麗의 정치나 사회를 평이하게 서술한 것으로, 종속인가 저항인가 라는 진부한 도식에 의거하지 않고 복잡한 국제관계 속에서 高麗가 걸은 길을 따라간다. 日本과의 관계에서도 元에 대해서 자기 존재 이유를 「威鎭東方極辺未附日本國辺面勾當」라고 설명하며 그 외에서 元의 지시대로가 아닌 독자의 접근을 시도한 점이 있다고 지적된다. [森平雅彦2015]는 몽골 東征을 1268년에서 1294년까지로 파악하고 그 사이를 7개의 시기로 구분해서 전쟁·전쟁준비의 개략을 서술, 각각의 시기에서 高麗 측의 군수 부담을, 품목이나 종류별로 가능한 定量的으로 파악하고자 했다. 나아가 군수 조달의 방식을 개관하고 직접 생산자의 경영기반을 破壞할 것 같은 수탈은 피하고, 俸祿이나 備蓄의 轉用이나 元으로부터의 供與에 비중이 있었다고 한다.

몽골 東征에 관련된 日麗關係에 대해서는 기존에 알려져 있지 않던 사료가 다수 소개되어 큰 진전이 있었다. [張東翼2005]는 內閣文庫와 京都大

學 도서관에 소장된 근세의 사본『異國出契』에서, 1269년 大蒙古國中書省
牒 (日本國王 앞) 과 高麗國 慶尙晉安東道 按察使牒 (日本國 太宰府 守
護所 앞) 을 소개했다. 원래의 상태를 꽤 잘 유지하고 있으며 그간 간과해
왔던 것이 의문이 들 정도로 중요한 사료이다. 張은 1266년의 최초 國書와
비교해서「보다 구체적이며 약간의 협박성을 담았다」라고 평하였다. 또한
『異國出契』에는 1266년에 몽골 및 高麗의 國書를 비롯해, 다수의 중요한
外交文書의 사본이 포함되어 있어 차후 연구에 진전이 기대된다.

張의 사료소개가 계기가 되어 당대 外交文書에 대한 史料學的 검토가
잇달았다. [植松正2007]는 1266년에서 1270년ま지 元·高麗·日本 사이를
왕래한 外交文書들을 하나의 흐름으로 파악하고 공통적인 어휘·표현에 주
목하며, 마지막에 張이 소개한 2통에 대해서 저자 나름의 翻刻·훈독·현대
어 번역을 시도하였다. [荒木和憲2008]는 上記의 按察使牒로의 返答으로
써 준비되었다가 결국엔 보내지지 않았던 1270년의 高麗國 慶尙晉安東道
按察使 앞 日本國 大宰府 守護所牒에 대해서, 이미 잘 알려졌던『本朝文
集』책을『異國出契』책과 교합해 가능한 원래 모습에 가까운 텍스트를 작
성했다. [石井正敏2011]는 저자 자신이 1978년에 소개해 日韓 학계에 큰
반향을 일으킨, 三別抄에 관한「高麗牒狀不審條々」에 관한 再論으로 그
동안 日韓 학계에서 발표된 여러 가지 주장을 면밀히 검토하고 기본적으로
자신의 학설을 재인식하고 있다. 同 사료의 현시점에서의 연구상황을 자세
히 알 수 있다. [石井正敏2014]는『元文類』所引『経世大典』逸文 중의
「日本條」의 전문을 검토하고 나아가 종래 알려지지 않았던 1275년의 大元
皇帝國書의 서두와 문말의 문장을 소개하며 元皇帝國書에 古文書學的인
檢討를 더하고 있다. [植松正2015]는 1280년대 이후의 元·高麗의 對日本
外交를 주제로 普陀山 관계자의 제안을 받아 실행된 점에 그 특징을 읽어
내고 있다. 끝머리에서『金澤文庫文書』『金澤蠹餘殘編』『高麗史』에 있는
1292년의 高麗國王 書簡에 치밀한 분석을 더해 校訂原文·訓讀·翻譯文을

작성하고 더욱이 高麗使 金有成에 의한 부분적 改竄의 가능성을 시사하고
있다.

[李領1999b]은 몽골의 日本 경로를 둘러싼 高麗의 3개의 정치세력, 즉
附元 勢力·高麗 朝廷·反元 勢力의 동향을 趙彝·李藏用·三別抄 각각으로
대표시켜 논한 것으로, 日本과 최단거리에 있는 金州나 巨濟島 지역적 특
질에 입각한 분석이 흥미 깊다. [張東翼2016a·b]는 몽골 東征에서 高麗 군
을 지휘했던 두 인물, 金方慶과 洪茶丘에 대한 평전으로, 두 사람의 대조적
인 정치적 입장의 갈등을 그리고 있다. [太田彌一郎1996]는 몽골사신으로
서 高麗·日本을 방문한 女眞人 趙良弼에 관련된 두 개의 碑文良弼의 출신
지에 선 石碑 「贊皇復縣記」와 『元朝名臣事略』趙良弼伝所收「野齋李公
(李謙) 撰墓碑」를 주된 소재로 해서 日本 승려 桂堂瓊林가 南宋의 使者
으로서 大宰府에 건너가 高麗·耽羅의 反元 勢力 (三別抄) 과 연대해 良
弼의 使節行을 방해했다고 하는 중대한 사실을 규명했다. [山本光朗2001]
는 趙良弼의 評伝으로, 그는 1260년이라고 하는 이른 시기부터 高麗와 접
촉해 日本·몽골 사이에 낀 高麗의 고충을 잘 알고 있었다고 말한다. 日本
史에서는 관심을 잘 두지 않았던 詩文이나 碑銘을 활용하고 특히 「野齋李
公撰墓碑」에 크게 의거했지만, 太田의 論文에 대한 언급은 없다.

[南基鶴1997]는 몽골 東征期 高麗의 日本觀을 支配層·民間·三別抄를
불문하고 日本을 寇賊視했다고 보고, 三別抄의 姿勢에서 對日觀의 變革을
본 村井章介의 주장을 「안이하며 단편적인 해석」이라고 비판했다. 좀 더
지역이나 처한 상황의 차이에 의한 變異의 가능성을 보았으면 하는 생각이
들지만, 앞의 논문 [南基鶴2003]에서는 중앙과 경계지역과의 인식차를 시
야에 넣고 있다.

Ⅵ. 倭寇와 日麗交涉

1366년에 高麗가 倭寇 禁壓을 요구하며 日本에 보낸 外交文書 3통 (醍醐寺報恩院文書) 과 그 관계 사료에 대해서, 2007년 이후 잇달아 논문이 발표되었다. 먼저 [張東翼2007]는『異國出契』所收의 사본으로 원본을 보충한 뒤 恭愍王의 反元 自主政策에 관련시켜 파악하려고 했으며 ([李領2008a]도 동일한 시각) , 征東行中書省 咨文과 세트인 箚付를 使節団이 日本의 어떤 官府에 提出한 文書라는 가설을 세웠다. [岡本眞2007]는 그 전반에서 咨文·箚付를 가져온 金龍보다 조금 늦게 來日한 使者 金逸(金一들)을 高麗國王 이름의 外交文書를 가진 使者라고 했다 ([李領2008a]도 같은 시각). [李領2008a]은 이 使節 파견에 元의 意向은 전혀 개입하지 않았으며 文書가 征東行省 이름으로 보내진 것은 高麗가 日本을 威壓했기 때문의 僞裝이라고 주장했다. [藤田明良2008]는 箚付를 가지고 『太平記』의 이야기를 여러 사료에 의해 뒷받침한다는 시각에서, 元·高麗의 帝室·王室에서의 암투나 元·麗·日의 禪僧네트워크의 활발한 움직임을 자세히 서술하였다.

이상의 여러 가지 주장을 토대로 [石井正敏2009]는 1366년에 倭寇 禁壓을 요청해 來日한 高麗使에 관련된 사료, 前田育德會尊経閣文庫藏『異國牒狀記』를 자세히 검토한 결과, 官務 小槻兼治가 작성한 勘例 (고대 이래의 異國牒狀에 대한 日本 측 대응의 先例를 열거해 놓은 것)를 근거로, 近衛道嗣 (또는 二條良基) 이 後光嚴天皇에 헌상한 의견서로, 高麗使가 도착하기 직전인 1366년 6월에 써진 것이라고 한다. 또 [石井正敏2010b]에서는 3통에 古文書學的인 견지에서 상세한 검토를 더해 箚付에 관한 張說, 使者의 구성에 관한 岡本·李說를 비판했다. 征東行省 名義의 의도에 대해서는 元의 威光을 이용하는 것 외에, 서두의「皇帝聖旨裏……」의 문장이 高麗國王을 지칭하는 것처럼 의도적으로 행동하는 것으로, 日本에 대한 명분상의 우위를 확보하려고 했다는 점을 규명했다. 金龍·金逸은 본래 같은 使節団이었다고 하는 추측이 보이지만, 또한 남겨진 과제가 있는 것도 언급되었다.

[岡本眞2007]의 후반은 高麗에서 日本으로의 外交文書 양식이, 1375년의의 교섭 후 교 상대가 今川了俊가 된 것을 계기로 咨文에서 書簡으로 변화한 것을 지적하며 그 형태가 朝鮮時代에도 계승되어졌다고 논하였다. [關周一2015]는 高麗 말기의 對日 使節의 특징을, 派遣 장소와 今川了俊·大內義弘, 파견 목적은 倭寇 禁壓 요청과 被虜人 쇄환이라고 정리한다. [張東翼2016c]는 元의 第二次 東征 이후 高麗 멸망까지의, 倭寇 問題를 중심으로 한 외교교섭을 연표에서 정리하며 개설하고 이와 별도로 문화면에서의 교섭·왕래의 사례를 들어, 日本 所在의 高麗時代 문화재를 倭寇의 略奪物이라고 암시하고 있다. [李鍾默2002]는 使臣 羅興儒·鄭夢周나 日本僧 永茂·守允들에 의한 高麗 말의 詩交 사례를 소개한다. [桑野榮治2015]는 朝鮮 朝建國者 李成桂의 簡潔한 伝記으로, 明朝와의 복잡한 정치적 관계나 외교교섭、倭寇의 군사적 위협 속에서 어떠한 기반을 가지고 어떠한 경위를 걸쳐 李成桂가 국가의 정점에 이르렀는지를 그렸다. 강철 의지라고 하기보다, 망설임과 걱정이 많은 인간적인 모습을 그린 것이 인상적이다.

高麗말 倭寇의 실체를 어떻게 생각할 것인가는 학계에서 의견이 갈라져 있다. 1987년에 倭寇의 主體를 高麗·朝鮮人으로 보는 田中健夫·高橋公明의 주장이 등장한 이래, 한국에서는 이에 대한 반발이 강하고 특히 李領이 열성적으로 論陣을 세웠다(후술). 그러나 日本에서도 [浜中昇1996]이 의문을 표하였다. 浜中는, 田中·高橋 주장의 근거가 되는 李順蒙上書의 「倭人不過一二」라고 하는 구절은 믿을 수 없다, 또 몰락한 農民이나 禾尺·才人라고 하는 賤民이 倭寇와 連合했다고 보는 견해에는 근거가 없다고 하며 倭寇의 본질을 境界性에서 찾고자 한 村井章介의 議論에 대해서도 倭寇에 협력한 高麗人이나 朝鮮 출신의 倭人이 있는 것에서, 倭寇의 본질과는 관계가 없다고 한다. [村井章介1997]도 浜中과 마찬가지로 李順蒙上書나 禾尺·才人＝倭寇說을 비판했는데 한편으로는 境界空間에 대한 高麗의 장악은 완전하지 못했고 그곳을 생활의 기반으로 하는 辺民·賤民과 倭人의 혼합을 배제할 수 없다고 주장한다. [藤田明良1997]는 明 초기에 浙江의 舟山群島에서 발생한 「蘭秀山의 亂」에 관한 흥미로운 조선 사료『吏文』所收 洪武3年10月9日 明中書省咨를 소개했다. 여기에는 난의 주모자 중 한 사람 林寶一이 濟州島를 걸쳐 高麗 全羅道의 연안·도서부에 도망쳐, 「洪萬戶」「高伯一」 등의 주민들과 교제했다는 것이 기록되어 있다. 이 해역에는 물론 倭人도 출몰했다. 국가 지배가 미치기 어려운 境界空間의 流動性·多民族性을 생생히 볼 수 있다. [藤田明良1998]는 宋에 가장 가까운 黑山島에 대한 朝鮮 歷代 王朝의 지배 시도를 주제로 삼았다.

浜中의 주장은 倭寇는 日本人이라는 것뿐으로, 그 사회적 실체에 대해서 구체적인 제시가 없다. 이 점을 파고든 것은 李領이다. [李領1999c]은 倭寇를 전투능력이 뛰어난 군대 그 자체라고 특징지으며 九州의 戰亂 過程에서 南朝 쪽이나 少貳氏의 武士団이 병량획득을 목적으로 朝鮮 沿海部를 劫奪했다고 한다. [李領1999d]은 倭寇 主體＝高麗·朝鮮人說을 비판,『高麗史』가 倭寇 史料로서 객관적이며 정확하다는 것을 검증,『高麗史』다수의 倭寇 記事를 지리적으로 관련시키며 재분석하였다. [李領2005]은 1380년에 倭寇가 高麗 水軍의 火砲에 의해 큰 타격을 받았던 「鎭浦口戰鬪」을, 歷史地理學의 방법을 이용해 구체적으로 복원했다. [李領2008b]은 1377년의 德叟周佐書狀에 보이는 「西海一路九州亂臣」과 「西辺海道頑民」을 倭寇의 2대 구성요소로 이해하며, 후자의 예로서 「有浦文書」에 나타난 肥前松浦黨의 武士들을 꼽고 있는데, 同 文書에 倭寇와의 關係를 나타내는 듯한 어떠한 구절도 읽어내는 것은 불가능하다. 그렇다고 해도 「鎭浦口戰鬪의 存在 自體를 믿지 않는다……日本의 倭寇 硏究者들」이란 누구를 말하는 것일까? 高麗에 海上 勢力은 존재하지 않는다고 어째서 斷言할 수 잇는가? 高

麗의 국가기구가 전국의 모든 지역·계층을 지배대상으로써 확실히 파악하고 있으면서 한편으로는 高麗軍이 裝備·紀綱·訓練度 등의 여러 지점에서 倭寇에 대항할 수 없을 정도로 弱體였다는 이해는 타당한 것일까?

[孫承喆2011]은, 倭寇의 구성에 대해서는 李領과 거의 동일한 이해에 있으면서 被害者의 고통의 실상을 보여주는 사료로써 1434년에 頒布된『三綱行實図』(忠臣·孝子·烈婦 각각 110名의 事蹟을 繪·解說·詩로 표현한 것)에 수록되어 있는, 倭寇에 굴하지 않았던 烈女 7件, 孝子 2件의 記事를 紹介했다. [村井章介2011]는「倭寇는 日本人인가 朝鮮人인가」라는 도식에 의문을 표하며, 民族的 區分에 담을 수 없는 境界性 이야말로 倭寇라고 하는 집단의 특징이라고 보는 입장에서, 1350년의 발생 당초는 그 자체가 境界空間인 對馬·壹岐·松浦의 三島 倭人이 倭寇의 主體였으나 이른 시기부터 朝鮮半島 沿海나 島嶼의 사람들을 포함해, 행동범위가 확대되는 동시에 政治性을 띄게 되었다고 이해한다.

1992~2017年の日麗關係史研究 (韓日關係史研究會25周年記念シンポ)

【編著者名の50音順】

荒木和憲「文永七年二月付大宰府守護所牒の復元　日本·高麗外交文書論の一齣」(『年報太 宰府學』2、2008)

石井正敏「日本·高麗關係に關する一考察　長德3年(997)の高麗來襲說をめぐって」(中央大 學人文科學研究所編『アジア史における法と國家』中央大學出版部、2000)

石井正敏「『小右記』所載「內藏石女等申文」にみえる高麗の兵船について」(『朝鮮學報』198、2007a)

石井正敏「藤原定家書寫『長秋記』紙背文書「高麗渤海關係某書狀」について」(『(中央大學)人 文研紀要』61、2007b)

石井正敏「『異國牒狀記』の基礎的研究」(『中央大學文學部紀要』史學54、

2009)

石井正敏 「高麗との交流」 (荒野泰典·石井正敏·村井章介編『日本の對外關係 3 通交·通商 圈の擴大』吉川弘文館、2010a)

石井正敏 「貞治六年の高麗使と高麗牒狀について」 (『中央大學文學部紀要』史學55.2010b)

石井正敏 「文永八年の三別抄牒狀について」 (『中央大學文學部紀要』史學56、2011)

石井正敏 「至元三年·同十二年の日本國王宛クビライ國書について」 (『中央大學文學部紀 要』史學59、2014)

植松正「モンゴル國國書の周辺」 (『(京都女子大學史學會)史窗』64号、2007)

植松正 「第二次日本遠征後の元·麗·日關係外交文書について」 (『東方學報』京都90.2015)

榎本涉 「入宋·日元交通における高麗 仏教史料を素材として」 (『中世港湾都市遺跡の立 地·環境に關する日韓比較研究』東京大學大學院人文社會系研究科、2008)

岡本眞 「外交文書よりみた14世紀後期高麗の對日本交涉」 (佐藤信·藤田覺編『前近代の日本 列島と朝鮮半島』山川出版社、2007)

太田彌一郎 「石刻史料「贊皇復縣記」にみえる南宋密使瓊林について元使趙良弼との邂逅」 (『東北大學東洋史論集』6、1995)

上川通夫 「中世仏教と「日本國」」 (『日本史研究』463号、2001) ➡『日本中世仏教形成史論』 (校倉書房、2007)

川崎保「『吾妻鏡』異國船寺泊漂着記事の考古學的考察」 (『信濃』54-9、2002)

川添昭二 「中世における日本と東アジア」 (『福岡大學總合研究所報』147·156.1992·1994) ➡『對外關係の史的展開』 (文獻出版、1996)

桑野榮治『李成桂』 (山川出版社 世界史リブレット人、2015)

高銀美「大宰府守護所と外交」 (『古文書研究』73、2012)

小峯和明 『院政期文學論』 (笠間書院、2006) : 「『對馬貢銀記』の世界異文化交流と地政學」

近藤剛 「嘉祿·安貞期 (高麗高宗代) の日本·高麗交涉について」 (『朝鮮學報』207、2008)

近藤剛 「泰和6年 (元久3·1206) の對馬島宛高麗牒狀にみえる「廉察使」について」 (『中央史 學』32、2009)

近藤剛「『平戶記』所載「泰和六年二月付高麗國金州防禦使牒狀」について」 (『古

文書研究』7 0、2010)

近藤剛 「高麗における對日本外交條件の處理過程について」 (中央大學人文 科學研究所編『情 報の歷史學』中央大學出版部、2011a)

近藤剛 「『朝野群載』所收高麗國礼賓省牒狀についてその署名を中心に」 (『中 央史學』34.2011b)

近藤剛 「12世紀前後における對馬島と日本·高麗 『大槐秘抄』にみえる「制」 について」 (中央大學人文科學研究所編『島と港の歷史學』中央大學 出版部、2015)

佐伯弘次 「14-15世紀東アジアの海域世界と日韓關係」 (『第二期日韓共同研 究報告書』第二分 科會篇、2011)

佐伯弘次 「蒙古襲來以後の日本の對高麗關係」 (『史淵』153、2016)

篠崎敦史 「刀伊の襲來からみた日本と高麗との關係」 (『日本歷史』789、2013)

篠崎敦史 「高麗王文宗の「医師要請事件」と日本」 (『ヒストリア』248、2015)

末木文美士 「高山寺所藏高麗版續藏寫本に見る遼代仏教」 (『平成25年度高 山寺典籍文書綜合 調査団研究報告論集』2014)

關周一「鎌倉時代の外交と朝幕關係」 (阿部猛編『中世政治史の研究』日本史 史料研究會論文 集 1、日本史史料研究會企畫部、2010)

關周一「高麗王朝末期·朝鮮王朝初期の對日使節」 (『年報朝鮮學』18、2015)

孫承喆「14-15世紀東アジア海域世界と韓日關係 倭寇の構成問題を含む」 (『第 二期日韓共同研究報告書』第二分科會篇、2011)

高橋公明「外交文書を異國牒狀と呼ぶこと」 (『文學』6-6、2005)

高橋昌明「東アジアの武人政權」 (歷史學研究會·日本史研究會編『日本史講 座 3 中世の形 成』東京大學出版會、2004) ➡同『東アジア武人政權 の比較史的研究』 (校倉書房、 2016)

高橋昌明 「比較武人政權論」 (『日本の對外關係 3 通交·通商圈の擴大』吉川 弘文館、2010) ➡同『東アジア武人政權の比較史的研究』 (校倉書 房、2016)

田島公 「冷泉家旧藏本『長秋記』紙背文書に見える「高麗」·「渤海」·「東丹國」」 (上横手雅敬 編『中世公武權力の構造と展開』吉川弘文館、2001)

田村洋幸「高麗における倭寇濫觴期以前の日麗通交」 (『(京都産業大學經濟 經營學會) 經濟 経営論叢』28-2、1993)

張東翼 「1269年「大蒙古國」中書省牒と日本側の對応」 (『史學雜誌』114-8、 2005) ➡同『モン ゴル帝國期の北東アジア』 (汲古書院、2016)

張東翼 「1366年高麗國征東行中書省の咨文についての檢討」(『アジア文化交流研究』〈關西 大學アジア文化交流センター〉2、2007)　➡同『モンゴル帝國期の北東アジア』(汲 古書院、2016)

張東翼 『モンゴル帝國期の北東アジア』(汲古書院、2016)　：「a金方慶の生涯と行蹟」「bモン ゴルに投降した洪福源および茶丘の父子」「c 14世紀の高麗と日本の接触と交流」

南基鶴 「蒙古襲來以後の日本と東アジア」(同『蒙古襲來と鎌倉幕府』臨川書店、1996)

南基鶴 「蒙古襲來と高麗の日本認識」(大山喬平敎授退官記念會編『日本國家の史的特質』思 文閣出版1997)

南基鶴 (村井章介譯)「高麗と日本の相互認識」(科硏報告書『グローバリゼーションの歴史 的前提に關する學際的研究』2003、立敎大學文學部)

馬場久幸『日韓交流と高麗版大藏経』(法藏館、2016)

浜中昇「高麗末期倭寇集団の民族構成」(『歴史學研究』685、1996)

原美和子「宋代東アジアにおける海商の仲間關係と情報網」(『歴史評論』592、1999)

原美和子「勝尾寺縁起に見える宋海商について」(『學習院史學』40、2002)

原美和子 「宋代海商の活動に關する一試論」(小野正敏ら編『中世の對外交流〈考古學と中世 史研究3〉』高志書院、2006)

藤田明良「『蘭秀山の亂』と東アジアの海域世界 14世紀の舟山群島と高麗・日本」(『歴史學 研究』698、1997)

藤田明良 「9世紀~16世紀の黑山島と朝鮮國家 東アジア國家の島嶼支配に關する覺書」(『新しい歴史學のために』230・231、1998)

藤田明良 「東アジア世界のなかの太平記」(市澤哲編『太平記を讀む』吉川弘文館、2008)

保立道久「院政期の國際關係と東アジア仏敎史 上川通夫・横內裕人氏の仕事にふれて」(同著『歴史學をみつめ直す 封建制概念の放棄』校倉書房、2004)

溝川晃司「日麗關係の変質過程 關係惡化の経緯とその要因」(『國際日本學』1、2003)

村井章介「1019年の女眞海賊と高麗・日本」(『朝鮮文化研究』3、1996)　➡同『日本中世の異 文化接触』(東京大學出版會、2013)

村井章介 「倭寇の多民族性をめぐって　國家と地域の視点から」 (大隅和
　　雄・村井章介編『中　世後期における東アジアの國際關係』山川出版
　　社、1997)　➡同『日本中世境界史論』 (岩波書店、2013)

村井章介「大智は新安沈船の乘客か」 (『日本歷史』694、2006)　➡同『日本中
　　世の異文化接 觸』 (東京大學出版會、2013)

村井章介「倭寇とはだれか 14~15世紀の朝鮮半島を中心に」 (『東方學』119、
　　2011)　➡同『日本中世境界史論』 (岩波書店、2013)

森公章 「古代日麗關係の形成と展開」 (『海南史學』46、2008)　➡同『成尋と
　　參天台五臺山記の 硏究』 (吉川弘文館、2013)

森平雅彦「牒と咨のあいだ 高麗王と元中書省の往復文書」 (『史淵』144、2007)
　　➡同『モン ゴル覇權下の高麗　帝國秩序と王國の對応』 (名古屋大
　　學出版會、2013)

森平雅彦「日麗貿易」 (大庭康時等編『中世都市・博多を掘る』 (海鳥社、2008)

森平雅彦 『モンゴル帝國の覇權と朝鮮半島』 (山川出版社　世界史リブレッ
　　ト、2011)

森平雅彦「高麗・朝鮮時代における對日據点の変遷」 (『東洋文化硏究所紀要』
　　164、2014)

森平雅彦 「モンゴルの日本侵攻と高麗における軍需調達問題」 (『年報朝鮮
　　學』18、2015)

山本光朗「元使趙良弼について」 (『史流』40、2001)

橫內裕人 「高麗續藏経と中世日本　院政期の東アジア世界觀」 (『仏教史學
　　硏究』45-1、2002)　➡同『日本中世の仏教と東アジア』塙書房、2008)

橫內裕人「遼・高麗と日本仏教　硏究史をめぐって」 (『東アジアの古代文化』
　　136、2008)

李鍾默 (桑嶋里枝譯) 「朝鮮前期韓日文士の文學交流の樣相について」 (『朝
　　鮮學報』182、 2002)

李領「中世前期の日本と高麗　進奉關係を中心として」 (東京大學地域文化
　　硏究會『地域文化　硏究』8、1995)　➡同『倭寇と日麗關係史』 (東京
　　大學出版會、1999) 第二章

李領 『倭寇と日麗關係史』東京大學出版會、1999) :「a院政期の日本・高麗
　　交流に關する一　考察」「b『元寇』と日本・高麗關係」「c〈庚寅年以降
　　の倭寇 〉と內亂期の日本社會」「d高 麗末期倭寇の實像と展開 『高
　　麗史』の再檢討による旣往說批判」

李領「「庚申年の倭寇」の歴史地理學的檢討　鎭浦口戰鬪を中心として」（『シリーズ港町の世 界史１港町と海域世界』青木書店、2005)

李領「14世紀における東アジアの國際情勢と倭寇　恭愍王15年(1366)禁倭使節の派遣をめ ぐって」（『中世港湾都市遺跡の立地・環境に關する日韓比較研究』2008a)

李領「〈庚寅年以降の倭寇〉と松浦党　禑王3年(1377)の倭寇を中心に」（『中世港湾都市遺 跡の立地・環境に關する日韓比較研究』2008b)

渡邊誠「平安貴族の對外意識と異國牒狀問題」（『歴史學研究』823、2007)

渡邊誠「國際環境のなかの平安日本」（大津透編『攝關期の國家と社會』山川出版社、2016)

〈토론문〉
日本에서의 日朝關係史 연구(高麗時代) :
1992년~2016년

이재범 ∣ 경기대학교

무라이 교수님의 논고는 빈 틈 없이 그 동안의 일본에서의 연구 성과를 소개해 주셔서 이렇다 하게 토론을 할 수 있는 부분은 없습니다. 단지 교수님께서 연구성과에 대한 자신의 의견을 반영한 부분과 교수님 자신의 주장에 대한 저의 소견을 발표하는 것으로서 본 학술회의에서의 책임을 다하고자 합니다.

무라이 교수는 12世紀 이후에 日麗 무역의 부진 원인을 高麗의 생산력 저하나 상업의 미발달에서 답을 구하고 있는 것은, 규명되지 않은 논거에 입각한 가설이라고 말하지 않을 수 없다.라고 하셨는데, 토론자의 입장에서도 이에 대하여 크게 부정하고 싶지 않습니다. 이 시기는 고려로서는 대외적인 침입이 없었고, 이른바 문벌귀족들의 고급 문화와 사치스런 성향이 오히려 주목되는 시기로서 고려는 청자와 같은 공예품의 발달, 또는 생산력 증대, 벽란도를 중심으로 한 팔관회 무역과 같은 국제적 질서에서 주도적 역할을 한 시기로 이해하고 있습니다.

또한 몽골 간섭기에 高麗 측의 해외 진출 지향성이 두드러지지 않았던 점을 어떻게 평가할 것인가에 대해서는, 당시 고려로서는 원에 예속 상태로 해상 진출의 필요성을 크게 느끼지 않았던 것으로 여겨집니다. 당시 원의 도읍 대도는 세계 최고, 최대의 도시로서 경제, 문화 등 전 분야에서 습득해야 할 것이 많았던 것으로 당시의 고려의 역량으로서는 그 이상의 것을 받아 들이기 어려웠을 것입니다.

日本 商船이, 高麗의 정치적 혼란을 피해 宋으로 직항하게 되었다고 한 森克己의 주장을 비판하며 商船이 寄港을 피할 정도의 혼란은 없고 西北方의 女眞 勢力의 동향을 경계하는 高麗가 日本船을 開京 近海로부터 멀어지게 하기 위해 金州에서의 応接에 한정한 결과라고 한다.<일본의 조선술의 발전>

日麗 간의 「進奉禮制」를 平氏가 大宰府을 장악하고 있던 시대에, 大宰府의 관여 아래에서 對馬島司와 高麗側 地方 官廳 사이에 성립한 公的·恒常的인 관계라고 하고, 「進奉禮制」를 본격적으로 주목한 연구로서 그 성립을 1169년에 특정한 것에 대해서는 무리가 있다고 여겨집니다. 이 점은 뒤에 다시 마라하겠습니다.

그리고 慶尙道의 金海府에서 발생한 對馬島 島民에 의한 略奪事件에 대한 抗議을, 왜 全羅州道 按察使가 행한 것인가라는 점에 대한 의문은 김해에서 와야 할 물품이 대마도 도민에 의하여 약탈되어 오지 않으므로, 전라주도 안찰사가 항의하였다는 아주 당연하고 자연스러운 해석이 필요하다고 봅니다. 한반도 항해는 연안 항해이므로 거의 해안을 따라 육안으로 육지를 측목이 가능한 거리를 유지하고 하기 때문에 다른 항로로 경상도에서 전라도로 물류 이동이 되지 않았을 것이기 때문입니다.

상당히 많은 일본 소재 한국문화재가 왜구에 의한 약탈이었을 것이라는 점은 수긍할만한 사실이라고 여겨집니다. 왜구들이 처음 식량을 요구하다가 점차 불교 관련 문화재 등을 강요하였던 사실이 있습니다.

고려 전기의 연구는 대체로 부분적인 사료나 작은 사실 하나를 기준으로 하여 논리를 성립하고 있습니다. 그러므로 고려 전기에 있어서 한일관계사를 어떤 한 방향으로 일관성 있게 설명하기는 어렵습니다. 앞에서 지적한

진봉체제라고 하는 것도 일종의 가설로서 조공·책봉과 같은 외교 질서가
성립되어 있었다고 보기에는 어려움이 있습니다. 고려 문종때 고려에서 일
본에 의사를 요구했다가 거절한 사실과 같이 일시적이고 단기적인 관계에
있었다고 여겨집니다.

그러나 무엇보다 중세 한일관계사에서 가장 중요한 문제는 여몽연합군의
일본 침공과 왜구일 것입니다. 전자는 일본에서의 연구는 없는 것으로 소개
가 되어 있지만, 세계사적 사건으로서 앞으로도 많은 연구가 있어야 할 것
입니다.

후자인 왜구에 있어서는 한국과 일본 학자들간의 견해 차이는 물론 일본
학자들 사이에서도 이견이 있습니다. 그 가운데서 가장 큰 이슈가 되는 것
이 왜구의 구성원입니다. 여기에는 복합적 민족적 구성이었을 것으로 보는
것이 가장 무난할 것으로 보입니다. 초창기에는 일본인으로 구성되었지만,
후기에는 한반도의 연해민이나 지배계급에서 소외된 하층민들이 자발적 왜
구화(假倭 등) 되었을 것이라는 주장이 무리가 없을 것이라고 하는 발표자
의 주장에 무리가 없을 것으로 생각합니다.(1350년의 발생 당초는 그 자체
가 境界空間인 對馬·壹岐·松浦의 三島 倭人이 倭寇의 主體였으나 이른
시기부터 朝鮮半島 沿海나 島嶼의 사람들을 포함해, 행동범위가 확대되는
동시에 政治性을 띄게 되었다고 이해한다.)

초기의 왜구가 훈련된 정예 병사로 구성된 대규모의 전사집단이라는 주
장은 근거가 있는 것으로 여겨집니다. 고려사에 나타나는 최초의 왜구 기록
인 '돛이 하늘을 덮을 정도'라는 규모는 단순한 불평 세력의 무리인 것 같
지는 않고 훈련된 명령 체계에서 동원된 집단으로 보아야 할 것입니다. 그
뒤로도 진포의 500척 이상의 왜구, 460척의 왜구 등의 숫자는 왜구의 구성
원 가운데 그 비율은 절대 작지 않았다고 여겨집니다.

한편 당시의 고려 해상세력은 두 차례의 일본 침공으로 거의 고갈 상태
였을 것으로 여겨집니다. 고려의 수군은 왜구 침구 이후 후기에 들어서야

정지나 박유 등의 수군이 동원되고 있는 것으로 보아도 알 수 있습니다.

그리고 앞으로 왜구의 존재와 정체성에도 관심을 기울여야 할 것입니다. 극성했던 왜구들은 어쩐 이유에서인지 조선 개국과 함께 기록에서 현저하게 줄어들고 있습니다. 그 까닭이 고려의 왜구 토벌이 효과를 본 것이라고 일부 학자들이 한국사에서 주장하고 있지만, 저의 견해는 조선의 '事大交隣'이라는 외교정책의 변화에 있었다고 생각합니다. 조선이 '倭寇'을 '倭人'化 하였던 것이 가장 큰 원인이라고 생각합니다. 왜구는 조선 개국 이후로도 서해(황해)에서 그 규모는 줄어들었다고 생각하지는 않습니다. 오히려 더 활발한 움직임이 있었을 것입니다. 명에서의 거대한 왜구 존재가 증명하고 있습니다.

이러한 견지에서 볼 때 왜구의 활동무대였던 동아시아 해양사의 연구에 대한 공동 연구 등이 필요합니다. 근래에 들어 한국사에서도 해양사의 중요도가 인정되어 활발하게 진행되고 있지만, 일본사에서는 아주 중요한 비중을 차지합니다. 이런 의미에서 한일관계사에서 왜구라는 존재를 통하여 해양사의 한 부분을 의미 규정화하는 작업이 필요하다고 여깁니다.

마지막으로 '광개토왕릉비'의 왜구, 고대의 왜구 등과 관련하여 일관성 있는 한일관계의 성격을 규명할 수 있을 지에 대한 의문은 있습니다. 자신들의 실력이나 국제정세의 변화에 따라 변하는 관계였는지, 한일간의 어떤 특정화를 설정할 수 있는지를 가늠해 보아야 할 것입니다. 불경 高麗版을 南宋에서 복사하거나 복각하거나 한 책이 日本의 高山寺에 있다는 흥미 깊은 사실을 처음 알게 되어서 감사하게 생각합니다.

日本における中世日朝関係史研究 - 朝鮮前期 -

佐伯弘次 | 九州大學

はじめに

　日本史で「中世」と言えば、11世紀の院政の時代から、16世紀の戰國時代の終わりまでを指す。つまり、中世の日朝關係とは、1392年の朝鮮の成立から、1592年の文祿の役（壬辰倭亂）の直前までの、日本と朝鮮王朝との關係史を意味する。したがって、時代的には朝鮮前期と一致する。

　『史學雜誌』の5月号は、毎年、前年の「回顧と展望」が掲載される。前年度の研究の紹介と評価を行うのである。書き手によってかなりスタイルが異なるのだが、書かれた內容に一喜一憂することも少なくない。

　日本中世の項では、当然、中世の對外關係史研究も取り上げられる。近年では、日本中世の中で、「對外關係」が、政治や社會経済・文化などと共に獨立して立項されることが一般的になってきた。「回顧と展望」日本中世を通覧すると、2004年に「外交」が獨立して取り上げられた。2005年に「對外關係」、2006年「對外關係」、2009年「對外關係」、2010年「中世の對外關係」、2012年「對外關係史」、2013年「對外關係史」、2014年「對外關係」、2015年「對外關係史」、2016年「對外關係」と立項されている。2012年以降は毎年立項されている。名称は微妙に異なるが、2004

年ごろから對外關係史が自立し、2009年ごろに認知されたということもできる。かつて、特殊な分野と位置づけられ、研究者もほとんどいなかった對外關係史が獨立したジャンルとして位置づけられたのである。これは、日本史を世界的な視野から見るべきという日本史學會の動向と無關係ではないと思われる。

　私は、かつて韓日關係史學會のシンポジウムで、1980年代以降の中世日朝關係史の動向を報告したことがある[1]。そこでは2000年ごろまでの研究を整理したので、今回は、2000年以降に日本で發表された研究について、述べることとする。

1. 研究史の整理

　中世對外關係史全体の研究動向を叙述したものは多いが、日朝關係史に限定したものは少ない。2000年以前でも、中世對外關係史の研究史を記したものが多い[2]。近年、日本では、研究入門書の刊行が盛んである。その中の一つ、桃木編2008『海域アジア史研究入門』は、様々な分野の海域アジアの交流史に關する研究史が整理されており、便利な書物である。中世の日朝關係史については、關周一氏が「日朝多元關係の展開」を執筆している。こうした本が刊行された背景には、先に述べた日本における對外關係史研究の自立・認知があると思われる。

　これ以外に、橋本2003、同2008、同2009、關2013やなどが、中世對

---

1) 佐伯弘次2002,「日本における中世日朝關係史研究の動向－1980年代以降を中心に－」韓日關係史學會編『韓日關係史研究の回顧と展望』景仁文化社
2) 田中健夫1959,「中世海賊史研究の動向」田中『中世海外交渉史の研究』東京大學出版會　同1963,『史學雑誌』72-3′　中村榮孝1960,『具体例による歴史研究法』吉川弘文館　川添昭二1986,「中世の對外關係」　『日本史研究の新視点』吉川弘文館　關周一1994,「中世「對外關係史」研究の動向と課題」『史境』28など

外關係史の動向と日朝關係史の研究史について意欲的な整理を行っている。

日明關係については、村井章介編『日明關係史研究入門』（勉誠出版）が刊行され、研究史もよく整理され、日本における日明關係史研究の到達点を示している。『日朝關係史研究入門』の刊行が待たれるところである。

2. 刊行された著書

荒野泰典・石井正敏・村井章介編『日本の對外關係』全6卷（吉川弘文館）は、同編『アジアのなかの日本史』全6卷（東京大學出版會）に續く講座であり、後者刊行以降の研究成果がよくまとめられている。また、日朝關係史の通史として、關編2017,『日朝關係史』が刊行された。

21世紀に入り、中世の對外關係史や日朝關係史に關する著書が多く刊行された。伊藤2002、長2002、關2002、橋本2005、伊川2007、荒木2007、須田2011、仲尾2011、村井2013、村井2014、荒木2017などの著書である。若手研究者の著書が多い点が大きな特色である。

論文集としては、村井編2004、日韓歴史共同研究委員會編2005、佐藤他編2007、村井編2008、北島他編2009、日韓歴史共同研究委員會編2010、佐伯編2014などがある。とくに、佐藤他編2007『前近代の日本列島と朝鮮半島』は、史學會のシンポジウムの記録で、村井章介・橋本雄・須田牧子各氏の中世日朝關係の論考を收める。北島他編2009『日朝交流と相克の歴史』は、日本と韓國の學會・研究會が合同で開催した研究集會の記録でもあり、日韓兩國の學術交流の面からも注目される。閔德基・橋本雄・關周一・須田牧子・孫承喆・大西信行・伊藤幸司・國原美佐子・米谷均・

　荒木和憲・押川信久各氏の中世日朝關係の論考を收めている。2册の日韓歷史共同研究委員會編の書物は、日韓歷史共同研究の成果報告書であるが、研究史の整理がよくなされている点に特色がある。

　また、一般向けの著書も刊行されている。佐伯2008、黑田2009、橋本2012、關2012、關2013などがそれである。とくに佐伯・黑田・關2012の著書は、日朝關係の要であった對馬に關する著書である。

　以上の書物のなかで、中世の日朝關係史に特化した研究書を紹介したい。

① 長節子2002, 『中世国境海域の倭と朝鮮』吉川弘文館

　中世の對馬宗氏と朝鮮との關係を精力的に追求する長節子氏の著書であり、同氏1987, 『中世日朝關係と對馬』吉川弘文館に續く論文集である。內容は、第1朝鮮領海における倭人の漁業活動（孤草島釣魚）、第2僞使の朝鮮通交（夷千島王・深處倭通交權の入手・「彈正少弼源弘」木印）、第3倭寇と朝鮮の役（興利倭船・明福建軍門の島津氏工作・朝鮮人捕虜の日記）という3部構成になっている。前著は對馬宗氏の朝鮮通交に焦点が当てられていたが、第2部がこれを継承している。第1部は、對馬の漁民の朝鮮海域への出漁を、朝鮮側史料と對馬側史料双方に據って追求したもので、いわば獨壇場の感がある。

② 関周一2002, 『中世日朝海域史の研究』吉川弘文館

　序論の後、被虜人の境遇と送還、朝鮮人漂流人送還体制の形成と変質、移動する倭人と宗氏・朝鮮王朝、山陰地域と朝鮮の交流、壹岐・五島と朝鮮の交流、東アジア海域の交流と對馬・博多の各章からなる。東アジア海域・日朝海域史という大括りの論の立て方に特色がある。考察の

對象とされる地域は、三浦・山陰・壹岐・五島・對馬・博多であり、朝鮮との關係の深い地域をほぼ網羅する。テーマ的には、被虜人・漂流人・倭人・三浦恒居倭といった中世の日朝海域を移動する人々に焦点を当てる。

③ 荒木和憲2007，『中世対馬宗氏領国と朝鮮』山川出版社

第1部は、15世紀宗氏の政治的動向と朝鮮通交で、宗貞茂・宗貞盛の朝鮮通交と宗氏が朝鮮に派遣した特送船について検討する。第2部宗氏權力の形成・変容と朝鮮通交權では、15世紀から16世紀にかけての宗氏の朝鮮通交權と對馬の朝鮮貿易商人について検討する。研究史的には、長節子1987の研究を継承したもので、朝鮮史料だけでなく、對馬の中世史料を多用している点に特色がある。

④ 須田牧子2011，『中世日朝関係と大内氏』東京大学出版会

序章の後、大内氏の對朝關係の変遷、日朝國家間外交における大内氏の地位、大藏経輸入とその影響、大内氏の先祖觀の形成とその意義の各章からなる。東アジアとの外交・貿易に熱心であった大内氏の朝鮮通交に焦点を当てた研究書である。大内氏の朝鮮關係を時期區分した後、朝鮮使節の護送、國際港としての赤間關、大藏経輸入、大内氏の先祖觀といった、大内氏と朝鮮との多様な關係が検討される。大内氏と朝鮮との關係が集成されており、宗氏を中心に日朝關係を見る長氏・荒木氏の研究とは對照的なものとなっている。

3. 研究動向の特色

(1) 室町幕府の外交

14世紀の高麗使の來日以來、日本の外交權は朝廷から室町幕府に移行する。また、中世の日朝關係は、放射狀という表現がよくされるように、朝鮮王朝と日本各地の領主・商人たちが直接關係を持つところに大きな特色がある。兩國の關係を見た場合、國家對國家すなわち朝鮮國王對日本國王（室町將軍）の關係は、他の關係に優越すると朝鮮は位置づけていた。

室町幕府の朝鮮外交や國家レベルの兩國の關係については、伊川2000が日本に派遣された朝鮮使節を、橋本2005が來日した朝鮮國王使と室町幕府の關係を、關2015が朝鮮初期の日本への使節について檢討している。須田2007、同2011が、室町幕府外交と大内氏の關係を檢討する。

室町將軍が朝鮮に派遣した日本國王使に關しては、朝鮮史料が中心であるが、その實態の究明が待たれる。

(2) 地域的關係

朝鮮との關係が深い地域は、京都以西の西日本であるが、とくに三島と呼ばれた對馬・壹岐・松浦地方と博多が地域的交流の中心であった。對馬と朝鮮との關係については、先に示したように、多くの著書が刊行されているし、多くの論考が發表されている。今後は、朝鮮史料の讀み込みはもちろんであるが、對馬の史料の發掘と檢証、兩國史料の突き合わせが望まれる。

壹岐・松浦地方と朝鮮との關係では、松尾弘毅の一連の研究がある。博多と朝鮮との關係では、佐伯の一連の研究と關2002、橋本2005、同

2007などがある。赤間關と朝鮮の關係については、須田2007、同2011がある。山陰地域も朝鮮と關係が深いが、本多2013、關2016、井上2016などがある。

　朝鮮の三浦には、15世紀前半から1510年の三浦の亂まで、多くの倭人が居住した。三浦居住の恒居倭や都市としての三浦に關する研究も多い。關2006、孫2009、關2014や李泰勳氏の一連の研究がある。三浦の亂については、荒木2005、大矢野2015があり、蛇梁倭変については、佐伯2013がある。

　日朝關係に關わりが深い朝鮮の島嶼については、藤田2001、同2010がある。

(3) 偽使研究

　日本における中世日朝關係史の焦点の一つが偽使に關する研究である。偽使に關する研究史の整理と研究は、日韓歴史共同研究委員會編2005の論考が最もまとまっている。日本で偽使研究が活發化する大きな契機となったのは、宗氏がかつて所藏していた図書を始めとする印鑑類の發見であった[3]。これ以後、特に16世紀における宗氏の偽使創出について研究が進展した。長2007、荒木2013、松尾2014などである。

　また15世紀代の偽使についても研究が進展した。これは、応仁の亂前後の瑞祥祝賀使に關する長2002の研究が重要である。さらに王城大臣使を名乗る偽使に關しては、橋本2005、同2012があり、肥前地方の偽使については、松尾2006がある。16世紀の偽使創出の主体は、對馬宗氏であったことが通説となっているが、15世紀代の偽使については、宗氏・對馬勢力を主体とする長節子氏と博多商人を主体とする橋本

---

3) 田代和生・米谷均, 1995「宗家旧藏『図書』と木印」『朝鮮學報』156

雄氏の間で認識の差がある。

(4) 外交文書・経典・地図・儀礼

日朝間の外交文書については、中世後期から近世前期のものが日本
に殘っている。この文書そのものに關しては、伊藤2002、米谷2002、
田代2005がある。原本調査の貴重な成果である。日本でこうした外交
文書を作成したのは、禪僧であったことが指摘されている。日朝間の
外交で活躍した禪僧については、伊藤2002、同2009がある。

大藏経を始めとする高麗時代の経典は、日本で珍重され、將軍・大
名・領主・商人等によって朝鮮に求請された。中世に將來された経典
は、各地に伝來している。これに關しては、押川2009、同2013、須田
2013、瓜生2014、小松2014などがある。

『海東諸國紀』所收日本や琉球の地図は、博多商人道安が朝鮮にもた
らしたものが元になっている。こうした地図に關する研究も多い。ロ
ビンソン2003、同2004、村井2004、佐伯2006、黑田2008、同2009、福2009、
高橋2010などがある。沖縄所在の「琉球國図」の研究も重要である。

朝鮮王朝と倭人の儀礼については、國原美佐子氏の一連の研究がある。

(5) 国家と地域の関係

中世の對外關係において、國家と地域の相克について指摘したのは
村井章介氏である[4]。さらに線の關係より面の關係が重要であるとされ
る。こうした指摘に沿うように、國境をまたぐ地域やマージナル・マン
の研究も進んできた。村井2013はその代表的な成果であるし、先に紹
介した藤田明良氏の研究や橋本2008も同じ方向性を持つものである。

---

4) 村井章介, 1988『アジアのなかの日本史』校倉書房

マージナル・マンを体現する向化倭人・受職倭人については、松尾2003、同2007がある。

　こうした研究と同時に、日本と朝鮮の關係を朝鮮側から見る木村拓氏の研究も、中世日朝關係史研究にとって重要ある。

　　おわりに

　以上、2000年以降の日本における中世日朝關係史研究の動向について述べてきた。殘された課題について、簡單に述べて、本稿を締めくくりたい。

　焦点の偽使研究については、まださらなる檢討が必要である。とくに15世紀の偽使の創出については、様々な勢力が關わっている可能性があり、日本史料の發掘と朝鮮史料との突き合わせが望まれる。

　前回の研究史整理の時にも感じたが、外交關係は研究が飛躍的に進んだが、制度史的研究と貿易史研究が停滞している。制度と實態は車の兩輪の關係である。また、貿易史研究の停滞は長く續いている。史料的な限界もあるが、それを克服する方法を檢討すべきである。その際、考古學的研究は見逃せない。日本における貿易陶磁研究の進展は、中世考古學の進展と相まって、目を見張るばかりである。その中心は、出土量が多い中國陶磁の研究であるが、高麗・朝鮮の出土陶磁器研究も大きな進展を見せている。こうしたモノそのものの研究の成果を、貿易史研究に取り入れることを模索する時期に來ている。

中世日朝關係史研究文獻目錄 　－2000年以降－

荒木和憲, 2002「對馬島主宗貞茂の政治的動向と朝鮮外交」『日本歷史』653

荒木和憲, 2003「中世後期における對馬宗氏の特送船」『九州史學』135

荒木和憲, 2004「對馬島主宗貞盛の政治的動向と朝鮮通交」『朝鮮學報』189

荒木和憲, 2005「一五世紀對馬宗氏の權力形成と朝鮮通交權」『年報中世史研究』30

荒木和憲, 2005「一六世紀前半對馬の政変と三浦の亂」『東アジアと日本』2

荒木和憲, 2005「中世對馬の朝鮮貿易と領國経濟」『九州大學韓國研究センター年報』5

荒木和憲, 2007『中世對馬宗氏領國と朝鮮』山川出版社

荒木和憲, 2010「中世對馬宗氏領國の海域交流保護政策」『アジア遊學』132

荒木和憲, 2010「一六世紀日朝交流史研究の學說史的檢討」『日韓歷史共同研究報告書（第2期）第2分科會』

荒木和憲, 2013「對馬宗氏の日朝外交戰術」『地球的世界の成立』

荒木和憲, 2013「中世日朝通交貿易の基本構造をめぐって」『朝鮮史研究會論文集』51

荒木和憲, 2014「中世對馬における朝鮮綿布の流通と利用」『中世の對馬』

荒木和憲, 2017『對馬宗氏の中世史』吉川弘文館

荒野泰典・石井正敏・村井章介編, 2010『日本の對外關係4　倭寇と「日本國王」』吉川弘文館

荒野泰典・石井正敏・村井章介編, 2013『日本の對外關係5　地球的世界の成立』吉川弘文館

伊川健二, 2000「諸國王使をめぐる通交制限」『遙かなる中世』18

伊川健二, 2000「中世後期における外國使節と遣外國使節」『日本歷史』626

伊川健二, 2007『大航海時代の東アジア』吉川弘文館

市村高男, 2010「中世の航路と港湾」『倭寇と「日本國王」』

伊藤亞希子, 2016「室町幕府と宗氏」『お茶の水史學』59

伊藤幸司, 2002『中世日本の外交と禪宗』吉川弘文館

伊藤幸司, 2002「現存史料からみた日朝外交文書・書契」『九州史學』132

伊藤幸司, 2002「中世後期における對馬宗氏の外交僧」『年報朝鮮學』8

伊藤幸司, 2005「日朝關係における僞使の時代」『日韓歷史共同研究報告書

（第1期）第2分科會』
伊藤幸司，2009「僞大內殿考」『日本歷史』731
伊藤幸司，2009「応永の外寇をめぐる怪異現象」『日朝交流と相克の歴史』
伊藤幸司，2009「外交と禪僧」『中國－文化と社會』24
井上厚史，2016「李藝と石見のつながり」『北東アジア研究』27
瓜生翠，2014「對馬宗氏による朝鮮からの経典請來」『中世の對馬』
大矢野範義，2015「一六世紀前半對馬宗氏の權力抗爭からみる三浦の亂」
　　『學習院大學人文科學論集』24
長節子，2002『中世國境海域の倭と朝鮮』吉川弘文館
長節子，2002「朝鮮前期朝日關係の虛像と實像」『年報朝鮮學』8
長節子，2006「壬申約條後の釜山再開港時期について」『九州産業大學國際
　　文化學部紀要』34
長節子，2007「壬申・丁未約條接待停止深處倭に關する一考察」『年報朝鮮
　　學』10
押川信久，2009「一五世紀朝鮮の日本通交における大藏経の回賜とその意
　　味」『日朝交流と相克の歴史』
押川信久，2013「十六世紀の日朝通交における大藏経請求交渉の推移」『福
　　岡大學人文論叢』45－3
北島万次・孫承喆・橋本雄・村井章介編，2009『日朝交流と相克の歴史』校倉
　　書房
木村拓，2004「一五世紀朝鮮王朝の對日外交における図書使用の意味」『朝
　　鮮學報』191
木村拓，2011「朝鮮王朝世宗による事大・交隣兩立の企図」『朝鮮學報』221
木村拓，2012「朝鮮王朝世宗代における女眞人・倭人への授職の對外政策化」
　　『韓國朝鮮文化研究』11
木村拓，2015「朝鮮前期における對日外交秩序」『朝鮮後期の社會と思想』
　　勉誠出版
木村拓，2015「朝鮮王朝の對馬認識の体系的考察」『新しい歴史學のために』
　　286
楠瀬慶太，2009「虎皮考」『比較社會文化研究』25
國原美佐子，2001「十五世紀の日朝間で授受した禽獣」『史論』54
國原美佐子，2005「前近代日朝間交流における礼曹の登場」『東京女子大學
　　比較文化研究所紀要』

國原美佐子, 2009「日本通交者に對する朝鮮王朝主宰の儀式と樂」『日朝交流と相克の歷史』

國原美佐子, 2010「十五世紀の朝鮮の外交と礼樂」『東京女子大學紀要論集』61-1

國原美佐子, 2011「三浦の亂前後の「女樂」」『史論』64

ケネス·ロビンソン, 2002「『海東諸國紀』寫本の一考察」『九州史學』132

ケネス·ロビンソン, 2003「『海東諸國紀』の地図の一考察」『前近代日本の史料遺產プロジェクト研究集會2001-2002』東京大學史料編纂所

ケネス·ロビンソン, 2004「朝鮮前期に作製された日本図について」『繪図·地図からみた世界像』京都大學21世紀COEプログラム

黒田智, 2008「「對馬」のかたち」『日本思想文化研究』1-1

黒田智, 2009『なぜ對馬は円く描かれたのか』朝日新聞出版

小松勝助, 2014「對馬に伝來した朝鮮半島系の経典」『中世の對馬』

佐伯弘次, 2003「室町後期の博多商人道安と東アジア」『史淵』140

佐伯弘次, 2004「國內外流通の據点としての對馬」『港湾都市と對外貿易』

佐伯弘次, 2005「十五世紀後半以降の博多貿易商人の動向」『東アジアと日本』2

佐伯弘次, 2006「『海東諸國紀』の日本·琉球図と『琉球國図』」『九州史學』144

佐伯弘次他, 2006「『海東諸國紀』日本人通交者の個別的檢討」『東アジアと日本』3

佐伯弘次, 2008『對馬と海峽の中世史』山川出版社

佐伯弘次, 2010「応永の外寇と東アジア」『史淵』147

佐伯弘次, 2010「一四-一五世紀東アジアの海域世界と日韓關係」『日韓歷史共同研究報告書（第2期）第2分科會』

佐伯弘次, 2013「蛇梁倭変と對馬」『東方學論集』汲古書院

佐伯弘次編, 2014『中世の對馬』勉誠出版

佐藤信·藤田覺編, 2007『前近代の日本列島と朝鮮半島』山川出版社

關周一, 2002『中世日朝海域史の研究』吉川弘文館

關周一, 2004「中世對馬の物流」『史境』49

關周一, 2004「中世對馬の課役と所領」『東アジアにおける水田形成および水稲文化の研究』科研費報告書

關周一, 2006「朝鮮三浦と對馬の倭人」『中世の對外交流』

關周一, 2008「中世の日朝交流と境界意識」『交通史研究』67

關周一, 2009「『朝鮮王朝實錄』の日本關係史料」『日朝交流と相克の歴史』

關周一, 2012「朝鮮に漂流·漂着した倭人」『三田中世史研究』19

關周一, 2012『對馬と倭寇』高志書院

關周一, 2013「中世「東アジア史」研究の動向」『歴史學研究』906

關周一, 2013『朝鮮人のみた中世日本』吉川弘文館

關周一, 2014「中世の對馬と朝鮮の港町·三浦」『中世の對馬』

關周一, 2015「高麗王朝末期·朝鮮王朝初期の對日使節」『年報朝鮮學』18

關周一, 2016「東アジア海域交流のなかの中世山陰」『貿易陶磁研究』36

關周一編, 2017『日朝關係史』吉川弘文館

須田牧子, 2002「室町期における大内氏の對朝關係と先祖觀」『歴史學研究』
　　　761

須田牧子, 2004「中世後期における赤間關の機能と大内氏」『ヒストリア』
　　　189

須田牧子, 2006「大内氏の對朝關係の展開と琳聖太子伝説」『中世の對外交
　　　流』

須田牧子, 2007「朝鮮王朝－室町政權間外交の成立と大内氏」『前近代の日
　　　本列島と朝鮮半島』

須田牧子, 2009「『韓國文集叢刊』に見る日本關係記事」『日朝交流と相克の
　　　歴史』

須田牧子, 2010「朝鮮使節·漂流民の日本·琉球觀察」『倭寇と「日本國王」』

須田牧子, 2011『中世日朝關係と大内氏』東京大學出版會

須田牧子, 2011「大内氏の外交と室町政權」『日本中世の西國社會3西國の
　　　文化と外交』清文堂

須田牧子, 2013「對馬宗氏の大藏経輸入」『日本歴史』784

孫承喆, 2005「中·近世の韓日關係史に關する認識と共通点と差異点」『日
　　　韓歴史共同研究報告書（第1期）第2分科會』

孫承喆, 2009「薺浦倭館の過去と現在」『日朝交流と相克の歴史』

孫承喆, 2010「一四－一五世紀東アジア海域世界の韓日關係」『日韓歴史共
　　　同研究報告書（第2期）第2分科會』

高橋公明, 2010「「混一疆理歴代國都之図」と「海東諸國總図」」『倭寇と「日
　　　本國王」』

田代和生, 2005「朝鮮國書·書契の原本データ」『日韓歴史共同研究報告書

（第1期）第2分科會』

田代和生他，2005「僞使」『日韓歷史共同硏究報告書（第1期）第2分科會』

田中健夫，2012『增補倭寇と勘合貿易』筑摩書房

堤克彥，2011「『朝鮮王朝實錄』の中の菊池氏」『熊本史學』93・94

仲尾宏，2011『朝鮮通信使の足跡』明石書店

日韓歷史共同硏究委員會編，2005『日韓歷史共同硏究報告書（第1期）第2文科會』日韓歷史共同硏究委員會

日韓歷史共同硏究委員會編，2010『日韓歷史共同硏究報告書（第2期）第2分科會』日韓歷史共同硏究委員會

河宇鳳，2005「一五・一六世紀の琉球と朝鮮の交流」『東アジアと日本』2

河宇鳳・孫承喆・李薰・閔德基・鄭成一，2011『朝鮮と琉球』榕樹書林

橋本雄，2003「中世日本對外關係史の論点」『歷史評論』642

橋本雄，2005『中世日本の國際關係』吉川弘文館

橋本雄，2005「朝鮮國王使と室町幕府」『日韓歷史共同硏究報告書（第1期）第2分科會』

橋本雄，2006「畵僧靈彩の朝鮮行」『禪文化硏究所紀要』28

橋本雄，2007「室町政權と東アジア」『日本史硏究』536

橋本雄，2007「中世の國際交易と博多」『前近代の日本列島と朝鮮半島』

橋本雄，2008「僞使問題から海域史へ」『東アジア海域史硏究における史料の發掘と再解釋』科硏費報告書

橋本雄，2009「アジアのなかの中世日朝關係史硏究のために」『日朝交流と相克の歷史』

橋本雄，2010「對明・對朝鮮貿易と室町幕府－守護体制」『倭寇と「日本國王」』

橋本雄，2010「大藏経の値段」『北大史學』50

橋本雄，2012『僞りの外交使節』吉川弘文館

橋本雄，2014「中世日本と東アジアの金銀銅」『金屬の中世』

韓文鍾，2005「僞使硏究の現況と課題」『日韓歷史共同硏究報告書（第1期）第2分科會』

韓文鍾，2005「朝鮮前期における倭人統制策と通交違反者の處理」『日韓歷史共同硏究（第1期）第2分科會』

韓文鍾，2010「朝鮮前期韓日關係史硏究の現況と課題」『日韓歷史共同硏究報告書（第2期）第2分科會』

福寬美，2009「『海東諸國紀』の「琉球國之図」の地名と『おもろさうし』」『國

際日本學』6

藤田明良, 2001「高麗・朝鮮前期の海域交流と濟州島」『青丘學術論集』19

藤田明良, 2010「東アジアにおける島嶼と國家」『倭寇と「日本國王」』

本多博之, 2013「十五・十六世紀山陰地域における流通経濟と貿易」『島根縣古代文化センター研究論集』11

前田有也, 2009「大內義弘と朝鮮」『皇學館史學』24

松尾弘毅, 2002「中世後期における壹岐松浦党の朝鮮通交」『九州史學』134

松尾弘毅, 2003「中世日朝關係における後期受職人の性格」『日本歴史』663

松尾弘毅, 2004「中世日朝關係における五島諸氏と通交体制」『東アジアと日本：交流と変容』1九州大學21世紀COEプログラム

松尾弘毅, 2006「中世後期における肥前地方の朝鮮通交者と僞使問題」『東アジアと日本』3

松尾弘毅, 2006「中世後期における田平・平戸松浦氏の朝鮮通交と僞使問題」『古文書研究』61

松尾弘毅, 2007「朝鮮前期における向化倭人」『史淵』144

松尾弘毅, 2014「十六世紀における受職人名義の朝鮮通交」『中世の對馬』

閔德基, 2009「韓國における韓日關係史研究の回顧と展望」『日朝交流と相克の歴史』

村井章介, 2003「東アジア諸國と日本の相互認識」小島孝之他編『異文化理解の視座』東京大學出版會

村井章介, 2004「韓中の繪地図に描かれた日本列島周辺」『日韓中の交流』山川出版社

村井章介, 2007「十五世紀日朝間の境界人たち」『前近代の日本列島と朝鮮半島』

村井章介編, 2004『八－一七世紀の東アジア地域における人・物・情報の交流』科研費報告書

村井章介編, 2008『中世港湾都市遺跡の立地・環境に關する日韓比較研究』科研費報告書

村井章介, 2013『日本中世境界史論』岩波書店

村井章介, 2013『日本中世の異文化接触』東京大學出版會

村井章介, 2014『境界史の構想』敬文舍

村井章介, 2014『中世史料との對話』吉川弘文館

村井章介, 2014「一五世紀日朝外交秘話」『立正史學』115

桃木至朗編, 2008『海域アジア史研究入門』岩波書店

吉田光男他, 2005「朝鮮通信使（中世篇）」『日韓歴史共同研究報告書（第 1期）第 2分科會』

米谷均, 2002「文書様式から見た一六世紀の日朝往復書契」『九州史學』132

米谷均, 2004「一四七九年に來日した朝鮮通信使による對馬紀行詩文集」『東 アジアにおける水田形成および水稲文化の研究』科研費報告書

李鍾默, 2002「朝鮮前期韓日文士文學交流の様相について」『朝鮮學報』182

李泰勳, 2005「朝鮮三浦恒居倭の刷還に關する考察」『朝鮮學報』195

李泰勳, 2006「朝鮮三浦恒居倭の法的位置」『朝鮮學報』201

李泰勳, 2006「對馬島主宗氏の三浦恒居倭支配体制の変遷」『九州産業大學 國際文化學部紀要』34

李泰勳, 2007「三浦恒居倭に對する朝鮮の對応」『年報朝鮮學』10

李泰勳, 2014「朝鮮前期〈薺浦〉からみた日朝交流」『九州産業大學國際文 化學部紀要』57

〈번역문〉
日本에서의 中世日朝関係史研究(朝鮮前期)

佐伯弘次 ㅣ 九州大學

머리말

日本史에서 「中世」는 11世紀의 院政 時代부터 16世紀의 戰國時代까지
를 가리킨다. 즉 中世日朝關係란 1392年의 朝鮮 건국에서 1592年 '文祿の
役' (壬辰倭亂) 직전까지에 해당하며, 日本과 朝鮮王朝와의 關係史를 意
味한다. 따라서 時代的으로는 朝鮮前期와 일치한다.

『史學雜誌』 5月號는 해마다 前年의 「回顧와 展望」이 게재한다. 前年度
의 硏究 紹介와 評價를 하는 것이다. 필자에 따라 차이는 있지만 그 내용
에 一喜一憂하는 것도 적지 않다.

日本中世에 관한 항목에서는 당연한 말이지만 中世의 對外關係史研究
도 다루어진다. 최근에는 日本中世 가운데 「對外關係」가, 政治나 社會経
濟·文化 등과 더불어 독립된 항목으로 구축되는 것이 일반적이다. 「回顧와
展望」 日本中世를 조망하자면, 2004年에 「外交」가 독립된 주제로 다루어
졌다. 2005年에 「對外關係」, 2006年 「對外關係」, 2009年 「對外關係」,
2010年 「中世의 對外關係」, 2012年 「對外關係史」, 2013年 「對外關係史」,
2014年 「對外關係」, 2015年 「對外關係史」, 2016年 「對外關係」로 항목이
정해졌다. 2012年 이후부터는 관련 항목이 계속 다루어지고 있다. 명칭은

조금씩 다르지만 2004年 무렵부터 對外關係史가 독립되어 2009年 쯤에는 인지되었다고도 할 수 있다. 그전까지는 특수한 분야로 간주되어 연구자도 거의 없었던 對外關係史가 독립된 장르로써 자리매김한 것이다. 이것은 日本史를 世界的인 視野에서 살펴보아야 한다는 日本史學會의 동향과도 관계가 깊다고 생각한다.

나는 예전에 韓日關係史學會 심포지움에서 1980年代 이후의 中世日朝關係史 動向을 발표한 적이 있다.[1] 이 때는 2000年 무렵까지의 硏究를 整理한 것이었기에, 본고는 2000年 이후에 日本에서 발표된 硏究에 대해서 서술하도록 하겠다.

1. 硏究史의 整理

中世對外關係史 전체의 硏究 動向을 살펴본 것은 많지만, 日朝關係史에 한정해 서술한 것은 많지 않다. 2000年 이전에도 中世對外關係史의 硏究史를 서술한 것은 많다.[2] 최근 日本에서는 究入門書 刊行이 활발하다. 그 가운데 하나인 桃木 編(2008) 『海域アジア史研究入門』는 여러 분야의 海域 아시아의 交流史에 관한 硏究史가 整理되어있어 유용하다. 中世의 日朝關係史에 대해서는 關周一씨가 「日朝多元關係の展開」를 집필했다. 이러한 책이 간행된 배경에는 앞서 서술한 日本에서의 對外關係史硏究의 自立·認知가 이루어졌기 때문이라고 생각한다.

日明關係에 대해서는 村井章介 編 『日明關係史研究入門』 (勉誠出

---

1) 佐伯弘次2002, 「日本における中世日朝關係史研究の動向-1980年代以降を中心に-」, 韓日關係史學會編 『韓日關係史研究の回顧と展望』, 景仁文化社.

2) 田中健夫1959, 「中世海賊史研究の動向」田中『中世海外交渉史の研究』, 東京大學出版會, 同1963, 『史學雜誌』72-3, 中村榮孝1960, 『具體例による歷史研究法』, 吉川弘文館, 川添昭二1986, 「中世の對外關係」, 『日本史研究の新視點』, 吉川弘文館, 關周一1994, 「中世「對外關係史」研究の動向と課題」, 『史境』28 등.

版) 가 간행되었는데 硏究史도 잘 정리되어 있고, 日本에서의 日明關係史 硏究에 관한 到達點을 제시하고 있다. 『日朝關係史硏究入門』刊行이 기 대되는 바이다.

2. 刊行된 著書

荒野泰典·石井正敏·村井章介 編『日本の對外關係』全6卷 (吉川弘文 館) 은 同 編『アジアのなかの日本史』全6卷 (東京大學出版會) 에 이 은 講座로, 그 이후의 硏究成果가 잘 정리되어 있다. 또 日朝關係史의 通 史로서 關 編2017『日朝關係史』가 刊行되었다.

21世紀에 들어서 中世의 對外關係史나 日朝關係史에 관한 著書가 다수 刊行되었다. 伊藤2002, 長2002, 關2002, 橋本2005, 伊川2007, 荒木2007, 須 田2011, 仲尾2011, 村井2013, 村井2014, 荒木2017 등의 著書가 있다. 신진 연구자의 著書가 많은 점이 큰 특징이다.

論文集으로서는 村井 編2004, 日韓歷史共同硏究委員會 編2005, 佐藤他 編2007, 村井 編2008, 北島他 編2009, 日韓歷史共同硏究委員會 編2010, 佐伯 編2014 등이 있다. 특히 佐藤他 編2007『前近代の日本列島と朝鮮半 島』는 史學會 심포지움 기록으로, 村井章介·橋本雄·須田牧子의 中世日朝 關係의 論考를 담았다. 北島他 編2009『日朝交流と相克の歷史』는 日本과 韓國의 學會·硏究會가 공동 개최한 硏究 集會의 기록이기도 한데, 한일 양국의 學術交流 측면에서도 주목된다. 関德基·橋本雄·關周一·須田牧子· 孫承喆·大西信行·伊藤幸司·國原美佐子·米穀均·荒木和憲·押川信久의 中世日朝關係의 論考를 수록한 것이다. 2권의 日韓歷史共同硏究委員會 編은 日韓歷史共同硏究의 成果 報告書인데, 硏究史 整理가 잘 되어 있는 것이 특징이다.

또 일반 독자를 대상으로 한 著書도 刊行되었다. 佐伯2008, 黑田2009,

橋本2012, 關2012, 關2013 등이 그러하다. 특히 佐伯・黑田・關2012의 著書
는 日朝關係의 중요한 對馬에 관한 著書이다.

이상의 저서 가운데 中世의 日朝關係史에 관련된 것을 특별히 소개하겠다.

① 長節子2002, 『中世國境海域の倭と朝鮮』, 吉川弘文館.

中世의 對馬 宗氏와 朝鮮과의 關係를 면밀히 고찰한 長節子씨의 著書
이며, 저자의 1987, 『中世日朝關係と對馬』, 吉川弘文館에 이은 論文集이
다. 내용은 第1 朝鮮 領海에 있어서의 倭人의 漁業活動 (孤草島釣魚) ,
第2 僞使의 朝鮮 通交 (夷千島王・深處倭通交權의 入手・「彈正少弼源弘」
木印) , 第3 倭寇와 朝鮮의 役 (興利倭船・明福建軍門의 島津氏工作・朝
鮮人捕虜의 日記) 라고 하는 3部 構成으로 되어있다. 前著는 對馬 宗氏의
朝鮮 通交에 초점을 맞춘 것인데, 第2部가 이것의 후속인 것이다. 第1部는
對馬의 漁民의 朝鮮 海域으로의 出漁를 朝鮮 측 史料와 對馬 측 史料 양
쪽에 의거하여 고찰한 것으로, 독보적이라 생각한다.

② 関周一2002, 『中世日朝海域史の研究』, 吉川弘文館.

서론을 시작으로 각 장의 구성은 被虜人의 境遇와 送還, 朝鮮人 漂流人
送還體制의 形成과 変質, 移動하는 倭人과 宗氏・朝鮮王朝, 山陰 地域과
朝鮮의 交流, 壹岐・五島와 朝鮮의 交流, 동아시아 海域의 交流와 對馬・博
多 이다. 동아시아 海域・日朝海域史라고 하는 대략적인 구분으로 논고를
설정한 것이 특징이다. 고찰의 대상이 된 지역은 三浦・山陰・壹岐・五島・對
馬・博多이며, 朝鮮과 관계가 깊은 지역을 거의 망라하고 있다. 주제로는
被虜人・漂流人・倭人・三浦恒居倭라는 中世의 日朝海域를 移動하는 사람
들에 초점을 맞추었다.

③ 荒木和憲2007, 『中世対馬宗氏領國と朝鮮』, 山川出版社

第1部는 15世紀 宗氏의 政治的 動向과 朝鮮 通交로, 宗貞茂·宗貞盛의 朝鮮 通交와 宗氏가 朝鮮에 派遣한 特送船에 대해서 검토한다. 第2部 宗氏權力의 形成·変容과 朝鮮 通交權에서는 15世紀부터 16世紀에 걸친 宗氏의 朝鮮 通交權과 對馬의 朝鮮 貿易商人에 대해서 검토한다. 硏究史的으로는 長節子(1987)의 연구를 계승한 것으로 朝鮮 史料뿐만 아니라 對馬의 中世 史料를 많이 사용한 점이 특징이다.

④ 須田牧子2011, 『中世日朝関係と大内氏』東京大學出版會

서론을 시작으로 大內氏의 對朝關係의 変遷, 日朝國家間 外交에 있어서의 大內氏의 地位, 大藏経 輸入과 그 影響, 大內氏의 先祖觀의 形成과 그 意義로 각 장은 구성된다. 동아시아와의 外交·貿易에 적극적이었던 大內氏의 朝鮮 通交에 초점을 맞춘 硏究書이다. 大內氏의 朝鮮關係를 時期區分한 후, 朝鮮使節의 護送, 國際港으로서의 赤間關, 大藏経 輸入, 大內氏의 先祖觀이라고 하는, 大內氏와 朝鮮과의 다양한 關係가 檢討되었다. 大內氏와 朝鮮과의 關係가 集成되어있고, 宗氏를 中心으로 日朝關係를 보는 長氏·荒木氏의 연구와는 대조적이다.

3. 硏究動向의 特色

(1) 室町幕府의 外交

14世紀의 高麗使 來日 이후, 日本의 外交權은 朝廷으로부터 室町幕府에 移行한다. 또 中世의 日朝關係는 放射狀이라고 하는 표현으로 빈번히 나타나듯이, 朝鮮王朝와 日本 各地의 領主·商人들이 직접 관계를 가진 것이 큰 특징이다. 양국의 關係를 봤을 때, 國家 對 國家, 즉 朝鮮國王 對

日本國王 (室町將軍) 의 關係는 다른 關係에 優越하는 것으로 朝鮮은 위치 지워져 왔다.

室町幕府의 朝鮮 外交나 國家 차원의 양국 關係에 대해서는, 伊川2000가 日本에 派遣된 朝鮮使節을, 橋本2005이 來日한 朝鮮國王使와 室町幕府의 關係를, 關2015이 朝鮮 初期의 日本으로의 使節에 대해서 검토하고 있다. 須田2007, 同2011가, 室町幕府 外交와 大內氏의 關係를 檢討했다.

幕府의 將軍이 朝鮮에 派遣한 日本國王使에 관해서는 朝鮮 史料가 중심으로 이용되고 있는데 그 실태의 究明이 기대된다.

(2) 地域的 関係

朝鮮과의 關係가 깊은 地域은 京都 以西의 西日本인데, 특히 三島로 불린 對馬·壹岐·松浦 地方과 博多가 地域的 交流의 중심이었다. 對馬와 朝鮮과의 關係에 대해서는 앞서 언급했듯이 많은 著書가 刊行되었고 다수의 論考가 發表된 상태다. 이후는 朝鮮 史料의 충분한 분석은 물론, 對馬의 史料의 發掘과 檢証, 양국 史料의 비교분석이 요구된다.

壹岐·松浦 地方과 朝鮮과의 關係에서는 松尾弘毅의 일련의 研究가 있다. 博多와 朝鮮과의 關係에서는 佐伯의 일련의 研究와 關2002, 橋本2005, 同2007 등이 있다. 赤間關과 朝鮮의 關係에 대해서는 須田2007, 同2011가 있다. 山陰 地域도 朝鮮과 關係가 깊은데 本多2013, 關2016, 井上2016 등이 있다.

朝鮮의 三浦에는 15世紀 前半부터 1510年 三浦의 亂까지, 많은 倭人이 居住했다. 三浦 居住의 恒居倭나 都市로서의 三浦에 관한 研究도 많다. 關2006, 孫2009, 關2014 나 李泰勳씨의 일련의 研究가 있다. 三浦의 亂에 대해서는 荒木2005, 大矢野2015가 있으며 蛇梁倭変에 대해서는 佐伯2013이 있다.

日朝關係에 관계가 깊은 朝鮮의 島嶼에 대해서는 藤田2001, 同2010

이 있다.

(3) 偽使 研究

日本에서의 中世日朝關係史 연구에 초점 중 하나가 偽使에 관한 것이다. 偽使에 관한 研究史의 整理와 研究는 日韓歷史共同研究委員會 編 2005의 論考가 가장 잘 정리되어 있다. 日本에서 偽使 研究의 활성화에 큰 계기가 되었던 것은 宗氏가 이미 소장하고 있던 図書를 비롯한 印鑑 類의 발견이었다.[3] 이 후 특히 16世紀에서의 宗氏의 偽使 創出에 대한 연구가 전개되었다. 長2007, 荒木2013, 松尾2014 등이다.

또한 15世紀 偽使에 관한 研究도 이루어졌다. 이와 관련해서는 応仁의 亂 전후의 瑞祥祝賀使에 관한 長2002의 연구를 꼽을 수 있다. 더욱이 王城大臣使를 자칭한 偽使에 관해서는 橋本2005, 同2012가 있으며 肥前 地方의 偽使에 대해서는 松尾2006가 있다. 16世紀 偽使 創出의 主體는 對馬宗氏였던 사실은 통설로 되어있는데 15世紀 偽使에 대해서는 宗氏·對馬 勢力으 主體로 한 長節子씨와 博多商人을 主體로 한 橋本雄씨의 사이에는 인식차가 있다.

(4) 外交文書·経典·地図·儀禮

日朝 간의 外交文書에 관해서는 中世 後期에서 近世 前期의 것이 日本에 남아있다. 이 에 대해서는 伊藤2002, 米穀2002, 田代2005가 있다. 原本 調査의 귀중한 成果이다. 日本에서 이러한 外交文書를 作成했던 것은 禪僧이라고 지적되고 있다. 日朝 간의 外交에서 활약한 禪僧에 대해서는 伊藤2002, 同2009가 있다.

대장경을 비롯한 高麗時代의 経典은 日本에서 귀중한 보물로 여겨져 將

---

3) 田代和生·米穀均1995,「宗家舊藏『図書』と木印」,『朝鮮學報』 156.

軍·大名·領主·商人 등이 朝鮮에 求請하였다. 中世에 가져온 經典은 各地
에 伝來했다. 이에 관해서는 押川2009, 同2013, 須田2013, 瓜生2014, 小松
2014 등이 있다.

『海東諸國紀』에 수록된 日本이나 琉球의 地図는 博多 商人 道安이 朝
鮮에 가져간 것이 기초로 되어있다. 이러한 地図에 관한 研究도 많다. 로빈
슨(ロビンソン)2003, 同2004, 村井2004, 佐伯2006, 黑田2008, 同2009, 福
2009, 高橋2010 등이 있다. 沖縄 所在의「琉球國図」研究도 중요하다.

朝鮮王朝와 倭人의 儀禮에 대해서는 國原美佐子씨의 일련의 研究가 있다.

(5) 國家와 地域의 關係

中世의 對外關係에 있어서 國家와 地域의 相克에 대해 지적한 것은 村
井章介씨이다.[4] 나아가 線의 關係보다 面의 關係가 중요하다고 한다. 이러
한 지적에 따르듯이, 國境을 걸친 地域이나 경계인(marginal man)에 관한
研究도 진행되어 왔다. 村井2013는 그를 대표하는 성과이며, 앞서 소개한
藤田明良씨의 研究나 橋本2008도 동일한 방향성을 갖고 있다. 경계인
(marginal man)을 경험하는 向化倭人·受職倭人에 대해서는 松尾2003, 同
2007이 있다.

이러한 研究와 동시에 日本과 朝鮮의 關係를 朝鮮 측에서 보는 木村拓
씨의 研究도 中世日朝關係史研究에 있어 중요하다.

맺음말

이상 2000年 이후의 日本에서의 中世日朝關係史研究 動向에 대해서 서
술해왔다. 남은 과제에 대해 간략히 서술하는 것으로 본고의 맺음말을 대신

---

4) 村井章介1988, 『アジアのなかの日本史』, 校倉書房.

하고자 한다.

　중요한 僞使 硏究에 대해서는 아직 더욱 검토가 필요하다. 특히 15世紀 僞使의 創出에 대해서는 다양한 세력이 관계되었을 가능성이 있고, 日本 史料의 發掘과 朝鮮 史料와의 비교대조가 요구된다.

　앞서 硏究史를 整理할 때도 생각했지만, 外交關係는 硏究가 비약적으로 진전했으나 制度史的 硏究와 貿易史 硏究는 정체되어 있다. 制度와 實態는 자동차 양 바퀴와도 같은 관계에 있다. 게다가 貿易史 硏究의 정체는 너무 오래 지속되고 있다. 史料的인 限界도 있지만 그것을 극복할 방법을 검토해야 한다. 이 때 考古學的 硏究를 간과해선 안 된다. 日本에서의 貿易陶磁 硏究의 진전은 中世 考古學의 진전과 더불어 매우 놀랄 뿐이다. 그 중심은 出土量이 많은 中國 陶磁 硏究지만 高麗·朝鮮의 出土 陶磁器 硏究도 크게 진전을 보이고 있다. 이러한 물건, 그 자체의 硏究 成果를 貿易史 硏究에서 받아들일 것을 모색할 시기가 왔다.

中世日朝關係史硏究 文獻目錄　－2000年 以降－

荒木和憲, 2002「對馬島主宗貞茂の政治的動向と朝鮮外交」『日本歷史』653
荒木和憲, 2003「中世後期における對馬宗氏の特送船」『九州史學』135
荒木和憲, 2004「對馬島主宗貞盛の政治的動向と朝鮮通交」『朝鮮學報』189
荒木和憲, 2005「一五世紀對馬宗氏の權力形成と朝鮮通交權」『年報中世史研究』30
荒木和憲, 2005「一六世紀前半對馬の政変と三浦の亂」『東アジアと日本』2
荒木和憲, 2005「中世對馬の朝鮮貿易と領國経濟」『九州大學韓國研究センター年報』5
荒木和憲, 2007『中世對馬宗氏領國と朝鮮』山川出版社
荒木和憲, 2010「中世對馬宗氏領國の海域交流保護政策」『アジア遊學』132
荒木和憲, 2010「一六世紀日朝交流史研究の學說史的檢討」『日韓歷史共同

研究報告書（第2期）第2分科會』

荒木和憲, 2013「對馬宗氏の日朝外交戰術」『地球的世界の成立』

荒木和憲, 2013「中世日朝通交貿易の基本構造をめぐって」『朝鮮史硏究會論文集』51

荒木和憲, 2014「中世對馬における朝鮮綿布の流通と利用」『中世の對馬』

荒木和憲, 2017『對馬宗氏の中世史』吉川弘文館

荒野泰典・石井正敏・村井章介編, 2010『日本の對外關係4　倭寇と「日本國王」』吉川弘文館

荒野泰典・石井正敏・村井章介編, 2013『日本の對外關係5　地球的世界の成立』吉川弘文館

伊川健二, 2000「諸國王使をめぐる通交制限」『遙かなる中世』18

伊川健二, 2000「中世後期における外國使節と遣外國使節」『日本歷史』626

伊川健二, 2007『大航海時代の東アジア』吉川弘文館

市村高男, 2010「中世の航路と港灣」『倭寇と「日本國王」』

伊藤亞希子, 2016「室町幕府と宗氏」『お茶の水史學』59

伊藤幸司, 2002『中世日本の外交と禪宗』吉川弘文館

伊藤幸司, 2002「現存史料からみた日朝外交文書・書契」『九州史學』132

伊藤幸司, 2002「中世後期における對馬宗氏の外交僧」『年報朝鮮學』8

伊藤幸司, 2005「日朝關係における僞使の時代」『日韓歷史共同研究報告書（第1期）第2分科會』

伊藤幸司, 2009「僞大內殿考」『日本歷史』731

伊藤幸司, 2009「応永の外寇をめぐる怪異現象」『日朝交流と相克の歷史』

伊藤幸司, 2009「外交と禪僧」『中國－文化と社會』24

井上厚史, 2016「李藝と石見のつながり」『北東アジア研究』27

瓜生翠, 2014「對馬宗氏による朝鮮からの経典請來」『中世の對馬』

大矢野範義, 2015「一六世紀前半對馬宗氏の權力抗爭からみる三浦の亂」『學習院大學人文科學論集』24

長節子, 2002『中世國境海域の倭と朝鮮』吉川弘文館

長節子, 2002「朝鮮前期朝日關係の虛像と實像」『年報朝鮮學』8

長節子, 2006「壬申約條後の釜山再開港時期について」『九州産業大學國際文化學部紀要』34

長節子, 2007「壬申・丁未約條接待停止深處倭に關する一考察」『年報朝鮮學』10

押川信久, 2009 「一五世紀朝鮮の日本通交における大藏経の回賜とその意味」『日朝交流と相克の歴史』

押川信久, 2013「十六世紀の日朝通交における大藏経請求交渉の推移」『福岡大學人文論叢』45－3

北島萬次·孫承喆·橋本雄·村井章介編, 2009 『日朝交流と相克の歴史』校倉書房

木村拓, 2004「一五世紀朝鮮王朝の對日外交における図書使用の意味」『朝鮮學報』191

木村拓, 2011「朝鮮王朝世宗による事大·交隣兩立の企図」『朝鮮學報』221

木村拓, 2012「朝鮮王朝世宗代における女眞人·倭人への授職の對外政策化」『韓國朝鮮文化研究』11

木村拓, 2015 「朝鮮前期における對日外交秩序」『朝鮮後期の社會と思想』勉誠出版

木村拓, 2015「朝鮮王朝の對馬認識の體系的考察」『新しい歴史學のために』286

楠瀬慶太, 2009「虎皮考」『比較社會文化研究』25

國原美佐子, 2001「十五世紀の日朝間で授受した禽獸」『史論』54

國原美佐子, 2005「前近代日朝間交流における禮曹の登場」『東京女子大學比較文化研究所紀要』

國原美佐子, 2009「日本通交者に對する朝鮮王朝主宰の儀式と樂」『日朝交流と相克の歴史』

國原美佐子, 2010「十五世紀の朝鮮の外交と禮樂」『東京女子大學紀要論集』61－1

國原美佐子, 2011「三浦の亂前後の「女樂」」『史論』64

ケネス·ロビンソン, 2002「『海東諸國紀』寫本の一考察」『九州史學』132

ケネス·ロビンソン, 2003 「『海東諸國紀』の地図の一考察」『前近代日本の史料遺産プロジェクト研究集會2001-2002』東京大學史料編纂所

ケネス·ロビンソン, 2004「朝鮮前期に作製された日本図について」『繪図·地図からみた世界像』京都大學21世紀COEプログラム

黒田智, 2008「「對馬」のかたち」『日本思想文化研究』1－1

黒田智, 2009『なぜ對馬は円く描かれたのか』朝日新聞出版

小松勝助, 2014「對馬に伝來した朝鮮半島系の経典」『中世の對馬』

佐伯弘次, 2003「室町後期の博多商人道安と東アジア」『史淵』140

佐伯弘次, 2004 「國內外流通の據點としての對馬」『港灣都市と對外貿易』

佐伯弘次, 2005 「十五世紀後半以降の博多貿易商人の動向」『東アジアと日本』2

佐伯弘次, 2006 「『海東諸國紀』の日本·琉球図と『琉球國図』」『九州史學』144

佐伯弘次他, 2006 「『海東諸國紀』日本人通交者の個別的檢討」『東アジアと日本』3

佐伯弘次, 2008 『對馬と海峽の中世史』山川出版社

佐伯弘次, 2010 「応永の外寇と東アジア」『史淵』147

佐伯弘次, 2010 「一四－一五世紀東アジアの海域世界と日韓關係」『日韓歴史共同研究報告書 (第2期) 第2分科會』

佐伯弘次, 2013 「蛇梁倭変と對馬」『東方學論集』汲古書院

佐伯弘次編, 2014 『中世の對馬』勉誠出版

佐藤信·藤田覺編, 2007 『前近代の日本列島と朝鮮半島』山川出版社

關周一, 2002 『中世日朝海域史の研究』吉川弘文館

關周一, 2004 「中世對馬の物流」『史境』49

關周一, 2004 「中世對馬の課役と所領」『東アジアにおける水田形成および水稲文化の研究』科研費報告書

關周一, 2006 「朝鮮三浦と對馬の倭人」『中世の對外交流』

關周一, 2008 「中世の日朝交流と境界意識」『交通史研究』67

關周一, 2009 「『朝鮮王朝實錄』の日本關係史料」『日朝交流と相克の歴史』

關周一, 2012 「朝鮮に漂流·漂著した倭人」『三田中世史研究』19

關周一, 2012 『對馬と倭寇』高志書院

關周一, 2013 「中世「東アジア史」研究の動向」『歴史學研究』906

關周一, 2013 『朝鮮人のみた中世日本』吉川弘文館

關周一, 2014 「中世の對馬と朝鮮の港町·三浦」『中世の對馬』

關周一, 2015 「高麗王朝末期·朝鮮王朝初期の對日使節」『年報朝鮮學』18

關周一, 2016 「東アジア海域交流のなかの中世山陰」『貿易陶磁研究』36

關周一編, 2017 『日朝關係史』吉川弘文館

須田牧子, 2002 「室町期における大內氏の對朝關係と先祖觀」『歴史學研究』761

須田牧子, 2004 「中世後期における赤間關の機能と大內氏」『ヒストリア』189

須田牧子，2006 「大內氏の對朝關係の展開と琳聖太子伝說」『中世の對外交流』

須田牧子，2007「朝鮮王朝－室町政權間外交の成立と大內氏」『前近代の日本列島と朝鮮半島』

須田牧子，2009「『韓國文集叢刊』に見る日本關係記事」『日朝交流と相克の歴史』

須田牧子，2010「朝鮮使節·漂流民の日本·琉球觀察」『倭寇と「日本國王」』

須田牧子，2011『中世日朝關係と大內氏』東京大學出版會

須田牧子，2011 「大內氏の外交と室町政權」『日本中世の西國社會3西國の文化と外交』淸文堂

須田牧子，2013「對馬宗氏の大藏経輸入」『日本歴史』784

孫承喆，2005「中·近世の韓日關係史に關する認識と共通點と差異點」『日韓歴史共同研究報告書（第1期）第2分科會』

孫承喆，2009「薺浦倭館の過去と現在」『口朝交流と相克の歴史』

孫承喆，2010「一四－一五世紀東アジア海域世界の韓日關係」『日韓歴史共同研究報告書（第2期）第2分科會』

高橋公明，2010「「混一疆理歴代國都之図」と「海東諸國總図」」『倭寇と「日本國王」』

田代和生，2005「朝鮮國書·書契の原本データ」『日韓歴史共同研究報告書（第1期）第2分科會』

田代和生他，2005「僞使」『日韓歴史共同研究報告書（第1期）第2分科會』

田中健夫，2012『增補倭寇と勘合貿易』築摩書房

堤克彦，2011「『朝鮮王朝實錄』の中の菊池氏」『熊本史學』93·94

仲尾宏，2011『朝鮮通信使の足跡』明石書店

日韓歴史共同研究委員會編，2005 『日韓歴史共同研究報告書（第1期）第2文科會』日韓歴史共同研究委員會

日韓歴史共同研究委員會編，2010 『日韓歴史共同研究報告書（第2期）第2分科會』日韓歴史共同研究委員會

河宇鳳，2005「一五·一六世紀の琉球と朝鮮の交流」『東アジアと日本』2

河宇鳳·孫承喆·李薫·関德基·鄭成一，2011『朝鮮と琉球』榕樹書林

橋本雄，2003「中世日本對外關係史の論點」『歴史評論』642

橋本雄，2005『中世日本の國際關係』吉川弘文館

橋本雄，2005 「朝鮮國王使と室町幕府」 『日韓歴史共同研究報告書（第1

期) 第2分科會』

橋本雄, 2006 「畫僧靈彩の朝鮮行」『禪文化研究所紀要』28

橋本雄, 2007 「室町政權と東アジア」『日本史研究』536

橋本雄, 2007 「中世の國際交易と博多」『前近代の日本列島と朝鮮半島』

橋本雄, 2008 「僞使問題から海域史へ」『東アジア海域史研究における史料の發掘と再解釋』科研費報告書

橋本雄, 2009 「アジアのなかの中世日朝關係史研究のために」『日朝交流と相克の歴史』

橋本雄, 2010 「對明・對朝鮮貿易と室町幕府－守護體制」『倭寇と「日本國王」』

橋本雄, 2010 「大藏経の値段」『北大史學』50

橋本雄, 2012 『僞りの外交使節』吉川弘文館

橋本雄, 2014 「中世日本と東アジアの金銀銅」『金屬の中世』

韓文鍾, 2005 「僞使研究の現況と課題」『日韓歴史共同研究報告書（第1期）第2分科會』

韓文鍾, 2005 「朝鮮前期における倭人統制策と通交違反者の處理」『日韓歴史共同研究（第1期）第2分科會』

韓文鍾, 2010 「朝鮮前期韓日關係史研究の現況と課題」『日韓歴史共同研究報告書（第2期）第2分科會』

福寛美, 2009 「『海東諸國紀』の「琉球國之図」の地名と『おもろさうし』」『國際日本學』6

藤田明良, 2001 「高麗・朝鮮前期の海域交流と濟州島」『靑丘學術論集』19

藤田明良, 2010 「東アジアにおける島嶼と國家」『倭寇と「日本國王」』

本多博之, 2013 「十五・十六世紀山陰地域における流通経濟と貿易」『島根縣古代文化センター研究論集』11

前田有也, 2009 「大內義弘と朝鮮」『皇學館史學』24

松尾弘毅, 2002 「中世後期における壹岐松浦黨の朝鮮通交」『九州史學』134

松尾弘毅, 2003 「中世日朝關係における後期受職人の性格」『日本歴史』663

松尾弘毅, 2004 「中世日朝關係における五島諸氏と通交體制」『東アジアと日本：交流と変容』1九州大學21世紀COEプログラム

松尾弘毅, 2006 「中世後期における肥前地方の朝鮮通交者と僞使問題」『東アジアと日本』3

松尾弘毅, 2006 「中世後期における田平・平戸松浦氏の朝鮮通交と僞使問題」『古文書研究』61

松尾弘毅, 2007「朝鮮前期における向化倭人」『史淵』144

松尾弘毅, 2014「十六世紀における受職人名義の朝鮮通交」『中世の對馬』

閔德基, 2009「韓國における韓日關係史研究の回顧と展望」『日朝交流と相克の歴史』

村井章介, 2003 「東アジア諸國と日本の相互認識」小島孝之他編『異文化理解の視座』東京大學出版會

村井章介, 2004「韓中の繪地図に描かれた日本列島周辺」『日韓中の交流』山川出版社

村井章介, 2007「十五世紀日朝間の境界人たち」『前近代の日本列島と朝鮮半島』

村井章介編, 2004 『八－一七世紀の東アジア地域における人・物・情報の交流』科研費報告書

村井章介編, 2008 『中世港灣都市遺跡の立地・環境に關する日韓比較研究』科研費報告書

村井章介, 2013『日本中世境界史論』岩波書店

村井章介, 2013『日本中世の異文化接觸』東京大學出版會

村井章介, 2014『境界史の構想』敬文舎

村井章介, 2014『中世史料との對話』吉川弘文館

村井章介, 2014「一五世紀日朝外交秘話」『立正史學』115

桃木至朗編, 2008『海域アジア史研究入門』岩波書店

吉田光男他, 2005「朝鮮通信使 (中世篇)」『日韓歴史共同研究報告書 (第1期) 第2分科會』

米穀均, 2002「文書様式から見た一六世紀の日朝往復書契」『九州史學』132

米穀均, 2004「一四七九年に來日した朝鮮通信使による對馬紀行詩文集」『東アジアにおける水田形成および水稲文化の研究』科研費報告書

李鍾默, 2002「朝鮮前期韓日文士文學交流の樣相について」『朝鮮學報』182

李泰勳, 2005「朝鮮三浦恒居倭の刷還に關する考察」『朝鮮學報』195

李泰勳, 2006「朝鮮三浦恒居倭の法的位置」『朝鮮學報』201

李泰勳, 2006「對馬島主宗氏の三浦恒居倭支配體制の変遷」『九州産業大學國際文化學部紀要』34

李泰勳, 2007「三浦恒居倭に對する朝鮮の對応」『年報朝鮮學』10

李泰勳, 2014「朝鮮前期〈薺浦〉からみた日朝交流」『九州産業大學國際文化學部紀要』57

佐伯弘次2002, 「日本における中世日朝關係史硏究の動向－1980年代以降を
　　　中心に－」韓日關係史學會編『韓日關係史硏究の回顧と展望』景仁文
　　　化社
田中健夫1959, 「中世海賊史硏究の動向」田中『中世海外交涉史の硏究』東京
　　　大學出版會、同1963, 『史學雜誌』72-3、中村榮孝1960, 『具體例に
　　　よる歷史硏究法』吉川弘文館、川添昭二1986, 「中世の對外關係」
　　　『日本史硏究の新視點』吉川弘文館、關周一1994, 「中世「對外關係史」
　　　硏究の動向と課題」『史境』28など。
田代和生·米穀均, 1995「宗家舊藏『図書』と木印」『朝鮮學報』156
村井章介, 1988『アジアのなかの日本史』校倉書房

「日本における中世日朝関係史研究—朝鮮前期—」
（佐伯弘次）

이 훈 ㅣ 한림대 국제문제연구소

○ 의의

사에키 선생님의 발표를 통해, 2000년대 이후 진행된 중세 한일관계사의 일본측 연구 동향은 물론, 현재 간행 예정인 최신 정보까지도 알 수 있게 되어 많은 공부가 되었다.

사에키 선생님은 2000년대 이후 일본측 연구의 특징으로, 대외관계 연구가 일본사 안에서 '외교', '대외관계', '대외관계사'라는 '독립항목'으로 연구사가 정리되면서, 이전에 특수 영역으로 취급되던 대외관계 연구가 학문으로서 자립해 가고 있음을 지적했다. 그리고 이러한 배경으로 일본사를 세계사적 관점에서 보려는 동향이 반영된 것으로 언급하셨다.

한국에서도 비슷한 시기인 1990~2010년대에 걸쳐, 조일관계에 대해 폭발적이라 할 수 있을 정도로 많은 성과들이 축적되었다. 토론자도 2015년 12월 한일관계사학회 왜관 워크샵에서 1990 ~ 2015년까지의 연구성과를 정리(「왜관연구의 회고와 전망」『한일관계사연구』54, 2016)한 바 있다. 이 시기 한국측에서도 주제의 다양화 및 연구자층의 확대가 두드러졌는데, 그 배경으로 한일간 학문적 교류의 활성화를 들었으며, 결과적으로 연구주제도 '交

流現場' 및 交流現象'을 분석한 것이 많은 것으로 보았다.

이번 한일관계사에 대한 한일 양국의 '회고와 전망'이라는 국제학술회의를 통해 한일 양측의 연구 동향과 차이를 확인할 수 있게 되었으며, 향후 연구와 관련해서도 이와 같은 성찰의 기회는 꼭 필요한 것 같다.

○ 질문

사에키 선생님 논문은 일본측의 '연구 동향과 남겨진 과제'를 명료하게 소개한 것이다. 일본측 연구의 관점이나 주제, 연구 방법론, 사료에 대해 분석을 가한 것은 아니기에 궁금하게 여긴 부분을 물어보도록 하겠다.

① 우선 부록으로 첨부된 <연구논저 목록>을 보면, 다소 낯선 신진 내지는 중진으로 보이는 연구자의 이름이 다수 보일 뿐 아니라, 주제들도 세분화되고 다양해져서 일본측 연구가 한층 더 심화되었다고 생각된다. 주제만으로 볼 경우, 한국측 연구자의 입장에서 본다면, 1990년대 까지 중세 조일관계에 있어서 대마도의 역할이나 비중, 중요성이 다소 관념적으로 언급되었던 것에 비해, 2000년대 이후에는 대마도 내부의 권력구조와 관련하여 조일통교권을 분석하는 연구가 증가된 것에 주목하고 싶다. 그리고 조선과의 관계에 있어서도 대마도 소씨(宗氏) 뿐만 아니라 오우치(大內)씨와의 관계, 지역적으로도 壹岐·松浦·五島·平戶, 赤間關까지 확대되고 있어, 중세 조일관계의 전체상을 이해하는데 도움이 되었다고 생각된다.

- 이와 관련하여 대마도 내부의 문제를 들여다 보기 위해서는 조선측 사료 이외에 어떤 사료들을 분석하고 있는지 궁금하다. 壹岐·松浦·五島·平戶, 赤間關 관련 연구도 마찬가지이다.

② 중세 대외관계에 대한 관점을 다루거나 총론적인 연구의 경우, 1990년대에는 대외관계의 주체 가운데 하나로 '地域'·'境界', '마지널 맨'(境界人)라는 용어가 등장하면서 국가권력에 대한 상대화, 다원적 또는 중층적

외교라는 이미지가 부각된 바 있다. 이에 비해 2000년대에는 전반적으로 '海域'·'海域交流'·'國境海域'· '해역사'·'海域アジア (해역아시아) 라는 용어를 많이 사용하고 있는 것 같다.

- 이와 관련하여 '지역'과 '해역'의 기본적인 차이는 무엇인가?

  (지역의 확장? 다른 개념인가?)

- 국가와는 어떤 관련성이 있는가?

- '해역' 이라는 용어의 등장 배경은 무엇인가?

③ 결론 부분에서 일본측의 대외관계 연구가 비약적인 발전을 했지만 제도사적인 연구가 정체되어 있음을 지적하였다. 사실, '지역·해역·경계'라는 용어의 경우, 당시 동아시아 국가와 지역, 또는 조일간의 교류실태~현상을 설명하는 용어로는 적절하다고 생각된다. 그러나 '위사'를 예로 들자면, 15세기부터 16세기까지 '위사'가 광범위하게 지속될 수 있었던 것은 결국 당시 동아시아 국가나 지역간에 외교문서, 인장, 의례와 같은 '제도'의 '공유'가 있었기 때문에 가능했던 것으로, 조선이 이를 어떤 의도로 어떻게 '공유'하려고 했는지, 조선의 정책사적 입장에 대한 연구가 중요하다고 본다.

일본의 경우 일본사 안에서 대외관계의 주체나 지역적 범위가 아주 구체적이고 세밀해지기는 했지만, 아직 동아시아사 속에서 조일관계를 보려는 관점은 미약하다고 생각된다. 조선에 대해서는 일부 연구자를 제외하고는 아직 관념적인 수준에서 보고 있는 것 같다.

- 이와 관련하여 중세 조일관계 연구의 균형을 이루기 위해서는, 제도사에 바탕을 둔 조선의 대외정책사적 연구가 더 필요하다고 생각된다. 토론자의 의견을 듣고 싶다.

④ 마지막으로 최근들어 일본의 대외관계와 관련된 연구입문서가 많이 간행되는 배경은 무엇인가?

현대 한일관계사의 회고와 전망

최영호 | 영산대학교

E. H. 카의 역사론 : 1953년 6월 한 논설에서 역사철학을 「객관적 결정론」 장벽과 「주관적 상대주의」 심연 사이에서 외줄타기 하는 학문이라고 정의하고, "결점 많은 인간이 시간과 장소라는 상황에 너무나 깊이 얽혀있어서 절대적인 진실에 다가갈 수 없다고 주장하는 것이 진실의 존재를 결단코 부정하는 것이 아니다"라고 했다. 진실을 부정하는 것은 판단을 위해 적용 가능한 그 어떤 기준도 파괴시키며 역사에 대한 그 어떤 입장도 사실 아니면 거짓으로 만들어버린다. 객관적인 진실이 존재한다고 주장할 수는 있다. 그 어떤 역사가나 역사학자파도 독자적으로는 객관적인 사실에 「어렴풋하게」 다가가는 것 이상을 바랄 수 없다. 이러한 관점에서. 그는 "역사란 역사가와 그의 사실들의 끊임없는 상호작용 과정, 즉 현재와 과거 사이의 끊임없는 대화"라고 정의했다.[1]

현재와 과거 사이에서 끊임없이 보편성을 찾아나가려는 '대화'의 노력은 특히 현대사를 연구하는 사람에게 반드시 필요한 작업이다. 자신의 '발견'을 보편화 시키지 않고서는 대중을 설득하기 어렵기 때문이다. 만약 보편성이 담보되지 않은 상태에서는 자신의 '발견'에 대해서 그 한계를 찾아나가는 작업, 선행연구에서의 좌표를 확인하는 작업이 반드시 필요하다. 그러기

---

* 이 글은 『한일관계사연구』 제60집(2018년 5월), pp.39~70에 게재된 것임.

1) E. H. Carr, 김택현 번역, 『역사란 무엇인가』 (개혁판), 까치글방, 2015, p. 34,

위해서는 한편에 치우치거나 실증되지 않는 논단에 대해서는 거리를 두어
야 한다고 생각해 왔다. 여기에서는 현대 한일관계사 영역을 중심으로 하여
그것도 필자의 연구 동향이라는 범위를 한정시키고 오늘날 대체로 어느 정
도의 발전이 이루어지고 있는지, 즉 어느 정도의 보편성이 확보되었는지 확
인하는 동시에, 관련 사항에 관한 앞으로의 연구과제와 전망을 조심스럽게
정리하고자 한다.

　필자가 현대 한일관계사 분야에 대해서 연구를 시작한 것은 1993년 박사
학위 청구논문을 제출하면서부터이다. 오늘날에 이르기까지 20년을 넘게
연구생활을 지속해 오는 가운데, 현대 한일관계와 관련된 연구가 대부분이
었으나, 그렇지 않은 분야의 잡다한 조사도 함께 이루어져 자신이 어느 것
에 집중하지도 못하고 또한 집중할 만한 연구역량도 갖추지 못했음을 안타
깝게 생각한다. 그럼에도 불구하고 대체로 비교적 현대 한일관계에 관한 연
구조사에 쏠려서 연구를 해 온 것이 아닌가 생각한다. 필자는 자신의 연구
결과를 인터넷카페에 저장해 오고 있으며,[2] 2년 평균으로 한일관계의 시사
적 문제를 정리하여 설명하고 자신의 연구 활동을 간략하게 소개하는 형태
로 단행본을 출간해 오고 있다.[3] 자신의 인터넷 카페에는 1995년 5월부터
2017년 6월까지 발표한 논문 56편, 저서(공동저서 포함) 42편이 제목 위주
로 정리되어 있는데 논문 51편 (93%) 저서 29편 (69%)이 현대 한일관계에
관한 것이었다.[4]

---

2) http://cafe.naver.com/choiygho/ 연구활동
3) 이하, 필자의 단독저술에서는 저자 명칭을 생략한다,『한일관계의 흐름 2004~2005』,
　 논형, 2006;『한일관계의 흐름 2006~2007』, 논형, 2008;『한일관계의 흐름 2008~
　 2009』, 논형, 2010;『한일관계의 흐름 2010』, 논형, 2011;『한일관계의 흐름 2011~
　 2012』, 논형, 2013;『한일관계의 흐름 2013-2014』, 논형, 2015.
4) 이어 2017년 8월 중에, 하카타 항구의 원호체계에 관한 논문 (Youngho Choi,
　 Institutionalizing Japan's Relief System for Repatriates: Koreans and Japanese at
　 Hakata Port in 1945, *International Journal of Korean History*, 2017. 8)이, 9월 중
　 에는 한일관계 시리즈 단행본『한일관계의 흐름 2015~2016』 (논형, 2017년)이 출

필자가 한일관계사 학회와 인연을 가지게 된 것은 일본 유학을 마치고 한국에 돌아온 직후인 1995년이라고 생각한다. 이 학회의 논문집에서는 2000년대에 들어서기까지는 현대사 부분을 별로 게재하지 않았기 때문에 필자는 다른 관련 학회의 논문집에 연구논문을 발표해 왔다. 다만 이 학회가 주관하는 한일관계사 관련 행사에 주로 발표와 토론에 임하거나 옵서버로 참관하여 인연을 이어오고 있다. 이러한 이유로『한일관계사연구』논문집에 한정하여 연구논문의 흐름을 분석하고 '회고와 전망'을 논하기에는 놓칠 수 있는 연구 흐름이 너무 많다. 여기에서는 필자의 전공에 따라 정치사와 외교사에 국한시켜 현대 한일관계사에 관한 연구 성과를 큰 방향에서 정리하고 의견을 제시하고자 한다. 다만 어디까지나 이 성과 정리와 과제 제안은 필자의 연구 시야와 연구 역량에 한정되어 있다는 것을 미리 일러둔다.

자신의 현대 한일관계사 연구에 비추어 볼 때, 큰 방향으로서 다음 다섯 가지 방향, 즉 ①해방직후의 재일한인 사회, ②일본의 전후처리, ③일제강점하 조선인 강제동원 피해자에 대한 한국정부의 보상과 지원, ④해방 후 재조일본인 단체, ⑤'평화선' 문제에서 연구 성과가 이루어졌다고 생각한다. 지면 관계상 '회고와 전망'을 일일이 서술하는 일은 생략하고 주요 연구 개요와 성과 목록을 제시하는데 그치고자 한다. 이제까지의 발굴 성과를 회고하는 부분에서는 가능한 각주를 통해서 필자의 발표 저술을 소개하겠지만, 당연하게도 필자의 시야와 역량에서 벗어난 연구가 많을 것으로 생각된다. 아울러 각 분야에서 앞으로의 전망을 서술하면서, 가능한 후세 연구자들이 이러한 연구를 추진해 주었으면 하는 희망과 기대를 가지고 간략하게 언급하고자 한다.

간 되었다.

1. 해방직후 재일한인 사회

이 분야에 관한 주요 연구 성과를 살펴보자. 해방직후 재일한인 사회에서 일찍부터 가장 큰 규모로 활동한 단체 「재일본조선인연맹」(조련)이 한반도 정세에 어떠한 연동 움직임을 보였는지에 대해서는, 1980년대부터 박경식(朴慶植)의 관련 자료집5)이 나와 있는데다가 고바야시 도모코(小林知子)의 논문6)이나 앞에 거론한 필자의 논문에 비교적 상세하게 언급되어 있는 편이다. 여기에다가 2009년에 오규상(吳圭祥)이 내부 자료를 활용하여 조련의 단체 활동을 면밀하게 정리한 연구서를 출판하기도 했다.7) 서울의 움직임과 연동한 움직임 가운데, 가장 괄목할 만한 해방직후 재일한인 단체의 움직임으로서는 단연코 신탁통치 찬반 움직임을 들 수 있다. 이것은 재일한인 사회의 추기 남북 분단을 상징하는 움직임이기 때문이다. 재일한인 사회에서 한반도 신탁통치 문제를 둘러싸고 가장 강렬한 움직임을 보인 것은 「조선건국촉진청년동맹」(건청)과 「신조선건설동맹」(건동)을 중심으로 하는 우파적 성향의 단체였다. 이 단체들은 해방직후 당시에는 조련에 비해 상대적으로 작은 규모로 결성되었으나 시간이 지날수록 조직원이 증가되어 갔으며 활동도 활발해져 갔다. 결과적으로 이러한 움직임이 「재일본조선거류민단」(민단)의 결성으로 이어졌다.8)

필자는 이 분야에 있어서 대체로 다음과 같은 연구 조사와 발굴 성과를 얻었다고 생각한다. 박열,9) 장정수,10) 정충해11) 등 특정 재일한인의 행보,

---

5) 朴慶植, 『朝鮮問題資料叢書第9卷』, アジア問題研究所, 1983; 朴慶植, 『朝鮮問題資料叢書補卷: 解放後の在日朝鮮人運動3』, アジア問題研究所, 1984; 朴慶植, 『在日朝鮮人關係資料集成第1卷』, 不二出版, 2000; 朴慶植, 『在日朝鮮人關係資料集成第2卷』, 不二出版, 2000.

6) 小林知子, 「8.15直後における在日朝鮮人と新朝鮮建設の課題: 在日朝鮮人連盟の活動を中心に」, 『在日朝鮮人史研究』21, 1991,

7) 吳圭祥, 『ドキュメント在日本朝鮮人連盟1945-1949』, 岩波書店, 2009.

8) 朴慶植, 『解放後在日朝鮮人運動史』, 三一書房, 1989.

조련,12) 건청,13) 민단14) 등 특정 단체의 활동의 활동, 서울의 정치적 동향
에 연동된 재일한인 사회 움직임,15) 해방직후 일본의 참정권 정지와 이에
대한 대응16)을 조사하여 밝힌 바 있다. 필자의 연구에 지대한 영향을 끼친
선행 연구에는 각주에서 이미 제시되고 있는 것 이외에도 다음과 같은 선
행 연구들이 있다.

> 고바야시 히사토모(小林久公), 「조선인 강제동원 피해자의 미불금에 대해」
> 『역사와 책임』, 창간호, 2011. 5.
> 김인덕, 「재일조선인 운동과 김두용」 『한국민족운동사연구』18, 1998.
> 성주현, 「해방후 원심창의 민족운동과 통일운동」 『한국민족운동사연구』65,
> 2010. 12.
> 오기문, 『오기문 회고록』, 한민족, 1998.
> 이강훈, 『민족해방운동과 나: 靑雲 이강훈 자서전』, 제삼기획, 1994.
> 이민호, 『신한은행을 설립한 자이니치리더』, 통일일보, 2015.
> 일제강점하강제동원피해진상규명위원회 조사1과, 『똑딱선 타고 오다가 바
> 다 귀신 될 뻔 했네』, 일제강점하강제동원피해진상규명위원회, 2006.

---

9) 「해방직후 아카타에서 보인 박열의 움직임」 『로컬리티인문학』17, 2017.4; 「해방직후
박열의 행적으로 통해 본 재일한인 사회의 로컬리티」 『재외한인연구』36, 2015. 6.
10) 『근현대 한일관계와 재일동포』 (공저), 서울대출판부, 1999.
11) 「한인 귀환자의 눈에 비친 해방직후 부산의 이미지」 『한일민족문제연구』20,
2011.6.
12) 「조선인노무자 미수금 문제와 조련의 예탁활동」 『동북아역사논총』45, 2014.9.
13) 「한반도 신탁통치 문제의 로컬리티: 해방직후 재일조선인 사회를 중심으로」 『한국
민족운동사연구』70, 2012.3.
14) 「재일조선인 한국인 사회의 '본국' 로컬리티에: 초기 민단의 경우」 『로컬리티인문
학』창간호, 2009.4.; 「終戰直後の在日朝鮮人・韓國人社會における「本國」指向性と第
一次日韓會談」 李鍾元等『歷史としての日韓國交正常化 II』, 法政大學出版局, 2012.
15) 「한반도 국가건설과 관련한 재일본조선인연맹의 활동」 『한일연구』16, 2005.10; 『재
일한국인과 조국광복』, 글모인, 1995.
16) 「일본 패전 직후 참정권 문제에 대한 재일한국인의 대응」 『한국정치학회보』34-1,
2000.6

일제강점하강제동원피해진상규명위원회 조사1과,『가긴 어딜 가? 헌병이 총
　　들고 지키는데』, 일제강점하강제동원피해진상규명위원회, 2006.
일제강점하강제동원피해진상규명위원회 조사1과,『수족만 멀쩡하면 막 가
　　는 거야』, 일제강점하강제동원피해진상규명위원회, 2007,
일제강점하강제동원피해진상규명위원회 조사2과,『조선이라는 우리나라가
　　있었구나』, 일제강점하강제동원피해진상규명위원회, 2008.
일제강점하강제동원피해진상규명위원회 조사3과,,『아홉머리 넘어 북해도로』,
　　일제강점하강제동원피해진상규명위원회, 2009.
재일본대한민국민단,『민단50년사』, 재일본대한민국민단, 1997.
정진성 외,『근현대 한일관계와 재일동포』(공저), 서울대출판부, 1999.
정희선,『재일조선인의 민족교육운동(1945~1955)』, 청암대학교 재일코리안
　　연구소. 2011.
표영수·오일환·김명옥·김난영,「조선인 군인·군속 관련 '공탁서'·'공탁증명
　　서' 기초분석」『한일민족문제연구』14, 2008. 6,
高峻石,『在日朝鮮人革命運動史』, 拓植書房, 1985.
權逸,『權逸回顧錄』, 育英出版社, 1987.
金慶南,「GHQ占領期における供託金の事務手續きと名簿原本の出所につ
　　いて: '經濟協力·韓國105'分析を中心に」(强制連行眞相究明ネッ
　　トワーク, 神戶學生靑年センター, (2009年7月26日)
金一勉,『朴烈』, 合同出版, 1973.
金鍾在,『渡日韓國人一代』, 図書出版社, 1978.
金太基,『戰後日本政治と在日朝鮮人問題 : SCAPの對在日朝鮮人政策
　　1945~1952年』, 勁草書房, 1997.
朴憲行,『在日韓國人一世: 戰後50年の想い』, 新幹社, 1995.
宋基燦,『「語られないもの」としての朝鮮學校』, 岩波書店. 2012.
李洙任,『在日コリアンの經濟活動: 移住勞働者、起業家の過去·現在·未
　　來』, 不二出版. 2012.
林哲,『二〇世紀を生きた朝鮮人:「在日」から考える』, 大和書房, 1998.
張錠壽,『在日六〇年·自立と抵抗 : 在日朝鮮人運動史への証言』, 社會評
　　論社, 1989.
在日本大韓民國靑年會,『アボジ聞かせてあの日のことを: '我々の歷史を

取り戻す運動'報告書』, 在日本大韓民國靑年會中央本部, 1988.

在日本大韓民國民団中央本部, 『在日民団DVD』, 在日本大韓民國民団. 2008.

鄭榮桓, 「金斗鎔と'プロレタリア國際主義'」『在日朝鮮人史硏究』 33 号, 2003.

鄭榮桓, 『朝鮮獨立への隘路: 在日朝鮮人の解放五年史』, 法政大學出版 局, 2013.

鄭忠海, 『朝鮮人徵用工の手記』, 河合出版, 1990.

韓載香, 『在日企業の産業経濟史: その社會的基盤とダイナミズム』, 名古 屋大學出版會, 2010.

アジア問題硏究所, 『戰時强制連行華鮮勞務對策委員會活動記錄』, アジア 問題硏究所, 1981.

出水薰, 「敗戰後の博多港における朝鮮人歸國について: 博多引揚援護局 '局史'を中心とした檢討」『法政硏究』(九州大學法學部)60-1, 1993.

大沼保昭, 『單一民族社會の神話を超えて: 在日韓國·朝鮮人と出入國管理 体制』, 東信堂, 1987.

小澤有作, 『在日朝鮮人敎育論』, 亞紀書房; 金德龍(2002), 『朝鮮學校の戰 後史: 1945~1972』, 社會評論社, 1988.

古庄正, 「在日朝鮮人勞働者の賠償要求と政府および資本家団体の對応」 『社會科學硏究』31-2, 1986. 1.

古庄正, 「朝鮮人强制連行名簿調査はなぜ進まないか」『世界』1991. 9.

古庄正, 「朝鮮人强制連行問題の企業責任」 『駒澤大學経濟學論集』24-2, 1992. 9.

古庄正, 「日本製鐵株式會社の朝鮮人强制連行と戰後處理: '朝鮮人勞務 者關係'を主な素材として」『駒澤大學経濟學論集』25-1, 1993. 6.

小松隆二, 「在日朝鮮人の軌跡: 65年の在日生活の聞き書き」『三田學會 雜誌』78-6, 1986.

鈴木久美, 「在日朝鮮人の歸還援護事業の推移: 下關·仙崎の事例から」『在 日朝鮮人史硏究』36, 2006.

鈴木久美, 「'解放'後の朝鮮人歸還者數に關する再檢討」『在日朝鮮人史硏 究』40, 2010.

鈴木久美, 「在日朝鮮人の‘歸還’に關する研究(1945~1946)」(一橋大學博士
　　　論文), 2014.

戰後補償問題研究會編, 『戰後補償問題資料集第7集: 戰後補償關係法令通
　　　達集(Ⅱ)「未拂金·軍事郵便貯金」關係』, 戰後補償問題研究會, 1992.

戰後補償問題研究會編, 『戰後補償問題資料集第8集 : GHQ關連文書集(朝
　　　鮮人未拂金政策等)』, 戰後補償問題研究會, 1993.

竹內康人(編), 『戰時朝鮮人强制勞働調查資料集 : 名簿·未拂い金·動員數·
　　　遺骨·過去淸算』, 神戶學生靑年センター出版部, 2012.

竹前榮治, 『GHQ指令總集成: SCAPIN第2卷』. エムティ出版, 1993.

田中宏·中山武敏·有光健, 『未解決の戰後補償』, 創史社, 2012.

坪井豊吉, 『在日同胞の動き』, 自由生活社, 1975.

中野敏男, 「‘日本の戰後思想’を讀み直す(4)自閉してゆく戰後革命路線と
　　　在日朝鮮人運動: 金斗鎔と日本共産党との間」『前夜』4, 2005.

樋口雄一, 「協和會から興生會体制への轉換と敗戰後への移行」『海峽』23,
　　　2009.

樋口雄一, 『金天海: 在日朝鮮人社會運動家の生涯』, 社會評論社, 2014.

兵庫朝鮮關係研究會, 『在日朝鮮人90年の軌跡 : 續·兵庫と朝鮮人』, 神戶
　　　學生靑年センター出版部, 1993.

福岡縣, 『事務引繼書』(昭和20年10月27日知事更迭), 福岡縣, 1945.

森田芳夫, 『在日朝鮮人處遇の推移と現狀』(法務研究報告書第43集3号), 法
　　　務研修所, 1955.

ワグナー[Edward W. Wagner], 『日本における朝鮮少數民族: 1904年-1950
　　　年(復刻版)』, 龍溪書舍, 1989.

Augustine, Matthew R., Restitution for Reconciliation: The US, Japan, and the
　　　Unpaid Assets of Asian Forced Mobilization Victim, *The Journal of
　　　Northeast Asian History*, Volume 8, Number 1, Summer 2011.

Gane, William J., *Repatriation: from 25 September 1945 to 31 December
　　　1945*, Foreign Affairs Section, Headquarters USAMGIK, 1947.

Gane, William J., *Repatriation in Korea, September 1945 to January 1946*,
　　　Northwestern University (Master's Thesis), 1949.

Gane, William J., *Foreign Affairs of South Korea, August 1945 to August*

1950, Northwestern University (Doctoral Dissertation), 1951.

앞으로의 연구과제에서 특정인의 행보에 관한 조사와 자료 발굴이 확대
되기를 바라고 있다. 예를 들어 이강훈, 김천해, 김두용에 관한 연구가 미진
한 상황에 놓여있다. 또한 특정 단체, 예를 들어 재일한인 자치대, 조련지방
단체, 귀환자원호단체에 관한 연구조사는 보완해 가야 한다. 이와 함께 해
방 후 북한의 소련점령당국과 평양의 움직임과 연동된 재일한인 사회의 분
단과정, 재일한인의 개인재산권, 조련 재산권, 해방직후 강제동원 피해 노
무자의 미수금 권리 시행 등에 관한 연구조사도 필요하다고 본다.

2. 일본의 전후처리

이 분야에 관하여는 일본변호사협회에서 국제사회에서 전개되는 일본에
대한 전후처리 주장을 정리한 저서가 출간되었고,[17] 다양한 영역에서 한국
과 일본에서 연구가 쏟아져 나오고 있기 때문에 그 연구 현황을 한 마디로
정리하기가 어렵다. 따라서 여기서는 전후처리 문제에 관한 인식 정도가 어
디까지 진전되고 있는지를 언급하고, 한일청구권 협정 논의 대상에 속하지
않았다고 하는 일본군위안부 문제, 시베리아 조선인 문제, 조선인 피폭자
문제 등과 관련하여 민간인 청구권에 관한 법리 해석이 어느 정도 진전되
고 있는지를 언급하는데 그치고자 한다.

다카하시 데츠야(高橋哲哉) 가 주로 오늘날 일본사회의 주류를 이루고
있는 전후 세대를 향하여 주장하는 바에 따르면, 전쟁을 직접 경험하지 않
은 전후 일본인 세대는 정부에 대한 「직접적인 죄책」에 의한 책임과 함께
일본의 국내외에서 강렬하게 요구하고 있는 전쟁 피해자 혹은 피해자 단체
의 호소에 응답해야 하는 「응답가능성」으로서의 책임을 느껴야 한다. 이러

---

17) 日本弁護士連合會, 『世界に問われる日本の戰後處理 2』, 東方出版, 1993.

한 책임에는 원리적으로 국경이라는 경계가 없다고 하며 일본의 전쟁과 식민지 지배에 대한 응답가능성으로서의 책임도 원리적으로 국경이 없다. 일본 국내외에 걸쳐 발생한 혹은 발생하고 있는 전후처리 문제와 전쟁책임 문제에 관하여 국경을 넘어 다양하게 구체적으로 호소하고 있는 목소리들에 귀를 기울이고 일본의 전쟁책임과 식민지 지배에 대한 책임을 느껴야 한다는 것이다.[18]

또한 1990년대에 들어서부터 일본정부를 상대로 전후보상을 요구하는 소송이 제기되기 시작하여 오늘날에도 수 십 건이 일본 사법부의 판결을 기다리고 있다. 소송에서 원고로 나서고 있는 피해자 가운데는 대만, 필리핀, 인도네시아, 네덜란드 등의 국민들도 있지만 한인 피해자들이 압도적으로 많다. 그런데 일본정부는 한일 청구권협정의 조항을 들어 전후 보상 문제가 모두 해결된 것으로 주장하고 있다. 일본 사법부의 입장도 한인의 보상청구에 대해서는 기본적으로 일본정부의 손을 들어주고 있다. 반면에 한국의 사법부는 2012년부터 한인 강제동원 피해자에 대해 개인청구권이 있다고 판시하고 있다. 결과적으로 한일 양국의 사법부가 한인 피해자에 대해서로 다른 판결을 보이고 있고, 이에 따라 한국 사법부에 의한 한인 피해자 판결에서 그 보상이 현실적으로 실현되고 있지 않다. 다년간 일본 사법부 재판에서 피해자 변호를 위해 활동해 오고 있는 야마모토 세이타(山本晴太) 변호사는 전후보상 관련소송 전반에 걸쳐 원고측 주장에는 대체로「국가 무답책」,「시효 및 제척 기간」,「청구권 포기」라고 하는 세 가지 법률적 어려움이 있었다는 점을 지적하고 있다.[19]

필자는 이 분야에 있어서 대체로 다음과 같은 연구 성과를 얻었다고 생

---

18) 高橋哲哉. 이규수 옮김,『일본의 전후책임을 묻는다』. 역사비평사, 2000.
19) 山本晴太.「法律的論点からみた戰後責任裁判小史」『우키시마호 사건 관련 한일 전문가 포럼』(일제강점하강제동원피해진상규명위원회 조사3과, 2008년 5월 16일) 발표문집.

각한다. 예를 들어 원폭 피해문제와 도쿄 재판을 정리한 연구,20) 샌프란시스코 강화조약의 의의를 정리한 연구,21) 한일 청구권협정 체결과정이나 강제동원 피해자에 관한 일본의 입장을 정리한 연구,22) 이와 관련한 일본 교과서 내용 변화에 관한 연구23) 등을 들 수 있다.

필자는 일본의 전후처리가 조선인 문제에 국한되지 않고 과거 일본제국으로부터 피해를 입은 국가와 민족으로 확대해 가야 한다고 생각한다. 가까이로는 원폭 피해와 도쿄 재판 문제를 일본인 피해의 관점에서 바라보아야 일본정부에 대한 합리적인 대응 방침을 얻어낼 수 있을 것으로 본다. 필리핀, 버마, 소련의 입장을 이해하는 가운데 샌프란시스코 강화조약을 정리하는 작업도 필요하다. 다양한 외국어 가능 연구자가 속출하고 있는 상황에서 일본어에만 의존하는 연구에는 한계가 있다는 것으로 강조하고 싶은 것이다. 또한 한일 국교정상화 과정에 관한 연구에 있어서도 문화재협정이나 일본측 회담 자료를 분석하는 일, 또는 재조일본인의 민간재산권이 소멸되어가는 과정은 기존의 연구영역을 엄청나게 확대하는 결과를 가져올 것이다. 아울러 매년 일본 교과서 검정 내용을 발표에 따른 내용 변화를 추적하는 일과 함께 한일관계에 관한 한국측 교과서 검증과 서술 내용의 변화를 함께 추적함으로써 균형 있는 연구조사가 생산될 것으로 생각한다.

---

20) 「전후 일본 우익의 동향과 자유주의 사관의 태동」『한국독립운동사연구』35, 2010. 4; 동북아역사재단 편, 『세계의 전쟁과 전후보상』. 동북아역사재단, 2009.
21) 「한반도 거주 일본인의 귀환 후 단체결성과 재산권 보상요구」『한일민족문제연구』21, 2011.12.
22) 「통합이론을 통해 본 오늘날의 한일관계」『한일연구』15, 2004.10;『현대한일관계사』, 국학자료원, 2002.
23) 『해방 후 한일간 상호인식과 역사교과서 편찬의 변화』(공저), 경인문화사, 2010; 「2012년판 일본중학 역사교과서에 나타난 현대 한일관계」『일본공간』10, 2011.11; 「한국과 일본의 중고교 역사교과서에 나타난 현대 한일관계 관련 서술」『동북아역사논총』21, 2007.9; 「일본사 사전과 개설서의 현대사 서술에서 나타나는 문제점」『한일관계사연구』25, 2006.11.

3. 강제동원 피해자 '보상'과 '지원'

이 분야에 관한 주요 연구 성과로서 다음과 같은 점을 꼽을 수 있다. 한국정부의 민간청구권 보상에 관한 주요 연구 업적으로는 정책 연구라고 하는 방향보다는 당위적인 측면이 접근한 연구가 주종을 이루고 있다. 장박진(張博珍) 연구자가 한일회담 자료를 통해 한국과 일본 정부가 민간청구권 문제를 소홀히 했다고 하는 연구서를 내놓은 것은 앞으로 정책 연구의 지평을 열었다고 평가할 수 있다.24) 이 밖에 한일회담을 연구하는 가운데 민간청구권 피해자의 입장에 서서 이 문제에 접근한 김진영25)과 오타(太田修)26)의 연구가 있다.

필자는 이 분야에 있어서 대체로 한국 스스로의 노력을 파악하고자 하는 입장에서 접근했으며 대체로 다음과 같은 연구 성과를 얻었다고 생각한다. 1961과 1962년의 6차 회담 과정에서 한국측이 일제 강제동원 피해자를 103만 명 정도로 추산하고 일본 측에 이에 상응하는 보상액을 요구했고,27) 청구권협정 타결을 앞두고 일본과 청구권협정이 체결되면 정부가 개인청구권 보유자에게 보상의무를 져야 한다고 하면서 정부 내부에서 보상대상의 결정을 위한 문제제기가 있었기 때문이다.28) 일본에 대한 전후처리의 요구

---

24) 장박진, 『식민지 관계 청산은 왜 이루어질 수 없었는가 : 한일회담이라는 역설』, 논형, 2009년
25) 김진영,『한일청구권협정의 재점토: 태평양전쟁희생자 문제를 중심으로』서울대학교 행정대학원, 1995.
26) 太田修,『日韓交涉—請求權問題の研究』, クレイン, 2003.
27) 일반청구권 소위원회 제7차 회의(1961년 12월 15일)와 일반청구권 소위원회 제3차 전문위원회(1962년 2월 22일)에서 피징용노무자 숫자에 관한 한일양국 협상실무자 간의 논의가 이루어졌다.
28) 외무부 동북아과에서 기안하여 경제기획원에 발신한 기안문. "민간인 보유 대일 재산청구권에 대한 보상조치"「속개 제6차 한일회담 청구권위원회회의록 및 경제협력문제」(동북아주과, 1964년), [분류번호 723.1JA, 청1964, 등록번호 762], pp. 141~142,

주장을 포함하여 한국정부 스스로의 노력이 일제식민지 피해를 둘러싼 국민통합 정책에서 기본이 되기 때문이다. 필자는 1970년대 한국정부의 '보상'과정과 결과를 재무부 자료를 중심으로 하여 정리해 냈다는 점,29) 위원회 내부 자료를 통해 2000년대 한국정부의 '지원' 과정과 결과를 정리했다는 점30)을 연구 성과로서 거론할 수 있다. 이 밖에도 필자는 한일관계의 흐름 시리즈 저서를 통하여 위원회의 진상규명 활동과 최근 한국 사법부 판결 내용의 변화 과정을 소개했다.

앞으로 이 분야에서는 1970년대 한국정부의 보상 과정에서 어떠한 경위를 통하여 부상자, 생존자, 미수금 피해자가 배제되었는지, 과거 보상의 문제점에 보다 깊이 접근하는 연구 제세가 필요하다고 본다. 아울러 위원회 자료 분석을 통한 2000년대 한국정부의 지원 과정과 진상규명 활동을 정리하고, 2012년 이전의 판결 내용과 비교하여 한국 사법부 판결의 변화를 면밀하게 추적하는 작업이 필요하다.

4. 해방 후 재조일본인 단체

이 분야에 관한 연구동향은 식민지 시기 혹은 그 이전에 관한 연구가 주종을 이루고 있다. 필자를 포함한 일부 연구자 사이에서 해방 이후의 단체와 개인에 관한 연구가 산발적으로 이루어지고 있다. 한반도 거주 일본인 귀환자의 귀환 후 활동에 관한 선행연구로서는 크게 귀환자들의 인식에 관한 연구와 단체 활동에 관한 연구로 나눌 수 있다. 다카사키 소지(高崎宗治)를 비롯한 연구자들이 과거 식민지 지배에 관한 인식을 유형화 하고자 시도한 연구와, 나리타 류이치(成田龍一)를 비롯한 연구자들이 전후 귀환자

---

29) 「한국정부의 대일 민간청구권 보상과정」『한일민족문제연구』8, 2005.6.
30) 『2016 국립일제강제동원역사관 도슨트 역량강화 강좌 강의』(자료집), 2016년 10월 24일.

회고록을 시기별로 나누어 특징화 하고자 시도한 연구가 괄목할 만하다.[31] 또한 정병욱과 이형식은 일본으로 돌아간 구 조선총독부 관료와 경제계 인사의 행적을 조사했다.[32] 아울러 노기영은 재조일본인 귀환자 단체의 조직과 활동을 조사했다.[33] 아울러 고바야시 히데오(小林英夫)를 중심으로 하는 연구진이 귀환 후 단체 활동에 관한 연구 성과를 단행본으로 내놓았고, 그 안에서 시바타 요시마사(柴田善雅)는 일본정부의 전후처리 정책과의 연관성 속에서 귀환자 기업 단체의 활동을 소개했다.[34] 그 후 이연식은 귀환자 원호를 위한 일본정부의 정책과 귀환자 단체의 자구 노력에 관한 연구를 발표했다.[35]

필자는 이 분야에 있어서 대체로 한일 양국 정부가 주장하는 민간청구권의 인류 보편적 성격 운운하는 주장이 결과적으로 왜 「정치적」 언설에 지나지 않는 보상 지원 결과를 낳고 마는가 하는 기본적인 문제의식으로부터 연구를 시작했다. 한일 간 국가적 관계와 함께 민간교류를 권장하고 이에 적극 관여하고 있는 입장으로서 한국인의 민간청구권을 주장하기 위해서는 우선 일본인의 민간청구권 주장의 논리를 이해해야 한다는 단순한 연구 동기가 이 연구를 추진하게 한 것이다. 일본인의 민간청구권에 관한 연구에서 대체로 다음과 같은 발굴 성과가 발생했다고 생각한다. 해방직후 조선총독

---

31) 「해방직후의 일본인 귀환: 세화회 활동을 중심으로」, 이창훈·이원덕 편, 『한국 근현대 정치와 일본 II』, 선인, 2010,
32) 정병욱, 「조선총독부관료의 일본 귀환 후 활동과 한일교섭-1950, 60년대 동화협회·중앙일한협회를 중심으로-」『역사문제연구』14, 2005.6; 이형식, 「조선총독부 관료들의 식민지 지배 경험」『강제병합 100년 학술대회』』(발표문), 2010년 8월 28일.
33) 노기영, 「해방 후 일본인의 귀환과 중앙일한협회」『한일민족문제연구』10, 2006.6.
34) 柴田善雅, 「引揚者経済団体の活動と在外財産補償要求」, 小林英夫·柴田善雅·吉田千之輔, 『戰後アジアにおける日本人団体: 引揚げから企業進出まで』, ゆまに書房, 2008.
35) 이연식, 「전후 해외 귀환자에 대한 한일 양국의 지원법 비교연구: 입법의 역사적 배경과 성격을 중심으로」 김인호 등, 『근현대 한일관계의 제 문제』, 동북아역사재단, 2010.

부 도쿄출장소의 기능,36) 재일조선인의 경우와 비교하면서 실증 작업에 들어간 재조일본인의 귀환 과정,37) 해방직후 센자키와 하카타 항구의 귀환자 원호를 위한 체계,38) 재조일본인의 전후 민간청구권 주장과 근거39) 등이 그것이다.

이 분야에서는 오늘날에 이르기까지 문제제기 수준에 그치고 있는데, 앞으로 연구조사를 통하여 다음과 같은 문제가 보다 명확하게 밝혀지기를 기대해 본다. 해방직후 한국대표부의 활동, 재만일본인 혹은 해외일본인 귀환자 속의 재조일본인 귀환자의 민간청구권 주장과 단체활동, 센자키와 하카타 이외의 항구에서 일본인과 한국인의 귀환(귀국) 원호가 어떻게 이루어졌는지를 밝혀야 하는 과제가 많이 남아있는 문제라고 생각한다.

5. 「평화선」 연구

이 분야에서 제기되고 있는 문제는 기본적으로 한일 양국의 주권 다툼 사이에서 비인도적으로 자유를 구속당하는 사람들의 부조리와 관련된 것이다. 1950년대 일본에서 생산된 연구물을 통해서는 당시 식민지배에 관한 긍

---

36) 『일본인 세화회: 식민지조선 일본인의 전후』, 논형, 2013..
37) 「군산거주 일본인의 귀환과정에 나타난 지역적 특성: 세화회의 조직과 활동을 중심으로」『한일민족문제연구』 26, 2014.6; 「한반도 거주 일본인의 귀환과정에서 나타난 식민지 지배에 관한 인식」『동북아역사논총』 21, 2008.9; 「해방직후 부산항을 통한 일본인 귀환」『항도부산』 24, 2008.9; 「해방직후 부산경남지역의 귀환자 원호체계와 원호활동」『한국민족운동사연구』 36, 2003.9. ; 「해방직후 재경일본인의 일본귀환에 관한 연구」『전농사론』 9, 2003.3.
38) Institutionalizing Japan's Relief System for Repatriates: Koreans and Japanese at Hakata Port in 1945, *International Journal of Korean History*, 2017. 8; 「終戰直後博多港における引揚援護体制」『訪日學術研究者論文集』 21, 2015.3; 「일본의 패전과 부관연락선 : 부관항로의 귀환자들」『한일민족문제연구』 11, 2006.12; 「일본패전에 따른 재일한국인의 귀환쇄도와 일본정부의 원호수송대책」『한일연구』 14, 2003. 11.
39) 「한반도 거주 일본인의 패전 직후 단체 활동」『인간과 문화 연구』 17, 2010.12.

정론이나 나아가 「평화선」을 근본적으로 부정하는 논조가 강했으며 이와
함께 재일한인 사회에서도 일본 언론의 「평화선」 논조에 따른 험한 분위기
를 비판하면서도 전반적으로 한국과 일본 사이에 전재되고 있는 국교정상
화 회담을 비판하고 북한「귀국」을 지지하는 견해가 팽배했다.40)

　　한편 「평화선」 문제와 함께 진보 성향의 일본인 지식인들은 오무라 수용
소에 억류된 「재일조선인」의 비인도적 처사를 비판했다. 오무라 수용소 억
류 실태를 조사하여 이를 고발한 연구서로 1956년 김일(金日) 편집의 『탈
출: 오무라수용소』를 지목할 수 있다.41) 그 후 1960년대 후반 이후 일본사
회에서 재일한인 처우에 관한 다양한 저서가 출간되면서 오무라 수용소의
비인도적 상황이 일본사회에 널리 알려졌다.42) 한국에서는 암울한 시기 재
일한인을 둘러싸고 국가와 민족의 「경계」가 설정되어 민중의 비애를 다룬
연구가 나왔다.43) 반면 부산수용소의 일본인 억류 실태는 김경렬의 저서에
비교적 잘 나타나 있다.44) 또한 한국과 일본의 비인도적인 출입국 통제에

40) 名取義一, 「日韓會談のゆくえ」 『改造』33-9, 1952.7; 末松滿, 「朝鮮休戰會談と日韓
　　會談」 『中學敎育技術. 數學・理科・圖工』2-7, 1952.10; 安平政吉, 「日韓會談と大邦丸
　　事件」, 『警察時報』8-6, 1953.6; 鄭然圭, 「日韓會談は謀略?」 『改造』34-8, 1953.7; 橘
　　善守, 「日韓會談ドロ仕合い」 『政治經濟』6-11, 1953.7; ナライン K.V, 「日韓會談の
　　決裂によせて」 『中央公論』68-14, 1953.2; 漆島參治, 「日韓會談決裂と日本國民の覺
　　悟」 『東邦經濟』24-12, 1953.12; 金達壽, 「日韓會談と在日朝鮮人問題」 『新日本文學』
　　13-3, 1958.3; 鄭礼錫, 「日韓會談の人質は叫ぶ--生き,戰い,愛し,囚われた一インテ
　　リ韓國人の苦惱」 『文芸春秋』36-3, 1958.2; 辺永權, 「日韓會談の展望」 『コリア評論』
　　2-7, 1958.7; 中保与作, 『世界週報』40-34, 1959.8.
41) 金日(編), 『脫出 : 大村收容所の人びと』 三一書房, 1956.
42) 吉留路樹, 『大村朝鮮人收容所: 知られざる刑期なき獄舍』 二月社, 1977; 朴正功, 『大
　　村收容所』 大學出版會, 1969; 朝日新聞社, 『大村收容所の20年』 朝日新聞社, 1972;
　　岡正治, 『大村收容所と朝鮮人被爆者』 「大村收容所と朝鮮人被爆者」刊行委員會, 1972;
　　朴順兆, 『韓國・日本・大村收容所』 JDC, 1982.
43) 권혁태·차승기 엮음, 『'전후'의 탄생: 일본. 그리고 '조선'이라는 경계』, 그린비출판
　　사, 2013.
44) 김경렬, 『기항지: 關門루포』, 청우출판사, 1958.

관한 주목할 만한 연구 성과로 테사 모리 스스키가 집필한 저서45)와, 성공
회대학교 동아시아연구소가 발간한 연구서46)를 꼽을 수 있다.

필자는 이 분야에 있어서 2014년 가을에「평화선」침범 혐의로 부산에
억류된 일본인 어부들로부터 구술 자료를 채록하자는 의도에서 연구조사를
시작했다. 이들이 점차 사라져 가고 상황에서 일본사회의 과도한 험한 움직
임과 관련하여 정작 피해 당사자의 회고를 듣고 일본 보수세력의 움직임을
검증해 보고자 했다. 결과적으로 후쿠오카 지방에 생존해 있던 피해자들과
의 면담에 그치게 되었지만, 관련 연구과정에서 다음과 같은 점을 발굴하는
성과를 거두었다. 이 연구조사를 통해 후쿠오카현 이토시마 가후리 어민 생
존자로부터 부산 수용소 생활에 관한 기억을 기록할 수 있었다는 점이 가
장 큰 소득이었다.47) 이 외에도 후쿠오카 RKB 방송국 영상자료실에 소장
된「평화선」관련 영상자료를 찾아내고 목록을 정리한 점,48) 1957년 한일
양국의 외교 각서에 이르는 외교적 교섭 과정을 밝힌 점49)은 현대 한일관

---

45) Tessa Morris-Suzuki, *Borderline JAPAN: Foreigners and Frontier Controls in the Postwar Era*, New York: Cambridge University Press, 2010.
46) 권혁태·이정은·조경희,『주권의 야만: 밀항, 수용소, 재일조선인』한울엠플러스, 2017; 이 책에 글을 기고한 현무암 연구자는 이하 연구물 등에서 한일 양국에 공통된 '국가 주권의 폭력성'을 비판해 왔다. 玄武岩,『コリアン·ネットワーク = Korean Networks : メディア·移動の歴史と空間』北海道大學出版會, 2013; 玄武岩,『「反日」と「嫌韓」の同時代史 : ナショナリズムの境界を越えて』勉誠出版, 2016; 玄武岩·パイチャゼ·スヴェトラナ,『サハリン殘留: 日韓ロ百年にわたる家族の物語』, 高文研, 2016.
47)「'평화선' 침범 혐의로 한국에 억류된 일본인 어민」『한일관계사연구』55, 2016.12.
48)「'평화선' 피해 일본인 어민에 관한 영상자료」『한일민족문제연구』29, 2015.12.
49)「1957년 한일 억류자 상호석방 각서의 경위와 결과」『한일민족문제연구』32, 2017. 6;「한국과의 어업협정 교섭을 위한 1952년 일본측 기본방침에 관한 연구」『동북아역사논총』50, 2015.12. 1950년대「평화선」관련 한일 외교교섭 협상을 과정을 연구하는 과정에서 다음 자료집을 주로 분석했다. 淺野豊美·吉澤文壽·李東俊(編),『日韓國交正常化問題資料』(基礎資料編第1卷), 現代史出版, 2010; 淺野豊美·吉澤文壽·李東俊(編),『日韓國交正常化問題資料』(基礎資料編第1卷~第5卷) 現代史出版, 2010;

계사 연구에 중요한 토대 연구가 될 것으로 생각한다.

다만 「평화선」 연구 과정에서 부산외국인수용소의 억류 실태, 나가사키 오무라수용소의 '밀항자'와 '재일'의 애매한 구분을 보다 상세하게 풀어내지 못한 점에 대해서는 당분간 필자 본인의 연구과제로 여기고 싶다. 또한 이 분야에 있어서 앞으로 후세 연구자들이 조사해 주기를 희망하는 연구과제로 다음과 같은 점을 들고 싶다. 후쿠오카 이외에도 사가현, 나가사키현, 야마구치현 등의 지역에 거주하는 '평화선' 억류 일본인 생존자로부터 억류 과거에 관한 기억을 회고하게 하고 이를 기록화 하는 작업, 한국과 일본에 산재한 「평화선」 관련 영상자료를 목록화 하는 작업, 1950년대 중반의 일본 후지야마 외상의 행보, 한국전쟁과 「평화선」 문제의 상호 관련성 추궁, 1948년~1954년 사이 일본인 부인 및 자녀들의 본국 귀환 대기 상황 규명, 등이다.

참고문헌

고바야시 히사토모(小林久公), 「조선인 강제동원 피해자의 미불금에 대해」 『역사와 책임』, 창간호, 2011. 5,

권혁태·차승기 엮음, 『'전후'의 탄생: 일본. 그리고 '조선'이라는 경계』, 그린비출

淺野豊美·吉澤文壽·李東俊(編), 『日韓國交正常化問題資料』(基礎資料編第6卷~第11卷) 現代史出版, 2011; 淺野豊美·吉澤文壽·李東俊(編), 『日韓國交正常化問題資料』(第1期第1卷~第8卷) 現代史出版, 2010; 淺野豊美·吉澤文壽·李東俊(編), 『日韓國交正常化問題資料』(第2期第1卷~第12卷) 現代史出版, 2011; 淺野豊美·吉澤文壽·李東俊(編), 『日韓國交正常化問題資料』(第3期第1卷~第5卷) 現代史出版, 2013; 日韓漁業協議會, 『日韓漁業對策運動史』 日韓漁業協議會, 1968; 국민대학교 일본학연구소, 『평화선·북송·6차회담(한일회담 외교문서 해제집II)』 동북아역사재단, 2008; 국민대학교 일본학연구소·동북아역사재단(편), 『한일회담 일본외교문서』(제1권~제103권), 선인, 2010; 외교부외교사료관, 『재일한인 북한송환 및 한일양국억류자 상호석방 관계철 1955~60』 전9권.

판사, 2013.

권혁태·이정은·조경희, 『주권의 야만: 밀항, 수용소, 재일조선인』 한울엠플러스, 2017.

국민대학교 일본학연구소, 『평화선·북송·6차회담(한일회담 외교문서 해제집Ⅱ)』 동북아역사재단, 2008.

국민대학교 일본학연구소·동북아역사재단(편), 『한일회담 일본외교문서』(제1권~제103권), 선인, 2010.

김경렬, 『기항지: 關門루포』, 청우출판사, 1958.

김인덕, 「재일조선인 운동과 김두용」 『한국민족운동사연구』18, 1998.

김인호 등, 『근현대 한일관계의 제 문제』, 동북아역사재단, 2010.

김진영, 『한일청구권협정의 재점토: 태평양전쟁희생자 문제를 중심으로』서울대학교행정대학원, 1995.

노기영, 「해방 후 일본인의 귀환과 중앙일한협회」 『한일민족문제연구』10, 2006.6.

高橋哲哉. 이규수 옮김, 『일본의 전후책임을 묻는다』. 역사비평사, 2000.

성주현, 「해방후 원심창의 민족운동과 통일운동」 『한국민족운동사연구』65, 2010. 12.

오기문, 『오기문 회고록』, 한민족, 1998.

외교부외교사료관, 『재일한인 북한송환 및 한일양국억류자 상호석방 관계철 1955-60』 전9권.

이강훈, 『민족해방운동과 나: 靑雲 이강훈 자서전』, 제삼기획, 1994.

이민호, 『신한은행을 설립한 자이니치리더』, 통일일보, 2015.

이창훈·이원덕 편, 『한국 근현대 정치와 일본Ⅱ』, 선인, 2010,

이형식, 「조선총독부 관료들의 식민지 지배 경험」 『강제병합 100년 학술대회'』(발표문), 2010년 8월 28일.

일제강점하강제동원피해진상규명위원회 조사1과, 『똑딱선 타고 오다가 바다 귀신될 뻔 했네』, 일제강점하강제동원피해진상규명위원회, 2006.

_____, 『가긴 어딜 가? 헌병이 총 들고 지키는데』, 일제강점하강제동원피해진상규명위원회, 2006.

_____, 『수족만 멀쩡하면 막 가는 거야』, 일제강점하강제동원피해진상규명위원회, 2007,

일제강점하강제동원피해진상규명위원회 조사2과, 『조선이라는 우리나라가 있었구나』, 일제강점하강제동원피해진상규명위원회, 2008.

일제강점하강제동원피해진상규명위원회 조사3과,, 『아홉머리 넘어 북해도로』, 일제강점하강제동원피해진상규명위원회, 2009.

장박진,『식민지 관계 청산은 왜 이루어질 수 없었는가 : 한일회담이라는 역설』, 논형, 2009.

재일본대한민국민단,『민단50년사』, 재일본대한민국민단, 1997.

정병욱,「조선총독부관료의 일본 귀환 후 활동과 한일교섭 - 1950, 60년대 동화협회·중앙일한협회를 중심으로 -」『역사문제연구』14, 2005.6.

정진성 외,『근현대 한일관계와 재일동포』(공저), 서울대출판부, 1999.

정희선,『재일조선인의 민족교육운동(1945~1955)』, 청암대학교 재일코리안연구소. 2011.

최영호,『재일한국인과 조국광복』, 글모인, 1995.

_____,「일본 패전 직후 참정권 문제에 대한 재일한국인의 대응」『한국정치학회보』34-1, 2000.6.

_____,『현대한일관계사』, 국학자료원, 2002.

_____,「해방직후 재경일본인의 일본귀환에 관한 연구」『전농사론』9, 2003.3.

_____,「해방직후 부산경남지역의 귀환자 원호체계와 원호활동」『한국민족운동사연구』36, 2003.9.

_____,「일본패전에 따른 재일한국인의 귀환쇄도와 일본정부의 원호수송대책」『한일연구』14, 2003.11.

_____,「통합이론을 통해 본 오늘날의 한일관계」『한일연구』15, 2004.10.

_____,「한국정부의 대일 민간청구권 보상과정」『한일민족문제연구』8, 2005.6.

_____,「한반도 국가건설과 관련한 재일본조선인연맹의 활동」『한일연구』16, 2005.10.

_____,『한일관계의 흐름 2004-2005』, 논형, 2006,

_____,「일본사 사전과 개설서의 현대사 서술에서 나타나는 문제점」『한일관계사연구』25, 2006.11.

_____,「일본의 패전과 부관연락선 : 부관항로의 귀환자들」『한일민족문제연구』11, 2006.12.

_____,「한국과 일본의 중고교 역사교과서에 나타난 현대 한일관계 관련 서술」『동북아역사논총』21, 2007.9.

_____,『한일관계의 흐름 2006-2007』, 논형, 2008.

_____,「한반도 거주 일본인의 귀환과정에서 나타난 식민지 지배에 관한 인식」『동북아역사논총』21, 2008.9.

_____,「해방직후 부산항을 통한 일본인 귀환」『항도부산』24, 2008.9.

_____,「재일조선인 한국인 사회의 '본국' 로컬리티: 초기 민단의 경우」『로컬리

티인문학』창간호, 2009.4.

_____, 동북아역사재단 편, 『세계의 전쟁과 전후보상』. 동북아역사재단, 2009.

_____, 「전후 일본 우익의 동향과 자유주의 사관의 태동」『한국독립운동사연구』 35, 2010.4.

_____, 『한일관계의 흐름 2008-2009』, 논형, 2010.

_____, 『해방 후 한일간 상호인식과 역사교과서 편찬의 변화』(공저), 경인문화사, 2010.

_____, 「한반도 거주 일본인의 패전 직후 단체 활동」『인간과 문화 연구』 17, 2010.12.

_____, 『한일관계의 흐름 2010』, 논형, 2011.

_____, 「한인 귀환자의 눈에 비친 해방직후 부산의 이미지」『한일민족문제연구』 20, 2011.6.

_____, 「2012년판 일본중학 역사교과서에 나타난 현대 한일관계」『일본공간』10, 2011.11.

_____, 「한반도 거주 일본인의 귀환 후 단체결성과 재산권 보상요구」『한일민족 문제연구』21, 2011.12.

_____, 「한반도 신탁통치 문제의 로컬리티: 해방직후 재일조선인 사회를 중심으로」 『한국민족운동사연구』70, 2012.3.

_____, 『한일관계의 흐름 2011-2012』, 논형, 2013.

_____, 『일본인 세화회: 식민지조선 일본인의 전후』, 논형, 2013.

_____, 「군산거주 일본인의 귀환과정에 나타난 지역적 특성: 세화회의 조직과 활동을 중심으로」『한일민족문제연구』 26, 2014.6.

_____, 「조선인노무자 미수금 문제와 조련의 예탁활동」『동북아역사논총』45, 2014.9.

_____, 『한일관계의 흐름 2013-2014』, 논형, 2015.

_____, 「해방직후 박열의 행적으로 통해 본 재일한인 사회의 로컬리티」『재외한 인연구』36, 2015.6.

_____, 「'평화선' 피해 일본인 어민에 관한 영상자료」『한일민족문제연구』29, 2015.12.

_____, 「한국과의 어업협정 교섭을 위한 1952년 일본측 기본방침에 관한 연구」『동 북아역사논총』50, 2015.12.

_____, 『2016 국립일제강제동원역사관 도슨트 역량강화 강좌 강의』(자료집), 2016 년10월24일.

_____, 「'평화선' 침범 혐의로 한국에 억류된 일본인 어민」 『한일관계사연구』55, 2016.12.

_____, 「해방직후 아카타에서 보인 박열의 움직임」 『로컬리티인문학』17, 2017.4.

_____, 「1957년 한일 억류자 상호석방 각서의 경위와 결과」 『한일민족문제연구』 32, 2017.6.

_____, 『한일관계의 흐름 2015-2016』, 논형, 2017.

표영수·오일환·김명옥·김난영, 「조선인 군인·군속 관련 '공탁서'·'공탁증명서' 기초분석」 『한일민족문제연구』14, 2008. 6,

E. H. Carr, 김택현 번역, 『역사란 무엇인가』(개혁판), 까치글방, 2015,

高峻石, 『在日朝鮮人革命運動史』, 拓植書房, 1985.

權逸, 『權逸回顧錄』, 育英出版社, 1987.

金慶南, 「GHQ占領期における供託金の事務手續きと名簿原本の出所について: '經濟協力·韓國105'分析を中心に」(强制連行眞相究明ネットワーク, 神戶學生靑年センター, (2009年7月26日)

金達壽, 「日韓會談と在日朝鮮人問題」 『新日本文學』13-3, 1958.3.

金日(編), 『脫出 : 大村收容所の人びと』 三一書房, 1956.

金一勉, 『朴烈』, 合同出版, 1973.

金鍾在, 『渡日韓國人一代』, 図書出版社, 1978.

金太基, 『戰後日本政治と在日朝鮮人問題 : SCAPの對在日朝鮮人政策1945~ 1952年』, 勁草書房, 1997.

朴慶植, 『朝鮮問題資料叢書第9卷』, アジア問題研究所, 1983.

_____, 『朝鮮問題資料叢書補卷: 解放後の在日朝鮮人運動3』, アジア問題研究所, 1984.

_____, 『解放後在日朝鮮人運動史』, 三一書房, 1989.

_____, 『在日朝鮮人關係資料集成第1卷』, 不二出版, 2000.

_____, 『在日朝鮮人關係資料集成第2卷』, 不二出版, 2000.

朴憲行, 『在日韓國人一世: 戰後50年の想い』, 新幹社, 1995.

朴順兆, 『韓國·日本·大村收容所』 JDC, 1982.

朴正功, 『大村收容所』 大學出版會, 1969.

辺永權, 「日韓會談の展望」 『コリア評論』2-7, 1958.7.

宋基燦, 『「語られないもの」としての朝鮮學校』, 岩波書店. 2012.

吳圭祥, 『ドキュメント在日本朝鮮人連盟1945-1949』, 岩波書店, 2009.

李洙任, 『在日コリアンの經濟活動: 移住勞働者、起業家の過去·現在·未來』,

　　　不二出版. 2012.

李鐘元等,『歷史としての日韓國交正常化Ⅱ』, 法政大學出版局, 2012.

林哲,『二〇世紀を生きた朝鮮人:「在日」から考える』, 大和書房, 1998.

張錠壽,『在日六〇年·自立と抵抗：在日朝鮮人運動史への証言』, 社會評論
　　　社, 1989.

在日本大韓民國靑年會,『アボジ聞かせてあの日のことを: ‘我々の歷史を取
　　　り戻す運動’報告書』, 在日本大韓民國靑年會中央本部, 1988.

在日本大韓民國民団中央本部,『在日民団DVD』, 在日本大韓民國民団. 2008.

鄭礼錫,「日韓會談の人質は叫ぶ--生き,戰い,愛し,囚われた一インテリ韓國人
　　　の苦惱」『文芸春秋』36-3, 1958.2.

鄭榮桓,「金斗鎔と ‘プロレタリア國際主義’」『在日朝鮮人史研究』 33号,
　　　2003.

＿＿＿,『朝鮮獨立への隘路：在日朝鮮人の解放五年史』, 法政大學出版局,
　　　2013.

鄭忠海,『朝鮮人徵用工の手記』, 河合出版, 1990.

崔永鎬,「終戰直後博多港における引揚援護体制」『訪日學術研究者論文集』
　　　21, 2015.3

韓載香,『在日企業の産業経濟史: その社會的基盤とダイナミズム』, 名古屋
　　　大學出版會, 2010.

玄武岩,『コリアン·ネットワーク = Korean Networks：メディア·移動の歷史
　　　と空間』北海道大學出版會, 2013.

玄武岩·パイチャゼ·スヴェトラナ,『サハリン殘留: 日韓ロ百年にわたる家
　　　族の物語』, 高文研, 2016.

玄武岩,『「反日」と「嫌韓」の同時代史：ナショナリズムの境界を越えて』勉
　　　誠出版, 2016.

淺野豊美·吉澤文壽·李東俊 （編）,『日韓國交正常化問題資料』(基礎資料編
　　　第１卷~第5卷) 現代史出版, 2010.

＿＿＿,『日韓國交正常化問題資料』(第1期第１卷~第8卷) 現代史出版, 2010.

＿＿＿,『日韓國交正常化問題資料』(基礎資料編第6卷~第11卷) 現代史出版,
　　　2011.

＿＿＿,『日韓國交正常化問題資料』(第2期第１卷~第12卷) 現代史出版, 2011.

＿＿＿,『日韓國交正常化問題資料』(第3期第１卷~第5卷) 現代史出版, 2013.

朝日新聞社,『大村收容所の20年』朝日新聞社, 1972.

アジア問題研究所,『戰時强制連行華鮮勞務對策委員會活動記錄』, アジア問題研究所, 1981.

出水薫,「敗戰後の博多港における朝鮮人歸國について: 博多引揚援護局‘局史’を中心とした檢討」『法政研究』(九州大學法學部)60-1, 1993.

太田修,『日韓交涉－請求權問題の研究』, クレイン, 2003.

大沼保昭,『單一民族社會の神話を超えて: 在日韓國·朝鮮人と出入國管理体制』, 東信堂, 1987.

岡正治,『大村收容所と朝鮮人被爆者』「大村收容所と朝鮮人被爆者」刊行委員會, 1972.

小澤有作,『在日朝鮮人敎育論』, 亞紀書房; 金德龍(2002),『朝鮮學校の戰後史: 1945~1972』, 社會評論社, 1988.

古庄正,「在日朝鮮人勞働者の賠償要求と政府および資本家団体の對応」『社會科學硏究』31-2, 1986. 1.

_____,「朝鮮人强制連行名簿調査はなぜ進まないか」『世界』1991. 9.

_____,「朝鮮人强制連行問題の企業責任」『駒澤大學經濟學論集』24-2, 1992. 9.

_____, 「日本製鐵株式會社の朝鮮人强制連行と戰後處理：‘朝鮮人勞務者關係’を主な素材として」『駒澤大學經濟學論集』25-1, 1993. 6.

小林知子,「8.15直後における在日朝鮮人と新朝鮮建設の課題: 在日朝鮮人連盟の活動を中心に」,『在日朝鮮人史研究』21, 1991,

小林英夫·柴田善雅·吉田千之輔,『戰後アジアにおける日本人団体: 引揚げから企業進出まで』, ゆまに書房, 2008.

小松隆二,「在日朝鮮人の軌跡：65年の在日生活の聞き書き」『三田學會雜誌』78-6, 1986.

鈴木久美,「在日朝鮮人の歸還援護事業の推移: 下關·仙崎の事例から」『在日朝鮮人史研究』36, 2006.

_____,「‘解放’後の朝鮮人歸還者數に關する再檢討」『在日朝鮮人史研究』40, 2010.

_____,「在日朝鮮人の‘歸還’に關する研究(1945~1946)」(一橋大學博士論文), 2014.

戰後補償問題研究會編,『戰後補償問題資料集第7集: 戰後補償關係法令通達集(Ⅱ)「未拂金·軍事郵便貯金」關係』, 戰後補償問題研究會, 1992.

_____,『戰後補償問題資料集第8集：GHQ關連文書集(朝鮮

人未拂金政策等)』, 戰後補償問題研究會, 1993.

竹內康人(編), 『戰時朝鮮人强制勞働調查資料集: 名簿·未拂い金·動員數·遺骨·過去淸算』, 神戶學生靑年センター出版部, 2012.

竹前榮治, 『GHQ指令總集成: SCAPIN第2卷』. エムティ出版, 1993.

田中宏·中山武敏·有光健,『未解決の戰後補償』, 創史社, 2012.

坪井豊吉,『在日同胞の動き』, 自由生活社, 1975.

中野敏男, 「'日本の戰後思想'を讀み直す(4)自閉してゆく戰後革命路線と在日朝鮮人運動: 金斗鎔と日本共產党との間」『前夜』4, 2005.

中保与作,『世界週報』40-34, 1959.8.

名取義一, 「日韓會談のゆくえ」『改造』33-9, 1952.7; 末松滿, 「朝鮮休戰會談と日韓會談」『中學敎育技術. 數學·理科·図工』2-7, 1952.10.

ナライン K.V, 「日韓會談の決裂によせて」『中央公論』68-14, 1953.2; 漆島參治, 「日韓會談決裂と日本國民の覺悟」『東邦経濟』24-12, 1953.12.

日韓漁業協議會,『日韓漁業對策運動史』日韓漁業協議會, 1968.

日本弁護士連合會,『世界に問われる日本の戰後處理 2』, 東方出版, 1993.

樋口雄一, 「協和會から興生會体制への轉換と敗戰後への移行」『海峽』23, 2009.

樋口雄一,『金天海: 在日朝鮮人社會運動家の生涯』, 社會評論社, 2014.

兵庫朝鮮關係研究會, 『在日朝鮮人90年の軌跡: 續·兵庫と朝鮮人』, 神戶學生靑年センター出版部, 1993.

福岡縣,『事務引繼書』(昭和20年10月27日知事更迭), 福岡縣, 1945.

森田芳夫,『在日朝鮮人處遇の推移と現狀』(法務研究報告書第43集3号), 法務研修所, 1955.

安平政吉, 「日韓會談と大邦丸事件」, 『警察時報』8-6, 1953.6; 鄭然圭, 「日韓會談は謀略?」『改造』34-8, 1953.7; 橘善守, 「日韓會談ドロ仕合い」『政治経濟』6-11, 1953.7.

山本晴太. 「法律的論点からみた戰後責任裁判小史」『우키시마호 사건 관련 한일 전문가 포럼』 (일제강점하강제동원피해진상규명위원회 조사3과, 2008년 5월 16일) 발표문집.

吉留路樹,『大村朝鮮人收容所: 知られざる刑期なき獄舍』二月社, 1977.

ワグナ─[Edward W. Wagner], 『日本における朝鮮少數民族: 1904年-1950年(復刻版)』, 龍溪書舍, 1989.

Augustine, Matthew R., Restitution for Reconciliation: The US, Japan, and the

Unpaid Assets of Asian Forced Mobilization Victim, *The Journal of Northeast Asian History*, Volume 8, Number 1, Summer 2011.

Gane, William J. *Repatriation: from 25 September 1945 to 31 December 1945, Foreign Affairs Section, Headquarters USAMGIK, 1947.

____, *Repatriation in Korea, September 1945 to January 1946*, Northwestern University (Master's Thesis), 1949.

____, *Foreign Affairs of South Korea, August 1945 to August 1950*, Northwestern University (Doctoral Dissertation), 1951.

Tessa Morris-Suzuki, *Borderline JAPAN: Foreigners and Frontier Controls in the Postwar Era*, New York: Cambridge University Press, 2010.

Young Ho Choi, Institutionalizing Japan's Relief System for Repatriates: Koreans and Japanese at Hakata Port in 1945, *International Journal of Korean History*, Volume 22, Number 2, Aug. 2017.

<토론문>

현대 한일관계사 회고와 전망

유지아 | 경희대 한국현대사연구원

먼저 발표자이신 최영호 선생님께서는 현대 한국에서 23년간 한일관계사 연구를 해오신 독보적인 연구자로써 누구보다도 다방면에서 한일관계사에 대해 고민하시고, 그 고민의 결과물을 끊임없이 발표하셔서 후배 연구자들에게는 언제나 귀감이 되어오셨습니다. 특히 한일관계사 학회를 비롯하여 관련 학회에서 발표자로 때로는 토론자로 활발한 활동을 하시면서 한일관계 연구에 길나잡이가 되어주시기 때문에 선생님의 선행연구를 보면서 이후 연구과제를 고민하는데 큰 영향을 주시는 분이라고 생각합니다. 그렇기 때문에 본 발표 주제인 '현대 한일고나계사 회고와 전망'은 쉽게 접근할 수 없는 방대한 주제임에도 불구하고 체계적으로 정리를 하실 수 없었다고 생각됩니다.

발표내용에 대해 말씀드리면, 발표문에서 현대 한일관계사 연구를 큰 방향으로 ①해방직후의 재일한인 사회, ②일본의 전후처리, ③일제강점하 조선인 강제동원 피해자에 대한 한국정부의 보상과 지원, ④해방 후 재조일본인 단체, ⑤'평화선'문제로 나누어 연구 성과를 정리하셨는데, 일면 특정 연구영역으로 보이지만 통합적으로 살펴보면 이 다섯가지 방향에서 한일관계사 연구의 모든 면을 살펴볼 수 있을 것이라고 생각됩니다. 그리고 이러한 연구 성과를 바탕으로 더욱더 다양한 연구가 이루어져야 한일관계를 풀어

나가는데 밑거름이 될 것입니다. 그러나 토론자로서 선생님께서 말씀하신 내용들을 구체적으로 살펴보고, 그에 대한 의견을 몇 가지 제시해보고자 합니다.

1. 첫 번째 방향인 해방직후의 재일한인 사회 연구에서 이후 연구 과제를 특정인의 행보에 관한 연구조사를 확대시킬 것을 주문하고 계시는데, 현대 특정인에 대한 연구가 어느 정도 진행되어 있는지 묻고 싶습니다. 단순하게 생각했을 때, 먼저 당시 관계자나 특정인의 연구를 진행했을 것 같은데 아직 미진한 이유가 무엇인지도 묻고 싶습니다. 그리고 재일한인 자치대, 조련지방단체, 귀환자원호단체에 관한 연구조사도 보완해야 한다고 말씀하고 계시는데, 이러한 단체에 대한 사료는 어떤 상태인지 알고 싶습니다. 이러한 단체에 대한 구체적인 연구가 사료를 바탕으로 활발하게 진행된다면 해방직후 재일한인 사회에 대해 다방면으로 진상을 파악할 수 있을 것이라고 생각되기 때문입니다.

2. 다음은 일본의 전후처리 방향에서 말씀드리고자 합니다. 발표자께서는 일본의 전후처리가 조선인 문제에 국한되지 않고 과거 일본제국으로부터 피해를 입은 국가와 민족으로 확대해 가야 한다고 말씀하셨는데, 지당한 말씀이라고 생각합니다. 아시아 태평양 전쟁이 단순히 중일전쟁 시기를 가리키고 있지 않듯이, 이 전쟁에 참가한 국가는 특정한 국가에 국한되는 것이 아니라 일본으로부터 침략을 받고, 일본군으로부터 탄압을 받은 국가라면 모두 포함된다고 생각합니다. 따라서 일본의 전후처리야말로 한 국가에 대한 것이 아니라 아시아에 대한 전후처리라는 개념에서 연구해야 할 것입니다. 다만, 이렇게 일본의 전후처리를 아시아 차원에서 생각할 때 구체적으로 어떤 주제를 가지고 연구를 진행해야 할 것인가 하는 문제가 남습니다. 여전히 아시아 각 국은 자국의 피해에 대한 보상문제를 생각하고 있기 때문에 아시아 전체로 보

았을 때 어떻게 큰 틀을 만들어가야 하는가는 중요한 문제라고 판단됩니다. 그래야 일본정부에 대한 합리적인 대응 방침을 얻어낼 수 있을 것이라고 생각하기 때문입니다.

3. 다음은 청구권문제를 들고 싶습니다. 청구권 문제는 한일정상화와 함께 민간청구권문에 대한 한일양국의 이견이 첨예하고 대립하고 있다고 생각됩니다. 그리고 연구자들도 각각 청구권문제를 다루고는 있으나 한일정상화 회담에서 일본과 체결한 내용과 민간인청구권 문제를 어떻게 정리해야 하는지에 대해 구체적으로 다루고 있지는 않다고 생각됩니다. 아마도 이론적인 또는 객관적인 논리로 접근하기에 어려운 점이 있기 때문이라고 생각되지만, 이런 부분에 대해서 발표자께서는 어떻게 생각하시는지 여쭙고 싶습니다.

4. 마지막으로 발표자께서 정리하신 한일관계사 방향은 아무래도 발표자의 연구와 연관되는 주제들이 주로 다루어지고 있습니다. 그러나 한일관계사 연구에서 가장 많은 부분을 차지하고 있는 주제가 독도문제와 위안부 문제라고 생각됩니다. 실제로 이 부분에 대한 국가사업으로도 여러 차례 진행되고 있는 사업들이라고 생각됩니다만, 이러한 주제에 대한 성과를 간단하게 소개해주실 수 있는지요. 그리고 앞으로의 전망도 간단하게 부탁드리고 싶습니다.

발표자께서 말씀하신 내용 중에 한국 정치적 움직임과 상황과 연동된 연구 뿐만 아니라, 해방 후 북한의 소련점령당국과 평양의 정치적 움직임과 연동된 재일한인 사회의 분단과정, 재일한인의 개인재산권, 조련 재산권, 해방직후 강제동원 피해 노무자의 미수금 권리 시행 등에 관한 연구조사가 필요하다고 말씀하셨는데 저도 앞으로 가장 필요한 부분이라고 생각됩니다. 특히 발표자께서 지적하신대로 이제는 다양한 언어를 섭렵하고 있는 후배 연구자들이 늘어나면서 가능하리라 생각됩니다. 앞으로 이러한 연구가 활

발하게 진행되어 한일관계가 두 나라만이 아니라 아시아와 한국, 아시아와
한일관계라는 차원에서 더욱 폭넓게 연구가 진행되기를 기대합니다. 이상
으로 토론을 마치겠습니다.

종합토론

좌장 : 하우봉(전북대학교)

하우봉 : 시간이 6시까지 꼭 끝내야 되는 상황이니까 예정보다 좀 일찍 시작을 하겠습니다. 예. 저는 전북대 사학과에 재직 중인 하우봉이라고 합니다. 오랜만에 반가운 얼굴들 뵈었습니다. 오늘 아마도 회장님께서 기획하셨을 텐데, 선사시대부터 현대에 이르기까지 또 국내 뿐만 아니라 일본에서의 논문까지 굉장히 의욕 충만이랄까, 방대한 기획을 해 주셔가지고 여덟 개 주제가 진행되었습니다. 시간이 한 시간 남짓한데, 아까 발표할 적에 사회자분들께서 시간 통제를 해 주시고, 잘 지켜주셔서 원만하게 잘 되었는데, 죄송하지만 종합토론도 시간을 꼭 좀, 뒤에 하시는 분들을 위해서라도 시간을 지켜달라는 말씀을 드리겠습니다. 여덟 개 주제의 지정토론을 먼저 하게 되는데요. 한 팀당 7분을 넘어서면 곤란할 것 같습니다. 그래서 질문하시는 분들 4분, 답변 3분, 중간에 통역이 필요하거든요. 합치면 거의 65분 내지 70분이라는 시간이 진행될 것 같습니다. 네. 그렇게 진행하도록 하지요. 토론하시는 분들은 플로어에서 마이크로 해 주시고 답변을 해서 순서대로 진행하는 방식으로 하도록 하겠습니다. 먼저 제일 첫 번째 김규운 선생님의 발제에 대해서 공주대학교에 계시는 서정석 선생님께서 토론을 해 주시겠습니다.

서정석 : 예, 공주대학교 서정석입니다. 오늘 김규운 교수님 발표 잘 들었습니다. 자세한 말씀 더 듣고 싶습니다만, 시간이 없기 때문에 저는 간단히 두 가지 질문을 드리는 것으로 토론을 대신하려고 합니다. 첫 번째, 한일관계 관련 논문들을 읽다 보면 도래인이라는 표현을 많이 쓰십니다. 도래인이라는 표현은 일본 쪽에서 쓸 수 있는 표현이지만 우리 한반도 쪽에서는 적절한 표현이 아니지 않나 싶은 생각이 있어서 이 문제에 대해서 어떻게 생각하시는지 여쭈어보고 싶습니다. 두 번째, 선생님도 지적하셨다시피 일본 열도에서 한국관련 유물들이 나오면 한국에서 전해줬다 또는 한국에서 직접 건너간 것이라는 표현을 쓰지만 막상 우리 한국 땅에서 일본 관련 유물들이 나오면 일본 사람이 왔다 이렇게 얘기하는 것은 주저하는 분위기가

없지 않아 있습니다. 선생님께서도 그런 말씀을 하시면서도 일본 관련 석실이 나오니까, 왜계 석실, 확실하게 왜인의 무덤이라 하지 않고 이렇게 쓰셨는데, 이런 것도 선생님께서 말씀하시는 것이 모순되는 부분이 아닌가 하는 두 가지 질문을 드렸습니다. 고맙습니다.

김규운 : 네. 질문 감사드립니다. 제가 개인적으로 논문을 써서 투고를 하면 항상 심사하시는 선생님들께서 지적하시는 것이, 도래인이라는 표현에 대해서 지적들을 많이 하십니다. 적당한 용어가 없느냐. 도래인이라는 것이 일본에서 건너왔다는 일본쪽 관점이기 때문에. 최근에는 백제 학회나 이런 곳에서 도왜인이라는 표현을 쓰고 있습니다만, 도왜인이라고 하니까 뭔가 왜인이 건너왔다는 뉘앙스가 느껴져서, 제 개인적으로는 적절한 용어를 잘 찾지 못하고 있습니다. 도래인이라는게 어쨌든 연구가 일본에서 시작되었고 아직 대체할 만한 단어를 제가 잘 찾지 못해서 혹시나 고대 한일관계를 연구하시는 선생님께서 가르쳐 주시면 제가 다음에 참고하도록 하겠습니다. 제가 아직까지 적절한 단어는 한국 연구에서도 찾지 못하고 있습니다. 두 번째 질문해 주신 것은 해석할 때 일본에서 한반도 유물이 나오면 도래인이라고 추정하면서 반대로 한반도에서 일본 유물이 나오면 왜인이라는 데 주저함이 있어서, 왜인 석실이 아니냐 라고 질문을 해 주셨는데. 저는 개인적으로 전방고분군이나 왜계 석실에 묻힌 사람은 왜인이라고 생각합니다. 그런데 피장자를 얘기할 때 왜인이라고 할 수 있지만 무덤 형태 자체로 얘기할 때는 무슨 형, 무슨 계 이런 표현을 쓰기 때문에, 왜계 석실이라고 하는 것은 어떤 타입의 석실인지를 보여줄 때 사용하는 용어라고 생각합니다. 예를 들어서 일본의 다카이 다야마[高井田山] 고분이나 백제의 영향을 받은 석실도 피장자를 백제인이라고 생각하지만 백제인 석실이라 표현하지 않고 백제계 석실이라고 표현합니다. 계라고 붙인 것은 왜인이라고 생각하지만 석실 형태 자체만 보면 그렇다 라는 뜻에서 그런 표현을 썼습니다. 네. 이상입니다.

하우봉 : 네. 감사합니다. 도래인 이야기가 나와서 제가 생각이 나서 잠깐만 말씀드리면, 제가 한 2, 3년 전에 고등학교 한국사 교과서 검정을 맡은 적이 있었는데 그때도 역시 교재에, 검정교과서에 이런 용어들이 나오는 책이 있어 가지고 논의한 결과 보류는 아니고 권고사항으로 도왜인하고 도해인이라는 것을 권유를 했어요. 상당 부분이 수용되어 가지고 도래인이라는 표현이 교과서에는 거의 안 나오고 도왜인이라는 표현이 많이 나올겁니다. 또 아까 현명철 선생님 발표때도 용어가 나왔습니다. 정한론이라는 그것도 부적절한 용어이기 때문에 조선 침략론으로 쓰거나 아니면, 정한론이라 쓰면 소위 정한론이라 해서 콤마를 쳐서 우리가 쓰는 용어는 아나나 편의적으로 쓴다는 표시를 하도록 권유를 해서 다 수용해 주셔 가지고 고등학교 교과서에는 정한론이라는 표현이 그대로 나타나지는, 그런 표현은 없어졌습니다. 참고 바랍니다. 두 번째, 나행주 선생님 발제에 대해서 연민수 선생님께서 토론해 주시겠습니다.

연민수 : 질문이라기보다 간단한 소감 말씀드리겠습니다. 고대 한일관계, 다른 분야도 마찬가지겠지만 특히 고대 한일관계 같은 경우는 사료의 대부분이 일본에서 편찬된 일본 사료, 부분적으로는 금석문 같은 개별적인 사료도 있습니다만, 조선시대와는 달리 일본 사료가 중심이 되고 있어요. 특히 고대 사료 같은 경우는 일본 이른바 천황제의 정치적인 이념, 일본 국가의 대외적인 이데올로기 이런 게 강하게 반영되기 때문에 일본 사람들이 연구해 놓은 것을 어떻게 극복해 나가느냐. 예를 들면, 임나일본부라던가, 일본서기 전체에서 과장, 왜곡, 윤색이 되기 때문에 이 사료를 어떻게 봐야 하느냐 이런 게 극복의 과정이라고 생각이 되요. 그 전에는 한국사하고 고대사 연구자들이 필요에 의해서 부분적으로 발췌해서 연구를 했지만, 일본에서 공부한 유학생들이 90년대 이후부터 2000년대에 걸쳐서 많은 연구자들이 돌아와서 연구를 하고 있습니다. 그래서 극복의 과정이고, 4~6세기 임나일본부를 중심으로 한 부분이 중심이었는데 요즘에는 9~10세기 초까지 연구

영역이 확대되어 가지고 많은 부분에서 고대 한일관계의 전체상을 볼 수 있는 단계까지 와 있다고 생각이 됩니다. 너무 정치적인 측면에만 치우친 감이 있어요. 연구경향이. 이제는 좀 문화사적인 면이라든가 인간 교류사적 측면에서 연구가 활성화되어야지 않느냐 이런 생각이 듭니다. 새로운 시각, 주제의 발굴, 기존에 해 왔던 틀 속에서 벗어나서 다양한 시각에서 연구를 해야 하지 않겠는가 하는 간단한 소감을 말씀드렸습니다.

나행주 : 토론문에 적어 주신 내용은 저의 발표문의 부족한 부분에 대한 배움 말씀을 쓰셨습니다만, 지금 발언에서는 일본 고대사 또 고대 한일관계 사를 공부하는 분들이 기본적으로 명심해야 할 사항에 대한 말씀을 해 주 셨습니다. 저도 가슴 속에 새기고요. 또 다른, 앞으로도 공부하시는 분들도 반드시 제일조로 명심해야 할 내용으로 생각하고 있습니다. 말씀 안해 주신 부분들은 나중에 논문을 완성하는 가운데에서는 보충해서 부족함이 없도록 하겠습니다. 이상입니다.

하우봉 : 세 번째 한문종 교수님 발제에 대해 아라키 선생님께서 해 주시 겠습니다.

아라키 : 일본국립역사민속박물관의 아라키입니다. 앉아서 말씀드리겠습 니다. 한문종 선생님의 발표는 1993~2016년의 『한일관계사연구』 1~55호에 게재된 논문을 중심으로 「고려후기·조선전기 한일관계사 연구의 회고와 전 망」을 살펴본 것입니다. 결언에서 논점을 세심히 정리하고 있기에, 이에 입 각하여 일본측의 연구동향과 비교하면서 약간의 코멘트와 질문을 드리고자 합니다. 먼저 첫 번째입니다. 첫 번째는 고려와 일본과의 교류사에 관한 질 문입니다. 한국에서는 총체적인 연구성과가 적은 가운데 '庚寅年倭寇'에 관심이 집중되고 있으며 元·高麗연합군의 일본 원정에 관한 것조차도 연구 가 이루어지지 않고 있는 실태를 지적하고 있습니다.

일본에서는 사료가 적기는 하지만 무라이 교수님께서 말씀하셨듯이 10~13세기 일본과 고려와의 교류사에 관한 연구가 축적되어 왔으며 양국

사이의 교류에 그치지 않고 宋(北宋·南宋)이나 遼(契丹)도 포함한 다국 사이의 교류 속에서 위치 짓고자 하는 연구의 흐름도 있습니다. 또 몽골습래는 '外寇'의 제일가는 것으로 오래 전부터 거론되어 온 주제인데, 최근에는 몽골제국의 유라시아 규모의 역사적 전개 속에서 이해하는 것이 추세입니다.

물론 '경인년왜구' 문제도 중요하지만 왜 10~13세기의 고려와 일본과의 교류사, 혹은 원·고려 연합군의 일본원정 문제가 별로 주목되지 않았는가, 그 이유에 대해서 질문 드리고 싶습니다. 두 번째는 조선과 일본과의 교류사에 관해서입니다. 먼저 한국측의 한일관계사연구에 대한 생각을 여쭈고자 합니다. 조선 전기를 전공으로 하는 연구자가 적고 연구성과도 조선후기·근대와 비교해서 적은 것, 이러한 연구 상황 속에서 이예·김성일 등 인물에 주목한 연구나 제도사적 연구가 주류가 되어 무역사 연구가 빈약한 점 등을 지적하셨습니다. 일본에서는 1980년대 이후의 약 40년간 중세 일조교류사 연구가 비약적으로 진전했고 신진·중견연구자의 수도 증가하고 있습니다. 이것은 중세 일본의 동아시아 교류사연구가 눈에 띄게 진전한 것과 동반한 현상이라고 생각합니다. 일본사 연구에 내재된 一國史적인 인식의 틀을 의문시하는 문제의식이 계기가 된 흐름이며 현재는 대외관계사가 일본사 연구의 한 분야로서의 지위를 얻게 되는데 이르렀다고 생각됩니다. 이러한 일본의 연구 상황에 대해서, 한일관계사연구가 한국사 연구 속에서는 어떤 위치에 있는가를 질문 드리고 싶습니다. 또한 조선 전기보다도 조선 후기에 연구가 집중되고 있는 이유에 대해서도 궁금합니다. 조금 길어졌습니다만, 한 가지 더 한일관계사연구의 사료에 관한 질문입니다. 조선 전기의 한일관계사연구에 대해서는, 한국측의 사료가 적고 또한 자국 중심적으로 역사를 인식하려고 하는 경향이 강한 것에서 일본측 사료를 적극적으로 활용해 객관성을 높일 필요가 있다고 지적하셨습니다. 집권 국가인 조선왕조와 분권성을 특징으로 한 일본 중세 사회에서는 사료의 생성·보존 형태가 다르며, 전해져 오는 사료의 성격도 다릅니다. 『조선왕조실록』이 기본

사료인 것은 말할 필요도 없지만 어디까지나 국가가 주체로 편찬한 2차 사료입니다. 이에 대해 일본의 중세 사료에는 정사, 실록이 없고 그런 유형으로서는 가마쿠라 막부의 관계자가 편찬한 『吾妻鏡』 혹은 畿內의 寺社 등이 편찬한 「年代記」 등을 꼽을 수 있습니다. 단 그러한 중세 단계에서 편찬된 2차 사료는 매우 적으며 반대로 다양한 사회 집단이 자율적으로 작성한 문서·기록류(1차 사료)가 대부분을 차지하고 있습니다.

일본측 연구에서는 2차 사료이긴 하지만 기술량이 풍부한 『조선왕조실록』을 기초로 하면서 일본측의 1차 사료에 의해 『실록』을 상대화하는 방법이 이루어지고 있습니다. 한국측 연구에서도 일본측의 1차 사료가 활용되기를 바라고 있으나 다양한 사회집단이 개별 분산적으로 작성·보존한 사료는, 기사가 단편적인 것이 많으며 그것을 정확히 해석하기에는 일본사 연구의 성과를 어느 정도 고려하지 않으면 어렵다고 생각합니다. 한일 양국 간에 보다 한층 연구자 교류가 진행되는 한편 사관 차원의 추상적인 의논이 아니라 구체적인 의논을 나눌 수 있기를 바랍니다. 이러한 점에 관해서 선생님의 의견을 듣고 싶습니다.

한문종 : 네. 세 가지 질문을 하셨습니다. 첫 번째 질문은 왜구에 대한 연구는 많은데 10~13세기까지 일본과의 교류, 여몽연합군의 일본정벌 이런 문제에 대해서는 왜 연구가 드문가 하는 질문이었습니다. 왜구에 관한 연구가 많은 것은 한일관계사 연구에 수록된 경우에는 왜구에 대한 연구가 대부분을 차지하고 있습니다. 그런데 한일관계사 연구 이외에 고려시대를 연구하는 한국중세사학회에서는 많은 분야의 연구들이 발표되고 있습니다. 예를 들자면, 발표 요지문에 고려시대 논저목록을 실었는데요. 2000년부터 2017년까지. 거기에 보면 여몽연합군의 일본정벌이나 고려와 일본과의 교역에 관한 연구를 남기학 선생님이나 윤용혁 선생님이 많이 하고 있습니다. 그런 점에서 보면 한일관계사연구회에서는 왜구 문제에 집중이 되어 있지만, 고려시대를 연구하는 사람들은 그 외의 분야에 대해서도 관심을 가지고

연구를 하고 있다. 문제는 한일관계사연구에 이와 같은 논문들을 왜 수록하지 못했느냐 하는 문제들이 있을 수 있는데요. 그건 아마 그 연구자들을 한일관계사학회에서 제대로 수용하지 못한 한계가 있지 않았을까 하는 생각을 해 봅니다. 두 번째 질문입니다. 한국사에서 한일관계사의 위상이 어떠한가. 한일관계사학회가 만들어지기 전까지는 그야말로 한일관계사는 한국사의 변방에 자리잡았습니다. 한일관계사학회가 창립되고 나서 열심히 연구가 활성화되고 난 이후에 대학에서도 한일관계사라고 하는 강좌가 개설되었습니다. 뿐만 아니라 한일관계사가 한국사의 일부분으로 자리를 잡을 수 있었습니다. 더 나아가서 요즘에는 중·고등학교에서 동아시아사의 일부로 자리잡을 수 있었던 것은 아마 한일관계사학회의 역할이 가장 크지 않았나 라는 생각을 해 봅니다. 그 다음에 조선시대의 경우를 보면, 조선전기보다 조선후기가 왜 연구가 많냐. 일단 조선후기 연구자들이 조선전기보다는 광장히 많습니다. 조선전기 연구자들의 경우에는 손으로 꼽을 정도로 별로 없습니다. 또 다른 하나는 조선전기에 비해 조선후기가 사료가 많다. 사료가 많아서 연구가 많이 이루어진 반면에 조선전기의 경우에는 사료도 없고 연구자도 적고 그렇다보니까 연구가 조선후기보다 활성화되지 못한 한계가 있습니다. 마지막 질문입니다. 마지막 질문은 일단 한일관계사라고 하는 것은 한국과 일본간의 교류사입니다. 그렇기 때문에 한국의 자료만 가지고 한일관계사를 연구하는 것도 문제가 있고, 일본의 자료만 가지고 한일관계사를 연구하는 데에도 한계가 있습니다. 그래서 양국의 사료를 적절히 비판 검토할 필요가 있지 않을까. 그러기 위해서는 양국 사료를 수집, 정리하고 수집·정리된 자료를 공유할 필요가 있다고 생각합니다. 아까 발표에서도 정재정 선생님께서 말씀하신 것처럼 DB구축의 필요성이 제기되고 있습니다. 더불어 이와 같은 자료들을 읽을 수 있는 사료해독 능력도 아울러 같이 배양해야만 객관적인 한일관계사 연구가 이루어지지 않을까. 이와 같은 것은 한국과 일본의 학자들이 공동으로 노력을 해야 된다고 생각을 합니다.

하우봉 : 네. 감사합니다. 네 번째 정성일 발제에 대해서 장순순 선생님께서 토론해 주시겠습니다.

장순순 : 네. 장순순입니다. 저도 앉아서 하겠습니다. 간단하게 말씀드리겠습니다. 오늘 정성일 선생님의 발표는 『한일관계사연구』라는 학회지를 중심으로 한일관계사의의 발자취를 추적하고, 1992년부터 현재까지 연구현황을 분석한 것입니다. 오늘 단연 돋보인 점은 역시 한일관계사를 연구하는 한일관계사학회 내지는 한일관계사 연구가 직면한 현실적 과제라고 하는 것이 이런 것이 있다고 구체적으로 제시하고, 연구 활성 방안에 대해서 제언한 부분이 단연 돋보였다고 생각합니다. 저도 전적으로 동감하구요. 특히 자료 공유라고 하는 면에서 자료의 디지털화나 번역, 활자화, 자료 활용 방법에 대해서 구체적으로 제시를 해주셨다는 점에서 대단히 돋보이는 발표였다고 생각이 듭니다.

간단하게 저는 두 가지만 말씀드리겠습니다. 일단 오늘 발표자께서는 『한일관계사연구』라고 하는 것이 창간되는 배경에 대해서 그 초기에는 한국사 속에서 한일관계사라고 하는 부분이 특수사로 출발했는데, 학회가 활동하면서 현재 한국사 속에서 한일관계사의 위상이라고 하는 것이 어느 정도 평가될 수 있는가 라고 하는 것이 하나고요.

두 번째는 오늘 반복되는 얘기인데, 『한일관계사연구』에 수록된 논문을 주로 분석 대상으로 하셨는데요. 기타 『한일관계사연구』 뿐만 아니라 다양한 학회지에서 여러 가지 한일관계에 관한 연구들이 발표되었는데요. 그것들을 기존 방식으로 하면 주제별로 분류해서 연구 성과를 도출해 낸다면 대충 어떤 부분에 있어서 연구 성과가 어떤 식으로 나왔는가 라고 하는 부분에 대해 알고 싶습니다. 단적으로 최근에 연구 성과로써는 이훈 선생님의 연구 성과가 있었는데요. 통신사의 경우에 2003년 이후에는 전혀 되어 있지 않습니다. 이 부분에 대해서도 왜관이라고 하는 부분 이외의 연구 동향에 대한 의견을 듣고 싶고요. 첨언을 드린다면 한일관계사 연구에 있어서 한계라고 하는 부분을 제시하는 과정 속에서 한일관계사의 연구 인력에 관한 이야기를 하셨습니다. 여러 가지 한국 사회의 사회적인 문제들을 저출산이나 대학입학자수의 감소나 한국사회에 있어서 인문학이 처해진 상황을 이야기하고 계신데요. 의견입니다만, 저는 국제사회에서의 한일관계의 위상, 그게 뭐냐면 한중관계와 한미관계라고 하는 것이 더 영향력을 발휘하게 되면서 상대적으로 이러한 부분이 더 축소되지 않았나 하는 생각도 들고 또 하나는 일본사 중심의 연구라는 부분이 집중이 되면서 한일관계사에 대한 부분이 줄지 않았나 이런 생각을 해 봤습니다. 이상입니다.

정성일 : 네. 감사합니다. 세 번째 말씀하신 것부터 제 의견을 피력하자면 저도 장순순 선생님께서 지적하신 최근 한국 사회에서 일본을 보는 인식의 변화 이런 것이 한일관계사 연구자의 변화에도 영향을 미치지 않았을까 저도 같은 생각입니다. 중국의 부상, 미국과의 관계. 잘 아시는 것처럼 1950년 한국전쟁, 6.25 이후에 미국에 유학했던 사람들이 한국 사회에서 주류를 형성하면서 미국 중심의 교육이랄지 이런 것이 강화되었고 최근에 중국이 부상하면서 상대적으로 일본에 대한 관심이 줄어들었을 것이다. 저도 충분히 공감합니다.

두 번째는 제가 보완해야 할 부분인데요. 『한일관계사연구』라고 하는 학회지에 수록된 것 이외에 다른 학술잡지에 수록된 것에 대해서도 균형 있게 분석을 하는 문제가 남아있습니다. 가령 통신사 문제 같은 경우에는 최근에 많은 연구가 이루어지고 있습니다. 역사학 분야도 많이 이루어지고 있습니다만 최근에는 인접 학문분야 예를 들면 문학이라든지 예술, 복식 이른바 문화 관련된 그런 쪽에서도 통신사 문제를 다루고 있고, 특히 역사학이 아닌, 문헌 사학이 아닌 전공자들도 통신사 관련 기록에 대해서 추적을 해가는 경향을 말씀드릴 수 있겠습니다. 비근한 예로 최근에 제가 국사편찬위원회 자료관에 자료 복사하러 가서 직접 목격한 일입니다만, 일본에서 온 연구자로 보이는데, 통신사 기록에 대한 복사랄지 최근 문위행, 일본에서

역관사라고 하는데요. 역관, 통신사 관련된 대마도 종가문서 속에서 국편 자료를 복사해 가는 연구자들을 목격할 수 있었습니다. 그것을 통해서도 통신사, 역관의 문제를 좀 더 다각적으로 다양한 관점에서 접근하고 있다는 것을 알 수 있습니다. 그런 내용들을 오늘 발표문에는 넣지 못했습니다만 다음 보완할 때에는 장선생님이 말씀하신 그런 내용을 반영해서 수정하도록 하겠습니다.

첫 번째인데요. 이 부분은 제 생각을 말씀드리겠습니다. 과연 25년 동안 한일관계사학회가 활동을 해 왔는데 그 결과로 한국 사회에 어떤 영향을 미쳤을까 하는 것은 매우 중요한 것이라고 생각합니다. 제가 이 문제에 대해서 국내, 국외의 학회나 신문 이런데서 평가해 놓은 것을 읽어본 적은 없습니다만, 주관적으로 느끼는 바는 바로 이것입니다. 지난 25년 동안 한국사 내에서는 잘 다뤄지지 않았던 그런 문제들이 한일관계사학회 활동을 통해서 밝혀진 것이 여러 가지 있다고 생각합니다. 예를 들면, 표류민 문제를 들 수 있겠고, 두 번째 통신사에 관한 것도 마찬가지구요. 또 왜관을 통한 교류사 이런 것도 조선시대사학회에서 활동하는 연구자들에 의해서는 밝혀지지 못한 그런 문제들이 한일관계사학회 활동에 의해서 규명되었다 이렇게 말씀드릴 수 있는데, 저는 그것보다 더 현실적인 문제를 들자면, 가령 조선시대 울릉도 독도문제를 생각할 때 한일관계사학회의 역할 혹은 의욕적인 발언을 하자면 국사편찬위원회나 동북아역사재단에서 해왔던 사업이 상당히 중요한 성과겠다고 생각합니다. 1984~5년 그 무렵에 대학원을 진학했습니다만 그 시절 제가 석사 때 조선후기 연구성과 논문을 읽어보면 80년대 중반까지만 해도 국내에서 나온 조선후기 한일관계사 논문 중에서 일본자료, 아까 아라키 선생님이 지적하셨습니다만, 1차 자료, 오리지널 문서를 다루어서 분석해서 논문으로 혹은 책으로 발행, 발표한 연구성과는 거의 찾아보기 어려웠다고 생각합니다. 전무라고 말하지는 않겠습니다만 80년대 말까지 그랬었는데 이것이 90년대 이후에 다시 말해서 한일관계사학회가 만들어지고 한일관계사학회 회원들의 활동에 의해서 지난 25년 동안 이 문제는 많이 발전했다고 생각합니다. 지금 일본에서 말하면 다케시마, 한국에서 말하면 울릉도, 독도 문제에관한 조선시대 사료를 놓고 한국의 연구자와 일본의 연구자가 거의 동등한, 대등한 수준에서 1차 사료를 보고 분석할 수 있는 능력이 되었다. 이것 하나만 놓고 보더라도 지난 25년 한일관계사 역사 중에 특히 조선후기에 한정한다면 성과라고 할 수 있지 않느냐. 그래서 저는 특히 관계사에서는 한국과 일본 자료 동시에 분석해야 하는 것이 매우 중요하다고 생각합니다. 자료에 대한 접근 능력, 해독 능력 이것은 젊은 연구자들이 갖추지 않으면, 그걸 어렵다고 한다면 새로운 연구자의 신입은 매우 요원하지 않을까 그런 생각이 듭니다. 조금 더 쉬운 쪽으로 현대사나 사회적 요구도 있겠지만 연구 방법상의 어려움과 쉬움 이런 것도 영향을 미칠 수 있기 때문에 조선후기 한국과 일본 자료의 대중화라고 할까요. 그런 작업이나 사업, 연구는 앞으로 25년 생각할 때 의미 부여해야 하지 않을까. 오늘 발표도 그런 입장에서 말씀드렸습니다. 그러다 다보니까 미진한 부분은 수정하도록 하겠습니다. 네. 감사합니다.

하우봉 : 네. 고맙습니다. 다음 다섯 번째 현명철 교수님 발제에 대해서 홍익대학교 김흥수 선생님 토론해 주시겠습니다.

김흥수 : 네 홍익대의 김흥수라고 합니다. 제가 학회 회원입니다만 오늘이 두 번째입니다. 대단히 서먹한데요, 앞으로 열심히 하겠습니다. 현명철 선생님께서 개항기 한일관계사 연구, 광범위한 분야인데 선생님의 관심 분야를 중심으로, 그리고 일본에서의 연구성과까지 망라해서 목록을 제시해 주셔가지고 이후 연구에서 많은 도움이 될 것이라고 생각이 듭니다. 그런데 앞에 토론자가 문제제기 한 것 하고 비슷한 것인데요. 선생님 관심분야를 중심으로 정리를 해서 개항기의 연구 성과들이 엄청나게 많았을 텐데 그걸 다 망라하지 못한 점이 없지 않나 그런 생각이 들었습니다. 특히 2010년 같은 경우에는 한일 병합 100주년이었는데 거기에 대한 논의들이 한일 양국

에서 많이 진행되었을 것이라 보이는데 그때 그 논의를 통해서 어떤 것이 보이고, 더 연구해야 할 부분이 무엇인지를 정리해 주셨으면 하는 바람이 있습니다. 현선생님께 부탁을 드리는 것 같은데, 충분히 해 주시리라 믿습니다. 그 다음 현명철 선생님의 관심분야에 대해서 연구사 정리를 하시면서 논점을 몇 개 제시했습니다. 그 중 상당부분 동의를 하지만 제가 조금 다른 생각을 가지고 있는 두 가지 부분만 말씀드리겠습니다. 첫째는 대마도문제 인데요. 잘 아시다시피 대마도가 왕정복고 이후에 서계를 가지고 오죠. 거기에 皇·勅문제, 즉 서계문제가 생기게 되는데 저는 이게 대마도에서 고심해서 이렇게 적었다는 생각이 들어요. 대마도는 지적하신 대로 일본 조정으로부터 원조를 받아야 하니까 일본 조정의 요구를 받아들일 수밖에 없었다. 그래서 '皇'이나 '勅'이라는 문자를 쓰는데, 대신 글자의 위치를 옛날 대군이나 우리 왕의 위치하고 똑같이 했습니다. 대마도도 사실은 이걸 조선에서 받지 않으리라고 생각을 했습니다. 나름대로 준비를 했고, 일단 설득을 하고 난 다음에 이게 되지 않으면 다른 방식으로 접근을 하고 최종적으로는 대마도주가 파견되어 해결해야 한다는 복안을 가지고 있었다고 생각이 됩니다. 그래서 그 뒤에 원조가 실현되면 양국의 갈등을 해결하기 위해서 정부와 정부끼리 대등한 입장에서 교역하자고 하는 그런 새로운 안을 내세우는, 그리고 이제 대마도주가 직접 조선으로 건너가겠다는 등등의 여러 가지 합리적인 방안을 내세웁니다. 물론 이제 대마도의 경제적 어려움 때문에 상인들이나 이런 사람들이 중간에서 농간을 부리는 그런 것들은 있었죠. 그런데 그런 것은 제가 볼 때 어느 시대나 어느 나라에서나 상인들이 그렇게 할 수 있는 일이라고 생각하기 때문에, 혹시 그런 것을 너무 강조해서 메이지 초기 왕정복고 시대에 두 나라의 관계, 여기에 있던 대마도에 대한 평가나 이런 부분들이 너무 박하지 않았는가 생각이 들었습니다.

그 다음에 두 번째는 이것도 대마도하고 관계가 있는데, 선생님께서 1872년 9월에 세견선을 폐지하고 왜관을 점거한 사건. 점거라고 점령이 아니기 때문에 기유약조의 해체 이런 식으로 객관적 용어로 말씀하셨는데, 일단 왜관이라고 하는 것이 기유약조의 한 부분이기 때문에 선생님 주장하신 대로 왜관이 정상적으로 유지되었다고 하면 그걸 기유약조 체제의 붕괴라고 보는 것 하고는 모순이 되지 않나 그런 생각이 들었고요. 그 다음에 오래 전 일입니다만 이 부분에 대해 집중적으로 연구한 적이 있는데, 이 두 나라가 모이게 된 핵심은 저는 왜관문제라고 봅니다. 왜냐하면 아까 말씀드린 대로 이걸 최종적으로 해결하기 위해서는 대마도주 소우씨가 가서 옛날 관계를 정리하고 그 다음에 새로운 관계를 채비해야 하는데, 이렇게 될 경우에 일본 정부의 입장에서는 일본이 왜관을 자칫 자기들이 운영할 수 있다고 하는 그런 보장이 없었습니다. 당시 일본에서는 왜관을 전략적으로 생각했습니다. 그러니까 침략이나 전쟁의 기지 그런 것 보다는 왜관 자체가 하나부사 외무대승과 같은 고위관료가 파견되었고, 그 다음 군함과 병력을 동원했기 때문에 물론 이게 왜관까지 가진 않습니다만, 대마도까지 가거든요. 그래서 이걸 왜관이라는 표현, 점거든 점령이든 이걸 빼고 명명하는 것은 문제가 있지 않겠냐 하는 생각입니다. 이상입니다.

현명철 : 고맙습니다. 첫 번째는 병합 100주년을 맞이해서 많은 연구가 있을 텐데 그걸 통해서 얻은 성과가 있으면 정리를 해 달라고 하셨는데 제가 못했습니다. 그건 지나갔으니까 어쩔 수 없고요. 두 번째는 대마도에 대한 평가가 박하지 않나 그런 문제인데요. 처음하고 나중에 점점 달라지거든요. 처음에 대마도의 입장이 외국과 접촉을 하게 되면 또 무역과 외교를 계속하려는 쪽으로 가게 되면서 조선에 오히려 달라 붙고 그런 쪽으로 가기 때문에 한 가지로 그냥 얘기를 할 수 없다고 봅니다. 그 다음에 세 번째 점거라는 표현이 괜찮지 않은가 하셨는데 점거했을 때 우리가 가라고 얘기했는가 하는 게 가장 중요할 것 같아요. '너 뭐야 가' 그랬으면 문제가 달라졌을 텐데 가라는 얘기를 조선이 하지 않습니다. 가라고 얘기하지 않는다는 것은 들어오는 것을 인정하는 거고 그걸 점령이나 점거라고 얘기하는 것은

다른 문제가 아니겠는가. 그리고 이훈 선생님도 표류민 송환에 대해서 연구를 하셨는데, 표류민이 계속 송환되고 있고요, 얘네들이 조선이 준 도서나 노인을 계속 가지고 오고 있고. 그것도 뭔가 개운하지 않다. 선생님하고 저하고 머리 맞대고 정확한 표현이 뭔가 고민해 봐야 될 것 같습니다. 그리고 마지막으로 종씨 도항 문제가 되는데요. 이건 제가 선생님께 여쭤보고 싶어요. 도대체 종씨가 도항하게 되면 뭔가 좋아졌을까요 하는 부분에 대해서 이따가 한 번 말씀해 주시길 부탁드립니다.

하우봉 : 상당히 논쟁적인 주제인 것 같은데. 기회가 있으니까 두 분이 토론해 주시기 바랍니다. 다음은 무라이 쇼스케 교수님 발제에 대해서 이재범 선생님께서.

이재범 : 네. 이재범입니다. 앉아서 말씀드리도록 하겠습니다. 무라이 교수님께서는 1992년부터 2016년까지 한일관계사학회가 창립되면서부터 현재까지 일본에서 발표되었던 한일관계사, 일본어로 된 연구서를 정리해 주셨습니다. 굉장히 그 동안 한일관계사의 한국과 일본과의 방향이나 자료 이런 것을 부분별로 정리해 주셔서 여기에 대해 어떤 제 특별한 이견이나 질문은 없다고 말씀드리겠습니다. 배우는 입장에서 무라이 교수님의 글을 읽었고, 여기에는 무라이 교수님께서 굉장히 많은 양의 연구 저작물을 본인의 견해와 어떤 것에 대한 타당성 또는 거기에 대해서 약간의 의문을 소상히 지적해 주셔서 이것을 일일이 여기에서 설명 드리기에는 너무나 많은 시간이 들고 해서 현재 발표집 258쪽에서 부분적인 것 서너 개만 말씀드리고 그치도록 하겠습니다. 12세기 이후에 일려 무역의 부진이라고 하는 것을 고려의 생산력 저하나 상업의 미발달에서 답을 구하고 있는데 당시에 고려의 상황으로 봐서는 이 당시에 질 좋은 청자가 나온다든가, 벽란도를 중심으로 팔관회 무역이 동아시아에서 상당한 주도적 역할을 하고 있었다고 하는 건 일본과의 어떤 다른 특수한 과제를 생각해 봐야지 이것을 고려의 생산력 이런 것으로써는 조금 부족하지 않나 이런 것에 대해서 저도 적극적으로

동의를 할 수가 있겠습니다. 그리고 그 밖에도 무라이 선생님께서는 진봉체제라는 것이 상시적인 것이라기 보다는 상당히 약간은 가설적인 것이 크다라는 지적을 하고 계시고요. 그리고 무엇보다도 고려 후기에 문제가 되는 왜구에 대해서 많은 말씀을 폭넓게 해주신 것 같습니다. 첫 번째가 왜구의 주체에 대한 문제 이것은 여전히 아직까지도 어떤 것이 왜구의 실체냐 라고 하는 것에 대한 의문이 많은데, 여기에 대해서 일본인이냐, 아니면 조선과 고려, 조선의 사람이 대부분이냐 하는 데에서 무라이 선생님은 초기에는 일본인들이 중심이 되었지만 그 이후에는 고려, 조선 그리고 나중에 16세기 이후에 가면 포르투갈 사람들이나 거기에서 오는 일부의 유럽세력까지 연합이 되는 하나의 해양 밀접, 이것을 하나의 연해 또는 해양의 경계에 있는 사람들의 집단으로 보는 것이 합리적이지 않을까 이러한 전개를 하신 것 같습니다. 처음에 저는 왜구에 대해서 접근을 할 때 국방부에서 근무를 하면서 왜구토벌사라고 하는 굉장히 민족주의적이고 국수적 입장에서 접근을 했고 그때까지는 일본인들의 왜구에 대한 것을 전혀 알지 못한 상태에서 공부를 하다가 요즘에 저도 차츰 전근대사에 있어서 해양이라고 할지, 중앙집권력이 덜 미친 지역에서 사는 사람들은 어떤 방식으로 살았을까, 그런데서 저도 생각한 것이 경계인이랄지 복합적인 해양인으로써 종족은 다르지만 그런 문화를, 그런 것으로 상정해 보는 것은 어떤가. 그렇게 해야 동아시아에 있어서의, 미래에 있어서의 문화적 특성, 특히 해양문화의 특성이 좀 나아질 것이라고 하는 것에 대해 공감을 하고 있습니다. 특히 조선이 들어서고 나서 사대교린을 하면서 교린 측면에서 왜구들의 조선인화, 왜인으로써 정착을 시키는 이런 가운데서 그 사람들이 폭동을 일으키는 왜구가 되어 가지고 그 사람들의 정체성과 조선의 변방에서의 해양민들의 교류 같은 것 이런 것들이 구체적으로 많이 나오고 해서 많은 것에 있어 감사를 드립니다. 저는 딱히 질문이라는 것은 없고 무라이 교수님께서 앞으로 한일관계사, 굉장히 대립일 수도 있고 접근이 가능할 수 있는 이러한 지역의 한일관계사 아직까지 우리 나라에서는 왜인이라고 하면 광개토대왕릉비에 나오는 왜구라고 하는 침략의 입장에서 고정적인 관념이 있는 상황인데 이러한 것에 대해 유연한, 집단으로써의 왜구에 대한 행적을 말씀해 주셨으면 좋겠고, 이후의 한일관계사가 어떤 방향으로 나아갔으면 좋겠는지 전망을 해 주셨으면 좋겠습니다.

무라이 : 저도 꽤 나이를 먹었는데요. 이제 앞으로 각국의 연구자가 어떻게 해서 양국 관계의 역사를 연구하면 좋을 것인가라고 하는 큰 문제에 대해 잘 아는 듯이 말할 수 있는 입장은 아니지만. 이번에 고려시대의 연구, 즉 일본어로 간행된 연구를 쭉 훑어 본 결과인데요. 좋은 방향으로 진행되고 있다고 저는 생각합니다. 대략 두 가지가 있는데요.

첫째는 단순히 일본과 고려와의 두 나라의 관계에 한정하는 것이 아니라, 두 나라의 관계를 지탱하고 있었던 보다 넓은 요소이지요. 그런 것에 주목하려고 하는 연구가 많았다는 것입니다. 이건 두 가지 정도가 있는데요. 하나는 일본과 고려만이 아니라 원 나라 시대, 즉 몽골의 위협 시대는 당연히 원이라는 큰 요소가 있어 처음엔 삼자간의 관계가 될 수밖에 없었던 배경에서, 물론 그에 관한 연구가 많습니다. 그 이전의 송이나 요 시대를 범위에 당당히 넣고 그 관계를 파악하려는 연구가 두각을 나타내고 있다고 생각합니다. 한국사에 있어서도 소위 중국 북방 국가의 영향은 매우 컸으므로, 이것이 일본과 고려와의 관계에서도 당연히 반영되었고 작용한다고 생각하기에, 일본 연구자들이 한국의 연구자에게 배울 점이 많다고 생각합니다. 그리고 지금 말씀드린 국가와 국가의 관계인데요. 국가적인 것이 아닌 요소가 일본과 고려와의 관계에서 어떤 영향을 끼쳤는가라는 관점도 매우 중요하다고 생각합니다. 이는 왜구에 관한 연구에서 가장 전형적으로 나타나고 있는데요. 국가와 국가의 틈 사이에 살아간 사람들이 당연히 많습니다. 그런 사람들은 국가의 논리만으로 설명할 수 없는 행동 양식을 가지고 있습니다. 이러한 점을 어떻게 파악하고 그들의 행동이 국가 간의 사이에서 어떻게 작용하고 있는가를 보는 시점이 필요하다고 생각합니다. 저 역시 이런 생각에서 왜구도 그러한 관점, 이른바 경계인적인 인간형으로 보려고 하고 있습니다. 다만 이 문제에 대해서는 복잡한 논의가 있었던 것은 사실인데, 아무래도 왜구라고 하는 인간 집단에 일본인이 몇 퍼센트고, 중국인이 몇 퍼센트고, 조선인이 몇 퍼센트였던가 라고 하는, 이를 규명해야 할 과제라고 말하는 논의가 어쨌든 많은 것 같은데, 여기에 문제의 본질이 있다고 저는 생각하지 않습니다. 이런 생각에 대한 위협적인 반론이 많은 것을 어떻게 생각하면 좋을까, 저는 여러 가지 고민하고 있습니다. 다만 일본인의 행동을, 왜구에 당연히 일본인이 있었으니깐 그들의 행동을 면죄할 동기에서 경계적인 인간형이라고 파악하고 있는 것이 아니라는 점은 알아주셨으면 합니다.

그리고 둘째는 사료의 문제입니다. 앞서 언급한대로 새로운 사료의 발견, 장동익 선생님을 예로 들 수 있는데, 이미 알려진 사료에 대해서도 그것을 철저히 다시 읽기라고 하는 동향이 양국을 불문하고 급속히 진전되고 있는 것이 아닐까라는 생각이 듭니다. 특히 다시 읽기라는 점에 관련해 말하자면 저의 지인으로 작년에 고인인 된 이시이 마사토시 씨가 남긴 성과를 꼽을 수 있습니다. 그 자신의 연구도 그렇지만 곤도 츠요이 씨라고 이시이 씨의 대표적인 제자인데요. 그러한 점이 젊은 연구자에게도 이어지고 있어, 사료를 철저하게 집착한다는 학문적인 방법이 어느 시대, 어느 국가에서나 침투하고 있다는 점은 매우 바람직한 일이라 생각합니다. 이상입니다.

하우봉 : 네. 감사합니다. 아무래도 통역을 거치면 시간이 걸리는 것 같습니다. 사에키 선생님의 토론에 대해서 이훈 선생님이 토론을 해 주시겠습니다.

이훈 : 네. 저도 앉아서 하겠습니다. 저도 시간이 없으니까 사에키 선생님 발표에 대해서 궁금한 부분 네 가지를 질문 드리겠습니다. 우선, 첫째는 사에키 선생님 발표를 통해서 최근 연구 동향을 알게 되었는데요. 최근 연구 동향으로는 대마도 내부의 문제가 조일 관계에 어떻게 영향을 미쳤는지,

대마도 내부 문제에 관심을 둔 연구를 비롯해서 지역적으로도 대마도에서 이키, 오도, 히라도 이런 쪽으로 연구 영역이 확대되고 있는데, 제가 궁금한 것은 어떤 사료를 가지고 검토했는지, 14~5세기 사료일 거라고 생각하는데, 어떻게 해서 이런 사료가 아직까지도 남아있는지 그 이유를 말씀해 주셨으면 좋겠고요. 두 번째는 아까 무라이 선생님 얘기에서도 나왔지만, 중세 조일관계를 얘기할 때 주로 1990년대까지는 지역이라든지, 경계라는 용어를 가지고 국가와 주변 지역간의 관계, 이런 것을 설명했는데, 지금 사에키 선생님 2000년도 이후 연구동향을 보면 뒤에 논저목록을 보니까 해역, 교류, 해역사, 해역 아시아 이런 식으로 해역이라는 말이 눈에 띄어요. 그래서 지역과 해역의 차이가 무엇인지. 해역은 지역의 연장인지, 아니면 전혀 다른 새로운 개념인지, 이 용어가 등장하게 된 배경에 대해서 말씀해 주셨으면 좋겠구요. 세 번째는 중세 조일관계의 큰 성과로 위사가 많은 성과를 거두었다고 할 수 있는데, 제 생각에는 15~16세기에 위사가 광범위하게 존재할 수 있었던 게, 조선이 외교문서라던가 인장이라던가, 외교 의례라던가 이런 것을 조선이 주변에 공유하려 했기 때문에 이런 것이 가능했다고 생각하거든요. 그런 의미에서 본다면 사에키 선생님 생각과 비슷하게 제도사적인 연구가 중요하다고 생각하는데. 질문인데요. 위사의 존재나 존속이 가능했던 당시 동아시아 세계의 외교 시스템이라고 해야 할지 그런 것을 어떻게 생각하고 있는지 사에키 선생님 개인적 의견을 듣고 싶고, 네 번째는 중세 조일관계가 대마도 내부 문제라던지 지역이라던지, 세분화되어 연구되고 있는데 그 한편으로는 대외 정책에 관한 연구입문서가 많이 나오고 있다고 하셨어요. 그런 입문서가 나오게 된 배경이 있는지 선생님의 의견을 듣고 싶습니다.

사에키 : 감사합니다. 매우 어려운 질문을 네 가지 해 주셨는데요. 시간이 없는 관계로 간단히 제 생각을 말씀드리고자 합니다. 먼저 사료에 대한 것인데요. 일본의 중세 사료는 지역과 시대에 따라 제법 편차가 있습니다.

특히 이 가운데 이키, 고토, 히라도 이런저런 곳에 사료가 남아있는데 가장 많은 것은 쓰시마의 사료입니다. 이 사료는 몇 천 점에 달하며 15, 16세기 문서인데요. 이 사료와 조선 실록을 함께 본다면 뭔가 새로운 것이 나오지 않을까 기대하고 있습니다. 두 번째, 지역의 문제인데요. 해역 세계라고 하는. 이 점은 확실히 말씀하신 그대로입니다만, 동아시아 해역세계, 해역 아시아라는 용어가 사용되고 있습니다. 이 용어는 전부터 사용되고 있었는데 특히 최근 간사이를 중심으로 한 오사카대학인데요, 해역아시아사연구회가 활발한 활동을 하고 있는데 모모키 시로라는 분입니다. 해역 아시아도 육역 아시아는 전혀 다른 세계라고 하는, 그러니깐 중국해에서 동남아시아 그리고 인도양인데요. 이 해역세계를 역시 다른 관점에서 연구해야 한다는 제언을 논하고 있습니다. 지금 우리들 혹은 여러 연구자들이 사용하는 해역은 그런 영향을 받으면서 각자 독자적으로 사용하고 있지만, 반드시 육역아시아와 대조적인 의미로 사용하고 있는 것은 아닙니다.

세 번째, 동아시아 세계, 동아시아의 외교 질서라는 부분인데요. 이것도 시대에 따라 매우 다르지만 특히 15, 16세기는 명나라에 의한 독자적인 외교 관계를 만들어 왔습니다. 해금 정책이나 조공 정책 같은 거죠. 국가와 국가의 관계만 인정한다는 것이 원칙이라서 그 틀에 조선도 류큐도, 그리고 일본도 속해 있었습니다. 그런데 완전히 종속되었는가라고 하면 그렇지도 않고 일본과 조선 간에는 또 독자적인 제도가 있었고 류큐와의 사이도 또 독자적인 제도가 생겨났습니다. 이러한 세계와 앞서 무라이 선생님이 말씀하신 것과 같은 국가적 요소가 아닌 세계이죠. 필시 그것이 이 세계에는 있었다고 생각하지만 그것을 어떤 방법으로 규명하면 좋을까, 열심히 고민하고 있지만 좀처럼 어려운 일이라 생각하고 있습니다.

끝으로 입문서에 대해서는 여러 입문서가 10점 정도 일본에서 나왔는데, 그 중 하나가 『海域アジア史研究入門』인데요. 역시 연구가 개별 분산적이고 세분화 되어 있어서요. 좀처럼 그 흐름, 또는 현상을 파악하기 어려운

상황에서 그것을 응축시킨 작은 책자 같은 것이 학계에서 필요하지 않을까 라는 생각이 자리잡고 있었습니다. 그런 점이 하나의 이유라고 생각합니다. 또 그것을 써야 할 특히 젊은 연구가 많이 나와서 각각 책으로 하여 벌써 5, 6권 간행된 상황입니다. 이상입니다.

하우봉 : 시간 문제 때문에 질문하신 분이 다 알아들었으니까 통역은 생략하겠습니다. 네. 고맙습니다. 다음 최영호 교수님 발제에 대해서 경희대학교 유지아 선생님이 토론해 주시겠습니다.

유지아 : 안녕하세요. 유지아입니다. 저는 정말로 간단하게 말씀을 드리고 싶습니다. 일단 최영호 선생님께서 계속 강조해 주신 현대 한일관계사라고 하는 부분에 있어서는 한일 양국의 정치적인, 외교적인 문제들이 결부되어 있기 때문에 그럴수록 밸런스를 유지하고자 하는 노력이 굉장히 많이 필요하다고 강조해 주셨는데 그 부분에 대해 공감을 하고 있고요. 그런 것을 공감하면서 한 세 가지 정도만 질문을 하도록 하겠습니다. 일단 선생님께서 첫 번째 연구방향에서 해방 직후의 재일 한일 사회에 대한 연구에서 개인에 대한 연구가 미진했고 앞으로 해야 한다는 부분과 재일한인 자치대라든가 조련지방단체, 귀환자원호단체 이러한 단체에 대한 연구도 해야 한다고 하셨는데, 왜 이러한 연구가 미진했었을까 하는 부분들, 원인들과 함께 지금에 와서 이러한 개인 연구라든가 단체에 대한 연구를 할 때, 과연 우리가 사료를 수집할 수 있을 것인가 라고 하는 부분들, 선생님께서 워낙 사료에 대한 관심이 많으시기 때문에 여쭙고 싶고요. 두 번째는 일본의 전후처리에 대한 부분인데 이것이 어떤 한 국가, 특히 한국에 대한 것만 아니라 동아시아를 아우르는 큰 틀에서의 일본의 전후처리라고 하는 부분은 우리가 견인해 내야 한다는 말씀을 하셨는데, 이게 굉장히 단순하면서 너무 당연한 말씀이시지만 그럼 어떤 방향으로, 왜냐하면 각 국가들이 물론 그 전쟁이라는 참화를 겪긴 했으나 사실 굉장히 양태와 형식 또는 과정들이 굉장히 달랐거든요. 그래서 만약에 일본에 대해서 전후처리에 대한 부분을

얘길 한다고 한다면 과연 어떤 큰 틀에서 동아시아사적으로 이런 것을 접근할 수 있을까 라고 하는 부분이고요. 마지막으로 청구권 문제인데 이것은 현재에도 굉장히 논란이 되고 있습니다. 왜냐하면 민간인 청구권 문제에 대해서는 한국 양국의 이견이 굉장히 첨예합니다. 완전히 반대의 입장을 취하고 있기 때문에 이런 부분에 대해서는 선생님의 개인적인 의견으로 어떻게 생각하시는지 의견을 듣고자 합니다. 마지막은 나중에 토론문에 쓴 것은 선생님께 듣도록 하겠습니다.

최영호 : 간단히 말씀드리겠습니다. 첫 번째 아주 좋은 질문 해 주셨는데, 저는 냉전에 의해서 조국 지향적인 그런 사람들이 밝혀진 부분이 있고 일본에 남아 있는 분은 많이 밝혀졌지만 북으로 들어가신 분들은 안 밝혀졌거든요. 그런 부분에 대해 조금 알고 싶다 하는 것을 주체로 해서 말씀드린 겁니다. 이건 그 이후에도 정책 결정자든지, 예를 들면 일본의 위안부 문제에 관해서 정책 결정하신 분들을 하나하나 조사해 나가는 것은 중요하겠죠. 그런 의미에서 이야기 한 거구요. 두 번째 전후처리 부분은 저는 그렇게 생각하는데요. 시간이 없어서 단도직입적으로 이야기 하는데, 현실적이고 외교적이고 낮은 자세라는 것. 제가 보기에는 현실적도 아니고, 외교적도 아니고, 낮은 자세도 아닙니다. 이런 부분은 조금 낮은 자세로 가야 한다. 연구자들이 해야 되는 역할이 그래서 낮은 자세로 가야합니다 하는 얘기를 제안해 줬으면 좋겠다는 이야기입니다. 같이 높이 가지 말라는 얘기입니다. 그 다음에 세 번째 마지막인데, 민간 청구권 부분인데 이것은 인권변호사로써는 괜찮아요, 그런데 외교 수장으로써는 얘기해선 안되요. 외교관계, 국제관계에서는 협정이 지켜지지 않는 외교관계는 성립이 안됩니다. 연구자들까지 그렇게 갈 필요는 없어요. 연구자들은 민간청구권 얼마든지 주장을 해야 하는데, 그렇다고해서 외교수장이 하는 건 조심스럽습니다 하는 얘기입니다.

하우봉 : 네. 고맙습니다. 제가 독촉을 많이 드리고 했는데도 시간이 많

이 오버되었기 때문에 죄송하지만 여기서 일단 지정토론은 마치고요. 시간 문제 때문에 방청석의 질문도 죄송하지만 받아들일 수 없고, 여기에서 일단 마무리해야 할 것 같습니다. 이어서 2~3시간 정도의 연회가 있기 때문에 필요한 토론은 거기에서 개별적으로 진행되었으면 좋겠습니다. 마무리하겠습니다. 오늘 여덟 분께서 연구사 회고와 전망을 굉장히 품은 많이 들지만, 힘들고 지루한 작업일 수 있는데 굉장히 성실하게 조사해 주셔 가지고 노작들이라고 생각이 듭니다. 당연히 한일관계사연구에 중요한 도움을 줄 수 있는 기반이 될 수 있다고 생각되는데요. 여덟 분 토론자들께서도 발제자가 생각하지 못한 그런 부분을 보완해 주시고, 새로운 아이디어를 제공해 주셨습니다. 오늘 시간관계 때문에 토론문을 다 읽지도 못했습니다만 아마 연구총서가 간행되면 준비해 주신 토론문은 다 책에 수록되리라 생각됩니다. 연구사의 회고와 전망은 15년 만에 다시 이루어졌습니다만, 현재 우리 학회의 여러 가지 수준이라든지 이런 걸 생각해 보면 실증적 연구를 넘어서서 새로운 연구 방향이라든지 혹은 새로운 연구 방법론 뭔가 좀 거시적 차원에서의 가설이나 이론 같은 것을 가지고 논의할 수 있는 그런 자리가 조금 더 자주 마련되었으면 좋겠다. 이런 회고와 전망도 그런 차원에서의 어떤 논의가 중심이 되면서 집중적으로 토론되는 방향으로 하는 것도 앞으로 필요하지 않겠나 그런 생각을 했습니다. 오늘 손승철 선생님께서 처음에 창립하는 과정에 대해서 말씀해 주시고 감회와 전망까지 제안해 주셨는데, 처음에 참여했던 분들 저희가 나이 마흔 살 되었던 것 같은데, 이제 25년 지났으니까 65세가 되고, 손선생님 정년하시고 저도 아마 이번 학기 마지막으로 다음에. 나이가 그렇게 되었습니다. 오늘 느끼는게 아까 정성일 선생님도 말씀해주셨습니다만, 신진연구자들의 영입이 적지 않나, 그래서 우리 학회도 고령화 잘못 되면 노쇠화 되는 경향이 있지 않을까 우려가 되는데, 여러 측면으로 노력해 가지고 세대교체가 잘 되어 가지고 젊은 분들이 30대, 40대 분들이 학회의 중심적 역할을 할 수 있는 그런 식으로 발전이 되는 것이 굉장히 절실한 과제라고 생각합니다. 오늘 25주년을 맞아 가지고 뜻깊은 자리가 마련된 것을 저도 고맙게 생각하고요. 앞으로 우리 학회가 더 발전해 가지고 50주년 뿐만 아니라 100주년 더욱 더 발전해 나가는 학회가 될 수 있기를 바랍니다. 오늘 발제, 토론해 주신 여러 선생님들과 끝까지 자리를 같이 해 주신 여기 계신 분들께 감사를 드리고 1부 학술회의 순서는 이것으로 마치도록 하겠습니다. 대단히 감사합니다.

한일관계사연구의 회고와 전망

2018년 10월 22일 초판 인쇄
2018년 10월 31일 초판 발행

지 은 이   한일관계사학회
발 행 인   한정희
발 행 처   경인문화사
총괄이사   김환기
편 집 부   김지선 박수진 유지혜 한명진
마 케 팅   전병관 하재일 유인순
출판신고   제406-1973-000003호
주   소   (10881) 파주시 회동길 445-1 경인빌딩 B동 4층
대표전화   031-955-9300   팩 스   031-955-9310
홈페이지   http://www.kyunginp.co.kr
이 메 일   kyungin@kyunginp.co.kr

ISBN 978-89-499-4771-6 93910
값 30,000원